HSK 1-2급 합격 목표를 적어보자!

 매일 꾸준히

[HSK 1급]
· 목표 점수 _____ 점 / 200점
· 학습 기간 __ 월 __ 일까지

[HSK 2급]
· 목표 점수 _____ 점 / 200점
· 학습 기간 __ 월 __ 일까지

📝 교재 **p.12~13**에 있는 **학습플랜을 활용하여**
매일매일 정해진 분량의 학습량으로 **HSK 1-2급을 준비**해보세요.

HSK 1-2급 200% 활용법 확인하기 ➤

해커스 중국어
HSK1-2급

한 권으로 가뿐하게 **합격**

200% 활용법!

교재 듣기 학습용 MP3

교재 듣기 복습용 MP3
(실전테스트+실전모의고사)

HSK 1-2급 필수어휘 워크북 MP3

듣기/기초학습 받아쓰기 PDF&MP3

방법 1

해커스중국어(china.Hackers.com) 접속 후 로그인 ▶
페이지 상단 [교재/MP3] → [교재 MP3/자료] 클릭 ▶ 본 교재 선택 후 이용하기

방법 2

[해커스 ONE] 앱 다운로드 후 로그인 ▶ 좌측 상단에서 [중국어] 선택 ▶
페이지 상단 [교재 · MP3] 클릭 ▶ 본 교재 선택 후 이용하기

▲ 해커스 ONE
앱 다운받기

본 교재 인강 **30% 할인쿠폰**

7E3B5DB2BE652DNQ • 쿠폰 유효기간: 쿠폰 등록 후 30일

* 해당 쿠폰은 HSK 1, 2급 단과 강의 구매 시 사용 가능합니다.

▲ 쿠폰 등록하기

HSK 1-2급 **실전모의고사 인강 무료수강권**

CB2BE867F368CBJW • 강의 수강 기간: 쿠폰 등록 후 90일

* 해당 쿠폰 등록 시, HSK 1-2급 모의고사 총 6회분 중 4회분의 유료 인강을 무료로 수강할 수 있습니다.

▲ 쿠폰 등록하기

이용방법

해커스중국어(china.Hackers.com) 접속 후 로그인 ▶ 나의강의실 ▶ 내 쿠폰 확인하기 ▶ 쿠폰번호 등록

* 본 쿠폰은 1회에 한해 등록 가능합니다.
* 이외 쿠폰 관련 문의는 해커스중국어 고객센터(T.02-537-5000)으로 연락바랍니다.

해커스 중국어

HSK 1-2급

한 권으로 가뿐하게 합격

HSK 기초학습+기본서+실전모의고사

해커스

HSK 1급과 2급,
한 권으로 가뿐하게 합격하기!

중국어 공부를 시작한지 얼마 되지 않았지만
HSK 1급, 2급으로 실력을 점검하면서 HSK를 경험하고 싶은 학습자들이 있습니다.

HSK 3급, 4급, 5급, 6급, 급수가 높아질수록 급격히 증가하는 필수 어휘 개수,
어려워지는 듣기와 독해, 거기에 쓰기 영역까지 추가되는 부담감.
그래서 **HSK 1급부터 차근차근 시작하고 싶은 학습자**들도 있습니다.

<해커스 HSK 1-2급 한 권으로 가뿐하게 합격>은
이렇게 HSK를 기초부터 차근차근 학습하고 싶은 학습자들을 위해 구성되어 있습니다.

> **HSK 기초학습으로,**
> 본격적인 학습 전에 어휘와 독해의 기초를 탄탄하게 하기

➕

> **HSK 1급, 2급 본격 문제 풀이 학습으로**
> HSK 출제 유형에 익숙해지면서 합격 실력 쌓아가기

➕

> **HSK 1-2급 필수 어휘 워크북으로**
> 1-2급 필수 어휘 300개를 완벽 마스터 하기

HSK 1급과 2급은 시작이고 과정일 뿐입니다.
<해커스 HSK 1-2급 한 권으로 가뿐하게 합격>과 함께
합격은 물론이고, 더 높은 급수를 향해 탄탄한 실력을 다지세요!

목차

기초탄탄
HSK 기초학습

HSK 1급

듣기

독해

실전모의고사

HSK 2급

듣기

독해

실전모의고사

(별책)
해설집

(별책)
HSK 1-2급 필수어휘 워크북

HSK 기초학습 받아쓰기 PDF
듣기 받아쓰기 PDF

HSK 기초 학습 MP3
듣기 영역 학습용 MP3 / 복습용 MP3
독해 영역 학습용 MP3 / 복습용 MP3
HSK 1-2급 필수어휘 워크북 MP3
HSK 기초학습 받아쓰기 MP3
듣기 받아쓰기 MP3

* HSK 기초 학습 MP3, 듣기·독해 영역 학습용 / 복습용
MP3, HSK 1-2급 필수어휘 워크북 MP3, HSK 기초학습
받아쓰기 / 듣기 받아쓰기 PDF & MP3는 해커스중국어
사이트(china.Hackers.com)에서 무료로 다운받으실 수
있습니다.

<해커스 HSK 1-2급 한 권으로 가뿐하게 합격>이 제시하는

최단 기간 합격 비법

1 HSK 기초와 어휘력을 탄탄히 다져요!

> 어휘 기초와 독해 기초로 HSK 기초 다지기!

어휘 기초를 통해 HSK 1,2급 시험에서 가장 기초가 되는 어휘들을 학습하고, 독해 기초를 통해 HSK 1,2급 시험에 나오는 핵심 어법들을 학습할 수 있도록 하였습니다. 또한 독해 기초에서는 어법에 따라 끊어 읽는 방법을 제공하여 문장을 정확하게 해석하는 방법을 익힐 수 있도록 하였습니다.

> HSK 1-2급 필수어휘 워크북 & MP3로 어휘력 다지기!

출제기관에서 공식 지정한 HSK 1급 필수어휘 150개와 2급 필수어휘 150개를 각각 10일 동안 체계적으로 외울 수 있도록 품사별로 구성하였습니다. 또한, HSK 2급 시험에서 자주 출제되는 3급 어휘를 제공합니다. 무료 MP3를 들으며 단어와 예문을 듣고, 쓰고, 읽으면 어느새 1,2급 단어 300개를 외우게 됩니다.

2 HSK 1,2급 빈출 표현 및 문제 풀이 스텝을 철저히 익혀요!

> 시험에 완벽 대비할 수 있는 빈출 표현 꼼꼼히 익히기!

시험에 자주 출제되는 빈출 어휘와 표현들을 각 영역·부분별로 제공하여, 듣기·독해 각 영역 정복을 위해 꼭 익혀야 하는 HSK 1급, 2급 어휘를 집중 학습할 수 있도록 하였습니다.

> 각 부분의 문제풀이 스텝 익히기!

가장 효과적으로 문제를 해결할 수 있는 문제풀이 스텝을 각 영역·부분별로 수록하여 체계적인 학습이 가능하도록 하였습니다. 실제 시험장에서 적용 가능한 문제풀이 전략을 익힘으로써 실전에 보다 효과적으로 대비할 수 있습니다.

3 실전 감각을 차곡차곡 쌓아요!

> 실전 테스트로 실력 다지기!

각 부분의 학습을 마무리한 후에는 실전 테스트를 통해 실전 문제들을 풀어봄으로써 앞에서 학습한 내용을 토대로 실력을 탄탄하게 다질 수 있습니다.

> 실전모의고사 3회분으로 실전 감각 극대화하기!

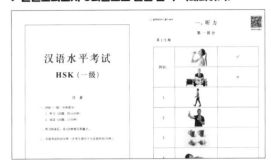

최종적으로 실전모의고사 3회분을 풀어봄으로써 실전 감각을 키우고, 자신의 실력도 정확히 예측해볼 수 있습니다. 이로써 학습자들은 실제 시험에서 당황하지 않고 마음껏 실력을 발휘할 수 있습니다.

4 상세한 해설과 MP3로 HSK 1,2급을 마스터해요!

> 상세한 해설로 직청직해, 직독직해 실력 키우기!

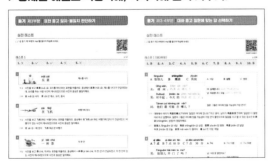

문제의 정답, 해석을 모두 수록하였으며, 스텝별 문제풀이 전략이 적용된 해설을 제공하였습니다. 또한 모든 문제에 끊어 읽기별 해석을 수록하여 문장을 정확히 이해할 수 있도록 구성하였습니다.

> 듣기 학습용 & 복습용 MP3로 직청직해 실력 키우기!

듣기 영역의 모든 빈출 표현과 문제를 들을 수 있는 학습용 MP3와 원하는 문제만 반복하여 들을 수 있도록 문제별로 분할된 복습용 MP3를 통해 듣기 실력을 극대화 할 수 있습니다. 해커스중국어(china.Hackers.com)에서 다운로드 할 수 있습니다.

HSK 소개

■ HSK 란?

汉语水平考试(중국어 능력 시험)의 한어병음인 Hànyǔ Shuǐpíng Kǎoshì의 앞글자를 딴 것으로, 제1언어가 중국어가 아닌 사람이 실생활에서 운용하는 중국어 능력을 평가하기 위해 만들어진 중국 정부 유일의 국제 중국어 능력 표준화 고시입니다.

■ HSK의 용도

· 국내외 대학(원) 및 특목고 입학·졸업 시 평가 기준
· 중국정부장학생 선발 기준
· 각급 업체 및 기관의 채용·승진을 위한 평가 기준

■ HSK의 급수 구성

· 시험지와 OMR답안지로 진행하는 시험인 HSK PBT(Paper-Based Test)와 컴퓨터로 진행하는 시험인 HSK IBT(Internet-Based Test)로 나뉘며, PBT와 IBT 시험 성적은 효력이 동일합니다. HSK 시험은 1급~6급으로 나뉘며, 급수별로 각각 응시할 수 있습니다.
· HSK 시험에서 각 급수별로 요구되는 어휘량은 다음과 같습니다.

HSK 등급	어휘량
HSK 6급	5,000개 이상 (6급 2,500개, 1~5급 2,500개)
HSK 5급	2,500개 이상 (5급 1,300개, 1~4급 1,200개)
HSK 4급	1,200개 이상 (4급 600개, 1~3급 600개)
HSK 3급	600개 이상(3급 300개, 1~2급 300개)
HSK 2급	300개 이상 (2급 150개, 1급 150개)
HSK 1급	150개 이상

■ HSK, 접수부터 성적 확인까지!

1. HSK 시험 접수

① 인터넷 접수
HSK 한국사무국 홈페이지(http://www.hsk.or.kr)에서 홈페이지 좌측의 [IBT] 또는 [PBT]를 클릭한 후, 홈페이지 중앙의 [인터넷 접수]를 클릭하여 접수합니다.

· 접수 과정: 인터넷 접수 바로가기 → 응시 등급 선택 → 결제 방법 선택 → 고시장 선택 → 개인 정보 입력 → 사진 등록 → 내용 확인 및 결제
* 국내 포털 사이트에서 'HSK 접수'로 검색하면 다른 시험센터에서 고사장을 선택하여 접수 가능합니다.

② 우편 접수
구비 서류를 동봉하여 등기 우편으로 접수합니다.

· 구비 서류: 응시 원서(사진 1장 부착), 응시 원서에 부착한 사진 외 별도 사진 1장, 응시비 입금 영수증
· 보낼 주소: (06336) 서울시 강남구 강남우체국 사서함 115호 <HSK한국사무국>

③ 방문 접수
준비물을 지참하여 접수처에 방문하여 접수합니다.

· 준비물: 응시원서(사진 1장 부착), 응시원서에 부착한 사진 외 1장, 응시비
· 접수처: 서울 강남구 강남대로92길 31(역삼동 649-8) 민석빌딩 8층 HSK한국사무국
· 접수 시간: 평일 09:00-12:00, 13:00-18:00(토·일요일, 공휴일 휴무)

2. HSK 시험 당일 준비물

수험표

유효한 신분증

2B 연필, 지우개

시계

3. HSK 시험 성적 확인

① 성적 조회
PBT 시험 성적은 시험일로부터 1개월, IBT 시험 성적은 시험일로부터 2주 후
중국고시센터(http://www.chinesetest.cn/goquery.do)에서 조회가 가능합니다.

· 성적 조회 과정: HSK 한국사무국 홈페이지 우측의 [성적조회] 클릭 → 페이지 하단의 [성적조회 바로가기] 클릭
· 입력 정보: 수험번호, 성명, 인증 번호
* 수험 번호는 IBT/PBT [성적조회] 페이지 하단의 [수험번호 조회]를 클릭한 후, 한글 이름, 생년월일, 핸드폰번호, 시험일자를 입력하면 바로 조회 가능합니다.

② 성적표 수령 방법
· 우편 수령 신청자의 경우, 성적표는 시험일로부터 45일 이후, 등기 우편으로 발송됩니다.
· 방문 수령 신청자의 경우, 성적표는 시험일로부터 45일 이후, 홈페이지 공지 사항에서 해당 시험일 성적표 발송 공지문을 확인한 후, 신분증을 지참하여 HSK 한국사무국으로 방문하여 수령합니다.

③ 성적의 유효 기간
성적은 시험을 본 당일로부터 2년간 유효합니다.

HSK 1급, 2급 소개

HSK 1급

🟦 시험 대상

HSK 1급 시험 대상은 매주 2~3시간씩(총 40~60시간) 정도의 중국어를 학습하고, 150개의 상용어휘와 관련 어법지식을 마스터한 학습자를 대상으로 합니다.

🟦 시험 구성 및 시험 시간

· HSK 1급은 듣기, 독해의 두 영역으로 나뉘며, 총 40문제가 출제됩니다.
· 듣기 영역의 경우, 듣기 시험이 종료된 후 답안 작성 시간 3분이 별도로 주어지며, 독해 영역은 별도의 답안 작성 시간이 없으므로 해당 영역 시험 시간에 바로 작성해야 합니다.
· HSK 1급의 문제에는 한어병음이 표기되어 있습니다.

시험 내용		문항 수	시험 시간
듣기	제1부분	5	약 15분
	제2부분	5	
	제3부분	5	20
	제4부분	5	
듣기 영역에 대한 답안 작성 시간			3분
독해	제1부분	5	17분
	제2부분	5	
	제3부분	5	20
	제4부분	5	
합계		40문항	약 35분

🟦 시험 결과

· HSK 1급 성적표에는 듣기, 독해 두 영역별 점수와 총점이 기재됩니다. 영역별 만점은 100점 이며, 따라서 총점은 200점 만점입니다. 이때, 총점이 **120점 이상이면 합격**입니다.
· 또한 성적표에는 영역별 점수 및 총점을 기준으로 백분율을 제공하고 있어 자신의 점수가 상위 몇 %에 속하는지를 확인할 수 있습니다.

HSK 2급

■ HSK 2급 시험 대상

HSK 2급 시험 대상은 매주 2~3시간씩(총 80~120시간) 정도의 중국어를 학습하고, 300개의 상용어휘와 관련 어법지식을 마스터한 학습자를 대상으로 합니다.

■ 시험 구성 및 시험 시간

· HSK 2급은 듣기, 독해의 두 영역으로 나뉘며, 총 60문제가 출제됩니다.

· 듣기 영역의 경우, 듣기 시험이 종료된 후 답안 작성 시간 3분이 별도로 주어지며, 독해 영역은 별도의 답안 작성 시간이 없으므로 해당 영역 시험 시간에 바로 작성해야 합니다.

· HSK 2급의 문제에는 한어병음이 표기되어 있습니다.

시험 내용		문항 수		시험 시간
듣기	제1부분	10	35	약 25분
	제2부분	10		
	제3부분	10		
	제4부분	5		
듣기 영역에 대한 답안 작성 시간				3분
독해	제1부분	5	25	22분
	제2부분	5		
	제3부분	5		
	제4부분	10		
합계		60문항		약 50분

■ 시험 결과

· HSK 2급 성적표에는 듣기, 독해 두 영역별 점수와 총점이 기재됩니다. 영역별 만점은 100점이며, 따라서 총점은 200점 만점입니다. 이때, 총점이 120점 이상이면 합격입니다.

· 또한 성적표에는 영역별 점수 및 총점을 기준으로 백분율을 제공하고 있어 자신의 점수가 상위 몇 %에 속하는지를 확인할 수 있습니다.

나만의 학습 플랜

■ HSK 1급

2주 학습플랜

· 기초학습+워크북으로 단어 암기 3일 → 듣기+독해 학습 4일 → 실전모의고사 3일

	1일	2일	3일	4일	5일
1주	□ _월 _일	□ _월 _일	□ _월 _일	□ _월 _일	□ _월 _일
	[기초] 어휘 기초 [워크북] Day 01~04	[기초] 독해 기초 [워크북] Day 05~08	[기초] 기초학습 전체 복습 [워크북] Day 09~10	[듣기] 제1부분 [독해] 제1부분	[듣기] 제2부분 [독해] 제2부분
2주	□ _월 _일	□ _월 _일	□ _월 _일	□ _월 _일	□ _월 _일
	[듣기] 제3부분 [독해] 제3부분	[듣기] 제4부분 [독해] 제4부분	실전모의고사 1 [워크북] Day 01~05 복습	실전모의고사 2 [워크북] Day 06~10 복습	실전모의고사 3 [워크북] HSK 1급 필수어휘 150

3주 학습플랜

· 워크북으로 단어 암기 5일 → 기초학습 2일→ 듣기+독해 학습 4일 → 실전모의고사 3일

	1일	2일	3일	4일	5일
1주	□ _월 _일	□ _월 _일	□ _월 _일	□ _월 _일	□ _월 _일
	[워크북] Day 01~02	[워크북] Day 03~04	[워크북] Day 05~06	[워크북] Day 07~08	[워크북] Day 09~10
2주	□ _월 _일	□ _월 _일	□ _월 _일	□ _월 _일	□ _월 _일
	[기초] 어휘 기초	[기초] 독해 기초	[듣기] 제1부분 [독해] 제1부분	[듣기] 제2부분 [독해] 제2부분	[듣기] 제3부분 [독해] 제3부분
3주	□ _월 _일	□ _월 _일	□ _월 _일	□ _월 _일	□ _월 _일
	[듣기] 제4부분 [독해] 제4부분	실전모의고사 1 [워크북] Day 01~05 복습	실전모의고사 2 [워크북] Day 06~10 복습	[듣기] 전체 복습 [독해] 전체 복습	실전모의고사 3 [워크북] HSK 1급 필수어휘 150

학습 플랜 이용 TIP 공부할 날짜를 쓰고, 매일 당일 학습 분량을 공부한 후, □에 체크(∨)합니다.

■ HSK 2급

2주 학습플랜

· 기초학습+워크북으로 단어 암기 3일 → 듣기+독해 학습 4일 → 실전모의고사 2일

	1일	2일	3일	4일	5일
1주	□ _월_일	□ _월_일	□ _월_일	□ _월_일	□ _월_일
	[기초] 기초 학습 전체 [워크북] Day 01~03	[워크북] Day 04~07	[워크북] Day 08~10 [워크북] 2급에 출제되는 3급 어휘	[듣기] 제1부분 [독해] 제1부분	[듣기] 제2부분 [독해] 제2부분
2주	□ _월_일	□ _월_일	□ _월_일	□ _월_일	□ _월_일
	[듣기] 제3, 4부분 [독해] 제3부분	[독해] 제4부분 [워크북] Day 01~05 복습	[워크북] Day 06~10 복습 [워크북] 2급에 출제되는 3급 어휘 복습	실전모의고사 1 실전모의고사 2	실전모의고사 3 [워크북] HSK 2급 필수어휘 150

3주 학습플랜

· 기초학습 1일→워크북으로 단어 암기 5일 → 듣기+독해 학습 4일 → 실전모의고사 3일

	1일	2일	3일	4일	5일
1주	□ _월_일	□ _월_일	□ _월_일	□ _월_일	□ _월_일
	[기초] 기초학습 전체	[워크북] Day 01~02	[워크북] Day 03~04	[워크북] Day 05~06	[워크북] Day 07~08
2주	□ _월_일	□ _월_일	□ _월_일	□ _월_일	□ _월_일
	[워크북] Day 09~10 [워크북] 2급에 출제되는 3급 어휘	[듣기] 제1부분 [독해] 제1부분	[듣기] 제2부분 [독해] 제2부분	[듣기] 제3,4부분 [독해] 제3부분	[독해] 제4부분 [워크북] Day 01~03 복습
3주	□ _월_일	□ _월_일	□ _월_일	□ _월_일	□ _월_일
	[워크북] Day 04~08 복습	실전모의고사 1 [워크북] Day 09~10 복습	실전모의고사 2 [워크북] 2급에 출제되는 3급 어휘 복습	[듣기] 전체 복습 [독해] 전체 복습	실전모의고사 3 [워크북] HSK 2급 필수어휘 150

학습 플랜 이용 TIP 공부할 날짜를 쓰고, 매일 당일 학습 분량을 공부한 후, □에 체크(V)합니다.

본교재 인강·무료학습 제공
china.Hackers.com

해커스 HSK 1-2급 한 권으로 가뿐하게 합격

기초 탄탄
HSK 기초학습

**HSK를 본격적으로 공부하기 전에, 중국어 어휘와 독해의 기초를 잘 익혀 두면,
HSK를 한결 더 가뿐하게 공부할 수 있어요.**
아래 QR코드로 음원을 들으면서 재미있게 학습해 보세요!

무료 MP3 바로 듣기

품사

단어를 의미 또는 어법적인 성격에 따라 분류한 것을 품사라고 해요. 품사를 알면 중국어 단어를 쉽게 익힐 수 있어요.

명사

사람이나 사물의 이름, 개념 등의 명칭을 나타내는 말이에요.

[예] 桌子 zhuōzi 책상　　　　茶 chá 차

　　菜 cài 요리　　　　　朋友 péngyou 친구

대사

어떤 말을 대신하여 쓰는 말이에요.

[예] 我 wǒ 나　　　　　他 tā 그, 그 사람

　　这 zhè 이것　　　　什么 shénme 무엇

동사

사람의 동작이나 상태, 심리 등을 나타내는 말이에요.

[예] 做 zuò 하다　　　　吃 chī 먹다

　　有 yǒu 있다, 소유하다　喜欢 xǐhuan 좋아하다

형용사

사람이나 사물의 상태 또는 성질 등을 나타내는 말이에요.

[예] 好 hǎo 좋다　　　　漂亮 piàoliang 예쁘다

　　大 dà 크다

수사

수를 나타내는 말이에요.

[예] 一 yī 1, 하나　　　　三 sān 3, 삼

　　十 shí 10, 열　　　　百 bǎi 100, 백

양사

사물이나 동작을 세는 단위를 나타내는 말이에요.

예 个 gè 개   本 běn 권

次 cì 번

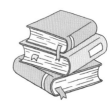

부사

동사나 형용사 앞에서 그 뜻을 더 구체적으로 나타내주는 말이에요.

예 很 hěn 매우   都 dōu 모두

不 bù ~않다

조동사

동사 앞에서 가능, 바람 등의 뜻을 더해주는 말이에요.

예 能 néng ~할 수 있다   会 huì ~할 줄 알다

想 xiǎng ~하고 싶다

전치사

명사나 대사 앞에 쓰여 장소, 대상 등을 나타내는 말이에요. 개사라고도 해요.

예 在 zài ~에서   和 hé ~와

给 gěi ~에게

조사

어휘를 연결하거나 어휘나 문장 뒤에서 문장의 어기를 나타내는 말이에요.

예 的 de ~의   了 le ~했다

吧 ba ~하자/~이지?

접속사

문장과 문장 사이를 연결하는 말이에요.

예 因为 yīnwèi ~때문에   所以 suǒyǐ 그래서

● 문장성분

단어가 문장에서 하는 역할을 문장 성분이라고 해요. 문장성분을 알면 중국어의 문장을 이해할 수 있어요.

주어

동작이나 상태의 주체가 되는 말이에요. 주로 명사, 대사가 사용돼요.

Péngyou   zuò   cài.
朋友　做　菜。　　친구는 요리를 해요.

술어

주어의 동작이니 상태를 나타내는 말이에요. 주로 동사, 형용사가 사용돼요.

Péngyou   zuò   cài.
朋友　做　菜。　　친구는 요리를 해요.

목적어

동작의 대상이 되는 말이에요. 주로 명사, 대사가 사용돼요.

Péngyou   zuò   cài.
朋友　做　菜。　　친구는 요리를 해요.

관형어

주어나 목적어를 꾸며 주는 말이에요. '··· + 的'(~의) 형태를 가장 많이 써요.

Wǒ   de   péngyou   zuò   cài.
我　的　朋友　做　菜。　　나의 친구는 요리를 해요.

부사어

술어나 문장 전체를 꾸며 주는 말이에요. 주로 부사, 조동사, 전치사구가 사용돼요.

Wǒ   de   péngyou   huì   zuò   cài.
我　的　朋友　会　做　菜。

나의 친구는 요리를 할 줄 알아요.

보어

술어 뒤에 쓰여 술어의 정도나 동작의 결과 등의 의미를 보충해주는 말이에요.

Wǒ   de   péngyou   zuò   wán le   cài.
我　的　朋友　做　完了　菜。

나의 친구는 요리를 다 했어요.

● 어순

문장 성분이 배열되는 순서를 어순이라 해요. 어순을 알면 중국어 문장을 잘 해석할 수 있어요.
중국어에서는 문장 성분들이 아래와 같은 순서로 배열되어 하나의 문장을 이룬답니다. 특히 '주어+술어+목적어'는
중국어 문장의 핵심 어순이니 꼭 알아두어요.

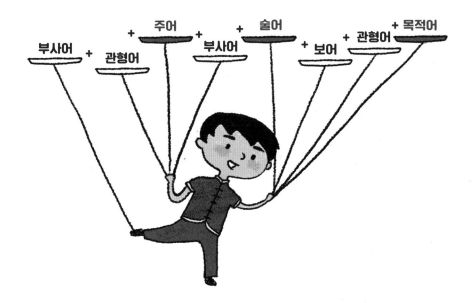

Wǒ	de	péngyou	zuótiān	zuò	wán le	cài.
我	**的**	**朋友**	**昨天**	**做**	**完了**	**菜。**
관형어		주어	부사어	술어	보어	목적어
나의		친구는	어제	하다	다 했다	요리를.

나의 친구는 어제 요리를 다 했다.

사람이나 사물을 대신 나타내는 말 익히기

'나', '우리', '그것'처럼 사람이나 사물을 대신해서 나타내는 말을 익혀 보아요. 이런 말을 '대사'라고 하고, 문장의 주어 또는 관형어로 자주 사용돼요.

🎧 HSK 기초학습_01.mp3

Wǒ	nǐ	wǒmen
我	你	我们
나, 저	너, 당신	우리, 우리들

tā	tā	tā
他	她	它
그, 그 사람	그녀, 그 여자	그, 그것

nín	zhè	nà
您	这	那
당신[你의 존칭]	이, 이것	그, 저, 그곳

■ 각 단어의 음원을 듣고, 병음과 뜻을 연결해 보세요.

01 我们   ⓐ nǐ   ① 이, 이것

02 你   ⓑ tā   ② 그, 그 사람

03 他   ⓒ zhè   ③ 너, 당신

04 这   ⓓ wǒmen   ④ 우리, 우리들

정답
01 ⓓ - ④
02 ⓐ - ③
03 ⓑ - ②
04 ⓒ - ①

02 신분이나 직업을 나타내는 말 익히기
어휘 기초

'아빠', '선생님'처럼 사람의 신분이나 직업을 나타내는 말을 익혀 보아요. 이런 말을 '명사'라고 하고, 문장의 주어와 목적어로 자주 사용돼요.

🎧 HSK 기초학습_02.mp3

bàba **爸爸** 아빠, 아버지	māma **妈妈** 엄마, 어머니	érzi **儿子** 아들	nǚ'ér **女儿** 딸
gēge **哥哥** 오빠, 형	dìdi **弟弟** 남동생	jiějie **姐姐** 누나, 언니	mèimei **妹妹** 여동생

yīshēng **医生** 의사	xuésheng **学生** 학생	lǎoshī **老师** 선생님

■ 각 단어의 음원을 듣고, 병음과 뜻을 연결해 보세요.

01 **爸爸**　　　　ⓐ dìdi　　　　① 의사

02 **妹妹**　　　　ⓑ yīshēng　　　② 아빠, 아버지

03 **弟弟**　　　　ⓒ bàba　　　　③ 여동생

04 **医生**　　　　ⓓ mèimei　　　④ 남동생

정답
01 ⓒ - ②
02 ⓓ - ③
03 ⓐ - ④
04 ⓑ - ①

03 | 사물이나 시간을 나타내는 말 익히기

어휘 기초

'책', '과일' 그리고 '지금', '오늘'처럼 사물이나 시간을 나타내는 말을 익혀 보아요. 이런 말을 '명사'라고 해요. 문장에서 자주 사용되므로 꼭 암기해 두어야 해요.

🎧 HSK 기초학습_03.mp3

chá 茶 차	**cài** 菜 요리, 채소	**shū** 书 책	**qián** 钱 돈, 화폐
shuǐguǒ 水果 과일	**píngguǒ** 苹果 사과	**diànyǐng** 电影 영화	**diànshì** 电视 텔레비전
yīfu 衣服 옷	**xiànzài** 现在 지금, 현재	**jīntiān** 今天 오늘	**míngtiān** 明天 내일

■ 각 단어의 음원을 듣고, 병음과 뜻을 연결해 보세요.

01 今天   ⓐ chá   ① 영화

02 电影   ⓑ jīntiān   ② 오늘

03 茶   ⓒ míngtiān   ③ 차

04 明天   ⓓ diànyǐng   ④ 내일

정답
01 ⓑ - ②
02 ⓓ - ①
03 ⓐ - ③
04 ⓒ - ④

04 | 수나 양을 나타내는 말 익히기
어휘 기초

'1', '2', '3'이나 '하나', '둘', '셋' 등과 같이 수나 양을 나타내는 말을 익혀 보아요. 이런 말을 '수사'라고 해요. '18살', '1시', '500 위안'과 같이 나이, 시간, 금액 등을 표현할 때 항상 사용되므로 꼭 익혀 두어요.

🎧 HSK 기초학습_04.mp3

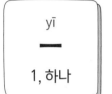

yī

一

1, 하나

èr

二

2, 둘

sān

三

3, 셋

sì

四

4, 넷

wǔ

五

5, 다섯

liù

六

6, 여섯

qī

七

7, 일곱

bā

八

8, 여덟

jiǔ

九

9, 아홉

shí

十

10, 열

líng

零

0, 영

liǎng

两

둘, 두 개의

bǎi

百

100, 백

qiān

千

1000, 천

■ 각 단어의 음원을 듣고, 병음과 뜻을 연결해 보세요.

01	百	ⓐ bǎi	① 10, 열
02	九	ⓑ liǎng	② 100, 백
03	两	ⓒ shí	③ 9, 아홉
04	十	ⓓ jiǔ	④ 둘, 두 개의

정답
01 ⓐ - ②
02 ⓓ - ③
03 ⓑ - ④
04 ⓒ - ①

개수를 셀 때 쓰는 말 익히기

'한 개', '두 명', '세 번'의 '개', '명', '번'처럼 사물의 개수, 사람의 수, 동작의 횟수를 세는 말을 익혀 보아요. 이런 말을 '양사'라고 해요. 우리말에서는 '책 한 권'이라고 표현하지만, 중국어에서는 **一本书**(yì běn shū, 한 권의 책)와 같은 순서로 표현한다는 것도 함께 알아 두어요.

🎧 HSK 기초학습_05.mp3

gè **个** 개, 명	cì **次** 번, 회, 차례	běn **本** 권 
kuài **块** 조각, 위안 	suì **岁** 살, 세	jiàn **件** 벌, 건[옷, 일 등을 세는 단위]
xiē **些** 조금[불확실한 수량을 나타냄]	zhāng **张** 장[표, 책상 등을 세는 단위] 	

■ 각 단어의 음원을 듣고, 병음과 뜻을 연결해 보세요.

01	一次	ⓐ zhèxiē	① 네 살
02	四岁	ⓑ bā kuài	② 여덟 조각
03	八块	ⓒ sì suì	③ 이런 것들
04	这些	ⓓ yí cì	④ 한 번

정답
01 ⓓ - ④
02 ⓒ - ①
03 ⓑ - ②
04 ⓐ - ③

06 어휘 기초 | 상태를 나타내는 말 익히기

'좋다', '기쁘다', '맛있다'처럼 사람이나 사물의 상태를 나타내는 말을 익혀 보아요. 이런 말은 '형용사'가 많아요. 문장에서 술어로 자주 사용되므로 꼭 암기해 두어야 해요.

🎧 HSK 기초학습_06.mp3

hǎo
好
좋다

gāoxìng
高兴
기쁘다

gāo
高
높다, (키가) 크다

hǎochī
好吃
맛있다

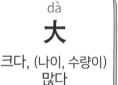
dà
大
크다, (나이, 수량이) 많다

xiǎo
小
작다, (나이, 수량이) 적다

duō
多
(수량이) 많다

shǎo
少
(수량이) 적다

yuǎn
远
멀다

jìn
近
가깝다

rè
热
덥다, 뜨겁다

lěng
冷
춥다, 차다

■ 각 단어의 음원을 듣고, 병음과 뜻을 연결해 보세요.

01 远   ⓐ shǎo   ① 높다, (키가) 크다

02 热   ⓑ gāo   ② 멀다

03 少   ⓒ yuǎn   ③ 덥다, 뜨겁다

04 高   ⓓ rè   ④ (수량이) 적다

정답
01 ⓒ - ②
02 ⓓ - ③
03 ⓐ - ④
04 ⓑ - ①

07 | 동작을 나타내는 말 익히기
어휘 기초

'먹다', '말하다'처럼 사람의 동작을 나타내는 말을 익혀 보아요. 이런 말을 '동사'라고 하고, 목적어를 취하는 술어로 자주 사용되므로 꼭 암기해 두어야 해요.

🎧 HSK 기초학습_07.mp3

chī **吃** 먹다	hē **喝** 마시다	kàn **看** 보다	tīng **听** 듣다
shuō **说** 말하다	dú **读** (책을) 읽다	xiě **写**  쓰다, 적다	qù **去** 가다
zǒu **走** 걷다, 가다	zuò **做** 하다, 만들다	zuò **坐** 앉다, 타다	mǎi **买** 사다, 구매하다

■ 각 단어의 음원을 듣고, 병음과 뜻을 연결해 보세요.

01 说 　　　ⓐ dú 　　　① 듣다

02 去 　　　ⓑ tīng 　　　② (책을) 읽다

03 听 　　　ⓒ shuō 　　　③ 가다

04 读 　　　ⓓ qù 　　　④ 말하다

정답
01 ⓒ - ④
02 ⓓ - ③
03 ⓑ - ①
04 ⓐ - ②

08 | 정도와 범위를 강조하는 말 익히기

어휘 기초

'매우', '너무'처럼 정도를 강조하거나 '모두'처럼 범위를 강조해 주는 말을 익혀 보아요. 이런 말을 '부사'라고 하고, 술어로 사용되는 형용사나 동사 앞에서 자주 쓰인답니다. 특히 太는 太……了(tài …… le, 너무 ~하다)의 형태로 자주 쓰인다는 것도 꼭 알아 두세요.

🎧 HSK 기초학습_08.mp3

hěn **很** 매우	tài **太** 너무	fēicháng **非常** 매우, 아주

dōu **都** 모두, 다	yìqǐ **一起** 같이, 함께

■ 각 단어의 음원을 듣고, 병음과 뜻을 연결해 보세요.

01 都   ⓐ fēicháng   ① 같이, 함께

02 一起   ⓑ yìqǐ   ② 매우, 아주

03 非常   ⓒ dōu   ③ 너무

04 太   ⓓ tài   ④ 모두, 다

정답
01 ⓒ - ④
02 ⓑ - ①
03 ⓐ - ②
04 ⓓ - ③

동사 앞에 쓰여 '~할 줄 알다', '~하고 싶다'와 같은 의미를 더해주는 말을 익혀 보아요. 이런 말을 '조동사'라고 해요.
조동사는 동사 앞에 온다는 것도 함께 알아 두세요.

🎧 HSK 기초학습_09.mp3

huì **会** ~할 줄 알다, ~할 것이다	xiǎng **想** ~하고 싶다	kěyǐ **可以** ~해도 좋다

néng **能** ~할 수 있다	yào **要** ~해야 한다, ~하려고 한다

■ 각 단어의 음원을 듣고, 병음과 뜻을 연결해 보세요.

01 **可以**   ⓐ néng   ① ~할 수 있다

02 **要**   ⓑ yào   ② ~할 줄 알다, ~할 것이다

03 **能**   ⓒ huì   ③ ~해야 한다, ~하려고 한다

04 **会**   ⓓ kěyǐ   ④ ~해도 좋다

정답
01 ⓓ - ④
02 ⓑ - ③
03 ⓐ - ①
04 ⓒ - ②

10
어휘 기초 | 궁금한 것을 물어볼 때 사용하는 말 익히기

대사 중에서 '누구', '무엇', '어떠한가'처럼 상대에게 사람, 사물, 상황에 대해 물어보는 말을 익혀 보아요. 이런 말을 '의문사'라고 해요. 문장에 의문사가 있으면 의문사 의문문이 돼요. 듣기/독해의 대화나 질문에서 자주 사용되므로 꼭 암기해 두어야 해요.

🎧 HSK 기초학습_10.mp3

nǎ **哪** 어느	nǎr **哪儿** 어디	shéi **谁** 누구
shénme **什么** 무엇, 무슨	duō **多** 얼마나[정도, 수량을 물음]	duōshao **多少** 얼마, 몇[수량을 물음]
jǐ **几** 몇	zěnme **怎么** 어떻게, 어째서	zěnmeyàng **怎么样** 어떠한가, 어떻다

■ 각 단어의 음원을 듣고, 병음과 뜻을 연결해 보세요.

01 谁 　　 ⓐ nǎ 　　 ① 무엇, 무슨

02 哪 　　 ⓑ shéi 　　 ② 어느

03 什么 　　 ⓒ shénme 　　 ③ 어떻게, 어째서

04 怎么 　　 ⓓ zěnme 　　 ④ 누구

정답
01 ⓑ - ④
02 ⓐ - ②
03 ⓒ - ①
04 ⓓ - ③

🎧 HSK 기초학습_11.mp3

Wǒ chī.
我 吃。 나는 먹는다.
주어 술어(동사)
나는 먹는다.

👉 술어는 중국어 문장의 핵심 성분이에요. 술어 자리에는 동사가 가장 많이 쓰여요.

Bàba kàn shū.
爸爸 看 书。 아빠는 색을 본다.
주어 술어(동사) 목적어
아빠는 본다 책을.

술어가 동사일 때, 술어 뒤에는 목적어가 따라올 수 있어요. '주어가 목적어를 (동사)하다'로 해석해요.

Tā shì xuésheng.
他 是 学生。
주어 술어(동사) 목적어
그는 ~이다 학생.

그는 학생이다.

Tā yǒu qián.
她 有 钱。
주어 술어(동사) 목적어
그녀는 ~이/가 있다 돈이.

그녀는 돈이 있다.

👉 동사 是(shì, ~이다)과 有(yǒu, ~이/가 있다)도 목적어가 따라오는 동사예요. 이런 문장은 동사의 뜻에 따라 자연스럽게 해석하면 돼요.

■ 다음 문장에서 술어에 동그라미를 치고, 동사 술어에 유의하여 문장을 우리말로 해석하세요.

Māma hē shuǐ.
01 妈妈 喝 水。 _____

Tā shì lǎoshī.
02 他 是 老师。 _____

Xuésheng kàn shū.
03 学生 看 书。 _____

Tā yǒu piào.
04 她 有 票。 _____

어휘
01 妈妈 māma 몡 엄마 [1급]
　　喝 hē 동 마시다 [1급]
　　水 shuǐ 몡 물 [1급]
02 老师 lǎoshī 몡 선생님 [1급]
03 学生 xuésheng 몡 학생 [1급]
　　看 kàn 동 보다 [1급]
　　书 shū 몡 책 [1급]
04 她 tā 대 그녀, 그 여자 [1급]
　　票 piào 몡 표, 티켓 [2급]

정답
01 (喝) 엄마는 물을 마신다.
02 (是) 그는 선생님이다.
03 (看) 학생이 책을 본다.
04 (有) 그녀는 표가 있다.

12 독해 기초 | 술어가 형용사 또는 명사인 문장 해석하기

🎧 HSK 기초학습_12.mp3

Tā hěn gāoxìng.
他 很 高兴。 그는 기쁘다.
주어 부사어 술어(형용사)
그는 기쁘다.

➡️ 술어 자리에 형용사가 올 수 있어요. 형용사가 술어인 경우, 술어 앞에 很(hěn, 매우)을 습관처럼 써요. 이런 경우 보통 很은 해석하지 않아요. 위 예문도 '그는 매우 기쁘다.'가 아닌, '그는 기쁘다.'로 해석해요.

Jīntiān xīngqīyī.
今天 星期一。 오늘은 월요일이다.
주어 술어(명사)
오늘은 월요일이다.

➡️ 술어 자리에 명사가 올 수도 있어요. 주로 나이·키·가격·수량·시간·날짜와 같이 숫자와 관련된 명사가 술어로 자주 쓰여요.

■ 다음 문장에서 술어에 동그라미를 치고, 형용사/명사 술어에 유의하여 문장을 우리말로 해석하세요.

Xiànzài sān diǎn.
01 现在 三点。 _____

Shuǐguǒ hěn guì.
02 水果 很 贵。 _____

Yīfu hěn dà.
03 衣服 很 大。 _____

Shū shí kuài qián.
04 书 十 块 钱。 _____

어휘
01 现在 xiànzài 몡 지금, 현재 [1급]
　　点 diǎn 몡 시 [1급]
02 水果 shuǐguǒ 몡 과일 [1급]
　　贵 guì 혱 비싸다 [2급]
03 衣服 yīfu 몡 옷 [1급]
　　大 dà 혱 크다 [1급]
04 书 shū 몡 책 [1급]
　　块 kuài 몡 위안[중국 화폐 단위] [1급]

정답
01 (三点) 지금은 세 시이다.
02 (贵) 과일이 비싸다.
03 (大) 옷이 크다.
04 (十块钱) 책이 10위안이다.

🎧 HSK 기초학습_13.mp3

Māma　bú　qù.
妈妈　不　去。
주어　부사어　술어
엄마는　~않다　가다.

엄마는 가지 **않는다**.
(엄마는 **안** 간다.)

➡ 중국어 부정문을 만들 때에는 술어 앞에 不(bù, ~않다)를 붙이면 돼요. '(주어)는 (술어)하지 않다'로 해석해요.

Tā　méiyǒu　lái.
她　没有　来。
주어　부사어　술어
그녀는　~않았다　오다.

그녀는 오지 **않았다**.
(그녀는 **안** 왔다.)

➡ 술어 앞에 부사 没有(méiyǒu, ~않았다)를 써서 부정문을 만들기도 해요. 没有를 쓰면 과거에 실행하지 않은 일을 나타내며, '(주어)는 (술어)하지 않았다'라고 해석해요. 부사 没有는 동사 没有(~가 없다)와는 달리, 有를 종종 생략한다는 것도 함께 알아 두세요.

■ 다음 문장에서 술어에 동그라미를 치고, 不나 没有에 유의하여 문장을 우리말로 해석하세요.

Xiànzài　bú　rè.
01　现在　不　热。　_____

Nǚ'ér　bù　gāoxìng.
02　女儿　不　高兴。　_____

Érzi　méi　chī　píngguǒ.
03　儿子　没　吃　苹果。　_____

Mèimei　méiyǒu　mǎi　yīfu.
04　妹妹　没有　买　衣服。　_____

어휘
01 现在 xiànzài 몡 지금, 현재 [1급]
　热 rè 휑 덥다 [1급]
02 女儿 nǚ'ér 몡 딸 [2급]
　高兴 gāoxìng 휑 기쁘다 [1급]
03 儿子 érzi 몡 아들 [1급]
　吃 chī 동 먹다 [1급]
　苹果 píngguǒ 몡 사과 [1급]
04 妹妹 mèimei 몡 여동생 [2급]
　买 mǎi 동 사다 [1급]
　衣服 yīfu 몡 옷 [1급]

정답
01 (热) 지금은 덥지 않다.
02 (高兴) 딸은 기쁘지 않다.
03 (吃) 아들은 사과를 먹지 않았다.
04 (买) 여동생은 옷을 사지 않았다.

14 | 吗(ma) 의문문과 정반의문문 해석하기

🎧 HSK 기초학습_14.mp3

Nǐ　kàn　diànshì　ma?
你　看　电视　吗?　너는 텔레비전을 보니?
주어　술어　목적어　조사
너는　보다　텔레비전을　~니?

➡ 중국어에서는 문장 끝에 吗(ma)만 붙이면 의문문이 되며, 이를 吗 의문문이라고 해요. 이 때, '吗?'는 '~니?', '~요?' 라고 해석하면 돼요. 여기서 吗는 문장 끝에 붙여서 묻는 뉘앙스를 만들어 주는 어기조사예요.

Nǐ　qù bu qù　xuéxiào?
你　去不去　学校?　너는 학교를 가니 (안 가니)?
주어　술어　목적어
너는　가니 안 가니　학교를 ?

➡ 중국어에서는 동사나 형용사를 'A 不(bu) A', 즉 'A하니 안 하니?'의 형태로 만든 의문문이 있는데, 이를 정반의문문 이라고 해요. 이 때, 'A 不 A'는 吗 의문문과 같이 '~니?', '~요?'라고 해석하면 돼요. 정반의문문은 문장 끝에 吗(ma) 가 필요 없는 의문문이며, 상황을 파악하거나 상대의 의도를 가볍게 확인하는 뉘앙스가 있어요.

■ 다음 문장에서 술어에 동그라미를 치고, 吗 의문문과 정반의문문에 유의하여 문장을 우리말로 해석하세요.

Tā　zuò huǒchē ma?
01　她 坐 火车 吗?　_____

Nǐmen lěng bu lěng?
02　你们 冷 不 冷?　_____

Tiānqì hǎo ma?
03　天气 好 吗?　_____

Nǐ kàn bu kàn diànyǐng?
04　你 看 不 看 电影?　_____

어휘
01 坐 zuò 图 타다 [1급]
　火车 huǒchē 명 기차
02 冷 lěng 형 춥다 [1급]
03 天气 tiānqì 명 날씨 [1급]
　好 hǎo 형 좋다 [1급]
04 看 kàn 图 보다 [1급]
　电影 diànyǐng 명 영화 [1급]

정답
01 坐 그녀는 기차를 타나요?
02 冷不冷 너희 추워?
03 好 날씨 좋아요?
04 看不看 너 영화 보니?

🎧 HSK 기초학습_15.mp3

Mèimei　zhèngzài　gōngzuò.
妹妹　正在　工作。　여동생은 일하고 있다.
주어　　부사어　　술어
여동생은　~하고 있다　일하다.

Bàba　zài　shuōhuà.
爸爸　在　说话。　아빠가 말하고 있다.
주어　부사어　술어
아빠가　~하고 있다　말하다.

➡️ 동사 술어 바로 앞에 부사 正在(zhèngzài)나 在(zài)가 있으면 동작의 진행을 나타내는 문장이에요. '~하고 있다'라고 해석하면 돼요. 正在나 在를 쓴 문장의 끝에 呢(ne)를 붙여 동작 진행의 뉘앙스를 더욱 강조할 수도 있어요.

■ 다음 문장에서 술어에 동그라미를 치고, 正在와 在에 유의하여 문장을 우리말로 해석하세요.

Yīshēng zài hē chá.
01 医生 在 喝 茶。 _____

Nǚ'ér zài xiě míngzi.
02 女儿 在 写 名字。 _____

Xuésheng zhèngzài dú shū.
03 学生 正在 读 书。 _____

Dìdi zài shuìjiào ne.
04 弟弟 在 睡觉 呢。 _____

어휘
01 医生 yīshēng 몡 의사 [1급]
　　茶 chá 몡 차 [1급]
02 女儿 nǚ'ér 몡 딸 [1급]
　　写 xiě 동 쓰다, 적다 [1급]
　　名字 míngzi 몡 이름 [1급]
03 学生 xuésheng 몡 학생 [1급]
　　读 dú 동 읽다 [1급]
　　书 shū 몡 책 [1급]
04 弟弟 dìdi 몡 남동생 [2급]
　　睡觉 shuìjiào 동 잠을 자다 [1급]

정답
01 (喝) 의사는 차를 마시고 있다.
02 (写) 딸은 이름을 쓰고 있다.
03 (读) 학생은 책을 읽고 있다.
04 (睡觉) 남동생은 잠을 자고 있다.

16 독해 기초 | '수사/대사+양사'가 사용된 문장 해석하기

🎧 HSK 기초학습_16.mp3

Érzi kàn liǎng běn shū.
儿子 看 两本 书。 아들은 책 두 권을 본다.
주어 술어 수사+양사 목적어
      관형어
아들은 본다 두 권 책을.

➡️ 사람이나 물건을 셀 때 명사 앞에 一本(yì běn, 한 권)과 같은 '수사+양사'의 형태의 관형어를 붙여요. '수사+양사+명사'의 해석은, 예문의 两本书(liǎng běn shū)를 '두 권의 책'이 아닌 '책 두 권'으로 해석한 것처럼, 우리말로 자연스럽게 해석하면 돼요.

Zhège yīfu zěnmeyàng?
这个 衣服 怎么样? 이 옷은 어떤가요?
대사+양사 주어 술어
관형어
이 옷은 어떤가요?

➡️ 주어나 목적어 앞에 这个(zhège, 이것)와 같은 '대사+양사'도 관형어로 올 수 있어요.

Tā yǒu ge bēizi.
她 有 个 杯子。 그녀는 컵 한 개가 있다.
주어 술어 관형어 목적어
그녀는 있다 한 개 컵이.

➡️ 一个(yí ge, 한 개)처럼 一(yī, 1)를 쓸 때는 一가 자주 생략돼요. 위 예문도 양사 个(gè, 개) 앞에 一가 생략되었어요.

■ 다음 문장에서 술어에 동그라미를 치고, '수사/대사+양사'에 유의하여 문장을 우리말로 해석하세요.

01
Wǒ zài dú yì běn shū.
我 在 读 一 本 书。 _____

02
Tāmen chī sān ge cài.
他们 吃 三 个 菜。 _____

03
Liù ge tóngxué zài kàn diànshì.
六 个 同学 在 看 电视。 _____

04
Nǐ chī ge píngguǒ ba.
你 吃 个 苹果 吧。 _____

어휘
01 在 zài [부] ~하고 있다 [1급]
   本 běn [양] 권 [1급]
02 个 gè [양] 개 [1급]
   菜 cài [명] 요리 [1급]
03 同学 tóngxué [명] 학우 [1급]
   电视 diànshì [명] 텔레비전 [1급]
04 苹果 píngguǒ [명] 사과 [1급]

정답
01 (读) 나는 책 한 권을 읽고 있다.
02 (吃) 그들은 요리 세 개를 먹는다.
03 (看) 학우 여섯 명이 텔레비전을 보고 있다.
04 (吃) 너는 사과 하나를 먹으렴.

🎧 HSK 기초학습_17.mp3

Wǒ	mǎile	jǐ ge	shuǐguǒ.
我	买了	几个	水果。
주어	술어(동사+了)	관형어	목적어
나는	샀다	몇 개	과일을 .

나는 과일 몇 개를 샀다.

➥ 동사 뒤에 了(le)가 붙어 있으면 동작이 완료 또는 완성되었음을 나타내요. '~했다'로 해석하면 돼요. 예문에서도 了가 동사 买(mǎi, 사다) 뒤에 붙어 있으므로, 买了(mǎile)를 '샀다'로 해석하면 된답니다.

Xiànzài	sān diǎn	le.
现在	三点	了。
주어	술어	了
지금	세 시(이다)	~가 되었다.

지금 세 시가 되었다.
(지금 세 시다.)

➥ 문장 끝에 了(le)가 붙어 있으면 상태나 상황이 변했음을 나타내요. '~가 되었다', '~하게 되었다'라고 해석하면 돼요. 예문에서도 了가 문장 가장 끝에 붙어 세 시가 아닌 상태에서 세 시인 상태로 변화되었음을 나타냈어요. 해석은 우리말로 자연스럽게 '세 시다'로 하면 돼요. 지금 시간, 올해 나이, 오늘 날씨를 나타내는 문장의 끝에 了(le)를 자주 붙여요.

■ 다음 문장에서 술어에 동그라미를 치고, 了에 유의하여 문장을 우리말로 해석하세요.

01
Érzi jīnnián wǔ suì le.
儿子 今年 五 岁 了。 _____

02
Zhège yīshēng qùle Zhōngguó.
这个 医生 去了 中国。 _____

03
Gēge xǐle zhè jiàn yīfu.
哥哥 洗了 这 件 衣服。 _____

04
Jīntiān xià xuě le.
今天 下 雪 了。 _____

어휘
01 儿子 érzi 몡 아들 [1급]
　　今年 jīnnián 몡 올해
　　岁 suì 양 살[나이를 셀 때 쓰임] [1급]
02 中国 Zhōngguó 고유 중국 [1급]
03 哥哥 gēge 몡 형, 오빠 [2급]
　　洗 xǐ 동 빨다, 씻다 [2급]
　　件 jiàn 양 벌, 건 [2급]
04 今天 jīntiān 몡 오늘 [1급]
　　下 xià 동 내리다 [1급]
　　雪 xuě 몡 눈 [2급]

정답
01 (五岁) 아들은 올해 5살이다.
02 (去了) 이 의사는 중국에 갔다.
03 (洗了) 형이 이 옷을 빨았다.
04 (下) 오늘은 눈이 내린다.

18 독해 기초 | 술어로 사용된 동사가 2개인 문장 해석하기

🎧 HSK 기초학습_18.mp3

Wǒ   qù   shāngdiàn   mǎi   cài.
我 去 商店 买 菜。
주어   술어1(동사1)   목적어1   술어2(동사2)   목적어2
나는   간다   상점에   산다   음식을 .

나는 상점에 가서 음식을 산다.

➡️ 중국어에서는 동사 2개를 술어로 사용하여, 2개의 동작이 순서대로 연속되는 것을 나타낼 수 있어요. 이러한 문장을 연동문이라고 해요. '(동사1)하고 (동사2)하다'와 같이 해석하면 돼요.

Tāmen   lái   wǒ   jiā   kàn   diànyǐng.
他们 来 我 家 看 电影。
주어   술어1(동사1)   관형어   목적어1   술어2(동사2)   목적어2
그들은   온다   나의   집에   본다   영화를 .

그들은 영화를 보러 나의 집에 온다.

➡️ 연동문에서는 동사2가 동사1을 행하는 목적을 나타내기도 해요. 이런 문장은 '(동사2)하러 (동사1)하다'로 자연스럽게 해석해요.

■ 다음 문장에서 술어에 동그라미를 치고, 2개의 동사 술어에 유의하여 문장을 우리말로 해석하세요.

Māma   qù   kàn   péngyou.
01 妈妈 去 看 朋友。 _____

Lǎoshī   kāichē   qù   xuéxiào.
02 老师 开车 去 学校。 _____

Wǒ   míngnián   qù   Běijīng   gōngzuò.
03 我 明年 去 北京 工作。 _____

Dìdi   lái   wǒ   jiā   wánr.
04 弟弟 来 我 家 玩儿。 _____

어휘
01 妈妈 māma 몡 엄마 [1급]
    朋友 péngyou 몡 친구 [1급]
02 开车 kāichē 통 차를 운전하다
    学校 xuéxiào 몡 학교 [1급]
03 明年 míngnián 몡 내년
    北京 Běijīng 고유 베이징 [1급]
    工作 gōngzuò 통 일하다 [1급]
04 弟弟 dìdi 몡 남동생 [2급]
    家 jiā 몡 집 [1급]
    玩(儿) wán(r) 통 놀다 [2급]

정답
01 (去)(看), 엄마는 친구를 보러 간다.
02 (开车)(去), 선생님은 차를 운전해서 학교에 간다.
03 (去)(工作), 나는 내년에 베이징에 가서 일한다.
04 (来)(玩儿), 남동생은 우리 집에 놀러 온다.

🎧 HSK 기초학습_19.mp3

Píngguǒ   shì   tā   mǎi   de.
苹果   是   他   买   的。   사과는 그가 산 것이다.
주어   是   강조내용 술어   的
사과는   (~이다)   그가   사다   (~한 것).

➡️ 중국어에서는 是(shì)과 的(de) 사이에 강조하고 싶은 내용을 넣을 수 있어요. 주로 과거에 이미 발생한 행위에 대한 시간·장소·대상·방법 등을 강조하기 위해 사용해요. 是~的는 '~한 것이다'로 해석하면 되는데, 특히 是 바로 뒤에 쓰인 내용을 강조한답니다. 위의 예문에서도 是과 的 사이에 他买(tā mǎi)를 넣어 是 바로 뒤의 他를 강조했어요. '그가 산 것이다'로 해석하면 되고, 다른 그 누구도 아닌 '그'가 샀다는 사실을 강조하고 있어요.

Tā   shì   zuótiān   qù   de.
他   是   昨天   去   的。   그는 어제 간 것이다.
주어   是   강조내용   술어   的
그는   (~이다)   어제   가다   (~한 것).

Nǐ   shì   zěnme   xuéxí   de?
你   是   怎么   学习   的?   너는 어떻게 공부한 것이니?
주어   是   강조내용   술어   的
너는   (~이다)   어떻게   공부하다 (~한 것)?

■ 다음 문장에서 술어에 동그라미를 치고, 是~的에 유의하여 문장을 우리말로 해석하세요.

Nàge   cài   shì   wǒ   zuò   de.
01   那个 菜 是 我 做 的。   ＿＿＿＿＿＿＿＿

Tāmen   shì   zěnme   rènshi   de?
02   他们 是 怎么 认识 的?   ＿＿＿＿＿＿＿＿

Nàge   zì   shì   wǒ   péngyou   xiě   de.
03   那个 字 是 我 朋友 写 的。   ＿＿＿＿＿＿＿＿

Nàge   xīguā   shì   tā   jiějie   sòng   de.
04   那个 西瓜 是 他 姐姐 送 的。   ＿＿＿＿＿＿＿＿

어휘
01 菜 cài 몡 요리 [1급]
　　做 zuò 통 만들다 [1급]
02 怎么 zěnme 때 어떻게 [1급]
　　认识 rènshi 통 알다 [1급]
03 字 zì 몡 글자 [1급]
　　朋友 péngyou 몡 친구 [1급]
　　写 xiě 통 쓰다, 적다 [1급]
04 西瓜 xīguā 몡 수박 [2급]
　　姐姐 jiějie 몡 누나, 언니 [2급]
　　送 sòng 통 선물하다 [2급]

정답
01 (做) 그 요리는 내가 만든 것이다.
02 (认识) 그들은 어떻게 알게 된 것이니?
03 (写) 그 글자는 내 친구가 쓴 것이다.
04 (送) 그 수박은 그의 누나가 선물한 것이다.

20 독해 기초 | 동사 뒤에 过(guo)나 着(zhe)가 붙은 문장 해석하기 `2급`

🎧 HSK 기초학습_20.mp3

Wǒ	kànguo	zhège	diànyǐng.
我	看过	这个	电影。
주어	술어(동사+过)	관형어	목적어
나는	본 적 있다	이	영화를.

나는 이 영화를 본 적 있다.

➡️ 过(guo)를 동사 바로 뒤에 붙여 쓰면 어떤 행동을 한 적이 있다는 경험을 나타내요. '~한 적 있다'로 해석하면 돼요.
참고로, 过(guo)는 과거의 경험을 나타내므로 부정문을 만들 때에는 술어 앞에 没有(méiyǒu, ~않았다)를 써요.

Tā	chuānzhe	yīfu.
她	穿着	衣服。
주어	술어(동사+着)	목적어
그녀는	입고 있다	옷을.

그녀는 옷을 입고 있다.

➡️ 着(zhe)를 동사 바로 뒤에 붙여 쓰면 동작의 상태가 지속됨을 나타내요. '~한 채로 있다', '~하고 있다'로 해석하면
돼요. 예문의 穿着(chuānzhe, 입고 있다)도 옷을 입고 있는 상태가 지속됨을 나타내고 있어요.

■ 다음 문장에서 술어에 동그라미를 치고, 동사 뒤에 붙은 过나 着에 유의하여 문장을 우리말로 해석하세요.

01
Wǒ chīguo zhège cài.
我 吃过 这个 菜。 _____

02
Lǎoshī děngzhe xuésheng.
老师 等着 学生。 _____

03
Tā bàba méiyǒu qùguo Zhōngguó.
他 爸爸 没有 去过 中国。 _____

04
Tā tīngzhe gē pǎobù.
她 听着 歌 跑步。 _____

어휘

01 菜 cài [명] 요리 [1급]
02 老师 lǎoshī [명] 선생님 [1급]
等 děng [동] 기다리다 [2급]
03 爸爸 bàba [명] 아버지, 아빠 [1급]
中国 Zhōngguó [고유] 중국 [1급]
04 听 tīng [동] 듣다 [1급]
歌 gē [명] 노래
跑步 pǎobù [동] 달리다 [2급]

정답

01 (吃过) 나는 이 요리를 먹어본 적 있다.
02 (等着) 선생님은 학생을 기다리고 있다.
03 (去过) 그의 아버지는 중국에 가본 적이 없다.
04 (听着)(跑步) 그녀는 노래를 들으면서 달린다.

해커스 HSK 1-2급 한 권으로 가뿐하게 합격

HSK 1급

듣기

독해

실전모의고사 1,2,3

HSK 1급 듣기

제1부분 표현 듣고 일치·불일치 판단하기

제2부분 짧은 문장 듣고 사진 선택하기

제3부분 대화 듣고 사진 선택하기

제4부분 문장 듣고 질문에 맞는 답 선택하기

무료MP3 바로듣기

출제 형태 및 시험 진행 순서

듣기 제1부분은 음성으로 들려주는 표현과 문제지에 제시된 사진이 일치하는지 불일치하는지 판단하는 문제예요. 총 5문제(1~5번)가 출제돼요.

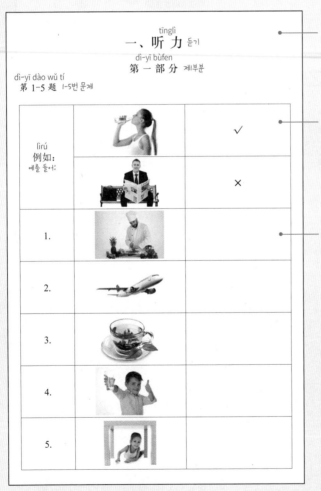

음성에서는 제일 먼저 듣기 영역에 대한 안내가 나와요.

예제가 두 문제 제시되고, 다음 내용의 음성을 들려줘요.

[음성]

hē shuǐ	kàn diànshì
喝水	看电视
(물을 마신다)	(텔레비전을 보다)

아래와 같은 음성이 들리면 1번 문제를 보며 문제 풀이를 시작하세요.

[음성]

Xiànzài kāishǐ dì-yī tí:

现在开始第1题:

(지금부터 1번 문제를 시작하겠습니다.)

음성을 듣고 음성과 사진이 일치하면 ∨, 일치하지 않으면 ✕를 빈칸에 표시해요.
음성은 두 번 들려줘요.

한 문제의 음성이 끝나면, 10초 뒤에 다음 문제의 음성이 나와요.

* 위 문제는 P.52 실전 테스트에서 직접 풀어볼 수 있어요.

출제 경향

① 사람이 등장하는 사진이 자주 출제돼요.

듣기 제1부분에서는 사람이 등장하는 사진, 사물·동물이 등장하는 사진이 출제되는데, 그중 사람이
등장하는 사진이 가장 많이 출제돼요.

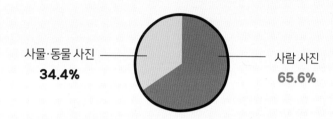

사물·동물 사진
34.4%

사람 사진
65.6%

② 사람과 관련해서는 사람의 행동을 나타내는 표현이 가장 많이 출제돼요.

사람과 관련해서는 '엄마'나 '아빠와 딸'과 같은 신분 또는 관계를 나타내는 표현, 사람이 어떤 행동을
하고 있거나, 특정 상황에 처해있는 표현이 사진과 함께 출제돼요.

③ 음성에서 언급되는 표현을 듣고 곧바로 일치·불일치를 판단할 수 있는 문제가 출제돼요.

음성에서 언급되는 사람의 동작이나 상황을 나타내는 표현, 사물이나 동물의 이름 등을 듣고 사진과
일치하는지 아니면 불일치하는지를 바로 판단할 수 있는 문제가 주로 출제돼요.

학습 방법

① 시험에 자주 나오는 사람과 관련된 표현을 익혀 두세요.

사람과 관련된 표현에는 사람의 신분·관계를 나타내는 표현, 사람의 행동을 나타내는 표현,
그리고 사람이 처한 상황을 나타내는 표현이 있어요. 시험에 자주 나오는 이러한 표현을 익히면
쉽게 일치·불일치를 판단할 수 있어요.

② 자주 출제되는 동물 및 사물과 관련된 표현을 익혀 두세요.

HSK 1급에 나오는 동물로는 강아지(gǒu, 狗)와 고양이(māo, 猫)가 있고, 사과, 차와 같이 자주
나오는 사물이 정해져 있으므로, 이를 미리 익혀 두도록 해요.

빈출 표현 익히기

시험에 자주 출제되는 사진과 함께 관련 표현을 익혀 보아요. 음성을 들으며 큰 소리로 따라 읽으면 더 재미있게 학습할 수 있어요.

🎧 1급 듣기 제1부분_01.mp3

■ 사람의 신분·관계를 나타내는 사진과 관련 표현 익히기

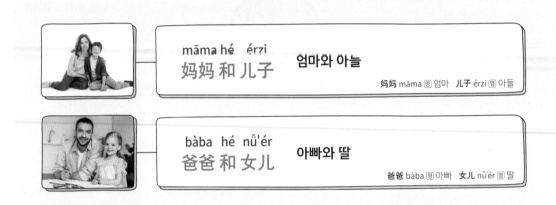

māma hé érzi
妈妈 和 儿子　　엄마와 아들

妈妈 māma 몡 엄마　儿子 érzi 몡 아들

bàba hé nǚ'ér
爸爸 和 女儿　　아빠와 딸

爸爸 bàba 몡 아빠　女儿 nǚ'ér 몡 딸

■ 사람의 행동을 나타내는 사진과 관련 표현 익히기

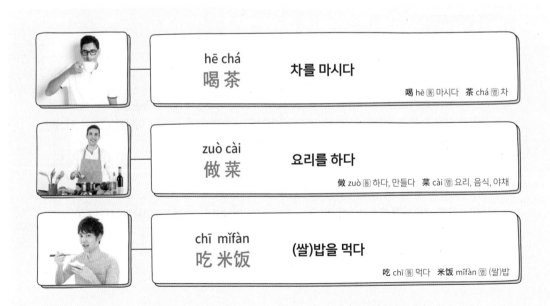

hē chá
喝 茶　　차를 마시다

喝 hē 동 마시다　茶 chá 몡 차

zuò cài
做 菜　　요리를 하다

做 zuò 동 하다, 만들다　菜 cài 몡 요리, 음식, 야채

chī mǐfàn
吃 米饭　　(쌀)밥을 먹다

吃 chī 동 먹다　米饭 mǐfàn 몡 (쌀)밥

kāichē
开车

차를 운전하다

开 kāi 동 운전하다　车 chē 명 차, 자동차

xiě zì
写字

글씨를 쓰다

写 xiě 동 쓰다　字 zì 명 글씨

dúshū
读书

책을 읽다, 공부하다

zuò chūzūchē
坐 出租车

택시를 타다

坐 zuò 동 타다, 앉다　出租车 chūzūchē 명 택시

kàn diànshì
看 电视

텔레비전을 보다

看 kàn 동 보다　电视 diànshì 명 텔레비전

dǎ diànhuà
打 电话

전화를 하다

打 dǎ 동 (전화를) 하다, 걸다　电话 diànhuà 명 전화

사람이 처한 상황을 나타내는 사진과 관련 표현 익히기

hěn lěng
很 冷

춥다

冷 lěng 형 춥다

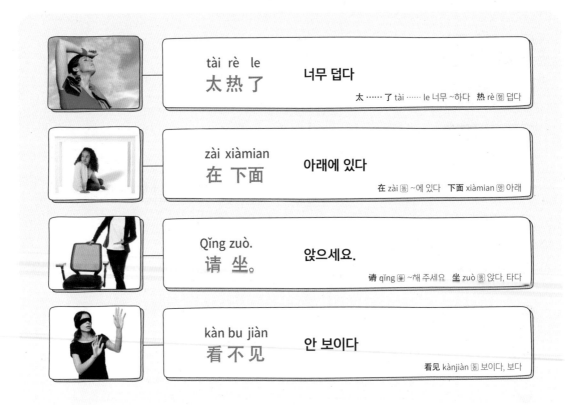

tài rè le **太热了**	너무 덥다	太 …… 了 tài …… le 너무 ~하다 热 rè 형 덥다
zài xiàmian **在 下面**	아래에 있다	在 zài 동 ~에 있다 下面 xiàmian 명 아래
Qǐng zuò. **请 坐。**	앉으세요.	请 qǐng 동 ~해 주세요 坐 zuò 동 앉다, 타다
kàn bu jiàn **看不见**	안 보이다	看见 kànjiàn 동 보이다, 보다

■ **사물·동물 사진과 관련 표현 익히기**

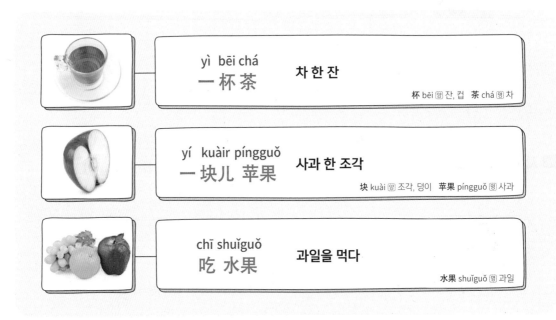

yì bēi chá **一 杯 茶**	차 한 잔	杯 bēi 양 잔, 컵 茶 chá 명 차
yí kuàir píngguǒ **一 块儿 苹果**	사과 한 조각	块 kuài 양 조각, 덩이 苹果 píngguǒ 명 사과
chī shuǐguǒ **吃 水果**	과일을 먹다	水果 shuǐguǒ 명 과일

| sān ge bēizi
三 个 杯子 | 컵 세 개 |
| 个 gè 몡 개, 몡 杯子 bēizi 몡 컵, 잔 |

| jiǔ diǎn
九 点 | 9시 |
| 点 diǎn 몡 시 |

| zài fēijī
在 飞机 | 비행기에 있다 |
| 飞机 fēijī 몡 비행기 |

| māo hé gǒu
猫 和 狗 | 고양이와 강아지 |
| 猫 māo 몡 고양이 狗 gǒu 몡 강아지, 개 |

확인학습 🎧 1급 듣기 제1부분_02.mp3

음성을 듣고 올바른 뜻을 고르세요. (음성은 두 번 들려줘요.)

| 예제 | ⓐ 요리를 하다 | ⓑ 차를 마시다 |

1. ⓐ 전화를 하다 　　　　　　　ⓑ 책을 읽다

2. ⓐ 컵 세 개 　　　　　　　　　ⓑ 사과 세 조각

3. ⓐ 비행기에 있다 　　　　　　ⓑ 아래에 있다

4. ⓐ 아들과 딸 　　　　　　　　ⓑ 아빠와 아들

5. ⓐ 너무 덥다 　　　　　　　　ⓑ 춥다

6. ⓐ (쌀)밥을 먹다 　　　　　　ⓑ 과일을 먹다

정답 1.ⓐ 2.ⓐ 3.ⓑ 4.ⓐ 5.ⓑ 6.ⓐ

문제풀이 스텝 익히기

■ 문제풀이 스텝

음성이 시작되기 전, 사진을 보고 관련 표현 떠올리기

- 사람 사진이면 사람의 행동이나 상태와 관련된 표현을 떠올려요.
- 사물·동물 사진이면 사진 속 사물이나 동물의 명칭을 떠올려요.

음성을 들으며 일치·불일치 판단하기

- 음성을 첫 번째로 들을 때, 사진과 음성의 내용이 일치하는지 아니면 불일치하는지를 판단해서 일치하면 ✔, 불일치하면 ✘를 문제지에 표시해 둬요.
- 음성을 두 번째로 들을 때, 표시한 답이 맞는지 확인하고 정답으로 확정해요.

* 정답을 최종 확정한 후 10초의 공백 시간 동안 다음 문제의 사진을 재빨리 확인해요.

■ 예제에 문제풀이 스텝 적용하기

🎧 1급 듣기 제1부분_03.mp3

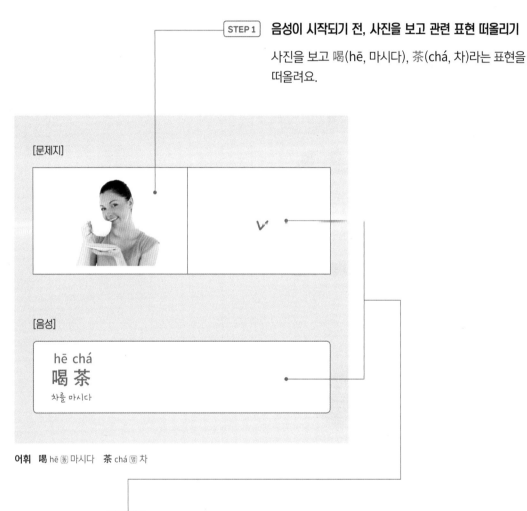

STEP 1 **음성이 시작되기 전, 사진을 보고 관련 표현 떠올리기**

사진을 보고 喝(hē, 마시다), 茶(chá, 차)라는 표현을 떠올려요.

[문제지]

[음성]

hē chá
喝 茶
차를 마시다

어휘 喝 hē ⑧ 마시다   茶 chá ⑲ 차

STEP 2 **음성을 들으며 일치·불일치 판단하기**

음성을 첫 번째로 들을 때, 喝茶(hē chá, 차를 마시다)를 들을 수 있어요. 문제지에 차를 마시는 사람 사진이 제시되었으므로 사진과 음성은 일치해요.
문제지에 ∨를 표시해 두고, 음성을 두 번째로 들을 때, 표시한 답이 맞는지 확인하고 정답으로 확정해요.

* 정답을 최종 확정한 후 10초의 공백 시간 동안 다음 문제의 사진을 재빨리 확인해요

실전 테스트

테스트 1 🎧 1급 듣기 제1부분_04.mp3

음성을 듣고 음성과 제시된 사진이 일치하면 ✔, 불일치하면 ✘를 표시하세요. (음성은 두 번 들려줘요.)

1.		
2.		
3.		
4.		
5.		

정답 해설집 p.4

테스트 2 🎧 1급 듣기 제1부분_05.mp3

음성을 듣고 음성과 제시된 사진이 일치하면 ✔, 불일치하면 ✘를 표시하세요. (음성은 두 번 들려줘요.)

1.		
2.		
3.		
4.		
5.		

정답 해설집 p.5

제2부분 　짧은 문장 듣고 사진 선택하기

무료MP3 바로듣기

출제 형태 및 시험 진행 순서

듣기 제2부분은 음성으로 들려주는 짧은 문장의 내용과 일치하는 사진을 제시된 3개의 사진 중에서 선택하는 문제예요. 총 5문제(6~10번)가 출제돼요.

dì-èr bùfen
第 二 部 分 제2부분

dì-liù dào shí tí
第 6-10 题 6-10번 문제

lìrú 例如: 예를 들어:	A	B	C ✓
6.	A	B	C
7.	A	B	C
8.	A	B	C

음성에서는 제일 먼저 듣기 제2부분에 대한 안내가 나와요.

예제가 한 문제 제시되고, 다음 내용의 음성을 들려줘요.

[음성]
Wǒ mǎile yìxiē shū.
我买了一些书。
(나는 책 몇 권을 샀다.)

아래와 같은 음성이 들리면 6번 문제를 보며 문제 풀이를 시작하세요.

[음성]
Xiànzài kāishǐ dì-liù tí:
现在开始第6题:
(지금부터 6번 문제를 시작하겠습니다.)

음성을 듣고 음성의 내용과 일치하는 사진에 ∨ 표시를 해 둬요.
음성은 두 번 들려줘요.

한 문제의 음성이 끝나면, 15초 뒤에 다음 문제의 음성이 나와요.

* 위 문제는 P.62 실전 테스트에서 직접 풀어볼 수 있어요.

출제 경향

① 사람이 등장하는 사진이 주로 출제돼요.

듣기 제2부분에서는 사람이 등장하는 사진, 사물·동물이 등장하는 사진이 출제되는데, 그중 사람이
등장하는 사진이 가장 많이 출제돼요. 사람 사진으로는 어떤 행동을 하고 있거나 특정 상황에 처해
있는 사진 또는 선생님과 같은 특정 신분을 나타내는 사진이 출제돼요.

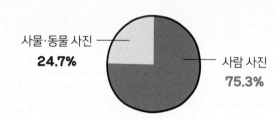

사물·동물 사진
24.7%

사람 사진
75.3%

② 음성에서 언급되는 특정 표현을 듣고 곧바로 정답 사진을 고를 수 있는 문제가 주로 출제돼요.

음성에서 언급되는 사람의 행동을 나타내는 표현이나 사물·동물의 명칭과 같은 특정 표현을 듣고
곧바로 정답 사진을 고를 수 있는 문제의 출제빈도가 높아요. 예를 들어 음성 문장에서 吃饭(chī fàn,
밥을 먹다)이 언급되면 밥을 먹고 있는 사람 사진을 바로 고르면 돼요.

학습 방법

① 자주 출제되는 사람 또는 사물 관련 문장을 사진과 함께 익혀 두세요.

사람의 행동, 처한 상황 그리고 신분과 관련하여 자주 출제되는 문장과, 사물·동물의 이름이 포함된
문장을 사진과 함께 익혀 두세요.

② 자주 출제되는 문장을 반복해서 들으며 핵심 표현을 받아쓰는 연습을 해요.

자주 출제되는 문장을 여러 번 반복해서 들으면서 핵심 표현을 받아쓰는 연습을 해요. 별도로 제공되는
'듣기 받아쓰기 PDF'를 활용하면 더욱 효과적으로 학습할 수 있어요.

빈출 표현 익히기

시험에 자주 출제되는 문장을 사진과 함께 익혀 보아요. 음성을 들으며 큰 소리로 따라 읽으면 더 재미있게 학습할 수 있어요.

🎧 1급 듣기 제2부분_01.mp3

■ 사람의 행동과 관련된 문장을 사진과 함께 익히기

Nǚ'ér ài chī mǐfàn.
女儿 爱 吃 米饭。
딸은 쌀밥 먹는 것을 좋아해요.
爱 ài 图 좋아하다 米饭 mǐfàn 图 쌀밥

Tā zài hē shuǐ.
他 在 喝 水。
그는 물을 마시고 있어요.
在 zài 图 ~하고 있다 喝 hē 图 마시다

Wáng xiānsheng zài dǎ diànhuà.
王 先生 在 打 电话。
왕 선생님은 전화를 하고 있어요.
打电话 dǎ diànhuà 전화를 하다

Érzi shuìjiào le.
儿子 睡觉 了。
아들은 잠이 들었어요.
睡觉 shuìjiào 图 잠을 자다

Tā qù huǒchēzhàn.
他 去 火车站。
그는 기차역에 가요.
火车站 huǒchēzhàn 图 기차역

Wǒ kāichē huí jiā.
我 开车 回 家。
저는 차를 운전해서 집에 가요.
开车 kāichē 图 차를 운전하다

Tā zài Běijīng dúshū.
她 在 北京 读书。

그녀는 베이징에서 공부해요.

读书 dúshū 图 공부하다, 책을 읽다

Zài zhèr xiě míngzi.
在 这儿 写 名字。

여기에 이름을 쓰세요.

写 xiě 图 쓰다 名字 míngzi 圀 이름

Wǒ zhīdào zhège zì.
我 知道 这个 字。

저는 이 글자를 알아요.

知道 zhīdào 图 알다 字 zì 圀 글자, 글씨

■ 사람이 처한 상황과 관련된 문장을 사진과 함께 익히기

Xià yǔ le.
下 雨 了。

비가 내려요.

下雨 xià yǔ 비가 내리다

Tiānqì hěn lěng.
天气 很 冷。

날씨가 추워요.

天气 tiānqì 圀 날씨 冷 lěng 圀 춥다

Tiānqì hěn rè.
天气 很 热。

날씨가 더워요.

热 rè 圀 덥다

Tā bù gāoxìng.
她 不 高兴。

그녀는 기쁘지 않아요.

高兴 gāoxìng 圀 기쁘다, 즐겁다

■ 사람의 신분과 관련된 문장을 사진과 함께 익히기

Tā shì lǎoshī.
他 是 老师。

그는 선생님이에요.

老师 lǎoshī ⑲ 선생님

Bàba shì yīshēng.
爸爸 是 医生。

아빠는 의사예요.

医生 yīshēng ⑲ 의사

Jīnnián shíbā suì.
今年 十八 岁。

올해 18살이에요.

今年 jīnnián ⑲ 올해 岁 suì ⑲ 살, 세

■ 사물·동물과 관련된 문장을 사진과 함께 익히기

Zhège yīfu tài xiǎo le.
这个 衣服 太 小 了。

이 옷은 너무 작아요.

衣服 yīfu ⑲ 옷

Zhè shì wǒ de diànnǎo.
这 是 我 的 电脑。

이것은 제 컴퓨터예요.

电脑 diànnǎo ⑲ 컴퓨터

Tā xǐhuan chī píngguǒ.
她 喜欢 吃 苹果。

그녀는 사과 먹는 것을 좋아해요.

苹果 píngguǒ ⑲ 사과

Nǐ yǒu jǐ kuài qián?
你 有 几 块 钱?

당신은 몇 위안이 있어요?

块 kuài ⑲ 위안[중국 화폐 단위], 조각 钱 qián ⑲ 돈

Zài zhuōzi shàngmian.

在 桌子 上面。

탁자 위에 있어요.

桌子 zhuōzi 몡 책상

Xiànzài xiàwǔ yī diǎn.

现在 下午 一点。

지금은 오후 1시예요.

下午 xiàwǔ 몡 오후　点 diǎn 몡 시

확인학습　🎧 1급 듣기 제2부분_02.mp3

음성을 듣고 음성과 일치하는 사진을 고르세요. (음성은 두 번 들려줘요.)

1. ⓐ 　　ⓑ

2. ⓐ 　　ⓑ

3. ⓐ 　　ⓑ

4. ⓐ 　　ⓑ

5. ⓐ 　　ⓑ

정답 1. ⓐ 2. ⓑ 3. ⓑ 4. ⓑ 5. ⓐ

문제풀이 스텝 익히기

문제풀이 스텝

음성이 시작되기 전, 각 사진과 관련된 표현 떠올리기

- 사람 사진이면 사람의 행동이나 사람이 처한 상황과 관련된 표현을 떠올려요.
- 사물·동물 사진이면 사진 속 사물이나 동물의 명칭을 떠올려요.

음성을 들으며 음성과 일치하는 사진 선택하기

- 음성을 첫 번째로 들을 때, 제시된 사진 중 음성의 내용과 일치하는 사진 옆에 ✔를 표시해 둬요.
- 음성을 두 번째로 들을 때, 표시한 답이 맞는지 확인하고 정답으로 확정해요.

* 정답을 최종 확인한 후 15초의 공백 시간 동안 다음 문제의 사진을 재빨리 확인해요.

예제에 문제풀이 스텝 적용하기

🎧 1급 듣기 제2부분_03.mp3

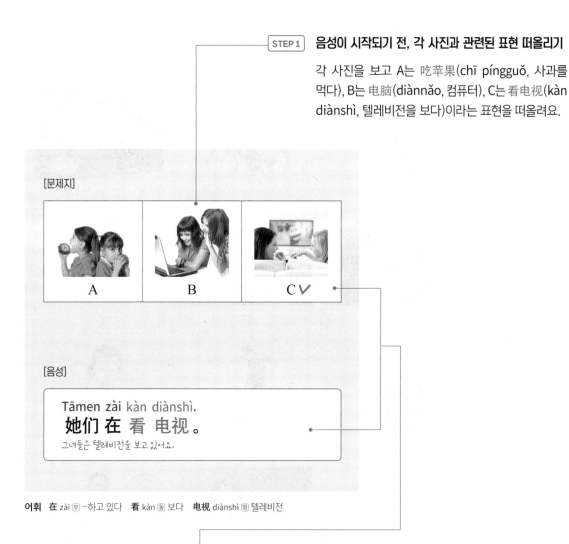

STEP 1 음성이 시작되기 전, 각 사진과 관련된 표현 떠올리기

각 사진을 보고 A는 吃苹果(chī píngguǒ, 사과를 먹다), B는 电脑(diànnǎo, 컴퓨터), C는 看电视(kàn diànshì, 텔레비전을 보다)이라는 표현을 떠올려요.

[문제지]

A B C✔

[음성]

Tāmen zài kàn diànshì.
她们 在 看 电视。
그녀들은 텔레비전을 보고 있어요.

어휘 在 zài 閉 ~하고 있다 看 kàn 통 보다 电视 diànshì 몡 텔레비전

STEP 2 음성을 들으며 음성과 일치하는 사진 선택하기

음성을 첫 번째로 들을 때, 음성에서 看电视(kàn diànshì, 텔레비전을 보다)이 언급된 것을 듣고 두 사람이 텔레비전을 보고 있는 사진 C 옆에 ✔를 표시해 둬요. 음성을 두 번째로 들을 때, C를 정답으로 확정해요.

＊ 정답을 최종 확인한 후 15초의 공백 시간 동안 다음 문제의 사진을 재빨리 확인해요

실전 테스트

테스트 1   🎧 1급 듣기 제2부분_04.mp3

음성을 듣고 음성 내용과 일치하는 사진을 선택하세요. (음성은 두 번 들려줘요.)

1.	A	B	C
2.	A	B	C
3.	A	B	C
4.	A	B	C
5.	A	B	C

정답 해설집 p.6

테스트 2 🎧 1급 듣기 제2부분_05.mp3

음성을 듣고 음성 내용과 일치하는 사진을 선택하세요. (음성은 두 번 들려줘요.)

1.	A	B	C
2.	A	B	C
3.	A	B	C
4.	A	B	C
5.	A	B	C

정답 해설집 p.8

제3부분 | 대화 듣고 사진 선택하기

출제 형태 및 시험 진행 순서

듣기 제3부분은 두 사람의 대화를 듣고 대화 내용과 관련된 사진을 선택하는 문제예요.
총 5문제(11~15번)가 출제돼요.

---

dì-sān bùfen
第 三 部 分 제3부분

dì-shíyī dào shíwǔ tí
第 11-15 题 11-15번 문제

A

B

C

D

E

F

음성에서는 제일 먼저 듣기 제3부분에 대한 안내가 나와요.

예제가 한 문제 제시돼요.
보기 C는 예시 사진이에요.

아래와 같은 음성이 들리면 문제 풀이를 시작하세요.

[음성]
Xiànzài kāishǐ dì-shíyī tí:
现在开始第11题:
(지금부터 11번 문제를 시작하겠습니다.)

lìrú   Nǐ hǎo!
例如: 女: 你 好 ! 여: 안녕하세요!
예를 들어:

Nǐ hǎo, wǒ jiào Wáng Xiǎomíng. 남: 안녕하세요! 제 이름은
男: 你 好 ， 我 叫 王 小 明 。   왕샤오밍입니다.

C

11. ☐

12. ☐

13. ☐

14. ☐

15. ☐

음성을 듣고 음성의 내용과 일치하는 보기를 빈칸에 써 둬요.
음성은 두 번 들려줘요.

한 문제의 음성이 끝나면, 15초 뒤에 다음 문제의 음성이 나와요.

* 위 문제는 P.72 실전 테스트에서 직접 풀어볼 수 있어요.

출제 경향

① 일상생활과 관련된 다양한 내용의 대화가 출제돼요.

듣기 제3부분에서는 일상과 관련된 두 남녀의 대화가 출제돼요. 인사를 주고 받거나, 쇼핑과 관련되거나, 날씨에 대해 이야기하는 등 다양한 주제의 대화가 출제돼요.

② 대화 상황과 관련된 사진을 고르는 문제가 출제돼요.

듣기 제3부분의 음성은 두 남녀의 대화이지만, 문제지에는 두 사람이 모두 나오는 사진, 한 사람만 나오는 사진, 대화 중 언급된 사물만 있는 사진 등 다양한 형태의 사진이 출제돼요. 즉, 대화의 내용을 그대로 재현한 사진이 아니라, 대화 상황과 관련된 사진을 선택해야 하는 문제가 출제돼요.

학습 방법

① 자주 출제되는 주제별 대화를 충분히 익혀 두세요.

듣기 제3부분에서는 출제되는 대화의 주제와 사용되는 표현이 어느 정도 정해져 있어요. 따라서 자주 출제되는 대화를 사진과 함께 익혀 두어요. 그러면 대화의 내용을 정확히 듣고 이해하면서 관련 사진을 쉽게 선택할 수 있어요.

② 자주 출제되는 대화를 반복해서 들으며 받아쓰는 연습을 해요.

대화 전체 또는 대화에서 언급되는 핵심 표현을 정확히 골라 듣고 이해할 수 있도록 듣기 연습을 충분히 해 둬요. 별도로 제공되는 '듣기 받아쓰기 PDF'를 활용하면 더욱 효과적으로 학습할 수 있어요.

빈출 표현 익히기

시험에 자주 출제되는 주제별 대화를 사진과 함께 익혀 보아요. 음성을 들으며 큰 소리로 따라 읽으면 더 재미있게 학습할 수 있어요.

🎧 1급 듣기 제3부분_01.mp3

■ 인사 관련 대화와 사진

Xièxie nǐ. 谢谢 你。 감사합니다.	Bú kèqi. 不 客气。 천만에요.	
Duìbuqǐ. 对不起。 죄송합니다.	Méi guānxi. 没 关系。 괜찮아요.	

■ 쇼핑 관련 대화와 사진

Duōshao qián? 多少 钱? 얼마예요?	Sānshíbā kuài qián. 三十八 块 钱。 38위안이에요.	
Yīfu zěnmeyàng? 衣服 怎么样? 옷이 어때요?	Dà le diǎnr. 大 了 点儿。 조금 커요.	
Nǐmen qù nǎr? 你们 去 哪儿? 너희 어디 가니?	Qù shāngdiàn. 去 商店。 상점에 가요.	
Qù mǎi dōngxi ma? 去买 东西 吗? 물건 사러 가요?	Méi qián le. 没 钱 了。 돈이 없어요.	

▥ 날씨 관련 대화와 사진

Tiānqì hǎo bu hǎo? 天气 好 不 好? 날씨가 좋아요?	Xià yǔ. 下 雨。 비가 내려요.	
Tài lěng le. 太 冷 了。 너무 추워요.	Hē rè shuǐ. 喝 热 水。 따뜻한 물을 마셔요.	

▥ 생활 관련 대화와 사진

Nǐ zài zuò shénme? 你 在 做 什么? 무엇을 하고 있어요?	Kàn diànshì. 看 电视。 텔레비전을 봐요.	
Jǐ diǎn shuìjiào? 几点 睡觉? 몇 시에 자요?	Sān diǎn duō. 三 点 多。 세 시 넘어서요.	
Nǐ qù nǎr? 你 去 哪儿? 어디에 가요?	Wǒ qù shàngxué. 我 去 上学。 학교에 가요(등교해요).	
Wǒmen qù kàn diànyǐng. 我们 去 看 电影。 우리 영화를 보러 가요.	Wǒ qǐng nǐ. 我 请 你。 제가 살게요(대접할게요).	
Wǒ qù huǒchēzhàn. 我 去 火车站。 저는 기차역에 가요.	Zàijiàn! 再见! 잘 가요!	

■ 음식 관련 대화와 사진

Xǐhuan chī shénme?
喜欢 吃 什么?
무엇을 먹는 것을 좋아해요?

Shuǐguǒ.
水果。
과일이요.

Jiā li yǒu shénme hē de?
家里有 什么 喝的?
집에 마실 거 뭐 있나요?

Yǒu chá.
有 茶。
차가 있어요.

Fànguǎnr zěnmeyàng?
饭馆儿 怎么样?
식당이 어때요?

Cài hěn hǎochī.
菜 很 好吃。
요리가 맛있어요.

■ 위치 관련 대화와 사진

Píngguǒ ne?
苹果 呢?
사과는요?

Zài shū shàngmian.
在 书 上面。
책 위에 있어요.

Yīfu zài nǎr?
衣服 在 哪儿?
옷이 어디에 있어요?

Yǐzi shang.
椅子 上。
의자 위에요.

■ 시간 관련 대화와 사진

Xiànzài jǐ diǎn le?
现在 几 点 了?
지금 몇 시예요?

Shí diǎn shí fēn.
十 点 十 分。
10시 10분이에요.

■ 병문안 관련 대화와 사진

> Xièxie nǐ lái kàn wǒ.
> 谢谢 你 来 看 我。
> 나를 보러 와 줘서 고마워요.

> Hǎo diǎnr le ma?
> 好 点儿 了 吗?
> (몸이) 좀 나아졌어요?

확인학습 🎧 1급 듣기 제3부분_02.mp3

대화를 듣고 대화 내용과 관련 있는 사진을 고르세요. (음성은 두 번 들려줘요.)

1. ⓐ   ⓑ

2. ⓐ   ⓑ

3. ⓐ   ⓑ

4. ⓐ    ⓑ

5. ⓐ    ⓑ

문제풀이 스텝 익히기

📖 문제풀이 스텝

음성이 시작되기 전, 각 사진과 관련된 표현 떠올리기

- 사람 사진이면 사람의 행동이나 상태와 관련된 표현을 떠올려요.
- 사물·동물 사진이면 사진 속 사물이나 동물의 명칭을 떠올려요.

각 문제의 음성을 들으며 음성과 일치하는 사진 선택하기

- 음성을 첫 번째로 들을 때, 대화에서 언급된 표현과 관련 있는 사진 옆에 ✔ 표시를 살짝 해 둬요.
- 음성을 두 번째로 들을 때, 표시한 답이 맞는지 확인하고 정답으로 확정해요.

* 정답으로 선택한 보기에 바로 취소선을 그어 두세요.

예제에 문제풀이 스텝 적용하기

🎧 1급 듣기 제3부분_03.mp3　　* 문제를 풀기 전, 예시로 사용된 보기 'C'에 취소선을 그어 두세요.

STEP 1　음성이 시작되기 전, 각 사진과 관련된 표현 떠올리기

각 사진을 보고 A는 睡觉(shuìjiào, 잠을 자다), B는 点(diǎn, 시), D는 看书(kàn shū, 책을 보다), E는 冷(lěng, 춥다), F는 茶(chá, 차)라는 표현을 떠올려요.

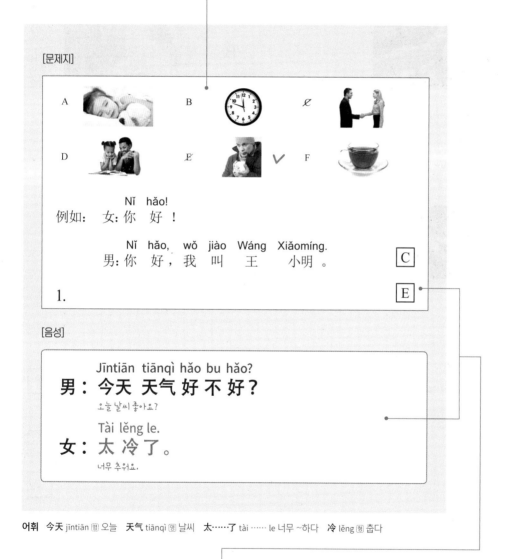

[문제지]

例如: 女: Nǐ hǎo!
　　　　 你 好 !

男: Nǐ hǎo, wǒ jiào Wáng Xiǎomíng.
　　你 好 , 我 叫 王 小明 。　C

1.　E

[음성]

男: Jīntiān tiānqì hǎo bu hǎo?
　　今天 天气 好 不 好 ?
　　오늘 날씨 좋아요?

女: Tài lěng le.
　　太 冷 了 。
　　너무 추워요.

어휘 今天 jīntiān 몡 오늘　天气 tiānqì 몡 날씨　太……了 tài …… le 너무 ~하다　冷 lěng 혱 춥다

STEP 2　각 문제의 음성을 들으며 음성과 일치하는 사진 선택하기

음성을 첫 번째로 들을 때, 太冷了。(Tài lěng le, 너무 추워요.)를 듣고 두꺼운 옷을 입고 있는 사람 사진 E 옆에 ✔ 표시를 해 둬요. 음성을 두 번째로 들을 때, 보기 E를 정답으로 확정해요.

* 정답으로 선택한 'E'에 취소선을 그어 두세요.

실전 테스트

테스트 1 🎧 1급 듣기 제3부분_04.mp3

대화 내용과 관련된 사진을 선택하세요. (음성은 두 번 들려줘요.)

A

B

C

D

E

F

例如：女：
Nǐ hǎo!
你 好！

男：
Nǐ hǎo, wǒ jiào Wáng Xiǎomíng.
你 好，我 叫 王 小明 。

C

1.

2.

3.

4.

5.

정답 해설집 p.10

테스트 2 🎧 1급 듣기 제3부분_05.mp3

대화 내용과 관련된 사진을 선택하세요. (음성은 두 번 들려줘요.)

A

B

C

D

E

F

Nǐ hǎo!
例如: 女: 你 好!

Nǐ hǎo, wǒ jiào Wáng Xiǎomíng.
男: 你 好, 我 叫 王 小明 。

C

1. ☐

2. ☐

3. ☐

4. ☐

5. ☐

정답 해설집 p.12

출제 형태 및 시험 진행 순서

듣기 제4부분은 한 개의 문장을 듣고 질문에 맞는 답을 선택하는 문제예요. 총 5문제(16~20번)가 출제돼요.

di-sì bùfen
第 四 部 分 제4부분

di-shíliù dào èrshí tí
第 16-20 題 16-20번 문제

lìrú Míngtiān wǒ qù shāngdiàn, wǒ xiǎng mǎi yí ge bēizi.
例如: 明天 我 去 商店，我 想 买 一 个 杯子。
예를 들어: 내일 저는 상점에 가서, 컵 한 개를 사려고 해요.
Tā míngtiān qù nǎr?
问: 她 明天 去 哪儿 ?
질문: 그녀는 내일 어디를 가는가?

yīyuàn　　　　shāngdiàn　　　　fàndiàn
A 医院　　　 B 商店 ✓　　　 C 饭店
병원　　　　　상점　　　　　　식당

음성에서는 제일 먼저 듣기 제4부분에 대한 안내가 나와요.

예제가 한 문제 제시돼요.

tóngxué　　　　māma　　　　lǎoshī
16. A 同学　　　 B 妈妈　　　 C 老师

kāi chē　　　　zuò huǒchē　　　　zuò chūzūchē
17. A 开 车　　　 B 坐 火车　　　 C 坐 出租车

zhuōzi qián　　　zhuōzi shang　　　yǐzi shang
18. A 桌子 前　　　 B 桌子 上　　　 C 椅子 上

xīngqī'èr　　　　xīngqīsān　　　　xīngqīsì
19. A 星期二　　　 B 星期三　　　 C 星期四

Běijīng　　　　diànyǐngyuàn　　　　fànguǎnr
20. A 北京　　　 B 电影院　　　 C 饭馆儿

아래와 같은 음성이 들리면 16번 문제의 보기를 보며 문제 풀이를 시작하세요.

[음성]
Xiànzài kāishǐ dì-shíliù tí:
现在开始第16题:
(지금부터 16번 문제를 시작하겠습니다.)

음성을 듣고 음성의 내용과 일치하는 보기에 ✓ 표시를 해 둬요. 음성은 두 번 들려줘요.

한 문제의 음성이 끝나면, 15초 뒤에 다음 문제의 음성이 나와요.

* 위 문제는 P.82 실전 테스트에서 직접 풀어볼 수 있어요.

출제 경향

① 보기를 통해 문장과 질문의 내용을 미리 예상할 수 있는 문제가 주로 출제돼요.

보기가 모두 숫자 표현, 신분 표현, 행동 표현 등 같은 종류로 구성되어 있어, 보기를 보면 앞으로 듣게 될 문장과 질문을 미리 예상할 수 있어요. 예를 들어, 보기가 3岁(sān suì, 3살), 5岁(wǔ suì, 5살), 8岁(bā suì, 8살)와 같이 나이 표현으로 구성되어 있으면 나이와 관련된 문장과 나이를 묻는 질문이 나올 것임을 예상할 수 있어요.

② 음성 문장에서 언급되는 보기가 정답이 되는 문제가 주로 출제돼요.

제시된 보기 중 음성 문장에서 언급된 보기가 정답이 될 가능성이 높아요. 따라서, 문장을 듣기 전에 각 보기를 살짝 발음하면서 뜻을 떠올리면 음성에서 언급되는 정답 보기를 더 쉽고 정확하게 들을 수 있어요.

학습 방법

① 자주 출제되는 문장과 질문을 충분히 익혀 두세요.

듣기 제4부분에서는 자주 출제되는 문장이 어느 정도 정해져 있고, 문장에서 그대로 언급되는 보기가 대부분 정답이 돼요. 따라서 자주 출제되는 문장을 충분히 익혀 두면, 쉽게 답을 고를 수 있어요.

② 자주 출제되는 문장을 반복해서 들으며 핵심 표현을 받아쓰는 연습을 해요.

자주 출제되는 문장을 여러 번 반복해서 들으면서 정답 보기가 되는 핵심 표현을 받아쓰는 연습을 해요. 별도로 제공되는 '듣기 받아쓰기 PDF'를 활용하면 더욱 효과적으로 학습할 수 있어요.

빈출 표현 익히기

시험에 자주 출제되는 문장을 익혀 보아요. 음성을 들으며 큰 소리로 따라 읽으면 더 재미있게 학습할 수 있어요.

🎧 1급 듣기 제4부분_01.mp3

■ 숫자 관련 문장 익히기

Xiànzài wǔ diǎn èrshí.
现在 五 点 二十。

지금은 5시 20분이에요.

现在 xiànzài [명] 지금, 현재 点 diǎn [양] 시

Tā érzi jīnnián bā suì le.
他 儿子 今年 八 岁 了。

그의 아들은 올해 여덟 살이 되었어요.

儿子 érzi [명] 아들 今年 jīnnián [명] 올해 岁 suì [양] 살, 세

Wǒ de diànhuà shì wǔ sì jiǔ líng.
我 的 电话 是 5490。

내 전화번호는 5490이야.

电话 diànhuà [명] 전화번호, 전화

Wǒ xià xīngqīrì qù Běijīng.
我 下 星期日 去 北京。

저는 다음 주 일요일에 베이징에 가요.

下 xià [명] 다음, 아래 星期日 xīngqīrì [명] 일요일

Zuótiān wǒ mǎile sì běn shū.
昨天 我 买了 四 本 书。

어제 저는 책 네 권을 샀어요.

昨天 zuótiān [명] 어제 本 běn [양] 권[책을 세는 단위] 书 shū [명] 책

Zhège bēizi sānshí'èr kuài qián.
这个 杯子 32 块 钱。

이 컵은 32위안이에요.

杯子 bēizi [명] 컵, 잔 块 kuài [양] 위안[중국 화폐 단위] 钱 qián [명] 돈

■ 신분 관련 문장 익히기

Bàba huì zuò cài, māma bú huì zuò.
爸爸 会 做 菜, 妈妈 不 会 做。

아빠는 요리를 할 줄 아는데, 엄마는
할 줄 몰라요.

做 zuò [동] 하다, 만들다 菜 cài [명] 요리, 음식

Wáng xiānsheng zài yīyuàn gōngzuò.
王 先生 在 医院 工作。

왕 선생님은 병원에서 일해요.

先生 xiānsheng [명] 선생님[성인 남성에 대한 경칭] 医院 yīyuàn [명] 병원

Zhè shì wǒ tóngxué de shū.
这 是 我 同学 的 书。

이것은 제 학우의 책이에요.

同学 tóngxué [명] 학우, 동창

Nàge yīfu shì wǒ érzi de.
那个 衣服 是 我 儿子 的。

저 옷은 제 아들 것이에요.

衣服 yīfu [명] 옷 儿子 érzi [명] 아들

■ 행동·상태 관련 문장 익히기

Tā qù Zhōngguó xuéxí Hànyǔ.
她 去 中国 学习 汉语。

그녀는 중국에 가서 중국어를 공부해요.

学习 xuéxí [동] 공부하다 汉语 Hànyǔ [고유] 중국어

Nǚ'ér zài dǎ diànhuà.
女儿 在 打 电话。

딸은 전화를 하고 있어요.

女儿 nǚ'ér [명] 딸 打电话 dǎ diànhuà 전화를 하다

Wǒ xiǎng kàn diànshì.
我 想 看 电视。

저는 텔레비전을 보고 싶어요.

想 xiǎng [조동] ~하고 싶다, ~하려고 하다 电视 diànshì [명] 텔레비전

Zhège yīfu tài dà le.
这个 衣服 太 大 了。

이 옷은 너무 커요.

太……了 tài …… le 너무 ~하다

Jīntiān tiānqì tài rè le.
今天 天气 太 热 了。

오늘 날씨는 너무 더워요.

天气 tiānqì 몡 날씨 热 rè 혱 덥다, 뜨겁다

■ 장소 관련 문장 익히기

Wǒmen zài fànguǎnr chī fàn ne.
我们 在 饭馆儿 吃 饭 呢。

우리는 식당에서 밥을 먹고 있어요.

饭馆儿 fànguǎnr 몡 식당, 음식점

Tā qù diànyǐngyuàn le.
他 去 电影院 了。

그는 영화관에 갔어요.

电影院 diànyǐngyuàn 몡 영화관

Zhuōzi shang yǒu yì běn shū.
桌子 上 有 一 本 书。

책상 위에 책 한 권이 있어요.

桌子 zhuōzi 몡 책상, 탁자

■ 사물 관련 문장 익히기

Wǒ xiǎng mǎi zhège bēizi.
我 想 买 这个 杯子。

저는 이 컵을 사고 싶어요.

买 mǎi 통 사다, 구매하다

Wǒ néng kàn yíxià zhège diànnǎo ma?
我 能 看 一下 这个 电脑 吗?

제가 이 컴퓨터를 좀 볼 수 있을까요?

能 néng 조통 ~할 수 있다 一下 yíxià 수량 좀 ~하다

음성을 듣고 문장에서 언급된 내용을 고르세요. (음성은 두 번 들려줘요.)

예제	ⓐ wǔ diǎn èrshí 五 点 二十	ⓑ bā suì le 八 岁 了	

1.   ⓐ diànyǐngyuàn 电影院   ⓑ dǎ diànhuà 打 电话

2.   ⓐ xià xīngqīrì 下 星期日   ⓑ bēizi 杯子

3   ⓐ Wáng xiānsheng 王 先生   ⓑ tài rè le 太 热 了

4.   ⓐ kàn diànshì 看 电视   ⓑ sì běn shū 四 本 书

5.   ⓐ wǒ érzi 我 儿子   ⓑ xuéxí Hànyǔ 学习 汉语

6.   ⓐ diànnǎo 电脑   ⓑ tài dà le 太 大 了

문제풀이 스텝

음성이 시작되기 전, 각 보기를 발음하면서 읽고 뜻 떠올리기

● 문장에서 언급된 보기가 정답이 되기 쉬우므로, 음성이 시작되기 전에 각 보기를 직접 발음하면서 뜻을 떠올려요. 그러면 음성 내용을 더 정확히 들을 수 있어요.

음성을 들을 때, 문장에서 언급되는 보기에 유의하며 정답 선택하기

● 음성을 첫 번째로 들을 때, 문장에서 언급된 보기 옆에 ✓를 표시해 두고, 질문을 들으며 표시한 보기가 정답인지 확인해요.

● 음성을 두 번째로 들을 때, 표시한 답을 정답으로 확정해요.

* 정답을 최종 확정한 후 15초의 공백 시간 동안 다음 문제의 보기를 재빨리 확인해요.

■ 예제에 문제풀이 스텝 적용하기

🎧 1급 듣기 제4부분_03.mp3

STEP 1 **음성이 시작되기 전, 각 보기를 발음하면서 읽고 뜻 떠올리기**

보기 A 5点 50分(wǔ diǎn wǔshí fēn)은 5시 50분, B 7点 7分 (qī diǎn qī fēn)은 7시 7분, C 3点 30分(sān diǎn sānshí fēn) 은 3시 30분이라는 뜻이에요.

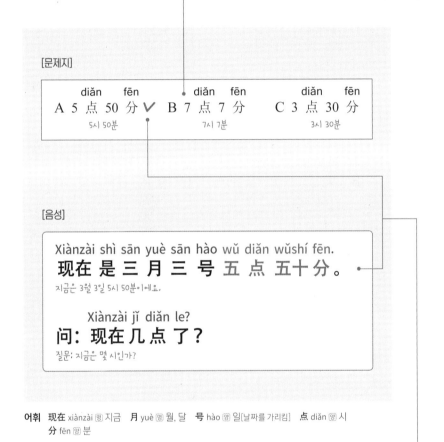

[문제지]

diǎn fēn	diǎn fēn	diǎn fēn
A 5 点 50 分 ✔	B 7 点 7 分	C 3 点 30 分
5시 50분	7시 7분	3시 30분

[음성]

Xiànzài shì sān yuè sān hào wǔ diǎn wǔshí fēn.
现在 是 三 月 三 号 五 点 五十 分。
지금은 3월 3일 5시 50분이에요.

Xiànzài jǐ diǎn le?
问: 现在 几 点 了?
질문: 지금은 몇 시인가?

어휘 现在 xiànzài 몡 지금   月 yuè 몡 월, 달   号 hào 몡 일[날짜를 가리킴]   点 diǎn 얭 시
分 fēn 얭 분

STEP 2 **음성을 들을 때, 문장에서 언급되는 보기에 유의하며 정답 선택하기**

음성을 첫 번째로 들을 때, 문장에서 五点五十分이라며 '5시 50분'이라고 했으므로,
A 5点 50分(wǔ diǎn wǔshí fēn, 5시 50분) 옆에 ✔를 표시해 두세요. 질문이 지금은
몇 시인지 물었으므로 A 5点 50分이 정답이에요. 음성을 두 번째로 들을 때, A 5点 50分
을 정답으로 확정해요.

＊ 정답을 최종 확정한 후 15초의 공백 시간 동안 다음 문제의 보기를 재빨리 확인해요.

실전 테스트

테스트 1 🎧 1급 듣기 제4부분_04.mp3

음성을 듣고 질문에 알맞은 보기를 선택하세요. (음성은 두 번 들려줘요.)

1. A 同学 tóngxué   B 妈妈 māma   C 老师 lǎoshī

2. A 开车 kāi chē   B 坐 火车 zuò huǒchē   C 坐 出租车 zuò chūzūchē

3. A 桌子 前 zhuōzi qián   B 桌子 上 zhuōzi shang   C 椅子 上 yǐzi shang

4. A 星期二 xīngqī'èr   B 星期三 xīngqīsān   C 星期四 xīngqīsì

5. A 北京 Běijīng   B 电影院 diànyǐngyuàn   C 饭馆儿 fànguǎnr

정답 해설집 p.13

테스트 2 🎧 1급 듣기 제4부분_05.mp3

음성을 듣고 질문에 알맞은 보기를 선택하세요. (음성은 두 번 들려줘요.)

1.
	bàba		mèimei		tóngxué
A	爸爸	B	妹妹	C	同学

2.
	xià xīngqītiān		míngtiān		míngnián yuè
A	下 星期天	B	明天	C	明年 4 月

3.
	xiě		dú		chī
A	写	B	读	C	吃

4.
	xuéxiào		yīyuàn		huǒchēzhàn
A	学校	B	医院	C	火车站

5.
	hěn lěng		hěn rè		xià yǔ le
A	很 冷	B	很 热	C	下 雨 了

정답 해설집 p.15

본교재인강·무료학습제공
china.Hackers.com

해커스 HSK 1-2급 한 권으로 가뿐하게 합격

HSK 1급 독해

제1부분   사진과 단어의 일치·불일치 판단하기

제2부분   문장과 관련 있는 사진 선택하기

제3부분   상응하는 문장 선택하기

제4부분   빈칸에 알맞은 어휘 채우기

제1부분 사진과 단어의 일치·불일치 판단하기

무료MP3 바로듣기

출제 형태

독해 제1부분은 문제지에 제시된 사진과 단어가 일치하는지 불일치하는지를 판단하는 문제예요. 총 5문제(21~25번)가 출제돼요.

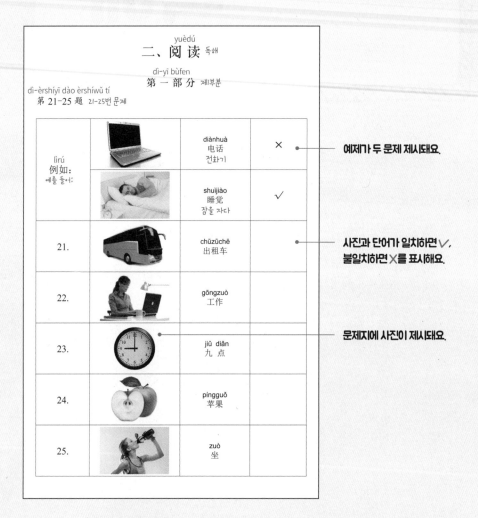

예제가 두 문제 제시돼요.

사진과 단어가 일치하면 ✓, 불일치하면 ✗를 표시해요.

문제지에 사진이 제시돼요.

* 위 문제는 P.94 실전 테스트에서 직접 풀어볼 수 있어요.

출제 경향

① 사람이 등장하는 사진이 자주 출제돼요.

사람이 등장하는 사진, 사물·동물이 등장하는 사진이 출제되는데, 그중 사람이 등장하는 사진의 출제율이 높아요.

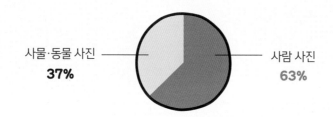

사물·동물 사진
37%

사람 사진
63%

② 일치하는 문제와 불일치하는 문제가 2:3 또는 3:2의 비율로 출제돼요.

문제지에 제시된 사진과 단어가 일치하는 문제와 불일치하는 문제가 2:3 또는 3:2 비율로 출제돼요.

학습 방법

① 사람 사진과 함께 자주 출제되는 단어들을 익혀 두세요.

사람과 관련하여 신분, 동작, 상태·상황을 나타내는 단어들을 사진과 함께 익혀 두세요.

② 사물이나 동물의 이름을 나타내는 단어를 익혀 두세요.

사물의 이름을 나타내는 단어, 그리고 동물과 관련해서는 '개'와 '고양이'에 해당하는 단어를 익혀 두세요.

시험에 자주 출제되는 단어를 사진과 함께 익혀 보아요. (음성을 듣고 따라 읽으면 더 쉽게 암기할 수 있어요.)

🎧 1급 독해 제1부분_01.mp3

■ 사람 사진과 신분 단어 익히기

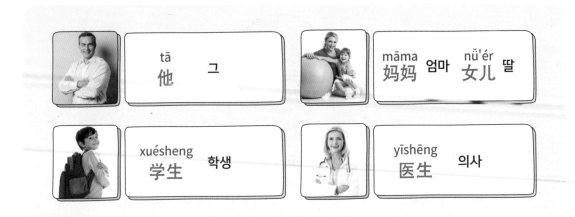

■ 사람 사진과 동작 단어 익히기

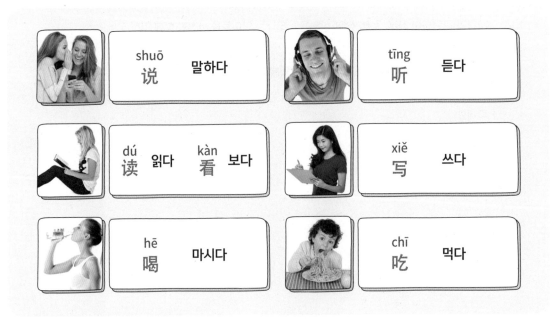

mǎi 买	사다

shuìjiào 睡觉	잠을 자다

gōngzuò 工作	일하다

xuéxí 学习	공부하다

zuò 坐	앉다

qǐng 请	청하다

kāi chē 开车	운전하다

zàijiàn 再见	또 뵙겠습니다

■ 사람 사진과 상태·상황 단어 익히기

gāoxìng 高兴	기쁘다

hǎo 好	좋다

lěng 冷	춥다

rè 热	덥다

nàr 那儿	저기

sì 四	4, 넷

사물·동물 사진과 관련 단어 익히기

yǐzi 椅子 의자	zhuōzi 桌子 탁자
cài 菜 요리	mǐfàn 米饭 (쌀)밥
shuǐguǒ 水果 과일	píngguǒ 苹果 사과
yīfu 衣服 옷	chūzūchē 出租车 택시
diànnǎo 电脑 컴퓨터	diànhuà 电话 전화
jiǔ diǎn 九点 9시	duō 多 많다
gǒu 狗 강아지, 개	māo 猫 고양이

확인학습

제시된 단어의 뜻을 고르세요.

	shuǐ		
예제	水	ⓐ 물	ⓑ 차

shuō
1. 说　　　　ⓐ 쓰다　　　　ⓑ 말하다

nǚ'ér
2. 女儿　　　　ⓐ 딸　　　　ⓑ 엄마

shuǐguǒ
3. 水果　　　　ⓐ 요리　　　　ⓑ 과일

diànnǎo
4. 电脑　　　　ⓐ 전화　　　　ⓑ 컴퓨터

mǐfàn
5. 米饭　　　　ⓐ (쌀)밥　　　　ⓑ 사과

nàr
6. 那儿　　　　ⓐ 청하다　　　　ⓑ 저기

rè
7. 热　　　　ⓐ 춥다　　　　ⓑ 덥다

zhuōzi
8. 桌子　　　　ⓐ 탁자　　　　ⓑ 의자

정답 1.ⓑ 2.ⓐ 3.ⓑ 4.ⓑ 5.ⓐ 6.ⓑ 7.ⓑ 8.ⓐ

문제풀이 스텝 익히기

■ 문제풀이 스텝

제시된 단어의 뜻 떠올리기

● 문제지에 제시된 단어를 읽고 뜻을 떠올려요.

단어와 사진의 일치·불일치 판단하기

● 단어의 뜻과 제시된 사진이 일치하는지 불일치하는지 판단하여, 일치하면 ✔, 불일치하면 ✕를 문제지에 표시해요.

■ 예제에 문제풀이 스텝 적용하기

STEP 1   **제시된 단어의 뜻 떠올리기**

제시된 단어 他(tā)는 '그'라는 뜻이에요.

[문제지]

tā
他
그

∨

어휘   他 tā 뎽 그, 그 사람

STEP 2   **단어와 사진의 일치·불일치 판단하기**

단어의 뜻이 '그'이고, 성인 남성 사진이 제시되었으므로 사진과 단어는 일치해요.

실전 테스트

테스트 1

제시된 사진과 단어가 일치하면 ✔, 불일치하면 ✘를 체크하세요.

1.		chūzūchē 出租车	
2.		gōngzuò 工作	
3.		jiǔ diǎn 九 点	
4.		píngguǒ 苹果	
5.		zuò 坐	

* 문제를 다 풀고 난 후, 🎧1급 독해 제1부분_02.mp3를 들으며 학습해 보세요.

테스트 2

제시된 사진과 단어가 일치하면 V, 불일치하면 X를 체크하세요.

1.		chá 茶	
2.		hǎo 好	
3.		hē 喝	
4.		māo 猫	
5.		shuìjiào 睡觉	

* 문제를 다 풀고 난 후, 1급 독해 제1부분_03.mp3를 들으며 학습해 보세요.

정답 해설집 p.19

출제 형태

독해 제2부분은 제시된 문장을 읽고 5장의 사진 중 문장과 관련 있는 사진을 고르는 문제예요.
총 5문제(26~30번)가 출제돼요.

---

di-èr bùfen
第 二 部 分 제2부분

dì-èrshíliù dào sānshí tí
第 26-30 題 26~30번 문제

A

B

C

D

E

F

문제지에 사진 보기(A~F) 6개가 제시돼요.

예시로 사용된 보기 E에 미리 취소선을 그어 두세요.

lìrú   Wǒ ài kàn shū.
例如： 我 爱 看 书 。   E
해를 들어: 저는 책 보는 것을 좋아해요.

예제가 한 문제 제시돼요.

Tā zài xuéxí zuò Zhōngguó cài.
26. 他 在 学习 做 中国 菜 。 ☐

Xiǎojiě, lǐmiàn qǐng.
27. 小姐 , 里面 请 。 ☐

Wéi, fēnzhōng hòu wǒ huì dào jiā de.
28. 喂 , 10 分钟 后 我 会 到 家 的 。 ☐

Tiānqì tài rè le, duō hē diǎnr shuǐ.
29. 天气 太 热 了 , 多 喝 点儿 水 。 ☐

Jiā li yǒu yìxiē shuǐguǒ.
30. 家 里 有 一些 水果 。 ☐

---

* 위 문제는 P.104 실전 테스트에서 직접 풀어볼 수 있어요.

출제 경향

① **사람이 등장하는 사진이 자주 출제돼요.**

사람이 등장하는 사진, 사물·동물이 등장하는 사진이 출제되는데, 그중 사람이 등장하는 사진의
출제율이 높아요. 사진 속 사람이 하고 있는 행동이나 상황을 주의 깊게 확인해야 해요.

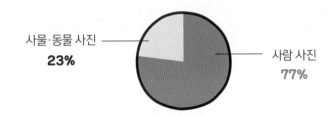

사물·동물 사진
23%

사람 사진
77%

② **문장에 있는 특정 표현으로 관련된 사진을 바로 고를 수 있는 문제가 주로 출제돼요.**

사람의 행동이나 사람이 처한 상황을 나타내는 표현이나 사물·동물의 이름을 나타내는 표현과 같이
문장에 있는 특정 표현으로 관련 있는 사진을 바로 고를 수 있는 문제의 출제율이 높아요. 예를 들어
문장에 喂(wéi, 여보세요)가 있으면, 전화를 하고 있는 사람 사진을 바로 고르면 돼요.

학습 방법

① **사람 사진과 연결되는 구문이나 문장을 익혀 두세요.**

사람 사진과 연결되는 사람의 동작이나 상태를 나타내는 다양한 구문이나 문장을 익혀 두세요.

② **사물·동물 사진과 연결되는 구문이나 문장을 익혀 두세요.**

사물의 이름을 포함하거나 '개'와 '고양이'를 나타내는 표현을 포함하는 구문이나 문장을 익혀
두세요.

빈출 표현 익히기

시험에 자주 출제되는 구문이나 문장을 관련된 사진과 함께 익혀 보아요. (음성을 듣고 따라 읽으면 더 쉽게 암기할 수 있어요.)

🎧 1급 독해 제2부분_01.mp3

■ 사람 사진과 연결되는 동작 관련 구문이나 문장 익히기

zài shāngdiàn mǎi dōngxi
在 商店 买 东西 상점에서 물건을 사다

商店 shāngdiàn ⑲ 상점 东西 dōngxi ⑲ 물건

mǎi yīfu
买 衣服 옷을 사다

衣服 yīfu ⑲ 옷

xiǎng qù shuìjiào
想 去 睡觉 잠을 자러 가고 싶다

想 xiǎng ⑧⑨ ~하고 싶다 睡觉 shuìjiào ⑧ 잠을 자다

zài dǎ diànhuà
在 打 电话 전화를 하고 있다

在 zài ⑨ ~하고 있다 打电话 dǎ diànhuà 전화를 하다

zài zhèr xiě míngzi
在 这儿 写 名字 이곳에 이름을 쓰다

这儿 zhèr ⑪ 이곳 名字 míngzi ⑲ 이름

zài jiā li kàn diànshì
在 家 里 看 电视 집에서 텔레비전을 보다

家 jiā ⑲ 집 电视 diànshì ⑲ 텔레비전

ài kàn diànyǐng
爱 看 电影 영화 보는 것을 좋아하다

爱 ài ⑧ 좋아하다 电影 diànyǐng ⑲ 영화

ài chī mǐfàn
爱 吃 米饭

(쌀)밥 먹는 것을 좋아하다

米饭 mǐfàn 몡 (쌀)밥

Qǐng zuò.
请 坐。

앉으세요.

请 qǐng 동 ~하세요

Lǐmian qǐng.
里面 请。

안으로 들어오세요.

里面 lǐmian 몡 안

🔲 사람 사진과 연결되는 상황 관련 구문이나 문장 익히기

bù gāoxìng
不 高兴

기쁘지 않다

高兴 gāoxìng 톙 기쁘다

méiyǒu qián
没有 钱

돈이 없다

钱 qián 몡 돈

tīng bu jiàn
听 不 见

안 들린다

听 tīng 동 듣다

Diànnǎo zěnmele?
电脑 怎么了?

컴퓨터가 왜 이러지?

怎么了 zěnmele 왜 이러지

Wéi? Wǒ zài fànguǎnr.
喂? 我 在 饭馆儿。

여보세요? 저는 식당에 있어요.

在 zài 동 ~에 있다   饭馆儿 fànguǎnr 몡 식당

Èrshí fēnzhōng hòu jiàn.
20 分钟 后见。

20분 후에 만나요.

分钟 fēnzhōng 몡 분　见 jiàn 통 만나다

사물·동물 사진과 연결되는 구문이나 문장 익히기

măile xiē píngguǒ
买了 些 苹果

사과 몇 개를 샀다

些 xiē 몡 [명사 앞에서 불확실한 수량 나타냄]
苹果 píngguǒ 몡 사과

Shuǐguǒ shì shéi mǎi de?
水果 是 谁 买 的?

과일은 누가 샀어요?

水果 shuǐguǒ 몡 과일　谁 shéi 떼 누구

zuòle hěn duō cài
做了 很 多菜

많은 요리를 했다

做 zuò 통 하다　菜 cài 몡 요리

Nà shì nǐ mǎi de yǐzi ma?
那 是 你 买 的 椅子 吗?

저것은 당신이 산 의자인가요?

椅子 yǐzi 몡 의자

yǒu sān ge bēizi
有 三个 杯子

컵 세 개가 있다

个 gè 몡 개　杯子 bēizi 몡 컵

Nǐ de fēijī néng fēi ma?
你的 飞机 能 飞 吗?

당신의 비행기는 날 수 있나요?

飞机 fēijī 몡 비행기　飞 fēi 통 날다

Xiǎomāo zài nǎr?
小猫 在 哪儿? 고양이는 어디에 있나요?

哪儿 nǎr 때 어디

확인학습

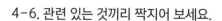

1-3. 관련 있는 것끼리 짝지어 보세요.

Zhāng xiānsheng, lǐmian qǐng.
1. 张　　先生，里面　请。

ⓐ

Bàba zuòle hěn duō cài.
2. 爸爸 做了 很 多 菜。

ⓑ

Tāmen mǎile hěn duō dōngxi.
3. 她们 买了 很 多　东西。

ⓒ

4-6. 관련 있는 것끼리 짝지어 보세요.

Xiǎogǒu zài nǎr?
4. 小狗　在 哪儿？

ⓐ

Wǒ xiǎng shuìjiào le.
5. 我 想　睡觉 了。

ⓑ

Bàba zài dǎ diànhuà ne.
6. 爸爸 在 打　电话 呢。

ⓒ

문제풀이 스텝 익히기

■ 문제풀이 스텝

문장을 읽고 뜻 파악하기

- 사람의 동작이나 상태 또는 사물이나 동물의 명칭을 나타내는 표현을 핵심 표현으로 표시해 두어요.

문장의 뜻과 관련 있는 사진 선택하기

- 해석한 문장의 뜻을 바탕으로 보기에서 가장 관련 있는 사진을 골라요.

▨ 예제에 문제풀이 스텝 적용하기

* 문제를 풀기 전, 예시로 사용된 보기 'E'에 취소선을 그어 두세요.

STEP 1 **문장을 읽고 뜻 파악하기**

제시된 문장 我弟弟学会开车了。는 '내 남동생은 운전을 할 줄 알게 되었어요.'라는 뜻이
에요. 开车(운전하다)가 핵심 표현이에요.

[문제지]

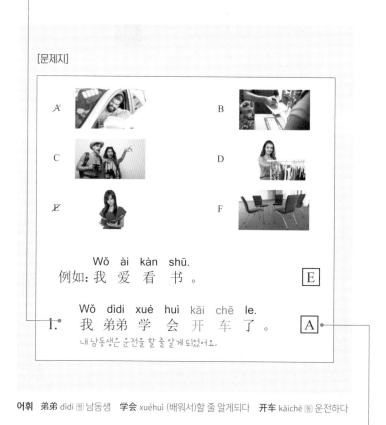

> A̶
>
> B
>
> C
>
> D
>
> E̶
>
> F
>
> Wǒ ài kàn shū.
> 例如: 我 爱 看 书 。　　　　　E
>
> Wǒ dìdi xué huì kāi chē le.
> 1. 我 弟弟 学 会 开 车 了 。　　　A
>   내 남동생은 운전을 할 줄 알게 되었어요.

어휘 弟弟 dìdi 뗑 남동생　**学会** xuéhuì (배워서)할 줄 알게 되다　**开车** kāichē 동 운전하다

STEP 2 **문장의 뜻과 관련 있는 사진 선택하기**

차 안에서 운전대를 잡고 있는 사람 사진 A를 정답으로 골라요.

* 정답으로 선택한 'A'에 취소선을 그어 두세요.

실전 테스트

테스트 1

제시된 문장과 관련 있는 사진을 고르세요.

A

B

C

D

E

F

Wǒ ài kàn shū.
例如: 我 爱 看 书 。　　　　　　　E

Tā zài xuéxí zuò Zhōngguó cài.
1. 他 在 学习 做 中国 菜 。

Xiǎojiě, lǐmian qǐng.
2. 小姐 , 里面 请 。

Wéi, fēnzhōng hòu wǒ huì dào jiā de.
3. 喂 , 10 分钟 后 我 会 到 家 的 。

Tiānqì tài rè le, duō hē diǎnr shuǐ.
4. 天气 太 热 了 , 多 喝 点儿 水 。

Jiā li yǒu yìxiē shuǐguǒ.
5. 家里 有 一些 水果 。

* 문제를 다 풀고 난 후, 🎧 1급 독해 제2부분_02.mp3를 들으며 학습해 보세요.

정답 해설집 p.20

테스트 2

제시된 문장과 관련 있는 사진을 고르세요.

A

B

C

D

E

F

Wǒ ài kàn shū.
例如: 我 爱 看 书 。 　　　　　　　　　　　　　　E

Zhuōzi shang yǒu liǎng ge bēizi.
1. 桌子 上 有 两 个 杯子 。

Bàba zài shāngdiàn mǎi dōngxi ne.
2. 爸爸 在 商店 买 东西 呢 。

Zhège shì wǒ zuótiān mǎi de yǐzi.
3. 这个 是 我 昨天 买 的 椅子 。

Xiànzài shì diǎn, wǒmen fēnzhōng hòu jiàn.
4. 现在 是 12 点 , 我们 30 分钟 后 见 。

Wǒmen qù nàge fànguǎnr chī fàn zěnmeyàng?
5. 我们 去 那个 饭馆儿 吃 饭 怎么样 ?

무료MP3 바로듣기

출제 형태

독해 제3부분은 제시된 문장과 문맥상 앞이나 뒤로 연결되는 보기를 골라서 질문과 응답 또는 대화를 완성하는 문제예요. 총 5문제(31번~35번)가 출제돼요.

---

dì-sān bùfen
第 三 部 分　제3부분

dì-sānshíyī dào sānshíwǔ tí
第 31-35 题　31-35번 문제

lìrú　　Nǐ chī mǐfàn ma?
例如：你 吃 米饭 吗 ?　　　　　　　　　　　　　　　　　　Xuéxí Hànyǔ.
예를 들어: 쌀밥 먹을래요?　　　　　　　　　　　 F 　A 学习 汉语 。

　　　　　　　　　　　　　　　　　　　　　　　　　　　　　　　예제가 한 문제 제시돼요.

　　　Nǎge shì wǒ de bēizi?
31. 哪个 是 我 的 杯子 ?　　　　　　　　　□ 　Zhuōzi shang de.
　　　　　　　　　　　　　　　　　　　　　　　B 桌子 上 的

　　　　　　　　　　　　　　　　　　　　　　　　　　　　　　　문제지에 보기 6개(A~F)가 제시돼요.
　　　Nǐmen shì shénme shíhou rènshi de?　　　　　　　　　 F는 예제 보기예요.
32. 你们 是 什么 时候 认识 的 ?　　　　　　□ 　Shàng ge yuè.
　　　　　　　　　　　　　　　　　　　　　　　C 上 个 月 。

　　　Nà běn shū nǐ kàn le?
33. 那 本 书 你 看 了 ?　　　　　　　　　　□ 　Zài xuéxiào.
　　　　　　　　　　　　　　　　　　　　　　　D 在 学校 。

　　　Nǐ qù Zhōngguó zuò shénme?
34. 你 去 中国 做 什么 ?　　　　　　　　　□ 　Méiyǒu.
　　　　　　　　　　　　　　　　　　　　　　　E 没有 。

　　　Nǐ xiànzài zài nǎr gōngzuò?　　　　　　　　　　　　　　Hǎo de, xièxie!
35. 你 现在 在 哪儿 工作 ?　　　　　　　　□ F 好 的 , 谢谢 !　　　　예시로 사용된 보기 F에 미리
　　　　　　　　　　　　　　　　　　　　　　네, 감사합니다!　　　　　　취소선을 그어 두세요.

---

* 위 문제는 P.114 실전 테스트에서 직접 풀어볼 수 있어요.

출제 경향

① **의문문에 대한 답변을 고르는 문제가 주로 출제돼요.**

의문사 의문문에 대한 답변을 고르는 문제, 일반 의문문에 대한 답변을 고르는 문제, 평서문에 상응하는 문장을 고르는 문제가 출제돼요. 그중 의문사 의문문과 일반 의문문에 대한 답변을 고르는 문제의 출제율이 높아요.

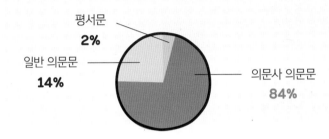

평서문
2%

일반 의문문
14%

의문사 의문문
84%

② **의문사 의문문 중 대상을 묻는 谁(shéi, 누구), 사물을 묻는 什么(shénme, 무엇)가 가장 많이 출제돼요.**

의문사 의문문으로는 대상을 묻는 谁(shéi, 누구), 사물을 묻는 什么(shénme, 무엇), 시간을 묻는 什么时候(shénme shíhou, 언제), 방식을 묻는 怎么(zěnme, 어떻게) 등 다양한 의문사를 사용한 의문문이 출제되는데, 그중 谁와 什么가 가장 많이 출제돼요.

학습 방법

① **의문사 의문문과 그에 대한 답변 문장을 충분히 익혀 두세요.**

의문사가 포함된 의문문에 대한 답변은 비교적 명확하여 정답을 쉽게 고를 수 있어요. 자주 출제되는 의문문과 그에 대한 답변 문장을 충분히 익혀 두세요. '모른다'라는 의미의 문장은 모든 의문사 의문문의 답변이 될 수 있다는 것도 알아 두세요.

② **일반 의문문과 그에 상응하는 문장을 익혀 두세요.**

일반 의문문은 吗？(ma?, ~니?), 呢?(ne?, ~는?) 또는 평서문에 물음표를 붙인 의문문으로 나와요. 不(bù, 아니요)나 没有(méiyǒu, 아니요)로 직접 부정하는 응답이나 听你的(tīng nǐ de, 당신말 들을게요)와 같은 간접 응답도 출제되므로. 일반 의문문과 그에 대한 다양한 답변을 충분히 익혀 두세요.

빈출 표현 익히기

시험에 자주 출제되는 문장과 그에 상응하는 문장을 충분히 익혀 보아요. (음성을 듣고 따라 읽으면 더 쉽게 암기할 수 있어요.)

🎧 1급 독해 제3부분_01.mp3

■ 의문사 의문문과 답변 문장 익히기

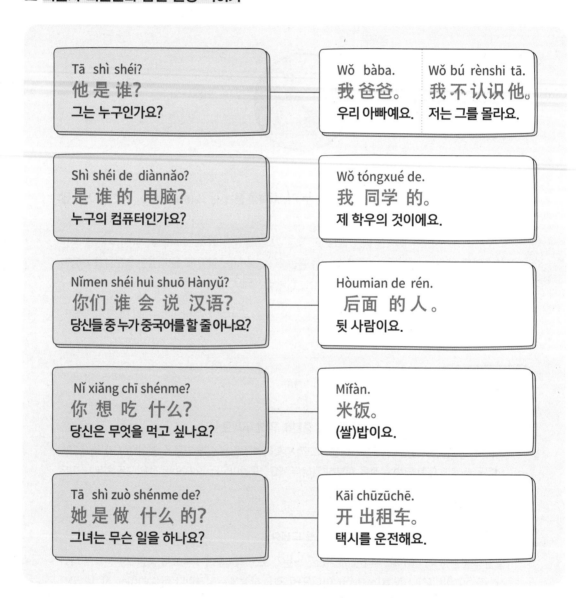

Tā shì shéi?
他 是 谁?
그는 누구인가요?

Wǒ bàba.
我 爸爸。
우리 아빠예요.

Wǒ bú rènshi tā.
我 不 认识 他。
저는 그를 몰라요.

Shì shéi de diànnǎo?
是 谁 的 电脑?
누구의 컴퓨터인가요?

Wǒ tóngxué de.
我 同学 的。
제 학우의 것이에요.

Nǐmen shéi huì shuō Hànyǔ?
你们 谁 会 说 汉语?
당신들 중 누가 중국어를 할 줄 아나요?

Hòumian de rén.
后面 的 人。
뒷 사람이요.

Nǐ xiǎng chī shénme?
你 想 吃 什么?
당신은 무엇을 먹고 싶나요?

Mǐfàn.
米饭。
(쌀)밥이요.

Tā shì zuò shénme de?
她 是 做 什么 的?
그녀는 무슨 일을 하나요?

Kāi chūzūchē.
开 出租车。
택시를 운전해요.

Shì shénme shíhou lái de?
是 什么 时候 来 的?
언제 왔나요?

Zuótiān shàngwǔ.
昨天 上午。
어제 오전에요.

Zuótiān shì zěnme huí jiā de?
昨天 是 怎么 回 家 的?
어제는 어떻게 집에 갔나요?

Zuò chūzūchē.
坐 出租车。
택시를 탔어요.

Tiānqì zěnmeyàng?
天气 怎么样?
날씨 어때요?

Yǒudiǎnr lěng.
有点儿 冷。
조금 추워요.

Xià yǔ le.
下 雨 了。
비가 내려요.

Tā de Hànyǔ zěnmeyàng?
他 的 汉语 怎么样?
그의 중국어는 어때요?

Bú tài hǎo.
不 太 好。
그다지 잘하지
않아요.

Huì shuō yìxiē.
会 说 一些。
조금 말할 줄
알아요.

Xiànzài zhù zài nǎr?
现在 住 在 哪儿?
지금 어디에서 살아요?

Péngyou jiā li.
朋友 家 里。
친구 집에서요.

Jīnnián duō dà le?
今年 多 大 了?
올해 몇 살이에요?

Shíqī suì.
17 岁。
17살이에요.

Yǒu duōshao rén?
有 多少 人?
사람이 몇 명 있나요?

Èrshíqī ge.
27 个。
27명이요.

Zài Běijīng zhù jǐ tiān?
在 北京 住 几 天?
베이징에서 며칠 머물러요?

Yí ge xīngqī.
一 个 星期。
일주일이요.

📖 일반 의문문과 답변 문장 익히기

Zuótiān mǎi de píngguǒ ne?
昨天 买的 苹果 呢?
어제 산 사과는요?

(Zài) zhuōzi shang.
(在) 桌子 上。
책상 위에 있어요.

Bàba shuìjiàole ma?
爸爸 睡觉了 吗?
아빠 주무시나요?

Méi(yǒu).
没(有)。
아니요.

Zuótiān de yǔ dà ma?
昨天 的雨 大 吗?
어제 비 많이 왔나요?

Bù, hěn xiǎo.
不, 很 小。
아니요, 조금요.

Wǒmen qù xiàmian chī?
我们 去 下面 吃?
우리 아래로 가서 먹을까요?

Tīng nǐ de.
听你 的。
당신 말 들을게요.

Jīntiān xiàwǔ tā huì lái ma?
今天 下午 他 会 来 吗?
오늘 오후에 그가 올까요?

Huì de.
会 的。
올 거예요.

■ 평서문과 상응하는 문장 익히기

Duìbuqǐ,   wǒ bú huì xiě.
对不起, 我不会写。
미안해요. 저 쓸 줄 몰라요.

Méi guānxi.
没 关系。
괜찮아요.

확인학습

문제와 문맥상 어울리는 보기를 고르세요.

Nǐ jīnnián duō dà le?
1. 你 今年 多 大 了？(   )

suì.
ⓐ 8 岁 。

kuài.
ⓑ 31 块 。

Nǐ xiànzài zài nǎr?
2. 你 现在 在 哪儿？(   )

Bú tài hǎo.
ⓐ 不 太 好 。

Jiā li.
ⓑ 家 里 。

Duìbuqǐ,   wǒ méi tīngjiàn.
3. 对不起, 我 没 听见 。(   )

Méi guānxi.
ⓐ 没 关系 。

Huì de.
ⓑ 会 的 。

Wǒmen qù xiàmian chī?
4. 我们 去 下面 吃？(   )

Bù, hěn duō.
ⓐ 不 , 很 多 。

Tīng nǐ de.
ⓑ 听 你 的 。

문제풀이 스텝 익히기

■ 문제풀이 스텝

문제를 읽고 뜻을 파악하고 핵심어구에 표시해 두기

- 의문사가 있으면 의문사를 핵심어구로 표시해 두세요.
- 의문사가 없으면 문장을 꼼꼼히 해석하고, 동사와 목적어를 핵심어구로 표시해 두세요.

오른쪽 보기 중에서 의미적으로 상응하는 문장 선택하기

- 의문사 의문문은 의문사에 적합한 답변을 정답으로 선택해요.
- 의문사가 없는 문장은 표시해 둔 핵심어구에 상응하는 내용의 보기를 정답으로 선택해요.

■ 예제에 문제풀이 스텝 적용하기

* 문제를 풀기 전, 예시로 사용된 보기 'F'에 취소선을 그어 두세요.

STEP 1 **문제를 읽고 뜻을 파악하고 핵심어구에 표시해 두기**

谁打来的电话?는 '누구에게서 걸려 온 전화인가요?'라는 뜻이에요. 의문사 谁(shéi, 누구)에 표시해 두어요.

[문제지]

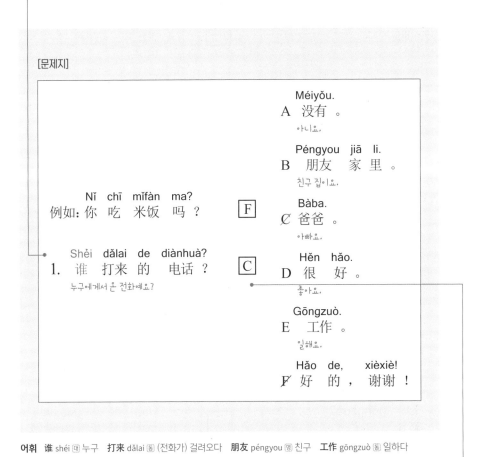

어휘 谁 shéi 때 누구 **打来** dǎlai 통 (전화가) 걸려오다 **朋友** péngyou 명 친구 **工作** gōngzuò 통 일하다

STEP 2 **오른쪽 보기 중에서 의미적으로 상응하는 문장 선택하기**

문제의 谁(누구)에 대한 답변이 되는 C 爸爸。(아빠요.)를 정답으로 골라요.

* 정답으로 선택한 'C'에 취소선을 그어 두세요.

실전 테스트

테스트 1

제시된 문제와 문맥상 어울리는 보기를 고르세요.

Nǐ chī mǐfàn ma?
例如: 你 吃 米饭 吗 ?　　[F]

A　Xuéxí Hànyǔ.
学习 汉语 。

Nǎge shì wǒ de bēizi?
1. 哪个 是 我 的 杯子 ?　　[　]

B　Zhuōzi shang de.
桌子 上 的 。

Nǐmen shì shénme shíhou rènshi de?
2. 你们 是 什么 时候 认识 的 ?　　[　]

C　Shàng ge yuè.
上 个 月 。

Nà běn shū nǐ kàn le?
3. 那 本 书 你 看 了 ?　　[　]

D　Zài xuéxiào.
在 学校 。

Nǐ qù Zhōngguó zuò shénme?
4. 你 去 中国 做 什么 ?　　[　]

E　Méiyǒu.
没有 。

Nǐ xiànzài zài nǎr gōngzuò?
5. 你 现在 在 哪儿 工作 ?　　[　]

F　Hǎo de, xièxie!
好 的 , 谢谢 !

* 문제를 다 풀고 난 후, 1급 독해 제3부분_02.mp3를 들으며 학습해 보세요.

정답 해설집 p.23

테스트 2

제시된 문제와 문맥상 어울리는 보기를 고르세요.

例如:	Nǐ chī mǐfàn ma? 你 吃 米饭 吗?	F	A	Yí ge xīngqī. 一 个 星期 。

1.	Nǐmen shéi huì zuò fàn? 你们 谁 会 做 饭?	☐	B	Hěn hǎo. 很 好 。

2.	Māma, wǒ de shū ne? 妈妈, 我 的 书 呢?	☐	C	Wǒ. 我 。

3.	Nǐ xiǎng qù Běijīng zhù jǐ tiān? 你 想 去 北京 住 几 天?	☐	D	Zài zhuōzi shang. 在 桌子 上 。

4.	Tā zài jiā zuò shénme ne? 他 在 家 做 什么 呢?	☐	E	Kàn diànshì. 看 电视 。

5.	Nǐ tóngxué de Hànyǔ zěnmeyàng? 你 同学 的 汉语 怎么样?	☐	F	Hǎo de, xièxie! 好 的, 谢谢 !

* 문제를 다 풀고 난 후, 🎧1급 독해 제3부분_03.mp3를 들으며 학습해 보세요.

무료MP3 바로듣기

출제 형태

독해 제4부분은 제시된 다섯 개의 보기 중에서 문장이나 대화의 빈칸에 알맞은 어휘를 하나씩 고르는 문제예요. 총 5문제(36번~40번)가 출제돼요.

---

dì-sì bùfen
第四部分 제4부분

dì-sānshíliù dào sìshí tí
第 36-40 题 36-40번 문제

dōu   zhù   xīngqī   míngzi   chī   li
A 都   B 住   C 星期   D 名字   E 吃   F 里
이름

> 보기 6개(A~F)가 제시돼요. D는 예제 보기예요. 예시로 사용된 보기 D에 미리 취소선을 그어 두세요.

lìrú   Nǐ de māo jiào shénme
例如：你 的 猫 叫 什么 (D)?
예를 들어: 당신의 고양이는 (D)이 무엇입니까?

> 예제가 한 문제 제시돼요.

Wǒ nǚ'ér   zài Běijīng.
36. 我 女儿（   ）在 北京 。

Wǒmen míngtiān   Zhōngguó cài.
37. 我们 明天 （   ）中国 菜 。

Wǒ hé māma   ài kàn diànyǐng.
38. 我 和 妈妈（   ）爱 看 电影 。

Nǐ zài nǎr?   Wǒ méi kànjiàn nǐ.
39. 女：你 在 哪儿 ? 我 没 看见 你 。

Wǒ zài shāngdiàn
男：我 在 商店 （   ）。

Nǐ jīntiān jǐ diǎn qù xuéxiào?
40. 男：你 今天 几 点 去 学校 ?

Jīntiān shì   rì, wǒ bú qù xuéxiào.
女：今天 是（   ）日，我 不 去 学校 。

---

* 위 문제는 P.124 실전 테스트에서 직접 풀어볼 수 있어요.

출제 경향

① 빈칸에 알맞은 품사가 무엇인지 바로 알 수 있는 문제가 출제돼요.

빈칸 주변의 어휘를 통해 빈칸에 알맞은 품사가 무엇인지 바로 알 수 있는 문제가 출제돼요. 예를 들어 빈칸 앞에 조동사가 있으면 빈칸에 알맞은 품사는 동사임을 알 수 있어요.

② 동사와 명사를 채우는 문제가 가장 많이 출제돼요.

동사와 명사를 채우는 문제가 가장 많이 출제되고, 그 다음으로 형용사, 부사, 양사, 조동사를 채우는 문제가 출제돼요. 동사와 명사의 경우는 한 번에 2개 이상 제시되는 경우도 있어요.

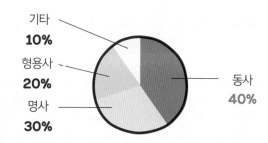

학습 방법

① 시험에 자주 출제되는 어휘들을 품사별로 익혀 두세요.

시험에 자주 출제되는 어휘를 동사, 명사, 형용사 등의 품사별로 익혀 두세요. 이때 자주 함께 쓰이는 호응 표현이나 어구로 익혀요. 그러면 빈칸 주변의 어휘들을 단서로 쉽게 정답을 선택할 수 있어요.

② <해커스 HSK 1-2급 필수 어휘 워크북>으로 HSK 1급 단어를 품사별로 꾸준히 외워 두세요.

HSK 1급 단어가 품사별로 정리된 <해커스 HSK 1-2급 필수 어휘 워크북>으로 1급 단어를 예문과 함께 매일 꾸준히 외우면 빈칸에 알맞은 어휘를 쉽게 선택할 수 있어요.

빈출 표현 익히기

시험에 자주 출제되는 품사별 어휘와 함께 쓰이는 표현을 충분히 익혀 보아요. (음성을 듣고 따라 읽으면 더 쉽게 암기할 수 있어요.)

🎧 1급 독해 제4부분_01.mp3

■ 자주 출제되는 동사 익히기

rènshi 认识 알다	Nǐ (rènshi) tā ma? 你 (认识) 她 吗? 당신은 그녀를 알아요?	zuò 坐 앉다	Qǐng (zuò). 请 (坐)。 앉으세요.
zhù 住 살다	(zhù) zài xuéxiào lǐmian (住) 在 学校 里面 학교에서 살다	mǎi 买 사다	(mǎi) xiē shuǐguǒ (买) 些 水果 과일을 좀 사다
huí 回 돌아가다	Nǐ zěnme (huí) jiā? 你 怎么 (回) 家? 당신 어떻게 집에 돌아가요?	zuò 做 하다	(zuò) fàn (做) 饭 밥을 하다
xiě 写 쓰다	shǎo(xiě) le yí ge líng 少 (写) 了 一 个 零 0 한 개를 적게 썼다	kàn 看 보다	Nǐ zài (kàn) shénme? 你 在 (看) 什么? 당신은 무엇을 보고 있나요?
tīng 听 듣다	Wǒ méiyǒu (tīng) jiàn. 我 没有 (听) 见。 저는 듣지 못했어요	ài 爱 좋아하다	(ài) chī shuǐguǒ (爱) 吃 水果 과일 먹는 것을 좋아하다
dú 读 읽다	Nǐ lái dú yíxià. 你 来 (读) 一下。 네가 한번 읽어 봐.	jiào 叫 부르다	dǎ diànhuà jiào chūzūchē 打 电话 (叫) 出租车 전화로 택시를 부르다

■ 자주 출제되는 명사 익히기

Hànyǔ 汉语 중국어	huì shuō (Hànyǔ) 会 说 (汉语) 중국어를 말할 줄 알다

dōngxi 东西 물건	zài shāngdiàn mǎi dōngxi 在 商店 买 (东西) 상점에서 물건을 사다

érzi 儿子 아들	Tā érzi zài Běijīng dúshū. 他 (儿子) 在 北京 读书。 그의 아들은 베이징에서 공부해요.

cài 菜 요리	xǐhuan chī Zhōngguó cài 喜欢 吃 中国 (菜) 중국 요리 먹는 것을 좋아하다

yuè 月 월	Shíyī yuè qù Běijīng gōngzuò. 11 (月) 去 北京 工作。 11월에 베이징에 가서 일해요.

rì 日 일	Zuótiān shì jiǔ yuè shíjiǔ rì. 昨天 是 9 月 19 (日)。 어제는 9월 19일이에요.

xīngqī 星期 주, 요일	Yí ge xīngqī yǒu qī tiān. 一个 (星期) 有 七天。 일주일은 7일이에요.

míngtiān 明天 내일	Míngtiān xuéxiào jiàn. (明天) 学校 见。 내일 학교에서 봐요.

tóngxué 同学 학우, 동창	Nǐ tóngxué zài nǎr gōngzuò? 你 (同学) 在 哪儿 工作? 당신의 학우는 어디에서 일하나요?

lǐ 里 안, 안쪽	zài fàndiàn li 在 饭店 (里) 식당 안에 있다

■ 자주 출제되는 형용사 익히기

piàoliang 漂亮 예쁘다	Bēizi hěn piàoliang. 杯子 很 (漂亮)。 컵이 예뻐요.

xiǎo 小 작다	Yǐzi tài xiǎo le. 椅子 太 (小) 了。 의자가 너무 작아요.

rè 热 덥다	hē diǎnr rè shuǐ 喝 点儿 (热) 水 따뜻한 물을 좀 마시다	lěng 冷 춥다	Tiānqì hěn lěng. 天气 很 (冷)。 날씨가 추워요.

자주 출제되는 의문사 익히기

duōshao 多少 몇, 얼마	Xuéxiào yǒu duōshao lǎoshī? 学校 有 (多少) 老师? 학교에는 선생님이 몇 명 있나요?	nǎ 哪 어느	Shì nǎ nián lái Zhōngguó de? 是 (哪) 年 来 中国 的? 어느 해에 중국에 왔나요?
zěnmeyàng 怎么样 어때요	Qù kàn diànyǐng zěnmeyàng? 去 看 电影 (怎么样)? 영화 보러 가는 것 어때요?	jǐ 几 몇	Xiànzài jǐ diǎn le? 现在 (几) 点 了? 지금 몇 시인가요?

자주 출제되는 부사·양사·조동사 익히기

méi 没 ~않다	Zuótiān méi xià yǔ. 昨天 (没) 下 雨。 어제는 비가 내리지 않았어요.	dōu 都 모두	Wǒ hé tā dōu ài hē chá. 我 和 他 (都) 爱 喝 茶。 나와 그는 모두 차 마시는 것을 좋아해요.
gè 个 개	Zhège zì wǒ huì dú. 这 (个) 字 我 会 读。 이 글자는 내가 읽을 줄 알아요.	suì 岁 살, 세	Jīnnián liù (suì) le. 今年 6 (岁) 了。 올해 6살이에요.

| huì
会
(배워서) ~
할 줄 안다 | Zhège cài wǒ huì zuò.
这个菜我 (会) 做。
이 요리는 내가 할 줄 알아요. | néng
能
~할 수 있다 | bù néng hé nǐ chī fàn
不 (能) 和你吃饭
당신과 밥을 먹을 수 없다 |

확인학습

빈칸에 들어갈 가장 알맞은 어휘를 고르세요.

1.
Wǒ gēge xiǎng qù Zhōngguó ( ) Hànyǔ.
我 哥哥 想 去 中国 ( ) 汉语。

　　 xuéxí　　　　　　　 kāi
　ⓐ 学习　　　　　ⓑ 开

2.
Nǐmen xuéxiào yǒu ( ) tóngxué?
你们 学校 有 ( ) 同学?

　　 zěnmeyàng　　　　 duōshao
　ⓐ 怎么样　　　　ⓑ 多少

3.
Nǐ ( ) tā ma?
你 ( ) 他 吗?

　　 rènshi　　　　　　 huí
　ⓐ 认识　　　　　ⓑ 回

4.
Bàba hé māma ( ) ài hē chá.
爸爸 和 妈妈 ( ) 爱 喝 茶。

　　 dōu　　　　　　 suì
　ⓐ 都　　　　　ⓑ 岁

문제풀이 스텝

보기의 의미 파악하기

● 먼저 문제지에 제시된 보기 5개의 뜻을 파악해요.

문맥상 가장 알맞은 어휘를 정답으로 선택하기

● 빈칸 앞 뒤의 문맥을 꼼꼼히 확인해요.

예제에 문제풀이 스텝 적용하기

* 문제를 풀기 전, 예시로 사용된 보기 'D'에 취소선을 그어 두세요.

STEP 1 보기의 의미 파악하기

A는 '살[나이를 세는 단위]', B는 '어떻다', C는 '사다', E는 '~와/과', F는 '공부하다' 라는 뜻이에요.

[문제지]

	suì		zěnmeyàng		mǎi		míngzi		hé		xuéxí
A	岁	B	怎么样	C	买	Ð	名字	E	和	F	学习
	살, 세		어떻다		사다				~와/과		공부하다

Nǐ de māo jiào shénme
例如: 你 的 猫 叫 什么 （ D ）?

Wǒ érzi jīnnián wǔ suì le, tā hěn ài chī píngguǒ.
1. 我 儿子 今年 5（ A 岁 ）了 , 他 很 爱 吃 苹果 。

내 아들은 올해 다섯 살이 되었으며, 그는 사과 먹는 것을 매우 좋아해요.

어휘 岁 suì 몡 살[나이를 세는 단위] **怎么样** zěnmeyàng 떼 어떻다, 어떠하다 **买** mǎi 동 사다 **和** hé 젠 ~와/과 **学习** xuéxí 동 공부하다
儿子 érzi 몡 아들 今年 jīnnián 몡 올해 爱 ài 동 좋아하다 吃 chī 동 먹다 苹果 píngguǒ 몡 사과

STEP 2 문맥상 가장 알맞은 어휘를 정답으로 선택하기

我儿子今年5（   ）了는 '내 아들은 올해 5___이 되었다'라는 뜻이고, 빈칸 앞에 숫자 5가 있어요. 따라서 숫자 뒤에 올 수 있고, 문맥에도 알맞은 양사 A 岁(suì, 살)가 정답이에요.

* 정답으로 선택한 'A'에 취소선을 그어 두세요.

* 한 번 정답으로 선택된 어휘는 다른 문제에서 중복하여 정답이 될 수 없으므로 취소선을 그어 두세요.

테스트 1

빈칸에 들어갈 알맞은 단어를 고르세요.

<table>
<tr><td>dōu
A 都</td><td>zhù
B 住</td><td>xīngqī
C 星期</td><td>míngzi
D 名字</td><td>chī
E 吃</td><td>li
F 里</td></tr>
</table>

Nǐ de māo jiào shénme
例如：你 的 猫 叫 什么 （ D ）？

Wǒ nǚ'ér　　　　　zài Běijīng.
1. 我 女儿 （　　　　）在 北京 。

Wǒmen míngtiān　　　　　Zhōngguó cài.
2. 我们 明天 （　　　　）中国 菜 。

Wǒ hé māma　　　　　ài kàn diànyǐng.
3. 我 和 妈妈 （　　　　）爱 看 电影 。

　　　Nǐ zài nǎr? Wǒ méi kànjiàn nǐ.
4. 女：你 在 哪儿？我 没 看见 你 。

　　　Wǒ zài shāngdiàn
　　　男：我 在 商店 （　　　　）。

　　　Nǐ jīntiān jǐ diǎn qù xuéxiào?
5. 男：你 今天 几 点 去 学校 ？

　　　Jīntiān shì　　　　　rì, wǒ bú qù xuéxiào.
　　　女：今天 是 （　　　　）日 ，我 不 去 学校 。

* 문제를 다 풀고 난 후, 🎧1급 독해 제4부분_02.mp3를 들으며 학습해 보세요.

정답 해설집 p.27

테스트 2

빈칸에 들어갈 알맞은 단어를 고르세요.

	dǎ diànhuà	dōngxi	érzi	míngzi	kāi	néng
A 打 电话	B 东西	C 儿子	D 名字	E 开	F 能

　　　　　Nǐ de māo jiào shénme
例如：你 的 猫 叫 什么 （ D ）？

　　Duìbuqǐ, wǒ míngtiān bù　　　　　　he nǐ chī fàn le.
1. 对不起 ， 我 明天 不 （　　　 ）和 你 吃 饭 了 。

　　Zǎoshang nǐ qù mǎi shénme　　　 le?
2. 早上 你 去 买 什么 （　　　 ）了 ？

　　Tā　　　　　 xiànzài zài Zhōngguó dú shū.
3. 他 （　　　 ）现在 在 中国 读 书 。

　　　　Xià yǔ le, nǐ zěnme huí jiā?
4. 女：下 雨 了 ， 你 怎么 回 家 ？

　　　　Wǒ jīntiān　　　　　 chē huí jiā.
　　男：我 今天 （　　　 ）车 回 家 。

　　　　Lǐ yīshēng shàngwǔ huì lái ma?
5. 男：李 医生 上午 会 来 吗 ？

　　　　Huì de, tā　　　　　 shuō huì lái.
　　女：会 的 ， 他 （　　　 ）说 会 来 。

* 문제를 다 풀고 난 후, 🎧1급 독해 제4부분_03.mp3를 들으며 학습해 보세요.

정답 해설집 p.29

본교재 인강·무료학습 제공
china.Hackers.com

HSK 1급
실전모의고사

실전모의고사 1

실전모의고사 2

실전모의고사 3

실전모의고사 1

답안지 작성법

汉语水平考试 HSK (一级) 答题卡

수험자 정보를 기입하세요.

请填写考生信息

고시장 정보를 기입하세요.

请填写考点信息

请按照考试证件上的姓名填写: 수험표 상의 영문 이름을 기입하세요.

姓名	KIM JEE YOUNG

如果有中文姓名，请填写: 중문 이름이 있다면 기입하세요.

中文姓名	金 志 玲

고시장 번호를 쓰고 마킹하세요.

考点序号	8	[0] [1] [2] [3] [4] [5] [6] [7] [8] [9]
	1	[0] [1] [2] [3] [4] [5] [6] [7] [8] [9]
	5	[0] [1] [2] [3] [4] [5] [6] [7] [8] [9]
	0	[0] [1] [2] [3] [4] [5] [6] [7] [8] [9]
	3	[0] [1] [2] [3] [4] [5] [6] [7] [8] [9]
	0	[0] [1] [2] [3] [4] [5] [6] [7] [8] [9]
	0	[0] [1] [2] [3] [4] [5] [6] [7] [8] [9]

국적 번호를 쓰고 마킹하세요.

国籍	5	[0] [1] [2] [3] [4] [5] [6] [7] [8] [9]
	2	[0] [1] [2] [3] [4] [5] [6] [7] [8] [9]
	3	[0] [1] [2] [3] [4] [5] [6] [7] [8] [9]

수험 번호를 쓰고 마킹하세요.

考生序号	6	[0] [1] [2] [3] [4] [5] [6] [7] [8] [9]
	0	[0] [1] [2] [3] [4] [5] [6] [7] [8] [9]
	2	[0] [1] [2] [3] [4] [5] [6] [7] [8] [9]
	5	[0] [1] [2] [3] [4] [5] [6] [7] [8] [9]
	9	[0] [1] [2] [3] [4] [5] [6] [7] [8] [9]

나이를 쓰고 마킹하세요.

年龄	2	[0] [1] [2] [3] [4] [5] [6] [7] [8] [9]
	3	[0] [1] [2] [3] [4] [5] [6] [7] [8] [9]

해당하는 성별에 마킹하세요.

性别	男 [1]	女 [2]

注意 | 请用2B铅笔这样写: ■ 2B 연필로 마킹하세요.

답안 마킹시 답안 표기 방향에 주의하세요.

一、听力 듣기

제1부분	제2부분	제3부분	제4부분
1. [✓] [×]	6. [A] [B] [C]	11. [A] [B] [C] [D] [E] [F]	16. [A] [B] [C]
2. [✓] [×]	7. [A] [B] [C]	12. [A] [B] [C] [D] [E] [F]	17. [A] [B] [C]
3. [✓] [×]	8. [A] [B] [C]	13. [A] [B] [C] [D] [E] [F]	18. [A] [B] [C]
4. [✓] [×]	9. [A] [B] [C]	14. [A] [B] [C] [D] [E] [F]	19. [A] [B] [C]
5. [✓] [×]	10. [A] [B] [C]	15. [A] [B] [C] [D] [E] [F]	20. [A] [B] [C]

二、阅读 독해

제1부분	제2부분	제3부분	제4부분
21. [✓] [×]	26. [A] [B] [C] [D] [E] [F]	31. [A] [B] [C] [D] [E] [F]	36. [A] [B] [C] [D] [E] [F]
22. [✓] [×]	27. [A] [B] [C] [D] [E] [F]	32. [A] [B] [C] [D] [E] [F]	37. [A] [B] [C] [D] [E] [F]
23. [✓] [×]	28. [A] [B] [C] [D] [E] [F]	33. [A] [B] [C] [D] [E] [F]	38. [A] [B] [C] [D] [E] [F]
24. [✓] [×]	29. [A] [B] [C] [D] [E] [F]	34. [A] [B] [C] [D] [E] [F]	39. [A] [B] [C] [D] [E] [F]
25. [✓] [×]	30. [A] [B] [C] [D] [E] [F]	35. [A] [B] [C] [D] [E] [F]	40. [A] [B] [C] [D] [E] [F]

실전모의고사 1 답안지

汉语水平考试 HSK（一级）答题卡

请填写考生信息

请按照考试证件上的姓名填写：

姓名

如果有中文姓名，请填写：

中文姓名

考生序号
[0] [1] [2] [3] [4] [5] [6] [7] [8] [9]
[0] [1] [2] [3] [4] [5] [6] [7] [8] [9]
[0] [1] [2] [3] [4] [5] [6] [7] [8] [9]
[0] [1] [2] [3] [4] [5] [6] [7] [8] [9]
[0] [1] [2] [3] [4] [5] [6] [7] [8] [9]

请填写考点信息

考点序号
[0] [1] [2] [3] [4] [5] [6] [7] [8] [9]
[0] [1] [2] [3] [4] [5] [6] [7] [8] [9]
[0] [1] [2] [3] [4] [5] [6] [7] [8] [9]
[0] [1] [2] [3] [4] [5] [6] [7] [8] [9]
[0] [1] [2] [3] [4] [5] [6] [7] [8] [9]
[0] [1] [2] [3] [4] [5] [6] [7] [8] [9]
[0] [1] [2] [3] [4] [5] [6] [7] [8] [9]

国籍
[0] [1] [2] [3] [4] [5] [6] [7] [8] [9]
[0] [1] [2] [3] [4] [5] [6] [7] [8] [9]
[0] [1] [2] [3] [4] [5] [6] [7] [8] [9]

年龄
[0] [1] [2] [3] [4] [5] [6] [7] [8] [9]
[0] [1] [2] [3] [4] [5] [6] [7] [8] [9]

性别　　　男 [1]　　　女 [2]

注意　请用2B铅笔这样写：▬

一、听力

1. [✓] [×]　　6. [A] [B] [C]　　11. [A] [B] [C] [D] [E] [F]　　16. [A] [B] [C]

2. [✓] [×]　　7. [A] [B] [C]　　12. [A] [B] [C] [D] [E] [F]　　17. [A] [B] [C]

3. [✓] [×]　　8. [A] [B] [C]　　13. [A] [B] [C] [D] [E] [F]　　18. [A] [B] [C]

4. [✓] [×]　　9. [A] [B] [C]　　14. [A] [B] [C] [D] [E] [F]　　19. [A] [B] [C]

5. [✓] [×]　　10. [A] [B] [C]　　15. [A] [B] [C] [D] [E] [F]　　20. [A] [B] [C]

二、阅读

21. [✓] [×]　　26. [A] [B] [C] [D] [E] [F]　　31. [A] [B] [C] [D] [E] [F]　　36. [A] [B] [C] [D] [E] [F]

22. [✓] [×]　　27. [A] [B] [C] [D] [E] [F]　　32. [A] [B] [C] [D] [E] [F]　　37. [A] [B] [C] [D] [E] [F]

23. [✓] [×]　　28. [A] [B] [C] [D] [E] [F]　　33. [A] [B] [C] [D] [E] [F]　　38. [A] [B] [C] [D] [E] [F]

24. [✓] [×]　　29. [A] [B] [C] [D] [E] [F]　　34. [A] [B] [C] [D] [E] [F]　　39. [A] [B] [C] [D] [E] [F]

25. [✓] [×]　　30. [A] [B] [C] [D] [E] [F]　　35. [A] [B] [C] [D] [E] [F]　　40. [A] [B] [C] [D] [E] [F]

汉语水平考试

HSK（一级）

注　意

一、HSK（一级）分两部分：

　　1. 听力（20题，约15分钟）

　　2. 阅读（20题，17分钟）

二、听力结束后，有3分钟填写答题卡。

三、全部考试约40分钟（含考生填写个人信息时间5分钟）。

一、听 力

第 一 部 分

무료MP3 바로듣기

第 1-5 题

例如：		✓
		×
1.		
2.		
3.		
4.		
5.		

第 二 部 分

第 6-10 题

例如：	 A	 B	 C ✓
6.	 A	 B	 C
7.	 A	 B	 C
8.	 A	 B	 C

9.			
	A	B	C
10.			
	A	B	C

第 三 部 分

A

B

C

D

E

F

Nǐ hǎo!
例如：女：你 好 ！

Nǐ hǎo, wǒ jiào Wáng Xiǎomíng.
男：你 好 ，我 叫 王 小明 。　　　　　　　　C

11. 　　　　□

12. 　　　　□

13. 　　　　□

14. 　　　　□

15. 　　　　□

第 四 部 分

第 16-20 题

Míngtiān wǒ qù shāngdiàn, wǒ xiǎng mǎi yí ge bēizi.
例如： 明天 我 去 商店 ， 我 想 买 一 个 杯子 。

Tā míngtiān qù nǎr?
问： 她 明天 去 哪儿 ？

yīyuàn	shāngdiàn	fàndiàn
A 医院	B 商店 ✓	C 饭店

16.
tā de tóngxué	tā de lǎoshī	tā de bàba
A 他 的 同学	B 他 的 老师	C 他 的 爸爸

17.
běn	běn	běn
A 1 本	B 3 本	C 4 本

18.
tài xiǎo	tài shǎo	tài dà
A 太 小	B 太 少	C 太 大

19.
huí jiā chī fàn	dǎ diànhuà	zài shuìjiào
A 回 家 吃 饭	B 打 电话	C 在 睡觉

20.
shū	píngguǒ	bēizi
A 书	B 苹果	C 杯子

二、阅 读

第 一 部 分

第 21-25 题

例如：		diànhuà 电话	×
		shuìjiào 睡觉	✓
21.		gǒu 狗	
22.		yīshēng 医生	
23.		dú 读	
24.		gāoxìng 高兴	
25.		wǔ 五	

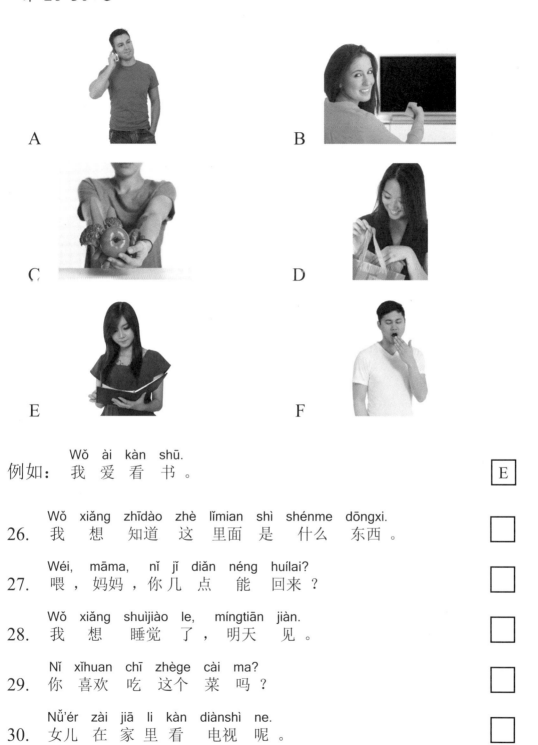

第 二 部 分

第 26-30 题

A

B

C

D

E

F

Wǒ ài kàn shū.
例如： 我 爱 看 书 。 **E**

Wǒ xiǎng zhīdào zhè lǐmian shì shénme dōngxi.
26. 我 想 知道 这 里面 是 什么 东西 。

Wéi, māma, nǐ jǐ diǎn néng huílai?
27. 喂 ， 妈妈 ， 你 几 点 能 回来 ？

Wǒ xiǎng shuìjiào le, míngtiān jiàn.
28. 我 想 睡觉 了 ， 明天 见 。

Nǐ xǐhuan chī zhège cài ma?
29. 你 喜欢 吃 这个 菜 吗 ？

Nǚ'ér zài jiā li kàn diànshì ne.
30. 女儿 在 家 里 看 电视 呢 。

第 三 部 分

第 31-35 题

Nǐ chī mǐfàn ma?
例如：你 吃 米饭 吗？　　　F　　A　Běijīng.
北京 。

Zhè shì shéi de bēizi?
31. 这 是 谁 的 杯子？　　　□　　B　Hěn lěng.
很 冷 。

Nǐ xiànzài zài nǎr gōngzuò?
32. 你 现在 在 哪儿 工作？　　□　　C　Wǒ tóngxué de.
我 同学 的 。

Tā shénme shíhou qù Zhōngguó?
33. 她 什么 时候 去 中国？　　□　　D　Méiyǒu.
没有 。

Nǐ kànjiàn wǒ xiānsheng le ma?
34. 你 看见 我 先生 了 吗？　　□　　E　Xià ge yuè.
下 个 月 。

Jīntiān tiānqì zěnmeyàng?
35. 今天 天气 怎么样？　　　□　　F　Hǎo de, xièxie!
好 的 ，谢谢 ！

第 四 部 分

第 36-40 题

chá	Hànyǔ	piàoliang	míngzi	rènshi	zuò
A 茶	B 汉语	C 漂亮	D 名字	E 认识	F 坐

Nǐ de māo jiào shénme
例如：你 的 猫 叫 什么 （ D ）？

Nǐ de péngyou huì shuō ma?
36. 你 的 朋友 会 说 （ ） 吗 ？

Wǒ hé xiǎo Yuè shí duō nián le.
37. 我 和 小 月 （ ） 十 多 年 了 。

Wǒ bàba hěn ài hē
38. 我 爸爸 很 爱 喝 （ ） 。

Zhèli yǒu yǐzi, nǐ yào ma?
39. 女：这里 有 椅子 ，你 要 （ ） 吗 ？

Bù le, xièxie, wǒ xiànzài yào huíqu le.
男：不 了 ，谢谢 ，我 现在 要 回去 了 。

Nǐ xiě de zì tài le.
40. 男：你 写 的 字 太 （ ） 了 。

Shì ma? Xièxie.
女：是 吗？ 谢谢 。

정답 해설집 p.32

실전모의고사 2

실전모의고사 2 답안지

汉语水平考试 HSK（一级）答题卡

一、听力

1. [✓] [×]　　6. [A] [B] [C]　　11. [A] [B] [C] [D] [E] [F]　　16. [A] [B] [C]

2. [✓] [×]　　7. [A] [B] [C]　　12. [A] [B] [C] [D] [E] [F]　　17. [A] [B] [C]

3. [✓] [×]　　8. [A] [B] [C]　　13. [A] [B] [C] [D] [E] [F]　　18. [A] [B] [C]

4. [✓] [×]　　9. [A] [B] [C]　　14. [A] [B] [C] [D] [E] [F]　　19. [A] [B] [C]

5. [✓] [×]　　10. [A] [B] [C]　　15. [A] [B] [C] [D] [E] [F]　　20. [A] [B] [C]

二、阅读

21. [✓] [×]　　26. [A] [B] [C] [D] [E] [F]　　31. [A] [B] [C] [D] [E] [F]　　36. [A] [B] [C] [D] [E] [F]

22. [✓] [×]　　27. [A] [B] [C] [D] [E] [F]　　32. [A] [B] [C] [D] [E] [F]　　37. [A] [B] [C] [D] [E] [F]

23. [✓] [×]　　28. [A] [B] [C] [D] [E] [F]　　33. [A] [B] [C] [D] [E] [F]　　38. [A] [B] [C] [D] [E] [F]

24. [✓] [×]　　29. [A] [B] [C] [D] [E] [F]　　34. [A] [B] [C] [D] [E] [F]　　39. [A] [B] [C] [D] [E] [F]

25. [✓] [×]　　30. [A] [B] [C] [D] [E] [F]　　35. [A] [B] [C] [D] [E] [F]　　40. [A] [B] [C] [D] [E] [F]

汉语水平考试

HSK（一级）

注 意

一、HSK（一级）分两部分：

    1. 听力（20题，约15分钟）

    2. 阅读（20题，17分钟）

二、听力结束后，有3分钟填写答题卡。

三、全部考试约40分钟（含考生填写个人信息时间5分钟）。

一、听 力

第 一 部 分

第 1-5 题

例如：		✓
		✗
1.		
2.		
3.		
4.		
5.		

第 二 部 分

第 6-10 题

例如：	\n\nA	\n\nB	\n\nC ✓
6.	\n\nA	\n\nB	\n\nC
7.	\n\nA	\n\nB	\n\nC
8.	\n\nA	\n\nB	\n\nC

9.			
	A	B	C
10.			
	A	B	C

第 三 部 分

第 11-15 题

A

B

C

D

E

F

Nǐ hǎo!
例如：女：你 好 ！

Nǐ hǎo, wǒ jiào Wáng Xiǎomíng.
男：你 好 ，我 叫 王 小明 。 C

11.

12.

13.

14.

15.

第 四 部 分

第 16-20 题

Míngtiān wǒ qù shāngdiàn, wǒ xiǎng mǎi yí ge bēizi.
例如：明天　我　去　商店，我　想　买　一　个　杯子。

Tā míngtiān qù nǎr?
问：她　明天　去　哪儿 ？

yīyuàn | shāngdiàn | fàndiàn
A 医院 | B 商店 ✓ | C 饭店

16.　A 9:00　　　　B 10:00　　　　C 11:00

tóngxué de | māma de | érzi de
17.　A 同学 的 | B 妈妈 的 | C 儿子 的

tài dà le | tài xiǎo le | hěn piàoliang
18.　A 太 大 了 | B 太 小 了 | C 很 漂亮

xué Hànyǔ | dǎ diànhuà | kàn diànshì
19.　A 学 汉语 | B 打 电话 | C 看 电视

yì nián duō | sān nián duō | wǔ nián duō
20.　A 一 年 多 | B 三 年 多 | C 五 年 多

二、阅 读

第 一 部 分

第 21-25 题

例如：		diànhuà 电话	✗
		shuìjiào 睡觉	✓
21.		yīfu 衣服	
22.		tīng 听	
23.		mǐfàn 米饭	
24.		lěng 冷	
25.		xiě 写	

第 二 部 分

第 26-30 题

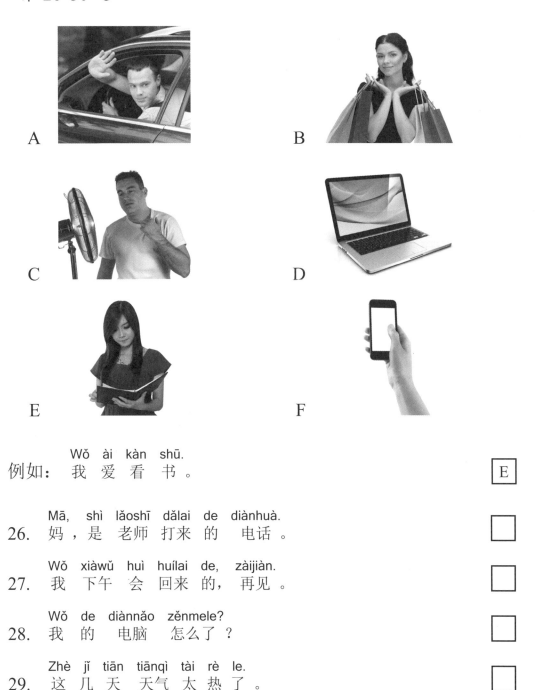

A

B

C

D

E

F

Wǒ ài kàn shū.
例如： 我 爱 看 书 。   E

Mā, shì lǎoshī dǎlai de diànhuà.
26. 妈 ， 是 老师 打来 的 电话 。

Wǒ xiàwǔ huì huílai de, zàijiàn.
27. 我 下午 会 回来 的 ， 再见 。

Wǒ de diànnǎo zěnmele?
28. 我 的 电脑 怎么了 ？

Zhè jǐ tiān tiānqì tài rè le.
29. 这 几 天 天气 太 热 了 。

Nǐ kàn, wǒ jīntiān mǎile hěn duō dōngxi.
30. 你 看 ， 我 今天 买了 很 多 东西 。

第 三 部 分

第 31-35 题

例如：
Nǐ chī mǐfàn ma?
你 吃 米饭 吗 ？　　　　　F　　　　　kuài.
A 35 块 。

31.
Nǐ shì shénme shíhou huílai de?
你 是 什么 时候 回来 的 ？　　□　　diǎn.
B 11 点 。

32.
Tā rènshi hěn duō Zhōngguó péngyou?
他 认识 很 多 中国 朋友 ？　　□　　Zuò chūzūchē.
C 坐 出租车 。

33.
Kāi chē de nàge rén shì shéi?
开 车 的 那个 人 是 谁 ？　　□　　Shì de, bù shǎo.
D 是 的 ， 不 少 。

34.
Zhège dōngxi duōshao qián?
这个 东西 多少 钱 ？　　　　□　　Wǒ bàba.
E 我 爸爸 。

35.
Nǐ jīntiān shì zěnme qù xuéxiào de?
你 今天 是 怎么 去 学校 的 ？　□　　Hǎo de, xièxie!
F 好 的 ， 谢谢 ！

第 四 部 分

第 36-40 题

	hé		qiánmian		dǎ		míngzi		huì		nǎ
A	和	B	前面	C	打	D	名字	E	会	F	哪

Nǐ de māo jiào shénme
例如：你 的 猫 叫 什么 （ D ）？

Nàge fànguǎnr zài yīyuàn
36. 那个 饭馆儿 在 医院 （ 　　 ）。

Wǒ nǚ'ér zài hé péngyou 　　 diànhuà ne.
37. 我 女儿 在 和 朋友 （ 　　 ） 电话 呢 。

Wǒ 　　 bàba dōu ài kàn diànshì.
38. 我 （ 　　 ）爸爸 都 爱 看 电视 。

Nǐ tīngshuōle ma? Xiǎo Hóng de māma zhù yuàn le.
39. 女：你 听说了 吗 ？ 小 红 的 妈妈 住 院 了 。

Shì ma? Zài 　　 ge yīyuàn?
男：是 吗 ？ 在 （ 　　 ）个 医院 ？

Xièxie nǐ, wǒ xiànzài 　　 dú zhèxiē zì le.
40. 男：谢谢 你 ，我 现在 （ 　　 ）读 这些 字 了 。

Bú kèqi.
女：不 客气 。

정답 해설집 p.45

실전모의고사 3

실전모의고사 3 답안지

汉语水平考试 HSK（一级）答题卡

请填写考生信息	请填写考点信息

请按照考试证件上的姓名填写：

姓名

考点序号
[0] [1] [2] [3] [4] [5] [6] [7] [8] [9]
[0] [1] [2] [3] [4] [5] [6] [7] [8] [9]
[0] [1] [2] [3] [4] [5] [6] [7] [8] [9]
[0] [1] [2] [3] [4] [5] [6] [7] [8] [9]
[0] [1] [2] [3] [4] [5] [6] [7] [8] [9]
[0] [1] [2] [3] [4] [5] [6] [7] [8] [9]
[0] [1] [2] [3] [4] [5] [6] [7] [8] [9]

如果有中文姓名，请填写：

中文姓名

国籍
[0] [1] [2] [3] [4] [5] [6] [7] [8] [9]
[0] [1] [2] [3] [4] [5] [6] [7] [8] [9]
[0] [1] [2] [3] [4] [5] [6] [7] [8] [9]

考生序号
[0] [1] [2] [3] [4] [5] [6] [7] [8] [9]
[0] [1] [2] [3] [4] [5] [6] [7] [8] [9]
[0] [1] [2] [3] [4] [5] [6] [7] [8] [9]
[0] [1] [2] [3] [4] [5] [6] [7] [8] [9]
[0] [1] [2] [3] [4] [5] [6] [7] [8] [9]

年龄
[0] [1] [2] [3] [4] [5] [6] [7] [8] [9]
[0] [1] [2] [3] [4] [5] [6] [7] [8] [9]

性别　　　　男 [1]　　　　女 [2]

注意　请用2B铅笔这样写：▆

一、听力

1. [✓] [×]　　6. [A] [B] [C]　　11. [A] [B] [C] [D] [E] [F]　　16. [A] [B] [C]

2. [✓] [×]　　7. [A] [B] [C]　　12. [A] [B] [C] [D] [E] [F]　　17. [A] [B] [C]

3. [✓] [×]　　8. [A] [B] [C]　　13. [A] [B] [C] [D] [E] [F]　　18. [A] [B] [C]

4. [✓] [×]　　9. [A] [B] [C]　　14. [A] [B] [C] [D] [E] [F]　　19. [A] [B] [C]

5. [✓] [×]　　10. [A] [B] [C]　　15. [A] [B] [C] [D] [E] [F]　　20. [A] [B] [C]

二、阅读

21. [✓] [×]　　26. [A] [B] [C] [D] [E] [F]　　31. [A] [B] [C] [D] [E] [F]　　36. [A] [B] [C] [D] [E] [F]

22. [✓] [×]　　27. [A] [B] [C] [D] [E] [F]　　32. [A] [B] [C] [D] [E] [F]　　37. [A] [B] [C] [D] [E] [F]

23. [✓] [×]　　28. [A] [B] [C] [D] [E] [F]　　33. [A] [B] [C] [D] [E] [F]　　38. [A] [B] [C] [D] [E] [F]

24. [✓] [×]　　29. [A] [B] [C] [D] [E] [F]　　34. [A] [B] [C] [D] [E] [F]　　39. [A] [B] [C] [D] [E] [F]

25. [✓] [×]　　30. [A] [B] [C] [D] [E] [F]　　35. [A] [B] [C] [D] [E] [F]　　40. [A] [B] [C] [D] [E] [F]

汉语水平考试
HSK（一级）

注　意

一、HSK（一级）分两部分：

    1. 听力（20题，约15分钟）

    2. 阅读（20题，17分钟）

二、听力结束后，有3分钟填写答题卡。

三、全部考试约40分钟（含考生填写个人信息时间5分钟）。

一、听力

第 一 部 分

第 1-5 题

例如：		✓
		✕
1.		
2.		
3.		
4.		
5.		

第 二 部 分

第 6-10 题

例如：	 A	 B	 C ✓
6.	 A	 B	 C
7.	 A	 B	 C
8.	 A	 B	 C

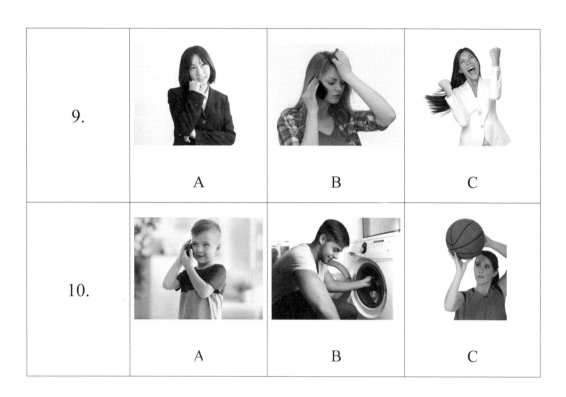

第 三 部 分

第 11-15 题

A

B

C

D

E

F

Nǐ hǎo!
例如：女：你 好 ！

Nǐ hǎo, wǒ jiào Wáng Xiǎomíng.
男：你 好，我 叫 王 小明 。

C

11.

12.

13.

14.

15.

第 四 部 分

第 16-20 题

例如：
Míngtiān wǒ qù shāngdiàn, wǒ xiǎng mǎi yí ge bēizi.
明天 我 去 商店 ， 我 想 买 一 个 杯子 。

Tā míngtiān qù nǎr?
问：她 明天 去 哪儿 ？

A yīyuàn 医院   B shāngdiàn 商店 ✓   C fàndiàn 饭店

16.   A 10 kuài 块   B 13 kuài 块   C 30 kuài 块

17.   A huí jiā 回家   B kàn diànshì 看 电视   C kàn diànyǐng 看 电影

18.   A xīngqīwǔ 星期五   B xīngqīliù 星期六   C xīngqīrì 星期日

19.   A wǒ 我   B péngyou 朋友   C péngyou de nǚ'ér 朋友 的 女儿

20.   A hěn lěng 很 冷   B hěn hǎo 很 好   C xià yǔ le 下 雨 了

二、阅 读

第 一 部 分

第 21-25 题

例如：		diànhuà 电话	✕
		shuìjiào 睡觉	✓
21.		rè 热	
22.		yǐzi 椅子	
23.		shǎo 少	
24.		tā 他	
25.		shuōhuà 说话	

第 二 部 分

第 26-30 题

A

B

C

D

E

F

Wǒ ài kàn shū.
例如： 我 爱 看 书 。 ☐ E

Wǒ hé péngyou zài shāngdiàn mǎi yīfu ne.
26. 我 和 朋友 在 商店 买 衣服 呢 。 ☐

Zhè jǐ ge zì nǐ huì dú ma?
27. 这 几 个 字 你 会 读 吗 ？ ☐

Lǐmian méiyǒu qián.
28. 里面 没有 钱 。 ☐

Nǐ zài nàr xiǎng shénme ne?
29. 你 在 那儿 想 什么 呢 ？ ☐

Zhèxiē xiǎomāo dōu shì shéi de?
30. 这些 小猫 都 是 谁 的 ？ ☐

第 三 部 分

第 31-35 题

例如：
Nǐ chī mǐfàn ma?
你 吃 米饭 吗？ [F]

A
Xuéxiào li.
学校 里 。

31.
Nàge fànguǎnr zěnmeyàng?
那个 饭馆儿 怎么样？ [ ]

B
Xiǎo Yuè.
小 月 。

32.
Nǐ de érzi xiànzài zhù nǎr?
你 的 儿子 现在 住 哪儿？ [ ]

C
Hěn hǎo.
很 好 。

33.
Tā xiǎng mǎi shénme?
他 想 买 什么？ [ ]

D
Hànyǔ shū.
汉语 书 。

34.
Lǐ lǎoshī de nǚ'ér jīnnián duō dà le?
李 老师 的 女儿 今年 多 大 了？ [ ]

E
suì.
10 岁 。

35.
Zhèxiē shuǐguǒ shì shéi mǎi de?
这些 水果 是 谁 买 的？ [ ]

F
Hǎo de, xièxie!
好 的 ，谢谢！

第四部分

第 36-40 题

	yuè		jǐ		xiǎo		míngzi		cài		xièxie
A	月	B	几	C	小	D	名字	E	菜	F	谢谢

Nǐ de māo jiào shénme
例如：你 的 猫 叫 什么 （ D ）？

Jīntiān nǐ xiānsheng   diǎn huílai?
36. 今天 你 先生 （   ） 点 回来 ？

Wǒ hěn xǐhuan chī Zhōngguó
37. 我 很 喜欢 吃 中国 （   ）。

Tā jīnnián   qù Běijīng dú shū.
38. 她 今年 9 （   ） 去 北京 读 书 。

nǐ jīntiān qǐng wǒ chī fàn.
39. 女：（   ） 你 今天 请 我 吃 饭 。

Bú kèqi.
男：不 客气 。

Zhège zhuōzi tài   le, yǒu dà yìdiǎnr de ma?
40. 男：这个 桌子 太 （   ） 了 ， 有 大 一点儿 的 吗 ？

Zhège ne?
女：这个 呢 ？

정답 해설집 p.58

해커스 HSK 1-2급 한 권으로 가뿐하게 합격

HSK 2급

듣기

독해

실전모의고사 1,2,3

본교재인강·무료학습제공
china.Hackers.com

HSK 2급 듣기

제1부분 문장 듣고 일치·불일치 판단하기

제2부분 대화 듣고 사진 선택하기

제3, 4부분 대화 듣고 질문에 맞는 답 선택하기

제1부분 문장 듣고 일치·불일치 판단하기

출제 형태 및 시험 진행 순서

듣기 제1부분은 음성으로 들려주는 문장과 문제지에 제시된 사진이 일치하는지 아니면 불일치하는지 판단하는 문제예요. 총 10문제(1~10번)가 출제돼요.

tīnglì
一、听力 듣기
dì-yī bùfen
第 一 部 分 제1부분

dì-yī dào shí tí
第 1-10 题 1-10번 문제

lìrú 例如: 예를 들어:		✓
		✗
1.		
2.		
3.		
4.		
5.		

음성에서는 제일 먼저 듣기 영역에 대한 안내가 나와요.

예제가 두 문제 제시되고, 다음 내용의 음성을 들려줘요.

[음성]
Wǒ jiā yǒu bàba , māma hé wǒ.
我家有爸爸，妈妈和我。
(우리 집에는 아빠, 엄마, 내가 있다.)

Wǒ zuò chūzūchē qù jīchǎng.
我坐出租车去机场。
(나는 택시를 타고 공항에 간다.)

아래와 같은 음성이 들리면 1번 문제를 보며 문제 풀이를 시작하세요.

[음성]
Xiànzài kāishǐ dì-yī tí:
现在开始第1题：
(지금부터 1번 문제를 시작하겠습니다.)

음성을 듣고 음성과 사진이 일치하면 ∨, 일치하지 않으면 ✗를 빈칸에 표시해요.
음성은 두 번 들려줘요.

한 문제의 음성이 끝나면, 8초 뒤에 다음 문제의 음성이 나와요.

* 위 문제는 P.184 실전 테스트에서 직접 풀어볼 수 있어요.

① **사람이 등장하는 사진이 자주 출제돼요.**

사람이 등장하는 사진과 사람없이 사물이 등장하는 사진이 출제되는데, 그 중 사람이 등장하는 사진이 자주 출제돼요. 사람이 등장하는 사진과 관련해서는, 사람의 동작과 관련된 문장이나 사진 속 상황과 관련된 문장이 출제돼요.

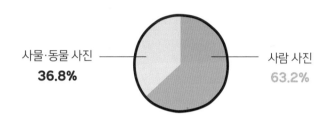

사물·동물 사진 **36.8%**   　사람 사진 63.2%

② **음성에서 언급되는 특정 표현을 듣고 곧바로 일치·불일치를 판단할 수 있는 문제가 주로 출제돼요.**

사람의 동작이나 특정 상황, 그리고 사물의 이름과 같이 음성에서 언급되는 특정 표현을 듣고 사진과 일치하는지 아니면 불일치하는지를 바로 판단할 수 있는 문제가 주로 출제돼요.

① **자주 출제되는 사진과 관련된 다양한 문장을 충분히 익혀 두세요.**

사람 사진에 대해서는 사람의 동작 표현을 사용하거나 상황과 관련된 문장을 익혀요. 사물 사진에 대해서는 사물의 이름을 사용한 문장이나 사진의 상황과 관련되는 문장을 충분히 익혀요. 특히, 전체적으로 의문문이나 명령 어조의 문장까지 매우 다양한 문장이 출제되므로 빈출 문장을 충분히 익혀두어야 해요.

② **자주 출제되는 문장을 반복해서 들으며 핵심 표현을 받아쓰는 연습을 해요.**

자주 출제되는 문장을 여러 번 반복해서 들으며 핵심 표현을 받아쓰는 연습을 해야 해요. 별도로 제공되는 '듣기 받아쓰기 PDF'를 사용하면 더욱 효과적으로 학습할 수 있어요.

시험에 자주 출제되는 사진을 보면서 관련 표현을 함께 익혀 보아요. 음성을 들으며 큰 소리로 따라 읽으면 더 재미있게 학습할 수 있어요.

🎧 2급 듣기 제1부분_01.mp3

■ 사람 사진과 동작 관련 문장 익히기

Tā dǎ lánqiú qù le.
她 打 篮球 去 了。
그녀는 농구를 하러 갔어요.

Tā pǎobù qù xuéxiào.
她 跑步 去 学校。
그녀는 뛰어서 학교에 가요.

Tā měi tiān dōu qù yóuyǒng.
他 每 天 都 去 游泳。
그는 매일 수영을 하러 가요.

Tā zài xiūxi ne.
她 在 休息 呢。
그녀는 쉬고 있어요.

Tāmen gē chàng de hěn búcuò.
她们 歌 唱 得 很 不错。
그녀들은 노래를 잘 불러요.

Wǒmen qù tī zúqiú ba.
我们 去 踢 足球 吧。
우리 축구하러 가자.

Tā yǐjīng qǐchuáng le.
他 已经 起床 了。
그는 이미 일어났어요.

사람 사진과 상황 관련 문장 익히기

Kuài gàosu wǒ nà jiàn shìqing.
快 告诉 我 那件 事情。

그 일을 빨리 내게 알려 주세요.

Ràng wǒ lái huídá.
让 我 来 回答。

제가 대답하게 해 주세요.

Bié shuōhuà.
别 说话。

말하지 마세요.

Zài lái yì zhāng.
再 来 一 张。

한 장 더 찍을게요.

Xué tiàowǔ yào mànmān lái.
学 跳舞 要 慢慢 来。

춤 추는 것을 배우는 것은 천천히 해야 해요.

Xiànzài kāishǐ kǎoshì.
现在 开始 考试。

지금 시험을 시작합니다.

Tā xiàozhe shuō: "Míngtiān jiàn."
他 笑着 说: "明天 见。"

그는 웃으며 '내일 봐요'라고 했어요.

Zhè shì yào xǐ de yīfu.
这 是 要 洗 的 衣服。

이것은 빨아야 하는 옷이에요.

Zhège yào zěnme chī?
这个 药 怎么 吃?

이 약은 어떻게 먹어요?

Tā shēngbìngle ma?
他 生病了 吗?

그가 병이 났나요?

Nín guì xìng?
您 贵 姓?

성(함)이 어떻게 되십니까?

■ 사물 사진과 사물의 이름을 사용한 문장 익히기

Wǒ zuì xǐhuan chī xīguā.
我 最 喜欢 吃 西瓜。

저는 수박 먹는 것을 가장 좋아해요.

Hē niúnǎi duì shēntǐ hǎo.
喝 牛奶 对 身体 好。

우유를 마시는 것은 몸에 좋아요.

Bàba zuò de yú hěn hǎochī.
爸爸 做 的 鱼 很 好吃。

아빠가 만든 생선(요리)은 맛있어요.

Zǎoshang wǒ chīle ge jīdàn.
早上 我 吃了 个 鸡蛋。

아침에 저는 달걀 하나를 먹었어요.

Wǒ de shǒujī zěnmele?
我 的 手机 怎么了?

내 휴대폰이 왜 이러지?

사물 사진과 사진의 상황 관련 문장 익히기

Gēge bú zài fángjiān li.
哥哥 不 在 房间 里。　형은 방 안에 없어요.

Zuǒbian de bǐ yòubian de dà.
左边 的 比 右边 的 大。　왼쪽 것이 오른쪽 것 보다 커요.

확인학습 　🎧 2급 듣기 제1부분_02.mp3

음성을 듣고 문장에서 언급된 내용을 고르세요.(음성은 두 번 들려줘요.)

예제 ⓐ 쉬다	ⓑ 신문

1. 　ⓐ 시험을 보다 　　　　　　ⓑ 농구를 하다

2. 　ⓐ 수박 　　　　　　　　　ⓑ 약

3. 　ⓐ 웃고 있다 　　　　　　　ⓑ 말하다, 알리다

4. 　ⓐ 수영을 하다 　　　　　　ⓑ 달리다, 뛰다

5. 　ⓐ 노래를 부르다 　　　　　ⓑ 춤을 추다

6. 　ⓐ 말하지 마세요 　　　　　ⓑ 병이 나다, 아프다

📖 문제풀이 스텝

음성이 시작되기 전, 사진을 보고 관련 표현 떠올리기

- 사람 사진이면 사람의 행동이나 상태와 관련된 표현을 떠올려요.
- 사물·동물 사진이면 사진 속 사물이나 동물의 명칭을 떠올려요.

음성을 들으며 일치·불일치 판단하기

- 음성을 첫 번째로 들을 때, 사진과 음성의 내용이 일치하는지 아니면 불일치하는지를 판단해서 일치하면 ∨, 불일치하면 ✕를 문제지에 표시해둬요.
- 음성을 두 번째로 들을 때, 표시한 답이 맞는지 확인하고 정답으로 확정해요.

* 정답을 최종 확정한 후 8초의 공백 시간 동안 다음 문제의 사진을 재빨리 확인해요.

■ 예제에 문제풀이 스텝 적용하기

🎧 2급 듣기 제1부분_03.mp3

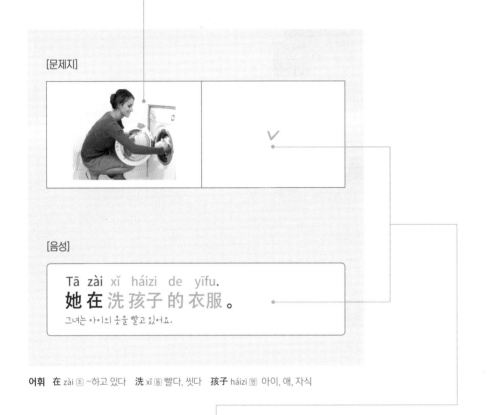

STEP 1 **음성이 시작되기 전, 사진을 보고 관련 표현 떠올리기**

사진을 보고 洗衣服(xǐ yīfu, 옷을 빨다)라는 표현을 떠올려요.

[문제지]

V

[음성]

Tā zài xǐ háizi de yīfu.
她 在 洗 孩子 的 衣服 。
그녀는 아이의 옷을 빨고 있어요.

어휘 在 zài 죄 ~하고 있다 洗 xǐ 동 빨다, 씻다 孩子 háizi 명 아이, 애, 자식

STEP 2 **음성을 들으며 일치·불일치 판단하기**

음성을 첫 번째로 들을 때, 洗孩子的衣服(xǐ háizi de yīfu, 아이의
옷을 빨다)를 들을 수 있어요. 문제지에 옷을 빨고 있는 사람 사진이
제시되었으므로 사진과 음성은 일치해요. 문제지에 V를 표시해 두고,
음성을 두 번째로 들을 때, 표시한 답이 맞는지 확인하고 정답으로
확정해요.

＊ 정답을 최종 확정한 후 8초의 공백 시간 동안 다음 문제의 사진을 재빨리 확인해요

실전 테스트

테스트 1 🎧 2급 듣기 제1부분_04.mp3

음성을 듣고 음성과 제시된 사진이 일치하면 V, 불일치하면 X를 체크하세요. (음성은 두 번 들려줘요.)

1.		
2.		
3.		
4.		
5.		

6.		
7.		
8.		
9.		
10.		

정답 해설집 p.71

테스트 2 🎧 2급 듣기 제1부분_05.mp3

음성을 듣고 음성과 제시된 사진이 일치하면 ∨, 불일치하면 ✗를 체크하세요. (음성은 두 번 들려줘요.)

1.		
2.		
3.		
4.		
5.		

6.		
7.		
8.		
9.		
10.		

정답 해설집 p.73

제2부분 | 대화 듣고 사진 선택하기

출제 형태 및 시험 진행 순서

듣기 제2부분은 두 사람의 대화를 듣고 대화 내용과 관련된 사진을 선택하는 문제예요. 총 10문제(11~20번)가 출제돼요.

---

dì-èr bùfen
第 二 部 分 제2부분

dì-shíyī dào shíwǔ tí
第 11-15 题 11-15번 문제

A

B

C

D

E

F

● 음성에서는 제일 먼저 듣기 제2부분에 대한 안내가 나와요.

● 예제가 한 문제 제시돼요.
보기 D는 예시 사진이에요.

● 아래와 같은 음성이 들리면 문제 풀이를 시작하세요.

[음성]

Xiànzài kāishǐ dì-shíyī dào shíwǔ tí:
现在开始第11到15题：
(지금부터 11-15번 문제를 시작하겠습니다.)

lìrú   Nǐ xiàwǔ zuò shénme?
例如： 男： 你 下午 做 什么 ？   남: 당신은 오후에 무엇을 하려고 하나요?
예를 들어：
                Wǒ xiǎng qù tī zúqiú.
        女： 我 想 去 踢 足球 。   여: 저는 축구를 하러 가려고   D
                                          해요.

11.   ☐

12.   ☐

13.   ☐

14.   ☐

15.   ☐

● 음성을 듣고 음성의 내용과 일치하는 사진을 빈칸에 써 둬요.
음성은 두 번 들려줘요.

● 한 문제의 음성이 끝나면, 12초 뒤에 다음 문제의 음성이 나와요.

* 위 문제는 P.196 실전 테스트에서 직접 풀어볼 수 있어요.

출제 경향

① 일상과 관련된 다양한 내용의 대화가 출제돼요.

듣기 제2부분에서는 일상과 관련된 내용으로 두 남녀의 대화가 출제돼요. 쇼핑하며 나누는 대화, 음식점에서 종업원과 나누는 대화, 학업에 관한 선생님과 학생의 대화 등 다양한 내용의 대화가 출제돼요.

② 대화의 핵심 표현 또는 대화가 이루어지는 상황과 관련된 사진을 고르는 문제가 출제돼요.

대화 중 언급된 특정 표현만 듣고도 사진을 고를 수 있는 문제가 출제돼요. 예를 들면, '어떤 음식이 가장 맛있어요?'라는 대화를 듣고 음식이 있는 사진을 골라야 하는 문제예요. 또한, 대화가 이루어지는 상황과 관련된 사진을 고르는 문제도 출제돼요. 예를 들면, '생일 축하해요'라는 대화를 들으면 선물을 주고 있는 사진을 골라야 하는 문제예요.

학습 방법

① 주제별로 자주 출제되는 대화를 사진과 함께 익혀 두세요.

일상과 관련하여 주제별로 자주 출제되는 대화를 익혀야 해요. 이때 대화와 함께 출제되는 사진도 같이 익혀 두어요. 그러면 대화를 정확히 듣고 이해하면서 관련된 사진을 쉽게 고를 수 있어요.

② 자주 출제되는 대화를 반복해서 들으며 핵심 표현을 받아쓰는 연습을 해요.

자주 출제되는 대화를 반복해서 듣고 학습해요. 특히, 관련된 사진을 선택하기 위해 꼭 듣고 이해해야 하는 핵심 표현은 받아쓰는 연습을 해요. 별도로 제공되는 '듣기 받아쓰기 PDF'를 사용하면 더욱 효과적으로 학습할 수 있어요.

시험에 자주 출제되는 주제별 대화를 사진과 함께 익혀 보아요. 음성을 들으며 큰 소리로 따라 읽으면 더 재미있게 학습할 수 있어요.

🎧 2급 듣기 제2부분_01.mp3

■ 쇼핑 관련 대화와 사진

Yīfu zěnmeyàng? 衣服 怎么样? 옷 어때요?	Yánsè búcuò. 颜色 不错。 색이 예쁘네요.

Wǒ xǐhuan zhè jiàn hēisè de. 我 喜欢 这件 黑色的。 저는 이 검은색 (옷)이 좋아요.	Nín shì yi shì. 您试 一 试。 한번 입어 보세요.

■ 음식점 관련 대화와 사진

Shénme cài zuì hǎochī? 什么 菜 最 好吃? 어떤 음식이 가장 맛있어요?	Zhège yú hěn búcuò. 这个 鱼 很 不错。 이 생선이 맛있어요.

Fúwùyuán, rè yíxià mǐfàn. 服务员, 热 一下 米饭。 종업원, 밥 좀 데워 주세요.	Děng yíxià. 等 一下。 기다려 주세요.

■ 학업 관련 대화와 사진

Wǒ bú huì zuò zhège tí. 我 不 会 做 这个 题。 저는 이 문제를 풀 줄 모르겠어요.	Ràng wǒ kàn yíxià. 让 我 看 一下。 내게 한번 보여 주렴.

Xiànzài dǒngle ma? 现在 懂了吗? 지금은 이해했어요?	Wǒ zài xiǎng yi xiǎng. 我再 想一想。 좀 더 생각해 볼게요.
Shéi lái huídá? 谁 来 回答? 누가 대답해 볼래요?	Wǒ zhīdào! 我 知道! 제가 알아요!

■ 축하/인사/소개 관련 대화와 사진

Shēngrì kuàilè! 生日 快乐! 생일 축하해요!	Xièxie nǐ. 谢谢 你。 고마워요.
Huānyíng nín xià cì zài lái. 欢迎 您下次再来。 다음에 또 오세요.	Hǎo, zàijiàn. 好, 再见。 네, 안녕히 계세요.
Gěi nín jièshào yíxià. 给 您 介绍 一下。 소개시켜 드릴게요.	Rènshi nǐ hěn gāoxìng. 认识 你很 高兴。 만나서 반갑습니다.

■ 건강/생활습관/운동 관련 대화와 사진

Nǐ zěnmele? 你 怎么了? 무슨 일이에요?	Yǒudiǎnr lèi. 有点儿 累。 조금 피곤해요.
Zhège yào zěnme chī? 这个 药 怎么 吃? 이 약 어떻게 먹어요?	Yì tiān chī sān cì. 一天 吃三 次。 하루에 세 번 먹어요.

| Shuǐ rè ma?
水 热 吗?
물이 따뜻해? | Duì, nǐ yě xǐshǒu ba.
对, 你 也 洗手 吧。
응, 너도 손 씻어. | |
| Nǐ zuò shénme yùndòng?
你做 什么 运动?
당신은 무슨 운동을 해요? | Wǒ měi tiān pǎobù.
我 每 天 跑步。
저는 매일 달리기를 해요. | |

날씨 관련 대화와 사진

| Tiān yīn le.
天 阴 了。
날이 흐려졌어요. | Shì de, yào xià yǔ le.
是 的, 要 下 雨 了。
네, 비가 오려나 봐요. | |
| Tiānqì tài lěng le.
天气 太 冷 了。
날씨가 너무 춥네요. | Chuān wǒ de yīfu ba.
穿 我 的 衣服 吧。
제 옷 입으세요. | |

길/여행 관련 대화와 사진

Zhèr yǒu shāngdiàn ma? 这儿 有 商店 吗? 여기 상점이 있나요?	Xiàng yòu zǒu ba. 向 右 走 吧。 오른쪽으로 가세요.	
Huǒchē kuài yào kāi le. 火车 快 要 开 了。 기차가 곧 출발해요.	Wǒ kuài dào le. 我 快 到 了。 저 곧 도착해요.	
Nǐ qù Zhōngguó lǚyóu ma? 你去 中国 旅游 吗? 중국에 여행 가요?	Jīpiào dōu mǎi hǎo le. 机票 都 买 好 了。 비행기표도 다 샀어요.	

Fángjiān hěn piàoliang.	Zhù zhège bīnguǎn ba.
房间 很 漂亮。	住 这个 宾馆 吧。
방이 예쁘다.	이 호텔에 묵자.

확인학습 🎧 2급 듣기 제2부분_02.mp3

대화를 듣고 대화 내용과 관련 있는 사진을 고르세요. (음성은 두 번 들려줘요.)

1. ⓐ 　　ⓑ

2. ⓐ 　　ⓑ

3. ⓐ 　　ⓑ

4. ⓐ 　　ⓑ

5. ⓐ 　　ⓑ

6. ⓐ 　　ⓑ

문제풀이 스텝

음성이 시작되기 전, 각 사진과 관련된 표현 떠올리기

- 사람 사진이면 사람의 행동이나 상태와 관련된 표현을 떠올려요.
- 사물·동물 사진이면 사진 속 사물이나 동물의 명칭을 떠올려요.

각 문제의 음성을 들으며 음성과 일치하는 사진 선택하기

- 음성을 첫 번째로 들을 때, 대화에서 언급된 표현과 관련 있는 사진 옆에 ✔ 표시를 살짝 해 둬요.
- 음성을 두 번째로 들을 때, 표시한 답이 맞는지 확인하고 정답으로 확정해요.

* 정답으로 선택한 보기에 바로 취소선을 그어 두세요.

■ 예제에 문제풀이 스텝 적용하기

🎧 2급 듣기 제2부분_03.mp3

*문제를 풀기 전, 예시로 사용된 보기 'D'에 취소선을 그어 두세요. 단, 예시는 11번~15번에만 제시돼요.

STEP 1 **음성이 시작되기 전, 각 사진과 관련된 표현 떠올리기**

각 사진을 보고 A는 看电视(kàn diànshì, 텔레비전을 보다), B는 送 (sòng, 선물하다), C는 好(hǎo, 좋다), E는 票(piào, 표), F는 衣服 (yīfu, 옷)라는 표현을 떠올려요.

[문제지]

[음성]

어휘 朋友 péngyou 몡 친구 左边 zuǒbian 몡 왼쪽 第一 dì-yī 囹 첫 번째, 제1 就 jiù 囝 바로, 곧

STEP 2 **각 문제의 음성을 들으며 음성과 일치하는 사진 선택하기**

음성을 첫 번째로 들을 때, 哪个是你的朋友?(Nǎge shì nǐ de péngyou?, 누가 당신 친구예요?)를 듣고 사람이 세 명 있는 사진 C 옆에 ∨ 표시를 해 둬요. 음성을 두 번째로 들을 때, 보기 C를 정답으로 확정해요.

*정답으로 선택한 'C'에 취소선을 그어 두세요.

테스트 1 　🎧 2급 듣기 제2부분_04.mp3

대화 내용과 일치하는 사진을 선택하세요. (음성은 두 번 들려줘요.)

A

B

C

D

E

F

例如：男：
Nǐ xiàwǔ zuò shénme?
你 下午 做 什么 ？

女：
Wǒ xiǎng qù tī zúqiú.
我 想 去 踢 足球 。　　　　　　　D

1. ☐

2. ☐

3. ☐

4. ☐

5. ☐

A

B

C

D

E

6.

7.

8.

9.

10.

정답 해설집 p.75

테스트 2 🎧 2급 듣기 제2부분_05.mp3

대화 내용과 일치하는 사진을 선택하세요. (음성은 두 번 들려줘요.)

A

B

C

D

E

F

Nǐ xiàwǔ zuò shénme?
例如：男：你 下午 做 什么？

Wǒ xiǎng qù tī zúqiú.
女：我 想 去踢足球。 ☐ D

1. ☐

2. ☐

3. ☐

4. ☐

5. ☐

A

B

C

D

E

6. ☐

7. ☐

8. ☐

9. ☐

10. ☐

정답 해설집 p.79

제3,4부분 대화 듣고 질문에 맞는 답 선택하기

무료MP3 바로듣기

출제 형태 및 시험 진행 순서

듣기 제3부분과 제4부분은 두 사람의 대화를 듣고 질문에 맞는 답을 선택하는 문제예요. 제3부분은 남녀가 한 번씩 주고 받는 대화이며, 10문제(21~30번)가 출제돼요. 제4부분은 남녀가 두 번씩 주고 받는 대화이며, 5문제(31~35번)가 출제돼요.

---

dì-sān bùfen
第 三 部 分 제3부분

dì-èrshíyī dào sānshí tí
第 21-30 题 21~30번 문제

lìrú   Xiǎo Lǐ, Zhèli yǒu jǐ jiàn yīfu, nǐ juéde nǎ jiàn hǎokàn?
例如: 男: 小 李，这里 有 几 件 衣服，你 觉得 哪 件 好看？
예를 들어;
　　　　Hóngsè de nà jiàn hěn búcuò.
　　　 女: 红色 的 那 件 很 不错 。

　　　　Xiǎo Lǐ juéde shénme yánsè de yīfu hǎokàn?
　　　 问: 小 李 觉得 什么 颜色 的 衣服 好看？

	hēisè		hóngsè		báisè
	A 黑色		B 红色 ✓		C 白色
	검정색		빨간색		흰색

	fànguǎnr		shāngdiàn		yīyuàn
21.	A 饭馆儿		B 商店		C 医院

	diǎn		diǎn fēn		diǎn fēn
22.	A 7 点		B 7 点 10 分		C 7 点 30 分

	bù gāoxing		cài lěng le		bù xǐhuan
23.	A 不 高兴		B 菜 冷 了		C 不 喜欢

	shǒujī		yǐzi		diànnǎo
24.	A 手机		B 椅子		C 电脑

	yìqǐ lái de		kànjiàn chē le		dǎ guo diànhuà
25.	A 一起 来 的		B 看见 车 了		C 打过 电话

	zǎoshang		zhōngwǔ		wǎnshang
26.	A 早上		B 中午		C 晚上

27.	A 55		B 60		C 65

	mǎile diànnǎo		mǎile diànshì		mǎile shǒujī
28.	A 买了 电脑		B 买了 电视		C 买了 手机

	lù shang		jiā li		xuéxiào li
29.	A 路 上		B 家 里		C 学校 里

	chá		kāfēi		niúnǎi
30.	A 茶		B 咖啡		C 牛奶

음성에서는 제일 먼저 듣기 제3,4부분에 대한 안내가 나와요.

예제가 한 문제 제시돼요.

남: 샤오리, 여기에 옷이 몇 벌 있는데, 당신은 어느 것이 예쁘다고 생각해요?
여: 빨간색 그 옷이 예뻐요.
질문: 샤오리는 어떤 색의 옷이 예쁘다고 생각하는가?

아래와 같은 음성이 들리면 21번 보기를 보며 문제 풀이를 시작하세요.

[음성]
Xiànzài kāishǐ dì-èrshíyī tí:
现在开始第21题:
(지금부터 21번 문제를 시작하겠습니다.)

음성을 듣고 음성의 내용과 일치하는 보기에 ∨ 표시를 해 둬요.
음성은 두 번 들려줘요.

한 문제의 음성이 끝나면, 15초 뒤에 다음 문제의 음성이 나와요.

* 위 문제는 P.208 실전 테스트에서 직접 풀어볼 수 있어요.

출제 경향

① 보기를 통해 대화 내용과 질문을 미리 예상할 수 있는 문제가 주로 출제돼요.

보기가 모두 상태나 상황, 행동, 장소, 시간·숫자, 신분·관계를 나타내는 같은 종류의 표현으로 구성되어 있어 보기를 보면 앞으로 듣게 될 대화의 내용과 질문을 미리 예상할 수 있어요. 예를 들어, 보기가 学校(xuéxiào, 학교), 公司(gōngsī, 회사), 哥哥家(gēge jiā, 형의 집)과 같이 구성되어 있으면, 장소와 관련된 대화와 질문을 듣게 될 것임을 미리 예상할 수 있어요.

② 대화에서 그대로 언급된 보기가 정답인 문제가 주로 출제돼요.

제시된 보기 중 대화에서 그대로 언급된 보기가 정답인 문제, 대화의 특정 표현으로 알 수 있는 내용의 보기가 정답인 문제가 출제되는데, 그중 대화에서 그대로 언급된 보기가 정답인 문제가 주로 출제돼요. 참고로, 2개 이상의 선택지가 그대로 언급되는 경우도 있으므로 대화에서 들리는 선택지에 체크해 두고 질문에 맞는 선택지를 정답으로 선택해요.

학습 방법

① 자주 출제되는 대화의 핵심 문장을 보기 유형별로 익혀 두세요.

자주 출제되는 대화의 핵심 문장을, 상태·상황, 행동, 장소, 시간·숫자, 신분·관계 등의 보기 유형별로 익혀요. 그러면 대화를 들으면서 쉽게 정답을 선택할 수 있어요.

② 대화를 들으며 핵심 표현을 받아쓰는 연습을 해요.

대화에서 언급되는 핵심 표현을 정확히 골라 듣고 이해할 수 있도록 듣기 연습을 충분히 해 둬요. 별도로 제공되는 '듣기 받아쓰기 PDF'를 사용하면 더욱 효과적으로 학습할 수 있어요.

시험에 자주 출제되는 보기 유형별 핵심 대화 문장을 익혀 보아요. (음성을 들으며 따라 읽어 보세요.)

🎧 2급 듣기 제3,4부분_01.mp3

■ 상황 관련 핵심 대화 문장 익히기

Píngguǒ dōu tài xiǎo le.
苹果 都 太 小 了。

사과가 모두 너무 작아요.

太……了 tài …… le 너무 ~하다　小 xiǎo 혱 작다

Hànyǔ shuō de hěn hǎo.
汉语 说 得 很 好。

중국어를 잘 하네요.

得 de 조 술어와 정도보어를 연결함

Yīfu tài guì le.
衣服 太 贵 了。

옷이 너무 비싸요.

贵 guì 혱 비싸다

Qī lù qìchēzhàn lí wǒ jiā hěn jìn.
七 路 汽车站 离 我 家 很 近。

7번 버스 정류장이 우리집에서 가까워요.

路 lù 혱 ~번 버스　汽车站 qìchēzhàn 혱 버스 정류장

Bàba gěi wǒ mǎile xīn diànnǎo.
爸爸 给 我 买了 新 电脑。

아빠가 저에게 새 컴퓨터를 사 주셨어요.

给 gěi 전 ~에게　新 xīn 혱 새 것의

Wǒ bú tài xǐhuan chī niúròu.
我 不 太 喜欢 吃 牛肉。

저는 소고기 먹는 것을 별로 좋아하지
않아요.

不太 bú tài 별로 ~하지 않다

Wǒ lái wǎn le.
我 来 晚 了。

제가 늦게 왔어요.

晚 wǎn 혱 늦다

Míngtiān bú shàngkè.
明天 不 上课。

내일 수업을 안 해요.

上课 shàngkè 통 수업하다

Bié mǎi tài duō.
别 买 太 多。

너무 많이 사지 마세요.

别 bié 부 ~하지 마라

■ 행동 관련 핵심 대화 문장 익히기

Zhèxiē tí nǐ dōu huì zuò ma?
这些 题 你 都 会 做 吗?

이 문제들 모두 풀 줄 이니?

题 tí 명 문제 做 zuò 통 (문제를) 풀다

Zài děng wǒ tóngxué.
在 等 我 同学。

제 학우를 기다리고 있어요.

在 zài 부 ~하고 있다 等 děng 통 기다리다

Nǐ néng sòng wǒ qù jīchǎng ma?
你 能 送 我 去 机场 吗?

저를 공항에 데려다 주실 수 있나요?

送 sòng 통 데려다 주다 机场 jīchǎng 명 공항

Yào hǎohāo xiūxi.
要 好好 休息。

잘 쉬어야 해요.

好好 hǎohāo 부 잘, 제대로 休息 xiūxi 통 휴식하다

■ 장소 관련 핵심 대화 문장 익히기

Tā zài sān líng sì jiàoshì shàngkè.
他 在 304 教室 上课。

그는 304교실에서 수업을 해요.

教室 jiàoshì 명 교실

Bīnguǎn yǒu zǎofàn ma?
宾馆 有 早饭 吗?

호텔은 아침 식사가 있나요?

宾馆 bīnguǎn 명 호텔

■ 시간·숫자 관련 핵심 대화 문장 익히기

Běijīng yī yuè zuì lěng.
北京 一 月 最 冷。

베이징은 1월에 가장 추워요.

月 yuè 명 월

Wǒ mǎile sān yuè sān hào de piào.
我 买了 三 月 三 号 的 票。

저는 3월 3일 표를 샀어요.

号 hào 명 일

Wǒ xiànzài liùshí gōngjīn.
我 现在 六十 公斤。

저는 지금 60킬로그램이에요.

公斤 gōngjīn 명 킬로그램(kg)

■ 신분·관계 관련 핵심 대화 문장 익히기

Lǐ lǎoshī zài ma?
李 老师 在 吗?

리 선생님 계신가요?

老师 lǎoshī 명 선생님

Hé wǒ qīzi yìqǐ qù de.
和 我 妻子 一起 去 的。

제 아내와 함께 갔어요.

妻子 qīzi 명 아내 一起 yìqǐ 부 함께

■ 특정 사물 관련 핵심 대화 문장 익히기

Zhège shǒujī zěnmeyàng?
这个 手机 怎么样?

이 휴대폰 어때요?

手机 shǒujī 명 휴대폰

Jiǔ diǎn de piào hái yǒu ma?
9 点 的 票 还 有 吗?

9시 표 아직 있나요?

票 piào 명 표

Jīdàn mài wán le.
鸡蛋 卖 完 了。

달걀은 다 팔렸어요.

鸡蛋 jīdàn 명 달걀

확인학습 🎧 2급 듣기 제3,4부분_02.mp3

음성을 듣고 문장에서 언급된 내용을 고르세요. (음성은 두 번 들려줘요.)

tài xiǎo le 예제 ⓐ 太 小 了	xiūxi ⓑ 休息

1.
lái wǎn le
ⓐ 来 晚 了

liùshí gōngjīn
ⓑ 六十 公斤

2.
shǒujī
ⓐ 手机

jīchǎng
ⓑ 机场

3.
Lǐ lǎoshī
ⓐ 李 老师

Hànyǔ
ⓑ 汉语

4.
zuò tí
ⓐ 做 题

mài wán le
ⓑ 卖 完 了

■ 문제풀이 스텝

음성이 시작되기 전, 각 보기를 읽고 뜻 떠올리며 질문 예상하기

- 대화에서 언급된 보기가 정답이 되기 쉬우므로 음성이 시작되기 전에 각 보기를 직접 발음하고 뜻을 떠올리며 어떤 질문이 나올지 미리 예상해요.

음성을 들을 때, 대화에서 언급되는 보기에 유의하여 정답 선택하기

- 음성을 첫 번째로 들을 때, 대화에서 언급된 보기 옆에 ∨를 표시해 두고, 질문을 들으며 표시한 보기가 정답인지 확인해요.

- 음성을 두 번째로 들을 때, 표시한 답을 정답으로 확정해요.

* 정답을 최종 확정한 후 15초의 공백 시간 동안 다음 문제의 보기를 재빨리 확인해요.

■ 예제에 문제풀이 스텝 적용하기

🎧 2급 듣기 제3,4부분_03.mp3

STEP 1 **음성이 시작되기 전, 각 보기를 읽고 뜻 떠올리며 질문 예상하기**

보기 A 没睡好(méi shuì hǎo)는 잘 못 잤다, B 生病了(shēng-bìng le)는 병이 났다, C 在睡觉(zài shuìjiào)는 자고 있다라는 뜻이에요. 상태를 묻는 질문이 나올 것임을 예상할 수 있어요.

[문제지]

méi shuì hǎo	shēngbìng le	zài shuìjiào
A 没 睡 好 ✔	B 生病 了	C 在 睡觉
잘 못 잤다	병이 났다	자고 있다

[음성]

Nǐ de yǎnjing wèishénme zhème hóng?
女: 你的 眼睛 为什么 这么 红？
여: 당신 눈이 왜 그렇게 빨갛나요?

Zuó wǎn méi shuì hǎo, jiù shuìle sì ge xiǎoshí.
男: 昨 晚 没 睡 好, 就 睡了 四 个 小时。
남: 어젯밤에 잘 못 잤어요. 네 시간 밖에 못 잤어요

Nán de zěnmele?
问: 男 的 怎么了？
질문: 남자는 무슨 일인가?

어휘 睡好 shuì hǎo 잘 자다 生病 shēngbìng 圄 병이 나다, 아프다 睡觉 shuìjiào 圄 잠을 자다
眼睛 yǎnjing 圄 눈 为什么 wèishénme 떼 왜 这么 zhème 떼 이렇게 红 hóng 圄 빨갛다

STEP 2 **음성을 들을 때, 대화에서 언급되는 보기에 유의하여 정답 선택하기**

음성을 첫 번째로 들을 때, 대화에서 남자가 没睡好라며 '잘 못 잤다'라고 했으므로, A 没睡好(méi shuì hǎo, 잘 못 잤다) 옆에 ✔를 표시해 두세요. 질문이 남자는 무슨 일인지 물었으므로 A 没睡好가 정답이에요. 음성을 두 번째로 들을 때, A 没睡好를 정답으로 확정해요.

＊ 정답을 최종 확정한 후 15초의 공백 시간 동안 다음 문제의 보기를 재빨리 확인해요.

테스트 1　🎧 2급 듣기 제3,4부분_04.mp3

대화를 듣고 질문에 알맞은 보기를 선택하세요. (음성은 두 번 들려줘요.)

[제3부분]

1. A 饭馆儿 fànguǎnr　B 商店 shāngdiàn　C 医院 yīyuàn

2. A 7 点 diǎn　B 7 点 10 分 diǎn fēn　C 7 点 30 分 diǎn fēn

3. A 不 高兴 bù gāoxìng　B 菜 冷 了 cài lěng le　C 不 喜欢 bù xǐhuan

4. A 手机 shǒujī　B 椅子 yǐzi　C 电脑 diànnǎo

5. A 一起 来 的 yìqǐ lái de　B 看见 车 了 kànjiàn chē le　C 打过 电话 dǎguo diànhuà

6. A 早上 zǎoshang　B 中午 zhōngwǔ　C 晚上 wǎnshang

7. A 55　B 60　C 65

8. A 买了 电脑 mǎile diànnǎo　B 买了 电视 mǎile diànshì　C 买了 手机 mǎile shǒujī

9. A 路 上 lù shang　B 家 里 jiā li　C 学校 里 xuéxiào li

10. A 茶 chá　B 咖啡 kāfēi　C 牛奶 niúnǎi

[제4부분]

11. A sòng tā
         送 他

     B qù shāngdiàn
        去 商店

     C zuò fēijī
        坐 飞机

12. A gōngsī máng
        公司 忙

     B bú ài kàn
        不 爱 看

     C xiǎng xiūxi
        想 休息

13. A shí yuè
        十 月

     B jiǔ yuè
        九 月

     C yī yuè
        一 月

14. A hěn jìn
        很 近

     B hěn yuǎn
        很 远

     C bú tài jìn
        不 太 近

15. A Wáng lǎoshī
         王 老师

     B Lǐ lǎoshī
        李 老师

     C Lǐ xiānsheng
        李 先生

정답 해설집 p.83

테스트 2　🎧 2급 듣기 제3,4부분_05.mp3

대화를 듣고 질문에 알맞은 보기를 선택하세요. (음성은 두 번 들려줘요.)

[제3부분]

1.　A 医院 yīyuàn　　　　B 教室 jiàoshì　　　　C 宾馆 bīnguǎn

2.　A 今年 3 月 jīnnián yuè　　　B 去年 3 月 qùnián yuè　　　C 去年 7 月 qùnián yuè

3.　A 一 个 学生 yí ge xuésheng　　B 一 个 老师 yí ge lǎoshī　　C 一 个 医生 yí ge yīshēng

4.　A 书 shū　　　　B 手表 shǒubiǎo　　　　C 衣服 yīfu

5.　A 不 想 来 bù xiǎng lái　　B 生病 了 shēngbìng le　　C 来 晚 了 lái wǎn le

6.　A 开 车 kāi chē　　B 坐 公共汽车 zuò gōnggòng qìchē　　C 走 路 zǒu lù

7.　A 8 月 1 号 yuè hào　　B 9 月 15 号 yuè hào　　C 1 月 1 号 yuè hào

8.　A 弟弟 dìdi　　　　B 妻子 qīzi　　　　C 女儿 nǚ'ér

9.　A 他 不 会 tā bú huì　　B 太 忙 了 tài máng le　　C 天气 很 热 tiānqì hěn rè

10.　A 太 小 tài xiǎo　　　B 太 大 tài dà　　　C 太 贵 了 tài guì le

[제4부분]

11. A 商店 shāngdiàn B 医院 yīyuàn C 学校 xuéxiào

12. A 很 贵 hěn guì B 很 便宜 hěn piányi C 很 漂亮 hěn piàoliang

13. A 八 月 一 号 bā yuè yī hào B 八 月 七 号 bā yuè qī hào C 八 月 八 号 bā yuè bā hào

14. A 不 要 买 bú yào mǎi B 少 买 些 shǎo mǎi xiē C 多 买 些 duō mǎi xiē

15. A 上 个 月 shàng ge yuè B 今年 jīnnián C 去年 qùnián

정답 해설집 p.90

HSK 2급 독해

무료MP3 바로듣기

출제 형태

독해 제1부분은 제시된 문장을 읽고 5장의 사진 중 문장과 관련 있는 사진을 고르는 문제예요.
총 5문제(36~40번)가 출제돼요.

---

yuèdú
二、阅 读 독해

dì-yī bùfen
第 一 部 分 제1부분

dì-sānshíliù dào sìshí tí
第 36-40 题 36-40번 문제

A

B · · · · · · 문제지에 사진 보기(A~F) 6개가
제시돼요.

C

~~D~~ · · · · · · 예시로 사용된 보기 D에 미리
취소선을 그어 두세요.

E

F

lìrú　Wǒ zuì xǐhuan de yùndòng shì dǎ lánqiú.
例如：我 最 喜欢 的 运动 是 打 篮球 。　　　 D · · · · · · 예제 한 문제가 제시돼요.
예를 들어: 제가 제일 좋아하는 운동은 농구입니다.

Bié shuōhuà le,　dìdi zài shuìjiào.
36. 别 说话 了 ，弟弟 在 睡觉 。 □

Jiějie zài tīng gē,　 tā tīng bu jiàn nǐ zài shuō shénme.
37. 姐姐 在 听 歌 ，她 听 不 见 你 在 说 什么 。 □

Kěyǐ gàosu wǒ nín de míngzi hé diànhuà ma?
38. 可以 告诉 我 您 的 名字 和 电话 吗 ？ □

Māma gěi wǒ mǎile yí ge xīn shǒubiǎo.
39. 妈妈 给 我 买了 一 个 新 手表 。 □

Wǒmen chūqu wán xuě ba.
40. 我们 出去 玩 雪 吧 。 □

---

* 위 문제는 P.222 실전 테스트에서 직접 풀어볼 수 있어요.

출제 경향

(1) 사람이 등장하는 사진이 주로 출제돼요.

사람이 등장하는 사진, 사물·동물이 등장하는 사진이 출제되는데, 그중 사람이 등장하는 사진이 가장 많이 출제돼요. 사람이 등장하는 사진은 사람이 어떤 행동을 하고 있거나 사람의 상황을 나타내는 사진이 출제돼요.

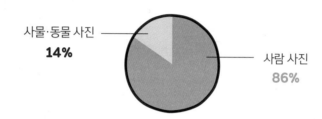

사물·동물 사진
14%

사람 사진
86%

(2) 사람의 행동과 관련된 문장을 보고 관련 있는 사진을 찾는 문제가 자주 출제돼요.

사람의 행동이나 상황과 관련된 문장과 특정 사물을 가리키는 문장이 출제되는데, 그중 사람의 행동이나 상황과 관련된 문장이 자주 출제돼.

학습 방법

(1) 자주 출제되는 문장을 사진과 함께 익혀 두세요.

사람의 동작이나 상황을 나타내는 문장을 사진과 함께 익혀 두세요. 또한, 사물과 관련이 있거나 '狗(gǒu, 개)', '猫(māo, 고양이)'가 포함된 표현이나 문장을 사진과 함께 익혀 두세요.

(2) 해설집으로 끊어 해석하는 방법을 꼼꼼히 학습하여 독해 실력을 꾸준히 키워가세요.

먼저 문제를 풀어본 후에는 반드시 해설집의 끊어 해석하기를 통해 중국어 독해 실력을 지속적으로 향상시켜 나가세요.

빈출 표현 익히기

시험에 자주 출제되는 문장을 사진과 함께 익혀 보아요. (음성을 듣고 따라 읽으면 더 쉽게 암기할 수 있어요.)

🎧 2급 독해 제1부분_01.mp3

■ 사람 사진과 동작 관련 문장 익히기

Mǎile xīn de shǒujī.
买了 新 的 手机。　새 휴대폰을 샀어요.

Màn pǎo yí ge xiǎoshí.
慢 跑 一 个 小时。　한 시간 동안 조깅을 해요.

Háizi xǐhuan wánr xuě.
孩子 喜欢 玩儿 雪。　아이는 눈놀이를 좋아해요.

Yào hē yì bēi niúnǎi.
要 喝 一 杯 牛奶。　우유 한 잔을 마시려고 해요.

Qǐng dàjiā hé wǒ yìqǐ dú.
请 大家 和 我 一起 读。　여러분 저와 함께 읽어요.

Bǎ nǐ de míngzi xiě zài zhèr.
把 你的 名字 写 在 这儿。　이곳에 이름을 써주세요.

Gěi nín jièshào yíxià.
给 您 介绍 一下。　당신에게 소개할게요.

Zhège zì zěnme dú?
这个字怎么读?　　　이 글자는 어떻게 읽나요?

Bié shuōhuà.
别 说话。　　　말하지 마세요.

📖 사람 사진과 상황 관련 문장 익히기

Tīng bu jiàn nǐ shuō de huà.
听不见你说的话。　　　당신의 말이 들리지 않아요.

Yǐjīng jiǔ diǎn le, kuài qǐlai!
已经九点了, 快起来!　　　벌써 9시예요. 빨리 일어나요!

Nǐmen tīng dǒng le ma?
你们听懂了吗?　　　여러분 알아들었나요?

Duìbuqǐ, wǒ méi tīng dǒng.
对不起, 我没听懂。　　　죄송해요. 못 알아들었어요.

Nín de kāfēi hǎo le.
您的咖啡好了。　　　커피 나왔습니다.

Nǐ de diànhuà shì duōshao?
你 的 电话 是 多少? 당신의 전화번호는 몇 번인가요?

Huānyíng nǐ.
欢迎 你。 환영합니다.

사물·동물 사진과 관련 문장 익히기

Qù chī miàntiáo ba.
去 吃 面条 吧。 면을 먹으러 가자.

Shēngrì kuàilè!
生日 快乐! 생일 축하합니다!

Cài dōu mǎi hǎo le.
菜 都 买 好 了。 채소를 다 샀어요.

Jiàoshì néng zuò duōshao rén?
教室 能 坐 多少 人? 교실에 사람 몇 명이 앉을 수 있나요?

Shì wǔbǎi ma? Gěi nín.
是 五百 吗? 给 您。 500위안이에요? 드릴게요.

Māo de yǎnjing hěn piàoliang.
猫 的 眼睛 很 漂亮。 고양이의 눈이 예뻐요.

Gǒu bù néng jìn shāngdiàn.
狗 不 能 进 商店。
강아지는 상점에 들어갈 수 없어요.

확인학습

1~3. 관련있는 것끼리 짝지어 보세요.

Qǐng dàjiā hé wǒ yìqǐ dú.
1. 请 大家 和 我 一起 读。

ⓐ

Jiàoshì néng zuò duōshao rén?
2. 教室 能 坐 多少 人？

ⓑ

Tā tīng bu jiàn nǐ shuō de huà.
3. 她 听 不 见 你 说 的 话。

ⓒ

4~6. 관련있는 것끼리 짝지어 보세요.

Jiějie yào hē yì bēi niúnǎi.
4. 姐姐 要 喝 一 杯 牛奶。

ⓐ

Nǐ de diànhuà shì duōshao?
5. 你 的 电话 是 多少？

ⓑ

Māo de yǎnjing hěn piàoliang.
6. 猫 的 眼睛 很 漂亮。

ⓒ

정답 1.ⓒ 2.ⓑ 3.ⓐ 4.ⓒ 5.ⓐ 6.ⓑ

문제풀이 스텝 익히기

■ 문제풀이 스텝

문장을 읽고 뜻 파악하기

- 사람의 동작이나 상태 또는 사물이나 동물의 명칭을 나타내는 표현을 핵심 표현으로 표시해 두어요.

문장의 뜻과 관련 있는 사진 선택하기

- 해석한 문장의 뜻을 바탕으로 보기에서 가장 관련 있는 사진을 골라요.

■ 예제에 문제풀이 스텝 적용하기

※ 문제를 풀기 전, 예시로 사용된 보기 'D'에 취소선을 그어 두세요.

STEP 1 **문장을 읽고 뜻 파악하기**

제시된 문장 你买新电脑了?는 '당신 새 컴퓨터를 샀나요?'라는 뜻이에요. 电脑(컴퓨터)가 핵심 표현이에요.

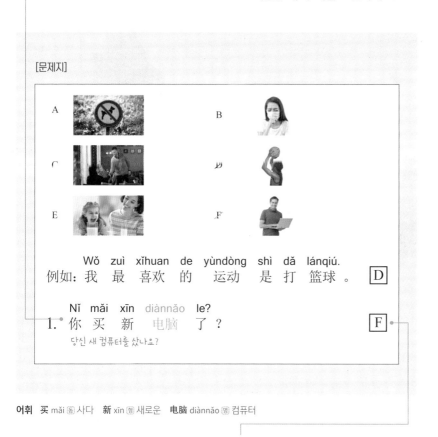

[문제지]

Wǒ zuì xǐhuan de yùndòng shì dǎ lánqiú.
例如: 我 最 喜欢 的 运动 是 打 篮球。 D

Nǐ mǎi xīn diànnǎo le?
1. 你 买 新 电脑 了? F
당신 새 컴퓨터를 샀나요?

어휘 买 mǎi 图 사다   新 xīn 웹 새로운   电脑 diànnǎo 圆 컴퓨터

STEP 2 **문장의 뜻과 관련 있는 사진 선택하기**

컴퓨터를 들고 있는 사람 사진 F를 정답으로 골라요.

※ 정답으로 선택한 'F'에 취소선을 그어 두세요.

테스트 1

문장과 관련 있는 사진을 고르세요.

A
B

C
D

E
F

　　　Wǒ　zuì　xǐhuan　de　yùndòng　shì　dǎ　lánqiú.
例如：我　最　喜欢　的　运动　是　打　篮球。　　　　　　D

　　　Bié　shuōhuà　le,　　dìdi　zài　shuìjiào.
1.　别　说话　了，弟弟　在　睡觉。

　　　Jiějie　zài　tīng　gē,　　tā　tīng　bu　jiàn　nǐ　zài　shuō　shénme.
2.　姐姐　在　听　歌，她　听　不　见　你　在　说　什么。

　　　Kěyǐ　gàosu　wǒ　nín　de　míngzi　hé　diànhuà　ma?
3.　可以　告诉　我　您　的　名字　和　电话　吗？

　　　Māma　gěi　wǒ　mǎile　yí　ge　xīn　shǒubiǎo.
4.　妈妈　给　我　买了　一　个　新　手表。

　　　Wǒmen　chūqu　wán　xuě　ba.
5.　我们　出去　玩　雪　吧。

테스트 2

문장과 관련 있는 사진을 고르세요.

A

B

C

D

E

F

Wǒ   zuì   xǐhuan   de   yùndòng   shì   dǎ   lánqiú.
例如: 我 最 喜欢 的 运动 是 打 篮球 。　　　　　　D

Qǐng   nín   zài   zhèr   xiě   míngzi.
1.　请 您 在 这儿 写 名字 。

Duìbuqǐ,   wǒ   méi   tīng   dǒng   nǐ   shuō   de   huà.
2.　对不起 , 我 没 听 懂 你 说 的 话 。

Huānyíng   nǐ   lái   wǒmen   jiā   wánr,   kuài   qǐng   jìn   ba.
3.　欢迎 你 来 我们 家 玩儿 , 快 请 进 吧 。

Gěi   nín   jièshào   yíxià,   zhè   shì   wǒmen   xuéxiào   de   Lǐ   lǎoshī.
4.　给 您 介绍 一下 , 这 是 我们 学校 的 李 老师 。

Zhège   zì   wǒ   huì   dú,   nǐ   ràng   wǒ   zài   xiǎngyixiǎng.
5.　这个 字 我 会 读 , 你 让 我 再 想一想 。

무료MP3 바로듣기

출제 형태

독해 제2부분은 제시된 다섯 개의 보기 중에서 문장이나 대화의 빈칸에 알맞은 어휘를 하나씩 고르는
문제예요. 총 5문제(41번~45번)가 출제돼요.

dì-èr bùfen
第 二 部 分　제2부분

dì-sìshíyī dào sìshíwǔ tí
第 41-45 題　41-45번 문제

　ci　　　yǐjīng　　jièshào　　　bǐ　　guì　　　pángbiān
A 次　B 已经　C 介绍　D 比　E 贵　F 旁边
　　　　　　　　　　　　　　　　비싸다

보기 6개(A~F)가 제시돼요. E는
예제 보기예요. 예시로 사용된 보기 E
에 미리 취소선을 그어 두세요.

lìrú　　　Nàr de kāfēi hěn hǎo hē, dànshì tài　　　le.
例如：那儿 的 咖啡 很 好 喝，但是 太 （ E ） 了 。
예를 들어: 　저곳의 커피는 맛있어요, 하지만 너무 (E).

예제가 한 문제 제시돼요.

　　Wǒ de gōngzuò shì tóngxué gěi wǒ　　　　de.
41. 我 的 工作 是 同学 给 我 （　　　） 的 。

　　Diànnǎo　　　　de shǒubiǎo shì wǒ érzi de.
42. 电脑 （　　　） 的 手表 是 我 儿子 的 。

　　Wǒ shì dì-yī　　　　lái Zhōngguó lǚyóu.
43. 我 是 第一 （　　　） 来 中国 旅游 。

　　Tā　　　　gēge gāo yìdiǎn.
44. 他 （　　　） 哥哥 高 一点 。

　　　Wǒ　　　　dào diàn li le, nǐ ne?
45. 男：我 （　　　） 到 店 里 了 ，你 呢 ？
　　　Duìbuqǐ, nǐ děng wǒ yíxià, wǒ hěn kuài jiù dào le.
　　女：对不起，你 等 我 一下 ，我 很 快 就 到 了 。

* 위 문제는 P.232 실전 테스트에서 직접 풀어볼 수 있어요.

출제 경향

① **빈칸에 알맞은 품사가 무엇인지 바로 알 수 있는 문제가 주로 출제돼요.**

빈칸 주변의 어휘를 통해 빈칸에 알맞은 품사가 무엇인지 바로 알 수 있는 문제가 주로 출제돼요. 예를 들어, 빈칸 앞에 동사가 있으면 빈칸에 알맞은 품사는 목적어로 쓸 수 있는 명사임을 알 수 있어요.

② **동사와 명사를 채우는 문제가 많이 출제돼요.**

빈칸에 동사와 명사를 채우는 문제가 가장 많이 출제돼요. 그 다음으로 부사, 형용사 전치사 등의 어휘를 채우는 문제가 출제돼요. 동사와 명사의 경우는 한번에 2개 이상이 제시되는 경우도 있어요.

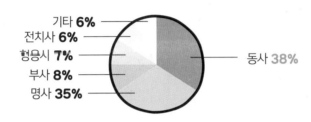

학습 방법

① **자주 출제되는 어휘들을 품사별로 익혀 두세요.**

시험에 자주 출제되는 어휘들을 품사별로 익혀 두세요. 이때 어구나 문장으로 단어를 익히면 빈칸 주변의 어휘들을 단서로 쉽게 정답을 선택할 수 있어요.

② **<해커스 HSK 1-2급 필수 어휘 워크북>으로 HSK 2급 단어를 품사별로 외워 두세요.**

제시되는 보기의 90% 이상이 2급 필수 어휘 150개에서 제시되므로 꼭 외워 둬요. 별책으로 수록된 워크북에는 HSK 2급 단어가 품사별로 정리되어 있을 뿐만 아니라 예문도 같이 학습할 수 있어 단어를 훨씬 쉽게 암기할 수 있어요.

빈출 표현 익히기

시험에 자주 출제되는 품사별 어휘와 함께 쓰이는 표현을 충분히 익혀 보아요. (음성을 듣고 따라 읽으면 더 쉽게 암기할 수 있어요.)

🎧 2급 독해 제2부분_01.mp3

■ 자주 출제되는 동사 익히기

zhǎo 找 찾다	Bié (zhǎo) le. 别 (找) 了。 찾지 마세요.	jièshào 介绍 소개하다	Gěi wǒ (jièshào) yíxià. 给 我 (介绍) 一下。 저에게 소개해주세요.
děng 等 기다리다	Tā zài (děng) nǐ. 他在 (等) 你。 그가 당신을 기다리고 있어요.	wán 完 끝내다	hái méiyǒu zuò (wán) 还 没有 做 (完) 아직 끝내지 못했다
xīwàng 希望 희망하다	xīwàng nǐ xǐhuan (希望) 你 喜欢 당신이 좋아하기를 희망하다	xǐ 洗 빨다, 씻다	zài jiā xǐ yīfu 在家 (洗) 衣服 집에서 옷을 빨다
ràng 让 ~하게 하다	(Ràng) tā duō kàn shū. (让) 他 多 看 书。 그가 책을 많이 보게 하세요.	lǚyóu 旅游 여행하다	qù Zhōngguó (lǚyóu) 去 中国 (旅游) 중국에 여행하러 가다
kāishǐ 开始 시작하다	yǐjīng (kāishǐ) le 已经 (开始)了 이미 시작했다	shēngbìng 生病 병이 나다	Érzi (shēngbìng) le. 儿子 (生病) 了。 아들이 병이 났어요.
pǎobù 跑步 달리다	Jīntiān qù (pǎobù) ba. 今天 去 (跑步) 吧。 오늘 달리러 가자.	zǒu 走 가다, 걷다	Huǒchēzhàn zěnme (zǒu)? 火车站 怎么 (走)? 기차역은 어떻게 가나요?

| gàosu
告诉
말하다 | Shéi (gàosu) nǐ de?
谁 (告诉) 你 的?
누가 당신에게 말해줬나요? | sòng
送
바래다주다,
선물하다 | Wǒ (sòng) nǐ dào gōngsī.
我 (送) 你 到 公司。
제가 당신을 회사까지 바래다
줄게요. |

🔲 자주 출제되는 명사 익히기

| shǒubiǎo
手表
손목시계 | yí kuàr (shǒubiǎo)
一 块儿 (手表)
손목시계 한 개 | lánqiú
篮球
농구, 농구공 | xǐhuan dǎ (lánqiú)
喜欢 打 (篮球)
농구하는 것을 좋아하다 |

| zuǒbian
左边
왼쪽 | (zuǒbian) nàge shǒubiǎo
(左边) 那个 手表
왼쪽의 그 손목시계 | yòubian
右边
오른쪽 | zài lù de (yòubian)
在 路 的 (右边)
길의 오른쪽에 있다 |

| pángbiān
旁边
옆, 근처 | zài diànnǎo (pángbiān)
在 电脑 (旁边)
컴퓨터 옆에 있다 | yánsè
颜色
색깔 | Nǐ yào shénme (yánsè)?
你 要 什么 (颜色)?
당신은 무슨 색깔을 원하나요? |

| qùnián
去年
작년 | cóng(qùnián) kāishǐ shàngbān
从 (去年) 开始 上班
작년부터 출근하기 시작했다 | jīchǎng
机场
공항 | Zhèr lí (jīchǎng) yuǎn ma?
这儿 离(机场) 远 吗?
이곳은 공항에서 머나요? |

| shìqing
事情
일, 사건 | Nín yǒu shénme (shìqing)?
您 有 什么 (事情)?
무슨 일 있으신가요? | wèntí
问题
문제 | yǒu (wèntí) yào wèn nǐ
有 (问题)要 问 你
당신에게 물어볼 문제가 있다 |

| jiàoshì
教室
교실 | zài (jiàoshì) li xuéxí
在 (教室) 里 学习
교실에서 공부하다 | yǎnjing
眼睛
눈 | Tā de (yǎnjing) hěn dà.
他 的 (眼睛) 很 大。
그의 눈은 커요. |

■ 자주 출제되는 형용사 익히기

| màn
慢
느리다 | Tā pǎo de (màn).
他 跑 得 (慢)。
그는 느리게 달려요. | jìn
近
가깝다 | Zhèr lí xuéxiào hěn (jìn).
这儿 离 学校 很 (近)。
이곳은 학교에서 가까워요. |
| cuò
错
틀리다 | Zhège zì nǐ xiě (cuò) le.
这个 字 你 写 (错) 了。
이 글자는 당신이 틀리게 적었어요. | lèi
累
힘들다 | Nǐ jīntiān (lèi) le ba?
你 今天 (累) 了 吧?
오늘 힘들었죠? |

■ 자주 출제되는 부사 익히기

| yǐjīng
已经
벌써, 이미 | lái Zhōngguó (yǐjīng) wǔ nián le
来 中国 (已经) 5 年 了
중국에 온지 벌써 5년이 되었다 | zuì
最
가장 | (zuì) xǐhuan tī qiú
(最) 喜欢 踢 球
축구하는 것을 가장 좋아하다 |
| zhēn
真
정말 | Zhèli māo (zhēn) duō.
这里 猫 (真) 多。
이곳에는 고양이가 정말 많아요. | zài
再
다시 | Míngtiān (zài) shuō ba.
明天 (再) 说 吧。
내일 다시 말하자. |

■ 자주 출제되는 전치사 익히기

| cóng
从
~에서(부터) | Yǐjīng(cóng)jīchǎng chūlai le.
已经 (从) 机场 出来 了。
이미 공항에서 나왔어요. | lí
离
~에서 | Nàr (lí) zhèr hěn jìn.
那儿 (离) 这儿 很 近。
그곳은 여기에서 가까워요. |
| bǐ
比
~보다 | Wǒ (bǐ) tā dà sān suì.
我 (比) 他 大 三 岁。
나는 그보다 3살 많아요. | wǎng
往
~쪽으로 | (Wǎng) zuǒ zǒu jiù dào le.
(往) 左 走 就 到 了。
왼쪽으로 가면 바로 도착해요. |

자주 출제되는 양사 익히기

<table>
<tr>
<td>

cì

次

번, 차례

</td>
<td>

Měi tiān chī sān (cì) yào.

每 天 吃 三 (次) 药。

매일 세 번 약을 먹어요.

</td>
<td>

zhāng

张

개, 장

</td>
<td>

shǎo jǐ (zhāng) zhuōzi

少 几 (张) 桌子

책상 몇 개가 모자라다

</td>
</tr>
</table>

확인학습

빈칸에 알맞은 어휘를 골라 보세요.

Tā zài   li xuéxí Hànyǔ.
1. 他 在 (   ) 里 学习 汉语。

    jiàoshì   shìqing
    ⓐ 教室   ⓑ 事情

Nǐ yào shénme   de shǒubiǎo?
2. 你 要 什么 (   ) 的 手表 ?

    yòubian   yánsè
    ⓐ 右边   ⓑ 颜色

Wǒ bù néng   nǐ dào xuéxiào.
3. 我 不 能 (   ) 你 到 学校。

    pǎobù   sòng
    ⓐ 跑步   ⓑ 送

Zhèr lí jiā hěn
4. 这儿 离 家 很 (   )。

    jìn   màn
    ⓐ 近   ⓑ 慢

Wǒ lái Zhōngguó   nián le.
5. 我 来 中国 (   ) 3 年 了。

    yǐjīng   zài
    ⓐ 已经   ⓑ 再

정답 1.ⓐ 2.ⓑ 3.ⓑ 4.ⓐ 5.ⓐ

문제풀이 스텝 익히기

문제풀이 스텝

보기의 의미 파악하기

- 먼저 문제지에 제시된 보기 5개의 뜻을 파악해요.

각 문제를 꼼꼼히 읽고 문맥상 가장 알맞은 어휘를 정답으로 선택하기

- 각 문제를 읽고 의미를 파악하며, 특히 빈칸 앞 뒤의 문맥을 꼼꼼히 확인해요. 빈칸에 들어갈 가장 알맞은 어휘를 정답으로 선택해요.

■ 예제에 문제풀이 스텝 적용하기

＊ 문제를 풀기 전, 예시로 사용된 보기 'E'에 취소선을 그어 두세요.

STEP 1 **보기의 의미 파악하기**

A는 '가깝다', B는 '일, 사건', C는 '시작하다', D는 '번', F는 '우유'라는
뜻이에요.

[문제지]

	jìn		shìqing		kāishǐ		cì		guì		niúnǎi
A	近	B	事情	C̶	开始	D	次	E̶	贵	F	牛奶
	가깝다		일		시작하다		번				우유

　　　　　Nàr　de　kāfēi　hěn　hǎo　hē,　dànshì　tài　　　　le.
例如：那儿　的　咖啡　很　好　喝，但是　太　（　E　）了。

　　Wǒ　shì　cóng　jīnnián　　　kāishǐ　xuéxí　Hànyǔ　de.
1.　我　是　从　今年（　C 开始　）学习　汉语　的。

저는 올해부터 중국어를 공부하기 시작했어요.

어휘　近 jìn 혱 가깝다　事情 shìqing 몡 일, 사건　开始 kāishǐ 동 시작하다　次 cì 양 번, 차례　贵 guì 혱 비싸다　牛奶 niúnǎi 몡 우유
从 cóng 젠 ~부터, ~에서

STEP 2 **각 문제를 꼼꼼히 읽고 문맥상 가장 알맞은 어휘를 정답으로 선택하기**

我是从今年(　　)学习汉语的。는 '저는 올해부터 중국어를 공부하기＿＿＿＿.'라는뜻이고,
빈칸 뒤에는 술어인 동사 学习(xuéxí, 공부하다)와 목적어인 명사 汉语(Hànyǔ, 중국어)
가 있어요. 따라서 술목구를 목적어로 가질 수 있으면서, 문맥에도 알맞은 동사 C 开始
(kāishǐ, 시작하다)이 정답이에요.

＊ 정답으로 선택한 'C'에 취소선을 그어 두세요.

＊ 한 번 정답으로 선택된 어휘는 다른 문제에서 중복하여 정답이 될 수 없으므로 취소선을 그어 두세요.

실전 테스트

실전 테스트 1

빈칸에 들어갈 알맞은 단어를 고르세요.

cì   yǐjīng   jièshào   bǐ   guì   pángbiān

A 次   B 已经   C 介绍   D 比   E 贵   F 旁边

Nàr de kāfēi hěn hǎo hē, dànshì tài le.
例如：那儿 的 咖啡 很 好 喝 ，但是 太 （ E ）了 。

Wǒ de gōngzuò shì tóngxué gěi wǒ de.
1. 我 的 工作 是 同学 给 我 （ 　　 ）的 。

Diànnǎo de shǒubiǎo shì wǒ érzi de.
2. 电脑 （ 　　 ）的 手表 是 我 儿子 的 。

Wǒ shì dì-yī lái Zhōngguó lǚyóu.
3. 我 是 第一 （ 　　 ）来 中国 旅游 。

Tā gēge gāo yìdiǎn.
4. 他 （ 　　 ）哥哥 高 一点 。

Wǒ dào diàn li le, nǐ ne?
5. 男：我 （ 　　 ）到 店 里 了 ，你 呢 ？

Duìbuqǐ, nǐ děng wǒ yíxià, wǒ hěn kuài jiù dào le.
女：对不起 ， 你 等 我 一下 ， 我 很 快 就 到 了 。

* 문제를 다 풀고 난 후, 🎧 2급 독해 제2부분_02.mp3를 들으며 학습해 보세요.

정답 해설집 p.101

테스트 2

빈칸에 들어갈 알맞은 단어를 고르세요.

	wán		shǒubiǎo		zài		màn		guì		zhǎo
A	完	B	手表	C	再	D	慢	E	贵	F	找

　　　　　　Nàr de kāfēi hěn hǎo hē, dànshì tài 　　　　le.
例如：那儿 的 咖啡 很 好 喝 ， 但是 太 （ E ）了 。

　　　Nà kuàir 　　　　　jiù shì wǒ xiānsheng de.
1. 那 块儿 （ 　　　 ）就 是 我 先生 的 。

　　　Nǐ gěi de dōngxi tài duō le, wǒ méiyǒu chī
2. 你 给 的 东西 太 多 了 ， 我 没有 吃 （ 　　　 ）。

　　　Qǐng 　　　　zǒu, huānyíng xià cì zài lái wǒ jiā wánr.
3. 请 （ 　　　 ）走 ， 欢迎 下 次 再 来 我 家 玩儿 。

　　Wǒ xiànzài hěn máng, wǎnshang 　　　　chūqu wán ba.
4. 我 现在 很 忙 ， 晚上 （ 　　　 ）出去 玩 吧 。

　　　　Zhāng lǎoshī zài ma? Wàimian yǒu ge xuésheng 　　　　tā.
5. 女： 张 老师 在 吗 ？ 外面 有 个 学生 （ 　　　 ）他 。

　　　Tā xiànzài bú zài jiàoshì li.
男：他 现在 不 在 教室 里 。

* 문제를 다 풀고 난 후, 🎧2급 독해 제2부분_03.mp3를 들으며 학습해 보세요.

정답 해설집 p.103

제3부분 | 일치·불일치 판단하기

출제 형태

독해 제3부분은 제시된 ★ 문장이 지문의 내용과 일치하는지 아니면 불일치하는지를 판단하는 문제예요.
총 5문제(46번~50번)가 출제돼요.

dì-sān bùfen
第 三 部 分 제3부분

dì-sìshíliù dào wǔshí tí
第 46-50 题 46-50번 문제

lìrú　　Xiànzài shì diǎn fēn, diànyǐng yǐjīng kāishǐ le fēnzhōng.
例如: 现在 是 12 点 10 分， 电影 已经 开始 了 10 分钟 。
예를들어:

　　　　Diànyǐng shì diǎn kāishǐ de.
　　　　★ 电影 是 12 点 开始 的 。　　　　　　(✓)

　　　　Wǒ xǐhuan chànggē, dàn chàng de bú tài hǎo.
　　　　我 喜欢 唱歌， 但 唱 得 不 太 好 。

　　　　Wǒ chàng de fēicháng hǎo.
　　　　★ 我 唱 得 非常 好 。　　　　　　(✗)

● 예제 두 문제가 제시돼요.

지금은 12시 10분이에요. 영화는 벌써 시작한지 10분 됐어요.
★ 영화는 12시에 시작했다.

저는 노래를 부르는 것을 좋아해요. 하지만 노래를 잘 부르지는 못해요.
★ 나는 노래를 매우 잘 부른다.

　　　Wǒ yǒudiǎn lèi le, wǒmen qù qiánmian de cháguǎnr hē bēi
46. 我 有点 累 了， 我们 去 前面 的 茶馆儿 喝 杯
　　　chá, xiūxi yíxià hǎo bu hǎo?
　　　茶， 休息 一下 好 不 好？
　　　　Shuōhuàrén xiǎng qù hē chá.
　　　　★ 说话人 想 去 喝 茶 。　　　　　　(　　)

● ★ 문장이 지문의 내용과 일치하면 ✓, 불일치하면 ✗를 표시해요.

　　　Wéi, lù shang chē tài duō le, wǒ hái yǒu fēnzhōng néng
47. 喂，路 上 车 太 多 了， 我 还 有 10 分钟 能
　　　dào huǒchēzhàn, nǐ zài děng wǒ yíxià.
　　　到 火车站， 你 再 等 我 一下 。
　　　　Shuōhuàrén zài qù huǒchēzhàn de lù shang.
　　　　★ 说话人 在 去 火车站 的 路 上 。　　　　(　　)

　　　Wǎnshang wǒmen bié chūqu le, jiù zài jiā chī fàn ba, wǒ
48. 晚上 我们 别 出去 了， 就 在 家 吃 饭 吧， 我
　　　qù mǎi diǎnr nǐ ài chī de cài hé yú.
　　　去 买 点儿 你 爱 吃 的 菜 和 鱼 。
　　　　Tāmen yào zài wàimian chī fàn.
　　　　★ 他们 要 在 外面 吃 饭 。　　　　　　(　　)

* 위 문제는 P.244 실전 테스트에서 직접 풀어볼 수 있어요.

출제 경향

① **일치로 판단하는 문제는, 바꿔 표현한 내용으로 일치하는 문제가 자주 출제돼요.**

일치로 판단하는 문제는, 바꿔 표현한 내용으로 일치하는 문제, 추론된 내용으로 일치하는 문제 그리고 특정 표현이 그대로 다시 언급되어 일치하는 문제가 출제되는데, 그중 바꿔 표현한 내용으로 일치하는 문제가 자주 출제돼요.

② **불일치로 판단하는 문제는, 특정 표현이 달라서 불일치인 문제가 자주 출제돼요.**

불일치로 판단하는 문제는, 특정 표현이 달라서 불일치인 문제, 부정 또는 반의어 표현이 사용되어 불일치 되는 문제, 그리고 지문 전체와 내용이 달라서 불일치인 문제가 출제되는데, 그중 특정 표현이 달라서 불일치하는 문제가 자주 출제돼요.

학습 방법

① **자주 출제되는 일치·불일치 표현들을 익혀 두세요.**

시험에 자주 출제되는 일치하는 경우의 표현과 불일치하는 경우의 표현들을 꼼꼼히 익혀 두세요.

② **해설집으로 끊어 해석하는 방법을 꾸준히 학습하여 독해 실력을 키워요.**

독해 제3부분은 제시된 지문과 짧은 문장, 총 2개의 문장을 정확히 이해한 후 일치·불일치를 판단 해야 하므로, 조금 더 높은 수준의 독해 실력을 쌓아야 해요. 때문에 문제를 풀어본 후에는 반드시 해설집의 끊어 해석하기를 통해 꼼꼼히 학습하면서 중국어 독해 실력을 지속적으로 향상시켜 나가요.

시험에 자주 출제되는 표현을 충분히 익혀 보아요. (음성을 듣고 따라 읽으면 더 쉽게 암기할 수 있어요.)

🎧 2급 독해 제3부분_01.mp3

■ 바꿔 표현한 내용으로 일치하는 경우

zhèngzài kàn shū 正在 看书 책을 보고 있다	⇒	zài xuéxí 在 学习 공부하고 있다
zài Běijīng dàxué dú shū 在 北京 大学 读书 베이징 대학교에서 공부하다	⇒	zài Běijīng shàngxué 在 北京 上学 베이징에서 학교를 다니다
méi shénme shì 没 什么 事 아무 일 없다	⇒	wèntí bú dà 问题 不大 문제가 크지 않다
qù shāngdiàn le 去 商店 了 상점에 갔다	⇒	chūqu le 出去 了 나갔다
jiǔbǎi duō kuài qián 九百 多 块 钱 900여 위안	⇒	bú dào yìqiān yuán 不到 一千 元 천 위안이 안 되다
zài huǒchēzhàn pángbiān 在 火车站 旁边 기차역 근처에 있다	⇒	lí huǒchēzhàn hěn jìn 离 火车站 很 近 기차역에서 가깝다

<table>
<tr><td>

jīnnián méiyǒu qùnián lěng

今年 没有 去年 冷

올해는 작년보다 춥지 않다

</td><td>

</td><td>

qùnián bǐ jīnnián lěng

去年 比 今年 冷

작년은 올해보다 춥다

</td></tr>
<tr><td>

jīntiān shì dì-yī tiān shàngbān

今天 是 第一 天 上班

오늘 첫 출근하다

</td><td>

</td><td>

jīntiān kāishǐ shàngbān

今天 开始 上班

오늘부터 출근하기 시작하다

</td></tr>
</table>

■ 추론된 내용으로 일치하는 경우

Tā shénme shíhou kěyǐ chūyuàn? 他 什么 时候 可以 出院?	그는 언제 퇴원할 수 있나요?

Tā zhùyuàn le. 他 住院 了。	그는 입원했다.

Xiǎo Zhāng, yǒu shénme bù dǒng de dōu kěyǐ 小 张, 有 什么 不 懂 的 都 可以 lái wèn wǒ. 来 问 我。	샤오장, 모르는 것이 있다면 제게 물어 보세요.

Tā xīwàng néng bāngzhù xiǎo Zhāng. 他 希望 能 帮助 小 张。	그는 샤오장을 도울 수 있기를 바란다.

Méiyǒu nǐ de bāngzhù, zhè jiàn shì kěnéng dào

没有 你的 帮助, 这件 事 可能 到

jīntiān wǎnshang yě zuò bu wán.

今天 晚上 也 做 不 完。

당신의 도움이 없었다면, 이 일은 아마 오늘 저녁까지도 끝낼 수 없었을 거예요.

Shìqing yǐjīng zuò wán le.

事情 已经 做 完 了。

일은 이미 다 끝냈다.

Lǐ lǎoshī yīnwèi shēngbìng le, suǒyǐ bù

李 老师 因为 生病 了, 所以 不

néng shàng Hànyǔ kè le.

能 上 汉语课 了。

리 선생님이 병에 걸리셨기 때문에, 그래서 중국어 수업을 할 수 없어요.

Lǐ lǎoshī shì Hànyǔ lǎoshī.

李 老师 是 汉语 老师。

리 선생님은 중국어 선생님이다.

Tā suīrán měi tiān gōngzuò hěn máng,

他 虽然 每天 工作 很 忙,

dànshì juéde hěn kuàilè.

但是 觉得 很 快乐。

그는 비록 매일 일이 바쁘지만, 즐겁다고 생각해요.

Tā xǐhuan tā de gōngzuò.

他 喜欢 他的 工作。

그는 그의 일을 좋아한다.

특정 표현이 달라서 불일치인 경우

zài wàimian chī fàn
在 外面 吃饭
밖에서 밥을 먹다

huí jiā chī fàn
回家吃饭
집에 가서 밥을 먹다

lái Běijīng hǎo jǐ nián le
来北京 好几年了
베이징에 온지 몇 년이 되었다

shì qùnián lái Běijīng de
是去年来北京的
작년에 베이징에 왔다

shuìjiào qián yào hē niúnǎi
睡觉 前 要 喝 牛奶
자기 전에 우유를 마셔야 한다

qǐchuáng hòu yào hē niúnǎi
起床 后 要 喝 牛奶
일어난 후 우유를 마셔야 한다

zhè shì wǒmen jiā de gǒu
这是 我们家 的狗
이것은 우리 집 강아지다

gǒu shì péngyou jiā de
狗是 朋友 家的
강아지는 친구 집 것이다

chī shuǐguǒ zuì hǎo de shíjiān
吃 水果 最好的时间
shì zǎoshang
是 早上
과일을 먹기에 가장 좋은 시간은 아침이다

wǎnshang chī shuǐguǒ zuì hǎo
晚上 吃 水果 最好
저녁에 과일을 먹는 것이 가장 좋다

Wǒmen shí diǎn líng wǔ de
我们 十点零五的
fēijī, bā diǎn cóng xuéxiào zǒu.
飞机, 8 点 从 学校 走。
우리 10시 5분 비행기니, 8시에 학교에서 출발해요.

Tāmen zuò bā diǎn de fēijī.
他们 坐 8 点 的飞机。
그들은 8시 비행기를 탄다.

Jīntiān shì bā yuè wǔ rì,　zài yǒu
今天是8月5日, 再有
sì tiān jiù shì wǒ de shēngrì le.
四 天 就 是 我 的 生日了。
오늘은 8월 5일이고, 4일 더 있으면
제 생일이에요.

Bā yuè wǔ rì shì wǒ de shēngrì.
8 月 5 日 是 我 的 生 日。
8월 5일은 내 생일이다.

■ 부정 표현 혹은 반의어 표현으로 불일치인 경우

duì shēntǐ fēicháng hǎo
对 身体 非常 好
몸에 매우 좋다

duì shēntǐ bù hǎo
对 身体 不好
몸에 안 좋다

yángròu búcuò
羊肉 不错
양고기는 괜찮다

yángròu bù hǎochī
羊肉 不好吃
양고기는 맛이 없다

nàr fēicháng lěng
那儿 非常 冷
그곳은 매우 춥다

nàr hěn rè
那儿 很热
그곳은 덥다

lí zhèr hěn yuǎn
离 这儿很 远
이곳에서 멀다

lí zhèr fēicháng jìn
离 这儿 非常 近
이곳에서 매우 가깝다

두 표현이 일치하면 "=", 불일치하면 "≠"를 괄호 안에 쓰세요.

1. lí jīchǎng hěn jìn
   离 机场 很 近 （　） zài jīchǎng pángbiān
   在 机场 旁边

2. chī shuǐguǒ duì shēntǐ hǎo
   吃 水果 对 身体 好 （　） chī shuǐguǒ duì shēntǐ bù hǎo
   吃 水果 对 身体 不 好

3. huí jiā chī fàn
   回 家 吃 饭 （　） zài wàimian chī fàn
   在 外面 吃 饭

4. bú dào yìbǎi kuài
   不 到 一百 块 （　） jiǔshí duō kuài qián
   九十 多 块 钱

5. jīntiān kāishǐ shàngbān
   今天 开始 上班 （　） jīntiān shì dì-yī tiān shàngbān
   今天 是 第一 天 上班

6. qùnián bǐ jīnnián lěng
   去年 比 今年 冷 （　） qùnián méiyǒu jīnnián lěng
   去年 没有 今年 冷

7. zài Běijīng dàxué dú shū
   在 北京 大学 读 书 （　） zài Běijīng shàngxué
   在 北京 上学

8. shuìjiào qián yào hē shuǐ
   睡觉 前 要 喝 水 （　） qǐchuáng hòu yào hē shuǐ
   起床 后 要 喝 水

HSK 2급

독해

제3부분 제커스 HSK 1-2급 한 권으로 기본하게 합격

문제풀이 스텝 익히기

문제풀이 스텝

★ 문장을 읽고 내용 파악하기

- ★ 문장을 꼼꼼히 해석하면서 문장의 내용을 파악해요.

지문을 읽고 ★ 문장의 일치 또는 불일치 판단하기

- 지문을 꼼꼼히 해석하면서 내용을 파악하고 ★ 문장이 일치하는지 불일치하는지 판단해요.

■ 예제에 문제풀이 스텝 적용하기

STEP 1 ★ 문장을 읽고 내용 파악하기

★ 문장 他找到了工作。는 '그는 일자리를 찾았다.'라는 뜻이에요.

[문제지]

Tā zhèngzài zhǎo fángzi, yīnwèi cóng xià zhōu kāishǐ
他   正在   找   房子 ， 因为   从   下   周   开始
그는 지금 집을 찾고 있어요. 다음 주부터

shàngbān, xīwàng zhù de lí gōngsī jìn yìxiē.
上班 ，   希望   住   得 离 公司   近   一些 。
출근을 시작하기 때문에, 회사에서 좀 가까운 곳에 살기를 바라요.

　　　Tā zhǎo dào le gōngzuò.
★ 他   找   到   了   工作 。　　　（　√　）
그는 일자리를 찾았다.

어휘　正在 zhèngzài 분 ~하고 있다　找 zhǎo 동 찾다　房子 fángzi 명 집　因为 yīnwèi 접 ~때문에, 왜냐하면
下周 xià zhōu 다음 주　开始 kāishǐ 동 시작하다　上班 shàngbān 동 출근하다　希望 xīwàng 동 바라다, 희망하다
住 zhù 동 살다　离 lí 전 ~에서, ~로부터　近 jìn 형 가깝다　一些 yìxiē 수량 좀　找到 zhǎo dào 찾다, 찾아내다

STEP 2 지문을 읽고 ★ 문장의 일치 또는 불일치 판단하기

지문의 他 …… 从下周开始上班은 '그는 …… 다음 주부터 출근을 시작한다'라는
뜻이므로, ★ 문장은 지문의 내용과 일치해요.

실전 테스트 **테스트 1**

제시된 ★ 문장과 지문을 읽고 일치하면 ∨, 불일치하면 ✗를 체크하세요.

1.
Wǒ yǒudiǎn lèi le,　wǒmen qù qiánmian de cháguǎnr hē bēi chá,
我 有点 累 了，我们 去 前面 的 茶馆儿 喝 杯 茶，

xiūxi yíxià hǎo bu hǎo?
休息 一下 好 不 好？

Shuōhuàrén xiǎng qù hē chá.
★ 说话人 想 去 喝 茶。　　　　　　　（　　）

2.
Wéi, lù shang chē tài duō le,　wǒ hái yǒu　fēnzhōng néng dào
喂，路 上 车 太 多 了，我 还 有 10 分钟 能 到

huǒchēzhàn,　nǐ zài děng wǒ yíxià.
火车站，你 再 等 我 一下。

Shuōhuàrén zài qù huǒchēzhàn de lù shang.
★ 说话人 在 去 火车站 的 路 上。　　　（　　）

3.
Wǎnshang wǒmen bié chūqu le,　jiù zài jiā chī fàn ba,　wǒ qù
晚上 我们 别 出去 了，就 在 家 吃 饭 吧，我 去

mǎi diǎnr nǐ ài chī de cài hé yú.
买 点儿 你 爱 吃 的 菜 和 鱼。

Tāmen yào zài wàimian chī fàn.
★ 他们 要 在 外面 吃 饭。　　　　　　（　　）

4.
Zuótiān   wǒ   hé   tóngxuémen   qù   chànggē   le,   wǒmen   chàngle   yí   ge
昨天   我   和   同学们   去   唱歌   了，   我们   唱了   一   个

xiàwǔ,   dàjiā   dōu   wánr   de   hěn   gāoxìng.
下午，   大家   都   玩儿   得   很   高兴。

★   Zuótiān   tāmen   wánr   de   bù   gāoxìng.
★   昨天   他们   玩儿   得   不   高兴。   (   )

5.
Xiǎo   Míng,   tīngshuō   nǐ   xiànzài   zài   Běijīng   Dàxué   dú   shū,   wǒ   kěyǐ
小   明，   听说   你   现在   在   北京   大学   读   书，   我   可以

qù   nǐ   de   xuéxiào   kànyikàn   ma?
去   你   的   学校   看一看   吗？

★   Xiǎo   Míng   xiànzài   zài   Běijīng   shàngxué.
★   小   明   现在   在   北京   上学。   (   )

* 문제를 다 풀고 난 후, 🎧2급 독해 제3부분_02.mp3를 들으며 학습해 보세요.

테스트 2

제시된 ★ 문장과 지문을 읽고 일치하면 ∨, 불일치하면 X를 체크하세요.

1.
Zhè jǐ ge shǒubiǎo wǒ dōu fēicháng xǐhuan, mǎi nǎge hǎo ne?
这 几 个 手表 我 都 非常 喜欢 ， 买 哪个 好 呢 ？

Nǐ lái bāng wǒ kànkan ba.
你 来 帮 我 看看 吧 。

Shuōhuàrén bù xǐhuan nàxiē shǒubiǎo.
★ 说话人 不 喜欢 那些 手表 。　　　　　　　　（　　　）

2.
Zhège xīngqīwǔ nǐ yǒu shíjiān ma? Wǒ xiǎng qù yīyuàn kàn yīshēng,
这个 星期五 你 有 时间 吗 ？ 我 想 去 医院 看 医生 ，

nǐ kěyǐ hé wǒ yìqǐ qù ma?
你 可以 和 我 一起 去 吗 ？

Tā xiǎng xīngqīwǔ qù yīyuàn.
★ 他 想 星期五 去 医院 。　　　　　　　　　　（　　　）

3.
Jīntiān shì yuè rì, zài yǒu liǎng tiān jiù shì wǒ de shēngrì
今天 是 8 月 10 日 ， 再 有 两 天 就 是 我 的 生日

le, xīwàng nǐmen lái wǒ jiā wánr.
了 ， 希望 你们 来 我 家 玩儿 。

yuè rì shì wǒ de shēngrì.
★ 8 月 10 日 是 我 的 生日 。　　　　　　　　（　　　）

4.
Nín qǐng jìn, zhè jiù shì wǒmen jiā. Zhège fángjiān shì wǒ hé wǒ
您 请 进 ， 这 就 是 我们 家 。 这个 房间 是 我 和 我

xiānsheng de, hòumian nàge xiǎo fángjiān shì wǒ nǚ'er de.
先生 的 ， 后面 那个 小 房间 是 我 女儿 的 。

Shuōhuàrén de fángjiān bǐ nǚ'er de fángjiān dà.
★ 说话人 的 房间 比 女儿 的 房间 大 。   (   )

5.
Bàba yǒu shì chūqu le,   wǒ yě bù zhīdào tā shénme shíhou
爸爸 有 事 出去 了 ， 我 也 不 知道 他 什么 时候

huílai,   nǐ dǎ tā shǒujī ba.
回来 ， 你 打 他 手机 吧 。

Shuōhuàrén de bàba zài jiā li.
★ 说话人 的 爸爸 在 家 里 。   (   )

* 문제를 다 풀고 난 후, 2급 독해 제3부분_03.mp3를 들으며 학습해 보세요.

정답 해설집 p.108

무료MP3 바로듣기

출제 형태

독해 제4부분은 제시된 문제와 문맥상 앞이나 뒤로 연결되는 보기를 찾아 정답으로 선택하는 문제예요.
총 10문제(51번~60번)가 출제돼요.

---

dì-sì bùfen
第 四 部 分 제4부분

dì-wǔshíyī dào wǔshíwǔ tí
第 51-55 题 51-55번 문제

A
Wǒ juéde yánsè hái búcuò, yě hěn piányi.
我 觉得 颜色 还 不错 ， 也 很 便宜 。

B
Duìbuqǐ, wǒ bú shì, wǒ xìng Gāo.
对不起 ， 我 不 是 ， 我 姓 高 。

C
Zhè jiàn yīfu yě yào xǐ ma?
这 件 衣服 也 要 洗 吗 ？

D
Yǒu shíjiān nǐ kěyǐ kànkan zhèxiē shū.
有 时间 你 可以 看看 这些 书 。

E̶
Māma zài nǎr ne? Huílai le ma?
妈妈 在 哪儿 呢 ？ 回来 了 吗 ？
엄마는 어디에 있어요? 왔어요?

F
Dànshì māma shuō wǒ zuò de hái búcuò, tā chīle hěn duō.
但是 妈妈 说 我 做 得 还 不错 ， 她 吃了 很 多 。

보기(A~F) 6개가 먼저 제시돼요.

예시로 사용된 보기 E에 미리
취소선을 그어 두세요.

lìrú　　Tā hái zài gōngsī gōngzuò.
例如：她 还 在 公司 工作 。
예를 들어: 그녀는 아직 회사에서 일하고 있어요.

[E]

예제가 한 문제 제시돼요.

Qǐng wèn nín shì Wáng xiānsheng ma?
51. 请 问 您 是 王 先生 吗 ？

[　]

Bù, zhè jiàn báisè de hái méi chuānguo ne.
52. 不 ， 这 件 白色 的 还 没 穿过 呢 。

[　]

Jīntiān shì wǒ dì-yī cì zuò fàn.
53. 今天 是 我 第一 次 做 饭 。

[　]

Kěnéng huì duì nǐ yǒu hěn duō bāngzhù.
54. 可能 会 对 你 有 很 多 帮助 。

[　]

Nǐ kàn yíxià, zhè zhāng yǐzi zěnmeyàng?
55. 你 看 一下 ， 这 张 椅子 怎么样 ？

[　]

---

* 위 문제는 P.256 실전 테스트에서 직접 풀어볼 수 있어요.

① 두 사람의 대화를 완성하는 문제가 주로 출제돼요.

주고받는 두 사람의 대화를 완성하는 문제와, 문맥상 어울리는 문장을 골라 하나의 문장으로 완성하는 문제가 출제돼요. 그중 대화를 완성하는 문제가 주로 출제돼요.

② 의문사 의문문에 연결되는 문장을 고르는 문제가 가장 많이 출제돼요.

의문사 의문문에 연결되는 문장을 고르는 문제, 일반 의문문과 연결되는 문장을 고르는 문제, 평서문과 연결되는 문장을 고르는 문제가 출제돼요. 그중 의문사 의문문에 연결되는 문장을 고르는 문제가 가장 많이 출제돼요.

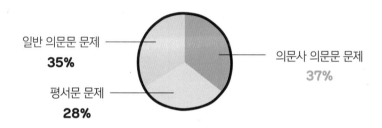

일반 의문문 문제
35%

평서문 문제
28%

의문사 의문문 문제
37%

① 자주 출제되는 의문문과 답변 문장을 익혀 두세요.

의문문은 물음표로 끝나 바로 알 수 있어서, 질문에 대한 답변을 보기나 문제에서 먼저 찾을 수 있어요. 따라서 자주 의문사 의문문 및 일반 의문문과 답변 문장을 충분히 익혀 두세요. 그러면 제4부분을 쉽게 풀어갈 수 있어요.

② 자주 출제되는 평서문 및 상응하는 문장을 정확히 해석하면서 익혀 두세요.

평서문은 문맥상 상황이 연결되는 문장을 골라야 해요. 때문에 자주 출제되는 평서문과 이와 상응하는 문장을 꼼꼼히 해석하면서 익혀야 해요.

시험에 자주 출제되는 문장을 충분히 익혀 보아요. (음성을 듣고 따라 읽으면 서로 상응하는 문장을 더 쉽게 이해할 수 있어요.)

🎧 2급 독해 제4부분_01.mp3

🔲 의문사 의문문과 답변 문장 익히기

Nǐ zhǔnbèi nǎ tiān huí jiā?
你 准备 哪 天 回 家?
당신은 어느 날 집에 가려고 하나요?

Bā yuè wǔ rì huíqu.
8 月 5 日 回去。
8월 5일에 돌아가요.

Nǐ xiànzài zài nǎr ne?
你 现在 在 哪儿 呢?
당신 지금 어디예요?

Duìbuqǐ, wǒ hái zài lù shang.
对不起, 我 还 在 路上。
죄송해요, 아직 가고 있어요.

Dào jīchǎng yào duō cháng shíjiān?
到 机场 要 多 长 时间?
공항에 도착하는데 얼마나 걸려요?

Èrshí fēnzhōng jiù dào le.
20 分钟 就 到 了。
20분이면 도착해요.

Zhè lǐmian shì shénme dōngxi?
这 里面 是 什么 东西?
이 안에 어떤 물건이 있나요?

Nǐ dǎkāi kànkan ba.
你 打开 看看 吧。
네가 열어서 한번 봐봐.

Chuān bái yīfu de rén shì shéi?
穿 白衣服 的 人 是 谁?
하얀 옷을 입은 사람은 누구인가요?

Shì wǒ háizi de lǎoshī.
是 我 孩子 的 老师。
제 아이의 선생님이에요.

Nǐ míngtiān jǐ diǎn de fēijī?
你 明天 几 点 的 飞机?
당신 내일 몇 시 비행기예요?

Wǒ shì hòutiān de fēijī.
我 是 后天 的 飞机。
저는 모레 비행기예요.

Nǐ zěnme huílai zhème wǎn?
你 怎么 回来 这么 晚?
당신 어째서 돌아오는 것이 이렇게 늦었어요?

Wǒ qù shāngdiàn mǎi niúnǎi le.
我 去 商店 买 牛奶 了。
상점에 가서 우유를 샀어요.

Zhège shǒujī zěnmeyàng?
这个 手机 怎么样?
이 휴대폰 어때요?

Wǒ juéde tā hái búcuò.
我 觉得 它 还 不错。
저는 괜찮다고 생각해요.

■ 일반 의문문과 답변 문장 익히기

Zhège zìxíngchē guì ma?
这个 自行车 贵 吗?
이 자전거 비싼가요?

Bù piányi, yìqiān duō kuài qián.
不便宜, 1000 多 块 钱。
싸지 않아요. 1000위안 남짓이에요.

Huǒchēzhàn lí zhèr yuǎn ma?
火车站 离 这儿 远 吗?
기차역은 여기서 멀어요?

Bú jìn.
不近。
가깝지 않아요.

Nǐ shì zhèli de fúwùyuán ma?
你 是 这里 的 服务员 吗?
당신은 이곳의 종업원인가요?

Shìde, wǒ shì xīn lái de.
是的, 我 是 新 来 的。
네, 저는 새로 왔어요.

Wǎnshang qù bu qù kàn diànyǐng?
晚上 去 不 去 看 电影?
저녁에 영화 보러 갈래요?

Wǒ yǒu shì, xiàcì zài qù bā.
我 有 事, 下次 再 去 吧。
제가 일이 있어서요. 다음에 가요.

Wǒmen qù tī zúqiú hǎo bu hǎo?
我们 去 踢 足球 好 不 好?
우리 축구하러 가는 것 어때?

Wǒ xiǎng dǎ lánqiú.
我 想 打 篮球。
나는 농구를 하고 싶어.

Nǐ de jiějie yǒu nán péngyou ma?
你的姐姐有 男 朋友 吗?
너희 누나 남자친구 있니?

Nǐ yào gěi tā jièshào ma?
你 要 给 她 介绍 吗?
네가 그녀에게 소개해 주려고?

■ 평서문과 상응하는 문장 익히기

Dàjiā dōu xiǎng kàn diànyǐng.
大家 都 想 看 电影。
모두들 영화를 보고 싶어해요.

Méi wèntí, wǒ qù mǎi piào.
没 问题, 我 去 买 票。
문제 없어요. 제가 가서 표를 살게요.

Xiàwǔ wǒ yào mǎi yìxiē jīdàn.
下午 我 要 买 一些 鸡蛋。
오후에 나는 계란을 좀 사려고 해요.

Nà wǒ yě yìqǐ qù.
那 我 也 一起 去。
그럼 저도 같이 갈게요.

Tā méi gàosu wǒ tā de míngzi.
他 没告诉我他 的 名字。
그는 저에게 이름을 알려주지 않았
어요.

Wǒ jiù zhīdào tā xìng Liú.
我 就 知道 他 姓 刘。
그의 성이 리우라는 것만 알아요.

Míngtiān shì zhàngfu de shēngrì.
明天 是 丈夫 的 生日。
내일은 남편의 생일이에요.

Wǒ xiǎng sòng tā yì běn shū.
我 想 送 他 一本 书。
저는 그에게 책 한 권을 선물하려
고 해요.

Cài hěn kuài jiù zuò hǎo le.
菜 很 快 就 做 好 了。
요리가 곧 다 돼.

Wǒmen zhǔnbèi chī fàn ba.
我们 准备 吃饭 吧。
밥 먹을 준비하자.

확인학습

1~3. 관련 있는 문장끼리 짝지어 보세요.

Nǐ shì zhèli de fúwùyuán ma?
1. 你 是 这里 的 服务员 吗？

Wǒ shì xīn lái de.
ⓐ 我 是 新 来 的。

Nǐ zěnme huílai zhème wǎn
2. 你 怎么 回来 这么 晚？

Wǒ jiù zhīdào tā xìng Bái.
ⓑ 我 就 知道 他 姓 白。

Tā méi gàosu wǒ tā de míngzi.
3. 他 没 告诉 我 他 的 名字。

Wǒ qù shāngdiàn mǎi jīdàn le.
ⓒ 我 去 商店 买 鸡蛋 了。

4~6. 관련 있는 문장끼리 짝지어 보세요.

Nǐ xiànzài zài nǎr ne?
4. 你 现在 在 哪儿 呢？

Nà wǒ yě yìqǐ qù.
ⓐ 那 我 也 一起 去。

Zhège shǒujī zěnmeyàng?
5. 这个 手机 怎么样？

Wǒ juéde tā hěn búcuò.
ⓑ 我 觉得 它 很 不错。

Wǎnshang wǒ yào mǎi yìxiē jīdàn.
6. 晚上 我 要 买 一些 鸡蛋。

Duìbuqǐ, wǒ hái zài lù shang.
ⓒ 对不起，我 还 在 路 上。

정답 1.ⓐ 2.ⓒ 3.ⓑ 4.ⓒ 5.ⓑ 6.ⓐ

문제풀이 스텝 익히기

문제풀이 스텝

의문문에 대한 답변 먼저 선택하기

- 먼저 문제지 아래쪽에서 의문문인 문제를 찾아 상응하는 문장을 보기에서 골라요.
- 그 다음 문제지 위쪽에서 의문문인 보기를 찾아 상응하는 문장을 문제에서 골라요.

남은 평서문과 상응하는 문장 선택하기

- 의문문에 대한 답변을 모두 고른 후, 문제나 보기에서 남은 평서문과 상응하는 문장을 골라요.

＊ 정답으로 선택한 보기에 취소선을 그어서, 다음 문제를 풀 때 헷갈리지 않도록 해요.

■ 예제에 문제풀이 스텝 적용하기

* 문제를 풀기 전, 예시로 사용된 보기 'E'에 취소선을 그어 두세요.

STEP 1 **의문문에 대한 답변 먼저 선택하기**

문제 1번 你喜欢哪个?는 '너는 어느 것을 좋아하니?'라는 뜻이에요. 보기 C의 喜欢白的가 '하얀 것이 좋아' 라는 뜻이므로, 喜欢哪个?(어느 것을 좋아하니?)라는 질문에 대한 답변이 돼요. 따라서 보기 C가 정답이에요.

* 정답으로 선택한 보기에 취소선을 그어서, 다음 문제를 풀 때 헷갈리지 않도록 해요.

보기 B 这个手机怎么卖?는 '이 휴대폰은 어떻게 파나요?'라는 뜻으로 가격을 물었어요. 3번 문제의 现在卖1000块가 '지금은 1000위안에 팔아요'라는 뜻이므로, 怎么卖?(어떻게 파나요?)라는 질문에 대한 답변이 돼요. 따라서 보기 B가 3번 문제의 정답이에요.

[문제지]

Yīshēng shuō duō yùndòng duì shēntǐ hǎo.
A 医生 说 多 运动 对 身体 好。
의사선생님께서 운동을 많이 하는 것은 몸에 좋다고 하셨어요.

Zhège shǒujī zěnme mài?
B 这个 手机 怎么 卖?
이 휴대폰은 어떻게 파나요?

Wǒ xǐhuan bái de, zhēn piàoliang.
C 我 喜欢 白 的 , 真 漂亮。
나는 하얀 것이 좋아, 정말 예뻐.

Dàn wǒ méiyǒu nǐ gāo.
D 但 我 没有 你 高。
나는 너보다 키가 크지 않아.

Māma zài nǎr ne? Huílai le ma?
E 妈妈 在 哪儿 呢 ? 回来 了 吗 ?
엄마 어디 계셔? 돌아오셨어?

Shì, yīnwèi zǎoshang qǐchuáng wǎn le.
F 是 , 因为 早上 起床 晚 了。
네, 아침에 늦게 일어났기 때문이에요.

Tā hái zài gōngsī gōngzuò.
例如: 她 还 在 公司 工作。 [E]

Nǐ xǐhuan nǎge?
1. 你 喜欢 哪个 ? [C]
너는 어느 것이 좋아?

Wǒ bǐ nǐ dà liǎng suì.
2. 我 比 你 大 两 岁。 [D]
나는 너보다 두 살 많아.

Hěn piányi, xiànzài mài kuài.
3. 很 便宜 , 现在 卖 1000 块。 [B]
싸요, 지금 1000위안에 팔아요.

STEP 2 **남은 평서문과 상응하는 문장 선택하기**

문제 2번 我比你大两岁。는 '내가 너보다 두 살 많아.'라는 뜻이에요. 보기 D의 我没有你 高가 '나는 너보다 키가 크지 않아'라는 뜻이므로 자신과 상대방의 키를 비교하는 상황 으로 연결돼요. 따라서 보기 D가 정답이에요.

어휘 白 bái 형 흰색 真 zhēn 부 정말
漂亮 piàoliang 형 예쁘다 手机 shǒujī 휴대폰
卖 mài 동 팔다 比 bǐ 전 ~보다
块 kuài 양 위안[중국 화폐단위], 조각

테스트 1

문제와 문맥상 어울리는 보기를 선택하세요.

A
Wǒ juéde yánsè hái búcuò, yě hěn piányi.
我 觉得 颜色 还 不错 ， 也 很 便宜 。

B
Duìbuqǐ, wǒ bú shì, wǒ xìng Gāo.
对不起 ， 我 不 是 ， 我 姓 高 。

C
Zhè jiàn yīfu yě yào xǐ ma?
这 件 衣服 也 要 洗 吗 ？

D
Yǒu shíjiān nǐ kěyǐ kànkan zhèxiē shū.
有 时间 你 可以 看看 这些 书 。

E
Māma zài nǎr ne? Huílai le ma?
妈妈 在 哪儿 呢 ？ 回来 了 吗 ？

F
Dànshì māma shuō wǒ zuò de hái búcuò, tā chīle hěn duō.
但是 妈妈 说 我 做 得 还 不错 ， 她 吃了 很 多 。

例如：
Tā hái zài gōngsī gōngzuò.
她 还 在 公司 工作 。   [E]

1.
Qǐng wèn nín shì Wáng xiānsheng ma?
请 问 您 是 王 先生 吗 ？   [ ]

2.
Bù, zhè jiàn báisè de hái méi chuānguo ne.
不 ， 这 件 白色 的 还 没 穿过 呢 。   [ ]

3.
Jīntiān shì wǒ dì-yī cì zuò fàn.
今天 是 我 第一 次 做 饭 。   [ ]

4.
Kěnéng huì duì nǐ yǒu hěn duō bāngzhù.
可能 会 对 你 有 很 多 帮助 。   [ ]

5.
Nǐ kàn yíxià, zhè zhāng yǐzi zěnmeyàng?
你 看 一下 ， 这 张 椅子 怎么样 ？   [ ]

Zuò gōnggòng qìchē fēnzhōng jiù dào le.
A 坐 公共汽车 10 分钟 就 到 了 。

Nǐ hǎo, qǐng wèn Lǐ lǎoshī zài nǎge fángjiān?
B 你 好 ， 请 问 李 老师 在 哪个 房间 ？

Wǒ bù xǐhuan zhè jiàn yīfu de yánsè.
C 我 不 喜欢 这 件 衣服 的 颜色 。

Bàba mǎi hěn duō dōngxi huílai le.
D 爸爸 买 很 多 东西 回来 了 。

Wǒ dìdi zhǎo dào gōngzuò le.
E 我 弟弟 找 到 工作 了 。

Yǒu jīdàn, yǒu niúnǎi, hái yǒu wǒ xǐhuan chī de shuǐguǒ.
6. 有 鸡蛋 ， 有 牛奶 ， 还 有 我 喜欢 吃 的 水果 。

Zhèli lí yīyuàn yǒu duō yuǎn?
7. 这里 离 医院 有 多 远 ？

Tā zuótiān shì dì-yī tiān shàngbān.
8. 他 昨天 是 第一 天 上班 。

Nà wǒmen qù bié de shāngdiàn kànkan ba.
9. 那 我们 去 别 的 商店 看看 吧 。

hào, qiánmian dì-èr ge.
10. 302 号 ， 前面 第二 个 。

* 문제를 다 풀고 난 후, 🎧2급 독해 제4부분_02.mp3를 들으며 학습해 보세요.

정답 해설집 p.111

테스트 2

문제와 문맥상 어울리는 보기를 선택하세요.

A
Wǒ xiǎng sòng tā yì běn shū.
我 想 送 她 一 本 书 。

B
Bù, zhè shì wǒ mèimei de háizi.
不 ， 这 是 我 妹妹 的 孩子 。

C.
Nǐ juéde zhège báisè de diànnǎo zěnmeyàng?
你 觉得 这个 白色 的 电脑 怎么样 ？

D
Nǐmen zuótiān wǎnshang qù tī qiú le?
你们 昨天 晚上 去 踢 球 了 ？

E
Māma zài nǎr ne? Huílai le ma?
妈妈 在 哪儿 呢 ？ 回来 了 吗 ？

F
Dōu kuài diǎn le, nǐ zěnme hái zài shuìjiào?
都 快 8 点 了 ， 你 怎么 还 在 睡觉 ？

例如：
Tā hái zài gōngsī gōngzuò.
她 还 在 公司 工作 。 | E |

1
Shì de, dàjiā wánr de hěn gāoxìng.
是 的 ， 大家 玩儿 得 很 高兴 。 | |

2
Yánsè hái búcuò, bǐ hóngsè de hǎokàn.
颜色 还 不错 ， 比 红色 的 好看 。 | |

3.
Jīntiān shì xīngqīrì, ràng wǒ duō shuì jǐ fēnzhōng ba.
今天 是 星期日 ， 让 我 多 睡 几 分钟 吧 。 | |

4.
Xià ge xīngqīsān shì wǒ mèimei de shēngrì.
下 个 星期三 是 我 妹妹 的 生日 。 | |

5.
Nǐ érzi dōu zhème dà le?
你 儿子 都 这么 大 了 ？ | |

Nǐ shì zuò chūzūchē lái xuéxiào de ma?
A 你 是 坐 出租车 来 学校 的 吗？

Zhù de zhème jìn, zhēn hǎo!
B 住 得 这么 近， 真 好！

Zhèxiē píngguǒ zěnme mài?
C 这些 苹果 怎么 卖？

Tā shì wǒ gēge de péngyou.
D 他 是 我 哥哥 的 朋友。

Wǒ yě zhīdào pǎobù duì shēntǐ hǎo.
E 我 也 知道 跑步 对 身体 好。

Wǒ de tiān! Nǐmen zěnme huì rènshi?
6. 我 的 天！ 你们 怎么 会 认识？ ☐

Shì, zǎoshang qǐchuáng wǎn le, chūmén de shíhou kuài diǎn le.
7. 是， 早上 起床 晚 了， 出门 的 时候 快 9 点 了。 ☐

Zuǒbian de kuài qián yì jīn, yòubian de kuài qián yì jīn.
8. 左边 的 5 块 钱 一 斤， 右边 的 3 块 钱 一 斤。 ☐

Dànshì wǒ tài máng le, méi shíjiān qù yùndòng.
9. 但是 我 太 忙 了， 没 时间 去 运动。 ☐

Wǒ jiā jiù zài gōngsī pángbiān, zǒu lù fēnzhōng jiù dào le.
10. 我 家 就 在 公司 旁边， 走 路 5 分钟 就 到 了。 ☐

* 문제를 다 풀고 난 후, 🎧 2급 독해 제4부분_03.mp3를 들으며 학습해 보세요.

정답 해설집 p.115

본교재인강·무료학습제공
china.Hackers.com

HSK 2급

실전모의고사

실전모의고사 1

실전모의고사 2

실전모의고사 3

실전모의고사 1

답안지 작성법

수험자 정보를 기입하세요.

请填写考生信息

고사장 정보를 기입하세요.

请填写考点信息

请按照考试证件上的姓名填写：수험표 상의 영문 이름을 기입하세요.

姓名	KIM JEE YOUNG

如果有中文姓名，请填写：중문 이름이 있다면 기입하세요.

中文姓名	金志玲

수험 번호를 쓰고 마킹하세요.

考生序号	6	[0] [1] [2] [3] [4] [5] [6] [7] [8] [9]
	O	[0] [1] [2] [3] [4] [5] [6] [7] [8] [9]
	2	[0] [1] [2] [3] [4] [5] [6] [7] [8] [9]
	5	[0] [1] [2] [3] [4] [5] [6] [7] [8] [9]
	9	[0] [1] [2] [3] [4] [5] [6] [7] [8] [9]

고사장 번호를 쓰고 마킹하세요.

考点序号	8	[0] [1] [2] [3] [4] [5] [6] [7] [8] [9]
	1	[0] [1] [2] [3] [4] [5] [6] [7] [8] [9]
	5	[0] [1] [2] [3] [4] [5] [6] [7] [8] [9]
	O	[0] [1] [2] [3] [4] [5] [6] [7] [8] [9]
	3	[0] [1] [2] [3] [4] [5] [6] [7] [8] [9]
	O	[0] [1] [2] [3] [4] [5] [6] [7] [8] [9]
	O	[0] [1] [2] [3] [4] [5] [6] [7] [8] [9]

국적 번호를 쓰고 마킹하세요.

国籍	5	[0] [1] [2] [3] [4] [5] [6] [7] [8] [9]
	2	[0] [1] [2] [3] [4] [5] [6] [7] [8] [9]
	3	[0] [1] [2] [3] [4] [5] [6] [7] [8] [9]

나이를 쓰고 마킹하세요.

年龄	2	[0] [1] [2] [3] [4] [5] [6] [7] [8] [9]
		[0] [1] [2] [3] [4] [5] [6] [7] [8] [9]

해당하는 성별에 마킹하세요.

性别	男 [1]	女 [2]

注意 请用2B铅笔这样写： ■ 2B 연필로 마킹하세요.

담안 마킹시 담안 쓰기 방향에 주의하세요.

一、听力 듣기

제1부분

1. [✓] [×]
2. [✓] [×]
3. [✓] [×]
4. [✓] [×]
5. [✓] [×]

6. [✓] [×]
7. [✓] [×]
8. [✓] [×]
9. [✓] [×]
10. [✓] [×]

제2부분

11. [A] [B] [C] [D] [E] [F]
12. [A] [B] [C] [D] [E] [F]
13. [A] [B] [C] [D] [E] [F]
14. [A] [B] [C] [D] [E] [F]
15. [A] [B] [C] [D] [E] [F]

16. [A] [B] [C] [D] [E] [F]
17. [A] [B] [C] [D] [E] [F]
18. [A] [B] [C] [D] [E] [F]
19. [A] [B] [C] [D] [E] [F]
20. [A] [B] [C] [D] [E] [F]

제3부분

21. [A] [B] [C]
22. [A] [B] [C]
23. [A] [B] [C]
24. [A] [B] [C]
25. [A] [B] [C]

26. [A] [B] [C]
27. [A] [B] [C]
28. [A] [B] [C]
29. [A] [B] [C]
30. [A] [B] [C]

제4부분

31. [A] [B] [C]
32. [A] [B] [C]
33. [A] [B] [C]
34. [A] [B] [C]
35. [A] [B] [C]

二、阅读 독해

제1부분

36. [A] [B] [C] [D] [E] [F]
37. [A] [B] [C] [D] [E] [F]
38. [A] [B] [C] [D] [E] [F]
39. [A] [B] [C] [D] [E] [F]
40. [A] [B] [C] [D] [E] [F]

제2부분

41. [A] [B] [C] [D] [E] [F]
42. [A] [B] [C] [D] [E] [F]
43. [A] [B] [C] [D] [E] [F]
44. [A] [B] [C] [D] [E] [F]
45. [A] [B] [C] [D] [E] [F]

제3부분

46. [✓] [×]
47. [✓] [×]
48. [✓] [×]
49. [✓] [×]
50. [✓] [×]

제4부분

51. [A] [B] [C] [D] [E] [F]
52. [A] [B] [C] [D] [E] [F]
53. [A] [B] [C] [D] [E] [F]
54. [A] [B] [C] [D] [E] [F]
55. [A] [B] [C] [D] [E] [F]

56. [A] [B] [C] [D] [E] [F]
57. [A] [B] [C] [D] [E] [F]
58. [A] [B] [C] [D] [E] [F]
59. [A] [B] [C] [D] [E] [F]
60. [A] [B] [C] [D] [E] [F]

실전모의고사 1 답안지

汉语水平考试 HSK（二级）答题卡

请按照考试证件上的姓名填写：

姓名	

如果有中文姓名，请填写：

中文姓名	

考生序号	[0] [1] [2] [3] [4] [5] [6] [7] [8] [9]
	[0] [1] [2] [3] [4] [5] [6] [7] [8] [9]
	[0] [1] [2] [3] [4] [5] [6] [7] [8] [9]
	[0] [1] [2] [3] [4] [5] [6] [7] [8] [9]
	[0] [1] [2] [3] [4] [5] [6] [7] [8] [9]

考点序号	[0] [1] [2] [3] [4] [5] [6] [7] [8] [9]
	[0] [1] [2] [3] [4] [5] [6] [7] [8] [9]
	[0] [1] [2] [3] [4] [5] [6] [7] [8] [9]
	[0] [1] [2] [3] [4] [5] [6] [7] [8] [9]
	[0] [1] [2] [3] [4] [5] [6] [7] [8] [9]
	[0] [1] [2] [3] [4] [5] [6] [7] [8] [9]
	[0] [1] [2] [3] [4] [5] [6] [7] [8] [9]

国籍	[0] [1] [2] [3] [4] [5] [6] [7] [8] [9]
	[0] [1] [2] [3] [4] [5] [6] [7] [8] [9]
	[0] [1] [2] [3] [4] [5] [6] [7] [8] [9]

年龄	[0] [1] [2] [3] [4] [5] [6] [7] [8] [9]
	[0] [1] [2] [3] [4] [5] [6] [7] [8] [9]

性别	男 [1]　　　女 [2]

注意　请用2B铅笔这样写：■■■

一、听力

1. [✓] [✗]　　6. [✓] [✗]　　11. [A] [B] [C] [D] [E] [F]　　16. [A] [B] [C] [D] [E] [F]
2. [✓] [✗]　　7. [✓] [✗]　　12. [A] [B] [C] [D] [E] [F]　　17. [A] [B] [C] [D] [E] [F]
3. [✓] [✗]　　8. [✓] [✗]　　13. [A] [B] [C] [D] [E] [F]　　18. [A] [B] [C] [D] [E] [F]
4. [✓] [✗]　　9. [✓] [✗]　　14. [A] [B] [C] [D] [E] [F]　　19. [A] [B] [C] [D] [E] [F]
5. [✓] [✗]　　10. [✓] [✗]　　15. [A] [B] [C] [D] [E] [F]　　20. [A] [B] [C] [D] [E] [F]

21. [A] [B] [C]　　26. [A] [B] [C]　　31. [A] [B] [C]
22. [A] [B] [C]　　27. [A] [B] [C]　　32. [A] [B] [C]
23. [A] [B] [C]　　28. [A] [B] [C]　　33. [A] [B] [C]
24. [A] [B] [C]　　29. [A] [B] [C]　　34. [A] [B] [C]
25. [A] [B] [C]　　30. [A] [B] [C]　　35. [A] [B] [C]

二、阅读

36. [A] [B] [C] [D] [E] [F]　　41. [A] [B] [C] [D] [E] [F]　　46. [✓] [✗]
37. [A] [B] [C] [D] [E] [F]　　42. [A] [B] [C] [D] [E] [F]　　47. [✓] [✗]
38. [A] [B] [C] [D] [E] [F]　　43. [A] [B] [C] [D] [E] [F]　　48. [✓] [✗]
39. [A] [B] [C] [D] [E] [F]　　44. [A] [B] [C] [D] [E] [F]　　49. [✓] [✗]
40. [A] [B] [C] [D] [E] [F]　　45. [A] [B] [C] [D] [E] [F]　　50. [✓] [✗]

51. [A] [B] [C] [D] [E] [F]　　56. [A] [B] [C] [D] [E] [F]
52. [A] [B] [C] [D] [E] [F]　　57. [A] [B] [C] [D] [E] [F]
53. [A] [B] [C] [D] [E] [F]　　58. [A] [B] [C] [D] [E] [F]
54. [A] [B] [C] [D] [E] [F]　　59. [A] [B] [C] [D] [E] [F]
55. [A] [B] [C] [D] [E] [F]　　60. [A] [B] [C] [D] [E] [F]

汉语水平考试

HSK（二级）

注　意

一、HSK（二级）分两部分：

　　1. 听力（35题，约25分钟）

　　2. 阅读（25题，22分钟）

二、听力结束后，有3分钟填写答题卡。

三、全部考试约55分钟（含考生填写个人信息时间5分钟）。

一、听 力

第 一 部 分

第 1-10 题

例如:		✓
		✕
1.		
2.		
3.		
4.		
5.		

6.		
7.		
8.		
9.		
10.		

第 二 部 分

第 11-15 题

A

B

C

D

E

F

例如：
男：Nǐ xiàwǔ zuò shénme?
你 下午 做 什么 ？

女：Wǒ xiǎng qù tī zúqiú.
我 想 去 踢 足球 。

D

11. ☐

12. ☐

13. ☐

14. ☐

15. ☐

第 16-20 题

A

B

C

D

E

16. ☐

17. ☐

18. ☐

19. ☐

20. ☐

第 三 部 分

第 21-30 题

例如： 男： Xiǎo Lǐ, Zhèli yǒu jǐ jiàn yīfu, nǐ juéde nǎ jiàn hǎokàn?
　　　　小 李，这里 有 几 件 衣服，你 觉得 哪 件　好看？

　　　　女： Hóngsè de nà jiàn hěn búcuò.
　　　　红色 的 那 件 很 不错。

　　　　问： Xiǎo Lǐ juéde shénme yánsè de yīfu hǎokàn?
　　　　小 李 觉得 什么 颜色 的 衣服 好看？

hēisè	hóngsè	báisè
A 黑色	B 红色 ✓	C 白色

21.
érzi	qīzi	péngyou
A 儿子	B 妻子	C 朋友

22.
duō xiūxi	duō yùndòng	duō hē shuǐ
A 多 休息	B 多 运动	C 多 喝 水

23.
hěn guì	hěn dà	hěn piányi
A 很 贵	B 很 大	C 很 便宜

24.
ge	ge	ge
A 13 个	B 15 个	C 16 个

25.
kàn shū	chànggē	hē kāfēi
A 看 书	B 唱歌	C 喝 咖啡

26.
hěn hǎochī	bù hǎochī	hái búcuò
A 很 好吃	B 不 好吃	C 还 不错

27.
jiàoshì	huǒchēzhàn	diànyǐngyuàn
A 教室	B 火车站	C 电影院

28.
méi kāi chē	gōngzuò hěn máng	shēngbìng le
A 没 开 车	B 工作 很 忙	C 生病 了

29.
A 7：00	B 8：00	C 8：10

30.
zài děng rén	zài zhǎo dōngxi	bù xiǎng kàn
A 在 等 人	B 在 找 东西	C 不 想 看

第 四 部 分

第 31-35 题

Nǐ jiào shénme míngzi?
例如：女：你 叫 什么 名字？

Wǒ jiào Lǐ Yáng.
男：我 叫 李 阳。

Qǐng jìn.
女：请 进。

Hǎo, xièxie.
男：好，谢谢。

Nǚ de wèn nán de shénme?
问：女 的 问 男 的 什么？

shíjiān	shēngrì	míngzi
A 时间	B 生日	C 名字 ✓

	zuò tí	kàn shū	xiě zì
31.	A 做 题	B 看 书	C 写 字

	bié shuōhuà	tiānqì hěn hǎo	jīntiān méi kè
32.	A 别 说话	B 天气 很 好	C 今天 没 课

	shǒujī	qiānbǐ	huǒchēpiào
33.	A 手机	B 铅笔	C 火车票

34.	A 605	B 506	C 504

	hěn búcuò	bú huì shuō	bú huì xiě
35.	A 很 不错	B 不 会 说	C 不 会 写

HSK 2급

해커스 HSK 1-2급 한 권으로 가뿐하게 합격

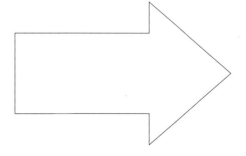

二、阅 读

第 一 部 分

第 36-40 题

A

B

C

D

E

F

Wǒ zuì xǐhuan de yùndòng shì dǎ lánqiú.
例如：我 最 喜欢 的 运动 是 打 篮球。 **D**

Wàimian bú xià yǔ le, tiān qíng le.
36. 外面 不 下 雨 了，天 晴 了。

Yǐjīng diǎn le, wǒ yào qù shàngbān le.
37. 已经 8 点 了，我 要 去 上班 了。

Zhè shì nǐ xīn mǎi de diànnǎo ma?
38. 这 是 你 新 买 的 电脑 吗？

Tā xiànzài kàn bu jiàn wǒmen zài nǎr.
39. 他 现在 看 不 见 我们 在 哪儿。

Tā shì wǒ péngyou, tā ài kàn shū.
40. 他 是 我 朋友，他 爱 看 书。

第 二 部 分

第 41-45 题

      xīn   yǎnjing   xǐ   rènshi   guì   yánsè

A 新   B 眼睛   C 洗   D 认识   E 贵   F 颜色

Nàr de kāfēi hěn hǎo hē, dànshì tài   le.

例如：那儿 的 咖啡 很 好 喝，但是 太（ E ）了 。

Nǐ   xiǎo Lǐ pángbiān de nàge nánháir ma?

41. 你（   ）小 李 旁边 的 那个 男孩儿 吗 ？

Nǐ xiǎng mǎi shénme   de yīfu?

42. 你 想 买 什么（   ）的 衣服 ？

Nǚ'er de   hěn dà, yě hěn piàoliang.

43. 女儿 的（   ）很 大 ，也 很 漂亮 。

Tā zhǔnbèi xīngqīliù zài jiā   yīfu.

44. 他 准备 星期六 在 家（   ）衣服 。

Nǐ   mǎi de shǒujī shì shénme yánsè de?

45. 女：你（   ）买 的 手机 是 什么 颜色 的 ？

Báisè de.

男：白色 的 。

第 三 部 分

第 46-50 题

Xiànzài shì diǎn fēn, diànyǐng yǐjīng kāishǐ le fēnzhōng.
例如：现在 是 12 点 10 分 ， 电影 已经 开始 了 10 分钟 。

Diànyǐng shì diǎn kāishǐ de.
★ 电影 是 12 点 开始的 。 （ ✓ ）

Wǒ xǐhuan chànggē, dàn chàng de bú tài hǎo.
我 喜欢 唱歌 ， 但 唱 得 不 太 好 。

Wǒ chàng de fēicháng hǎo.
★ 我 唱 得 非常 好 。 （ ✗ ）

Xièxie nǐ, méiyǒu nǐ de bāngzhù, zhèxiē shìqing kěnéng dào
46. 谢谢 你 ， 没有 你 的 帮助 ， 这些 事情 可能 到

míngtiān dōu zuò bu wán.
明天 都 做 不 完 。

Nàxiē shìqing yǐjīng zuò wán le.
★ 那些 事情 已经 做 完 了 。 （ ）

Nǐ kàn, zhège yīfu shì wǒ māma gěi wǒ zuò de, hěn piàoliang
47. 你 看 ， 这个 衣服 是 我 妈妈 给 我 做 的 ， 很 漂亮

ba?
吧 ？

Yīfu shì māma gěi tā zuò de.
★ 衣服 是 妈妈 给 她 做 的 。 （ ）

Wǒ jīntiān bù xiǎng zuò fàn le, wǒmen qù wàimian chī
48. 我 今天 不 想 做 饭 了 ， 我们 去 外面 吃

wǎnfàn zěnmeyàng?
晚饭 怎么样 ？

Tāmen xiǎng zài jiā li chī fàn.
★ 他们 想 在 家里吃饭 。 （ ）

49.
Wǒ juéde zhù zài zhèr bú shì hěn hǎo, lí gōngsī yǒudiǎnr
我 觉得 住 在 这儿 不 是 很 好，离 公司 有点儿

yuǎn, měi tiān dōu yào zuò gōnggòng qìchē qù shàngbān.
远，每 天 都 要 坐 公共汽车 去 上班。

★ Shuōhuàrén zhù de lí gōngsī hěn jìn.
★ 说话人 住 得 离 公司 很 近。　　　　（　　）

50.
Xiǎo Wáng, gēge ràng wǒ gàosu nǐ, nǐ huí jiā de fēijīpiào
小 王，哥哥 让 我 告诉 你，你 回 家 的 飞机票

hái méiyǒu mǎi dào.
还 没有 买 到。

★ Xiǎo Wáng yǐjīng huí jiā le.
★ 小 王 已经 回 家 了。　　　　　　（　　）

第四部分

第 51-55 题

A
Bié kèqi, xīwàng nǐ néng xǐhuan.
别 客气，希望 你 能 喜欢 。

B
Mā, nǐ kànjiàn wǒ de shǒujī le ma?
妈，你 看见 我 的 手机 了 吗？

C
Míngtiān yào kǎoshì, kǎo wán le zài qù dǎ ba.
明天 要 考试，考 完 了 再 去 打 吧 。

D
Méi guānxi, wǒmen kěyǐ qù pángbiān de shāngdiàn kànkan.
没 关系，我们 可以 去 旁边 的 商店 看看 。

E
Māma zài nǎr ne? Huílai le ma?
妈妈 在 哪儿 呢？回来 了 吗？

F
Nǐ zhǔnbèi nǎ tiān huí jiā?
你 准备 哪 天 回 家？

例如：
Tā hái zài gōngsī gōngzuò.
她 还 在 公司 工作 。 | E |

51.
Wǎnshang qù bu qù dǎ lánqiú?
晚上 去 不 去 打 篮球？

52.
Xièxie nǐ sòng gěi wǒ bēizi.
谢谢 你 送 给 我 杯子 。

53.
Wǒ xiǎng míngtiān jiù huíqu, wǒ hái yǒu gōngzuò yào zuò.
我 想 明天 就 回去，我 还 有 工作 要 做 。

54.
Wǒmen lái de tài zǎo le, diànyǐng hái méi kāishǐ.
我们 来 得 太 早 了，电影 还 没 开始 。

55.
Zài nàr, zài zhuōzi shàngmian ne.
在 那儿，在 桌子 上面 呢 。

第 56-60 题

A
Bù zhīdào, wǒmen kuài dǎkāi kànkan ba.
不 知道， 我们 快 打开 看看 吧 。

B
Nà jiā fànguǎnr lí zhèr hěn jìn.
那 家 饭馆儿 离 这儿 很 近 。

C
Tāmen dōu shuō zhè běn shū hěn hǎokàn.
他们 都 说 这 本 书 很 好看 。

D
Wǒ qù mǎi dōngxi le, mǎile nǐ ài chī de xīguā.
我 去 买 东西 了，买了 你 爱 吃 的 西瓜 。

E
Nǐ de háizi duō dà le?
你 的 孩子 多 大 了 ？

56.
Jiù zài hòumian, zǒu jǐ fēnzhōng jiù dào le.
就 在 后面， 走 几 分钟 就 到 了 。

57.
Wǒ nǚ'ér suì, érzi suì le.
我 女儿 7 岁， 儿子 3 岁 了 。

58.
Zěnme zhème wǎn huílai le?
怎么 这么 晚 回来 了 ？

59.
Dànshì wǒ méi kàn dǒng.
但是 我 没 看 懂 。

60.
Nǐ zhīdào zhè lǐmian yǒu shénme dōngxi ma?
你 知道 这 里面 有 什么 东西 吗 ？

정답 해설집 p.120

실전모의고사 2

실전모의고사 2 답안지

汉语水平考试 HSK（二级）答题卡

请填写考生信息

请按照考试证件上的姓名填写：

姓名	

如果有中文姓名，请填写：

中文姓名	

考生序号

[0] [1] [2] [3] [4] [5] [6] [7] [8] [9]
[0] [1] [2] [3] [4] [5] [6] [7] [8] [9]
[0] [1] [2] [3] [4] [5] [6] [7] [8] [9]
[0] [1] [2] [3] [4] [5] [6] [7] [8] [9]
[0] [1] [2] [3] [4] [5] [6] [7] [8] [9]

请填写考点信息

考点序号

[0] [1] [2] [3] [4] [5] [6] [7] [8] [9]
[0] [1] [2] [3] [4] [5] [6] [7] [8] [9]
[0] [1] [2] [3] [4] [5] [6] [7] [8] [9]
[0] [1] [2] [3] [4] [5] [6] [7] [8] [9]
[0] [1] [2] [3] [4] [5] [6] [7] [8] [9]
[0] [1] [2] [3] [4] [5] [6] [7] [8] [9]
[0] [1] [2] [3] [4] [5] [6] [7] [8] [9]

国籍

[0] [1] [2] [3] [4] [5] [6] [7] [8] [9]
[0] [1] [2] [3] [4] [5] [6] [7] [8] [9]
[0] [1] [2] [3] [4] [5] [6] [7] [8] [9]

年龄

[0] [1] [2] [3] [4] [5] [6] [7] [8] [9]
[0] [1] [2] [3] [4] [5] [6] [7] [8] [9]

性别　　　　　男 [1]　　　　女 [2]

注意　　请用2B铅笔这样写：█

一、听力

1. [✓] [×]　　6. [✓] [×]　　11. [A] [B] [C] [D] [E] [F]　　16. [A] [B] [C] [D] [E] [F]
2. [✓] [×]　　7. [✓] [×]　　12. [A] [B] [C] [D] [E] [F]　　17. [A] [B] [C] [D] [E] [F]
3. [✓] [×]　　8. [✓] [×]　　13. [A] [B] [C] [D] [E] [F]　　18. [A] [B] [C] [D] [E] [F]
4. [✓] [×]　　9. [✓] [×]　　14. [A] [B] [C] [D] [E] [F]　　19. [A] [B] [C] [D] [E] [F]
5. [✓] [×]　　10. [✓] [×]　　15. [A] [B] [C] [D] [E] [F]　　20. [A] [B] [C] [D] [E] [F]

21. [A] [B] [C]　　26. [A] [B] [C]　　31. [A] [B] [C]
22. [A] [B] [C]　　27. [A] [B] [C]　　32. [A] [B] [C]
23. [A] [B] [C]　　28. [A] [B] [C]　　33. [A] [B] [C]
24. [A] [B] [C]　　29. [A] [B] [C]　　34. [A] [B] [C]
25. [A] [B] [C]　　30. [A] [B] [C]　　35. [A] [B] [C]

二、阅读

36. [A] [B] [C] [D] [E] [F]　　41. [A] [B] [C] [D] [E] [F]　　46. [✓] [×]
37. [A] [B] [C] [D] [E] [F]　　42. [A] [B] [C] [D] [E] [F]　　47. [✓] [×]
38. [A] [B] [C] [D] [E] [F]　　43. [A] [B] [C] [D] [E] [F]　　48. [✓] [×]
39. [A] [B] [C] [D] [E] [F]　　44. [A] [B] [C] [D] [E] [F]　　49. [✓] [×]
40. [A] [B] [C] [D] [E] [F]　　45. [A] [B] [C] [D] [E] [F]　　50. [✓] [×]

51. [A] [B] [C] [D] [E] [F]　　56. [A] [B] [C] [D] [E] [F]
52. [A] [B] [C] [D] [E] [F]　　57. [A] [B] [C] [D] [E] [F]
53. [A] [B] [C] [D] [E] [F]　　58. [A] [B] [C] [D] [E] [F]
54. [A] [B] [C] [D] [E] [F]　　59. [A] [B] [C] [D] [E] [F]
55. [A] [B] [C] [D] [E] [F]　　60. [A] [B] [C] [D] [E] [F]

汉语水平考试
HSK（二级）

注　意

一、HSK（二级）分两部分：

　　1. 听力（35题，约25分钟）

　　2. 阅读（25题，22分钟）

二、听力结束后，有3分钟填写答题卡。

三、全部考试约55分钟（含考生填写个人信息时间5分钟）。

一、听 力

第 一 部 分

第 1-10 题

例如：		✓
		✗
1.		
2.		
3.		
4.		
5.		

6.		
7.		
8.		
9.		
10.		

第 二 部 分

第 11-15 题

A

B

C

D

E

F

Nǐ xiàwǔ zuò shénme?
例如：男：你 下午 做 什么 ？

Wǒ xiǎng qù tī zúqiú.
女：我 想 去 踢 足球 。

D

11.

12.

13.

14.

15.

第 16-20 题

A

B

C

D

E

16. ☐

17. ☐

18. ☐

19. ☐

20. ☐

第 三 部 分

第 21-30 题

例如：
男：小 李，这里 有 几 件 衣服，你 觉得 哪 件　好看？
Xiǎo Lǐ, Zhèli yǒu jǐ jiàn yīfu, nǐ juéde nǎ jiàn hǎokàn?

女：红色 的 那 件 很 不错 。
Hóngsè de nà jiàn hěn búcuò.

问：小 李 觉得　什么　颜色 的 衣服 好看？
Xiǎo Lǐ juéde shénme yánsè de yīfu hǎokàn?

A 黑色　hēisè 　　　　B 红色　hóngsè ✓ 　　　　C 白色　báisè

21. A 女儿 在 家　nǚ'ér zài jiā 　　B 女儿 没 来　nǚ'ér méi lái 　　C 女儿 姓 李　nǚ'ér xìng Lǐ

22. A 运动　yùndòng 　　B 吃 水果　chī shuǐguǒ 　　C 多 休息　duō xiūxi

23. A 衣服　yīfu 　　B 咖啡　kāfēi 　　C 火车票　huǒchēpiào

24. A 350 元　yuán 　　B 3500 元　yuán 　　C 3050 元　yuán

25. A 天 晴 了　tiān qíng le 　　B 天 阴 了　tiān yīn le 　　C 下 雪 了　xià xuě le

26. A 她 爸爸　tā bàba 　　B 她 妹妹　tā mèimei 　　C 她 儿子　tā érzi

27. A 下 雨 了　xià yǔ le 　　B 不 认识 路　bú rènshi lù 　　C 太 晚 了　tài wǎn le

28. A 学校　xuéxiào 　　B 公司　gōngsī 　　C 机场　jīchǎng

29. A 吃 饭　chī fàn 　　B 学习　xuéxí 　　C 睡觉　shuìjiào

30. A 一 次　yí cì 　　B 三 次　sān cì 　　C 五 次　wǔ cì

第四部分

第 31-35 题

                Nǐ jiào shénme míngzi?
例如：女：你 叫 什么 名字？

                Wǒ jiào Lǐ Yáng.
      男：我 叫 李 阳。

        Qǐng jìn.
      女：请 进。

        Hǎo, xièxie.
      男：好，谢谢。

            Nǚ de wèn nán de shénme?
      问：女 的 问 男 的 什么？

        shíjiān   shēngrì   míngzi
      A 时间   B 生日   C 名字   √

kāi chē	zuò huǒchē	zǒu lù
31. A 开车	B 坐火车	C 走路
shāngdiàn	jīchǎng	fànguǎnr
32. A 商店	B 机场	C 饭馆儿
jī	xiě	xiàng
33. A 机	B 写	C 向
tiānqì hǎo	shēngbìng le	zǎo diǎnr shuì
34. A 天气好	B 生病了	C 早点儿睡
yuè hào	yuè hào	yuè hào
35. A 4 月 9 号	B 9 月 10 号	C 10 月 9 号

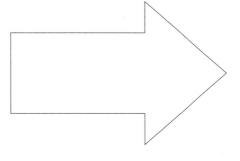

二、阅 读

第 一 部 分

第 36-40 题

A

B

C

D

E

F

Wǒ zuì xǐhuan de yùndòng shì dǎ lánqiú.
例如：我 最 喜欢 的 运动 是 打 篮球。 **D**

Zhǔnbèi hǎo le ma? Dàjiā xiàoyixiào.
36. 准备 好 了 吗 ？ 大家 笑一笑 。 ☐

Zhè běn shū xiě de zhēn hǎo, nǐ yě kànkan ba.
37. 这 本 书 写 得 真 好 ，你 也 看看 吧 。 ☐

Nǐmen jǐ ge shéi pǎo de zuì kuài?
38. 你们 几 个 谁 跑 得 最 快 ？ ☐

Wǒ děngle yí ge duō xiǎoshí le, péngyou hái méiyǒu dào.
39. 我 等了 一 个 多 小时 了 ，朋友 还 没有 到 。 ☐

Hē wán niúnǎi hòu, yào chī yí ge píngguǒ.
40. 喝 完 牛奶 后 ，要 吃 一 个 苹果 。 ☐

第 二 部 分

第 41-45 题

	yīn		cóng		shìqing		shēngbìng		guì		gàosu
A	阴	B	从	C	事情	D	生病	E	贵	F	告诉

Nàr de kāfēi hěn hǎo hē, dànshì tài le.
例如：那儿 的 咖啡 很 好 喝 ， 但是 太 （ E ） 了 。

Háizi le, tā yì wǎnshang dōu méi shuìjiào.
41. 孩子 （　　） 了 ， 她 一 晚上 都 没 睡觉 。

Wǒ yǐjīng jiā li chūlai le, wǒmen zài nǎr jiàn ne?
42. 我 已经 （　　） 家 里 出来 了 ， 我们 在 哪儿 见 呢 ？

Shì shéi nǐ zhè jiàn shì de?
43. 是 谁 （　　） 你 这 件 事 的 ？

Tiān le, kěnéng yào xià yǔ, míngtiān zài qù ba.
44. 天 （　　） 了 ， 可能 要 下 雨 ， 明天 再 去 吧 。

Nǐ hǎo, qǐng wèn Gāo xiǎojiě zài jiā ma?
45. 女：你 好 ， 请 问 高 小姐 在 家 吗 ？

Tā chūqu le, nǐ yǒu shénme
男：她 出去 了 ， 你 有 什么 （　　） ？

第 三 部 分

第 46-50 题

Xiànzài shì diǎn fēn, diànyǐng yǐjīng kāishǐ le fēnzhōng.
例如： 现在 是 12 点 10 分， 电影 已经 开始 了 10 分钟。

　　Diànyǐng shì diǎn kāishǐ de.
★ 电影 是 12 点 开始的 。　　　　　　　（ ✓ ）

Wǒ xǐhuan chànggē, dàn chàng de bú tài hǎo.
我 喜欢 唱歌， 但 唱 得 不 太 好 。

　　Wǒ chàng de fēicháng hǎo.
★ 我 唱 得 非常 好 。　　　　　　　　　（ ✗ ）

46. "Míngtiān" de "míng" xiě cuò le, "míng" de yòubian shì "yuè",
"明天" 的 "明" 写 错 了， "明" 的 右边 是 "月"，
bú shì "rì".
不 是 "日" 。

　　"Míng" xiě cuò le.
★ "明" 写 错 了 。　　　　　　　　　　（ 　 ）

47. Zhège shì wǒ yào mǎi de shǒujī, nǐ bié kàn tā hěn guì,
这个 是 我 要 买 的 手机，你 别 看 它 很 贵，
tīngshuō tā shì jīnnián zuì hǎo de.
听说 它 是 今年 最 好 的 。

　　Zhège shǒujī bú guì.
★ 这个 手机 不 贵 。　　　　　　　　　（ 　 ）

48. Wǒ qīzi xiànzài bú zài jiā, qù mǎi dōngxi le, děng tā huílai,
我 妻子 现在 不 在 家，去 买 东西 了， 等 她 回来，
wǒ ràng tā gěi nín dǎ diànhuà ba.
我 让 她 给 您 打 电话 吧 。

　　Shuōhuàrén de qīzi chūqu le.
★ 说话人 的 妻子 出去 了 。　　　　　　（ 　 ）

49.
Hěn cháng shíjiān méiyǒu jiàn dào Zhāng lǎoshī le, nǐ zhīdào tā
很 长 时间 没有 见 到 张 老师 了， 你 知道 他

shénme shíhou kěyǐ chū yuàn ma?
什么 时候 可以 出 院 吗 ？

Zhāng lǎoshī zhù yuàn le.
★ 张 老师 住 院 了 。 （　　）

50.
Míngtiān jiù yào kǎoshì le, nǐ hǎohāo zhǔnbèi yíxià ba.
明天 就 要 考试 了， 你 好好 准备 一下 吧 。

Kǎoshì yǐjīng kǎo wán le.
★ 考试 已经 考 完 了 。 （　　）

第四部分

第 51-55 题

A　Jīchǎng lí zhèr yuǎn ma?
　　机场 离 这儿 远 吗？

B　Bà, yīshēng shuō nín yào duō yùndòng.
　　爸，医生 说 您 要 多 运动。

C　Nà wǒ hé nǐ yìqǐ qù shāngdiàn ba.
　　那 我 和 你 一起 去 商店 吧。

D　Tīngshuō lǎoshī shēngbìng le, wǒmen qù kànkan tā ba?
　　听说 老师 生病 了，我们 去 看看 她 吧？

E　Māma zài nǎr ne? Huílai le ma?
　　妈妈 在 哪儿 呢？回来 了 吗？

F　Nǐ gěi wǒ de nà běn shū yǐjīng kàn wán le.
　　你 给 我 的 那 本 书 已经 看 完 了。

例如：Tā hái zài gōngsī gōngzuò.
　　她 还 在 公司 工作。　　　　　　　　　E

51. Bú jìn, zuò chūzūchē yào yí ge duō xiǎoshí.
　　不 近，坐 出租车 要 一个 多 小时。

52. Zhège xīngqītiān zěnmeyàng?
　　这个 星期天 怎么样？

53. Zhème kuài jiù kàn wán le? Nǐ juéde yǒu yìsi ma?
　　这么 快 就 看 完 了？你 觉得 有 意思 吗？

54. Míngtiān kāishǐ hé wǒ qù pǎobù ba.
　　明天 开始 和 我 去 跑步 吧。

55. Niúnǎi yǐjīng hē wán le, xiàwǔ wǒ zài mǎi yìxiē.
　　牛奶 已经 喝 完 了，下午 我 再 买 一些。

第 56-60 题

A
Wǒ mǎi de shì fēijīpiào shì míngtiān zǎoshang de.
我 买 的 是 飞机票 ，是 明天 早上 的 。

B
Xiǎo Zhāng jiào wǒ yìqǐ qù tī zúqiú.
小 张 叫 我 一起 去 踢 足球 。

C
Nàge rén méiyǒu gàosu wǒ tā de míngzi.
那个 人 没有 告诉 我 他 的 名字 。

D
Nǐ shì zhège xuéxiào de xuésheng ma?
你 是 这个 学校 的 学生 吗 ？

E
Wǒ de diànnǎo tài màn le.
我 的 电脑 太 慢 了 。

56.
Dōu zhème wǎn le, nǐ chūqu zuò shénme?
都 这么 晚 了 ，你 出去 做 什么 ？

□

57.
Shì de, wǒ shì xīn lái de.
是 的 ，我 是 新 来 的 。

□

58.
Xià cì wǒ gěi nǐ mǎi ge xīn de.
下 次 我 给 你 买 个 新 的 。

□

59.
Nǐ shì jīntiān xiàwǔ jǐ diǎn de huǒchē?
你 是 今天 下午 几 点 的 火车 ？

□

60.
Wǒ jiù zhīdào tā xìng Wáng.
我 就 知道 他 姓 王 。

□

정답 해설집 p.143

실전모의고사 3

실전모의고사 3 답안지

汉语水平考试 HSK（二级）答题卡

请填写考生信息

请按照考试证件上的姓名填写：

姓名

如果有中文姓名，请填写：

中文姓名

考生序号

[0]	[1]	[2]	[3]	[4]	[5]	[6]	[7]	[8]	[9]
[0]	[1]	[2]	[3]	[4]	[5]	[6]	[7]	[8]	[9]
[0]	[1]	[2]	[3]	[4]	[5]	[6]	[7]	[8]	[9]
[0]	[1]	[2]	[3]	[4]	[5]	[6]	[7]	[8]	[9]
[0]	[1]	[2]	[3]	[4]	[5]	[6]	[7]	[8]	[9]

请填写考点信息

考点序号

[0]	[1]	[2]	[3]	[4]	[5]	[6]	[7]	[8]	[9]
[0]	[1]	[2]	[3]	[4]	[5]	[6]	[7]	[8]	[9]
[0]	[1]	[2]	[3]	[4]	[5]	[6]	[7]	[8]	[9]
[0]	[1]	[2]	[3]	[4]	[5]	[6]	[7]	[8]	[9]
[0]	[1]	[2]	[3]	[4]	[5]	[6]	[7]	[8]	[9]
[0]	[1]	[2]	[3]	[4]	[5]	[6]	[7]	[8]	[9]
[0]	[1]	[2]	[3]	[4]	[5]	[6]	[7]	[8]	[9]

国籍

[0]	[1]	[2]	[3]	[4]	[5]	[6]	[7]	[8]	[9]
[0]	[1]	[2]	[3]	[4]	[5]	[6]	[7]	[8]	[9]
[0]	[1]	[2]	[3]	[4]	[5]	[6]	[7]	[8]	[9]

年龄

[0]	[1]	[2]	[3]	[4]	[5]	[6]	[7]	[8]	[9]
[0]	[1]	[2]	[3]	[4]	[5]	[6]	[7]	[8]	[9]

性别　　　　男 [1]　　　　女 [2]

注意　请用2B铅笔这样写：▬

一、听力

1. [✓] [✗]　　　6. [✓] [✗]　　　11. [A] [B] [C] [D] [E] [F]　　　16. [A] [B] [C] [D] [E] [F]

2. [✓] [✗]　　　7. [✓] [✗]　　　12. [A] [B] [C] [D] [E] [F]　　　17. [A] [B] [C] [D] [E] [F]

3. [✓] [✗]　　　8. [✓] [✗]　　　13. [A] [B] [C] [D] [E] [F]　　　18. [A] [B] [C] [D] [E] [F]

4. [✓] [✗]　　　9. [✓] [✗]　　　14. [A] [B] [C] [D] [E] [F]　　　19. [A] [B] [C] [D] [E] [F]

5. [✓] [✗]　　　10. [✓] [✗]　　　15. [A] [B] [C] [D] [E] [F]　　　20. [A] [B] [C] [D] [E] [F]

21. [A] [B] [C]　　　26. [A] [B] [C]　　　31. [A] [B] [C]

22. [A] [B] [C]　　　27. [A] [B] [C]　　　32. [A] [B] [C]

23. [A] [B] [C]　　　28. [A] [B] [C]　　　33. [A] [B] [C]

24. [A] [B] [C]　　　29. [A] [B] [C]　　　34. [A] [B] [C]

25. [A] [B] [C]　　　30. [A] [B] [C]　　　35. [A] [B] [C]

二、阅读

36. [A] [B] [C] [D] [E] [F]　　　41. [A] [B] [C] [D] [E] [F]　　　46. [✓] [✗]

37. [A] [B] [C] [D] [E] [F]　　　42. [A] [B] [C] [D] [E] [F]　　　47. [✓] [✗]

38. [A] [B] [C] [D] [E] [F]　　　43. [A] [B] [C] [D] [E] [F]　　　48. [✓] [✗]

39. [A] [B] [C] [D] [E] [F]　　　44. [A] [B] [C] [D] [E] [F]　　　49. [✓] [✗]

40. [A] [B] [C] [D] [E] [F]　　　45. [A] [B] [C] [D] [E] [F]　　　50. [✓] [✗]

51. [A] [B] [C] [D] [E] [F]　　　56. [A] [B] [C] [D] [E] [F]

52. [A] [B] [C] [D] [E] [F]　　　57. [A] [B] [C] [D] [E] [F]

53. [A] [B] [C] [D] [E] [F]　　　58. [A] [B] [C] [D] [E] [F]

54. [A] [B] [C] [D] [E] [F]　　　59. [A] [B] [C] [D] [E] [F]

55. [A] [B] [C] [D] [E] [F]　　　60. [A] [B] [C] [D] [E] [F]

汉语水平考试

HSK（二级）

注　意

一、HSK（二级）分两部分：

　　1. 听力（35题，约25分钟）

　　2. 阅读（25题，22分钟）

二、听力结束后，有3分钟填写答题卡。

三、全部考试约55分钟（含考生填写个人信息时间5分钟）。

一、听 力

第 一 部 分

第 1-10 题

6.		
7.		
8.		
9.		
10.		

第 二 部 分

第 11-15 题

A

B

C

D

E

F

Nǐ xiàwǔ zuò shénme?
例如：男：你 下午 做 什么？

Wǒ xiǎng qù tī zúqiú.
女：我 想 去 踢 足球 。 　　D

11.

12.

13.

14.

15.

第 16-20 题

A

B

C

D

E

16. ☐

17. ☐

18. ☐

19. ☐

20. ☐

第 三 部 分

第 21-30 题

例如： 男： Xiǎo Lǐ, Zhèli yǒu jǐ jiàn yīfu, nǐ juéde nǎ jiàn hǎokàn?
小 李，这里 有 几 件 衣服，你 觉得 哪 件 好看？

女： Hóngsè de nà jiàn hěn búcuò.
红色 的 那 件 很 不错。

问： Xiǎo Lǐ juéde shénme yánsè de yīfu hǎokàn?
小 李 觉得 什么 颜色 的 衣服 好看？

A 黑色 (hēisè)　　B 红色 (hóngsè) ✓　　C 白色 (báisè)

21. A 饭店 (fàndiàn)　　B 家里 (jiā li)　　C 商店 (shāngdiàn)

22. A 衣服 (yīfu)　　B 手机 (shǒujī)　　C 椅子 (yǐzi)

23. A 学习 (xuéxí)　　B 跑步 (pǎobù)　　C 打篮球 (dǎ lánqiú)

24. A 还可以 (hái kěyǐ)　　B 非常好 (fēicháng hǎo)　　C 不太好 (bú tài hǎo)

25. A 生病了 (shēngbìng le)　　B 在睡觉 (zài shuìjiào)　　C 来晚了 (lái wǎn le)

26. A 13：00　　B 14：00　　C 15：00

27. A 去学校 (qù xuéxiào)　　B 看电视 (kàn diànshì)　　C 买水果 (mǎi shuǐguǒ)

28. A 300多 (duō)　　B 3000多 (duō)　　C 3500多 (duō)

29. A 哥哥的 (gēge de)　　B 弟弟的 (dìdi de)　　C 我的 (wǒ de)

30. A 不好 (bù hǎo)　　B 好多了 (hǎo duō le)　　C 天阴了 (tiān yīn le)

第四部分

第 31-35 题

Nǐ jiào shénme míngzi?
例如：女：你 叫 什么 名字？

Wǒ jiào Lǐ Yáng.
男：我 叫 李 阳。

Qǐng jìn.
女：请 进。

Hǎo, xièxie.
男：好，谢谢。

Nǚ de wèn nán de shénme?
问：女 的 问 男 的 什么？

shíjiān | shēngrì | míngzi
A 时间 | B 生日 | C 名字 ✓

31.
fēicháng hǎo | bú tài hǎo | huì yìdiǎn
A 非常 好 | B 不 太 好 | C 会 一点

32.
yīyuàn | jīchǎng | huǒchēzhàn
A 医院 | B 机场 | C 火车站

33.
kāi chē | zuò gōnggòng qìchē | zǒu lù
A 开 车 | B 坐 公共汽车 | C 走 路

34.
yuè | yuè | yuè
A 3 月 | B 9 月 | C 12 月

35.
péngyou | xuésheng | érzi
A 朋友 | B 学生 | C 儿子

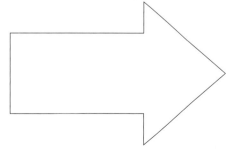

二、阅 读

第 一 部 分

第 36-40 题

A

B

C

D

E

F

Wǒ zuì xǐhuan de yùndòng shì dǎ lánqiú.
例如：我 最 喜欢 的 运动 是 打 篮球。 | D |

Tài hǎo le, wǒ xià ge yuè kěyǐ qù lǚyóu le.
36. 太 好 了，我 下 个 月 可以 去 旅游 了。 | |

Tā méi zuò shang gōnggòng qìchē.
37. 他 没 坐 上 公共汽车。 | |

Nǐ mǎile zhème duō dōngxi?
38. 你 买了 这么 多 东西？ | |

Wǒ měi tiān wǎnshang dōu huì yùndòng yí ge xiǎoshí.
39. 我 每 天 晚上 都 会 运动 一 个 小时。 | |

Wǒ de shǒujī ne? Zěnme zhǎo bu dào le?
40. 我 的 手机 呢？ 怎么 找 不 到 了？ | |

第 二 部 分

第 41-45 题

    lí   dì-yī   sòng   jiàoshì   guì   děng

A 离   B 第一   C 送   D 教室   E 贵   F 等

Nàr de kāfēi hěn hǎo hē, dànshì tài   le.

例如：那儿 的 咖啡 很 好 喝 ，但是 太 （ E ）了 。

Duìbuqǐ, wǒ jīntiān bù néng   nǐ dào gōngsī le.

41. 对不起 ，我 今天 不 能 （　　）你 到 公司 了 。

Kuài diǎnr, tāmen dōu zài   wǒmen huí jiā ne.

42. 快 点儿 ，他们 都 在 （　　）我们 回 家 呢 。

Nǐ zhīdào ma? Zhè shì wǒ   cì lái Běijīng.

43. 你 知道 吗 ？ 这 是 我 （　　）次 来 北京 。

Zhège   li xiànzài yǒu duōshao xuésheng?

44. 这个 （　　）里 现在 有 多少 学生 ？

Qǐng wèn zhège bīnguǎn   zhèr yuǎn ma?

45. 女：请 问 这个 宾馆 （　　）这儿 远 吗 ？

Hěn jìn, zǒu wǔ fēnzhōng jiù dào le.

男：很 近 ，走 五 分钟 就 到 了 。

第三部分

第 46-50 题

Xiànzài shì diǎn fēn, diànyǐng yǐjīng kāishǐ le fēnzhōng.
例如：现在 是 12 点 10 分 ， 电影 已经 开始 了 10 分钟 。

Diànyǐng shì diǎn kāishǐ de.
★ 电影 是 12 点 开始的 。 （ ✓ ）

Wǒ xǐhuan chànggē, dàn chàng de bú tài hǎo.
我 喜欢 唱歌 ， 但 唱 得 不 太 好 。

Wǒ chàng de fēicháng hǎo.
★ 我 唱 得 非常 好 。 （ ✗ ）

Nǐ kàn, zhè jiù shì wǒmen jiā de xiǎogǒu, shì bu shì hěn xiǎo?
46. 你 看 ， 这 就 是 我们 家 的 小狗 ， 是 不 是 很 小 ？

Tā shì wǒ bàba sòng gěi wǒ de.
它 是 我 爸爸 送 给 我 的 。

Wǒmen jiā de gǒu shì péngyou sòng gěi wǒ de.
★ 我们 家 的 狗 是 朋友 送 给 我 的 。 （ ）

Wǒ dúguo zhè běn shū, hěn búcuò, shì wǒ jīnnián kànguo de
47. 我 读过 这 本 书 ， 很 不错 ， 是 我 今年 看过 的

zuì hǎo de shū.
最 好 的 书 。

Shuōhuàrén juéde zhè běn shū bù hǎokàn.
★ 说话人 觉得 这 本 书 不 好看 。 （ ）

Wǒ cóng xiǎo kāishǐ dǎ lánqiú, yǐjīng dǎle kuài nián le, kěyǐ
48. 我 从 小 开始 打 篮球 ，已经 打了 快 15 年 了 ， 可以

shuo lánqiú shì wǒ zuì xǐhuan de yùndòng.
说 篮球 是 我 最 喜欢 的 运动 。

Shuōhuàrén ài dǎ lánqiú.
★ 说话人 爱 打 篮球 。 （ ）

49. Wǒ péngyou xià ge yuè kāishǐ shàngbān, tā zhèngzài zhǎo lí
我 朋友 下 个 月 开始 上班， 他 正在 找 离

gōngsī jìn yìdiǎn de fángzi.
公司 近 一点 的 房子 。

★ Shuōhuàrén de péngyou yǐjīng zhǎo dào gōngzuò le.
★ 说话人 的 朋友 已经 找 到 工作 了。 （　　）

50. Jīnnián bǐ qùnián lěng duō le, qùnián zhège shíhou hái méi xià
今年 比 去年 冷 多 了， 去年 这个 时候 还 没 下

xuě, dànshì jīnnián yǐjīng xiàle cì xuě le.
雪， 但是 今年 已经 下了 3 次 雪 了。

★ Jīnnián méiyǒu qùnián lěng.
★ 今年 没有 去年 冷 。 （　　）

第四部分

第 51-55 题

A
Hái kěyǐ, dànshì Hànyǔ kǎoshì hái méi zhǔnbèi hǎo.
还 可以 ，但是 汉语 考试 还 没 准备 好 。

B
Wǒ dào fànguǎnr le, nǐ zài nǎr ne?
我 到 饭馆儿 了 ，你 在 哪儿 呢 ？

C
Zhège shì bàba gěi wǒ mǎi de, wǒ yě bù zhīdào.
这个 是 爸爸 给 我 买 的 ，我 也 不 知道 。

D
Bié kàn diànshì lo, míngtiān hái yào zǎo diǎnr qǐchuáng ne.
别 看 电视 了 ，明天 还 要 早 点儿 起床 呢 。

E
Māma zài nǎr ne? Huílai le ma?
妈妈 在 哪儿 呢 ？回来 了 吗 ？

F
Nǐ gěi wǒ jièshào de nà běn shū wǒ yǐjīng kàn wán le.
你 给 我 介绍 的 那 本 书 我 已经 看 完 了 。

Tā hái zài gōngsī gōngzuò.
例如：她 还 在 公司 工作 。 [E]

51.
Nǐ kǎoshì zhǔnbèi de zěnmeyàng?
你 考试 准备 得 怎么样 ？ ☐

52.
Zhège shǒujī shì duōshao qián mǎi de?
这个 手机 是 多少 钱 买 的 ？ ☐

53.
Duìbuqǐ, wǒ kuài dào le, zài děng wǒ yíxià.
对不起 ，我 快 到 了 ，再 等 我 一下 。 ☐

54.
Wǒ juéde xiě de hěn hǎo, wǒ péngyou yě hěn xǐhuan.
我 觉得 写 得 很 好 ，我 朋友 也 很 喜欢 。 ☐

55.
Hǎo de, wǒ xiànzài jiù qù shuìjiào.
好 的 ，我 现在 就 去 睡觉 。 ☐

A
Péngyou sòngle wǒ liǎng zhāng diànyǐngpiào.
朋友 送了 我 两 张 电影票 。

B
Nǐ juéde wǒ zuò de cài zěnmeyàng?
你 觉得 我 做 的 菜 怎么样 ？

C
Bú shì, nín kàn cuò le, wǒ xìng Lǐ.
不 是 ， 您 看 错 了 ， 我 姓 李 。

D
Dànshì zhè yǐjīng bǐ qián jǐ tiān piányi duō le.
但是 这 已经 比 前 几 天 便宜 多 了 。

E
Nǐ de gēge yǒu nǚ péngyou ma?
你 的 哥哥 有 女 朋友 吗 ？

56.
Méiyǒu ne, nǐ yào gěi tā jièshào ma?
没有 呢 ， 你 要 给 他 介绍 吗 ？

57.
Zhège dōngxi tài guì le.
这个 东西 太 贵 了 。

58.
Fēicháng hǎochī, wǒ hái xiǎng zài chī yìdiǎnr.
非常 好吃 ， 我 还 想 再 吃 一点儿 。

59.
Qǐng wèn nín shì Wáng xiānsheng ma?
请 问 您 是 王 先生 吗 ？

60.
Wǒmen yìqǐ qù kàn, kěyǐ ma?
我们 一起 去 看 ， 可以 吗 ？

본교재인강·무료학습제공
china.Hackers.com

중국어도 역시
1위 해커스중국어

중국어인강
1위

소비자 만족지수
1위

강의 만족도
96.4%

[인강] 주간동아 선정 2019 한국 브랜드 만족지수 교육(중국어인강) 부문 1위
[소비자만족지수] 한경비즈니스 선정 2017 소비자가 뽑은 소비자만족지수, 교육(중국어학원)부문 1위 해커스중국어
[만족도] 해커스중국어 2020 강의 수강생 대상 설문조사 취합 결과

중국어인강 **1위** 해커스의 저력,
HSK 합격자로 증명합니다.

HSK 4급 환급 신청자
합격 점수
평균 256점

* 성적 미션 달성자

HSK 5급 환급 신청자
합격 점수
평균 240점

* 성적 미션 달성자

2주 만에 HSK 4급 261점 합격

HSK 4급 (2020.05.09) 汉语水平考试

듣기	독해	쓰기	총점
86	100	75	**총점**
			261

HSK 환급반 수강생 김*빈님 후기

이미 많은 선배들이 **해커스중국어**에서
고득점으로 HSK 졸업 했습니다.

중국어도 역시 1위 해커스중국어
약 900여 개의 체계적인 무료 학습자료

분야 / 레벨	공통	회화	HSK	HSKK/TSC
공통	철저한 성적분석 **무료 레벨테스트** 	빠르게 궁금증 해결 **1:1 학습 케어** 	HSK 전 급수 **프리미엄 모의고사** 	TSC 급수별 **발음 완성 트레이너**
초급	초보자가 꼭 알아야 할 **초보 중국어 단어** 	기초 무료 강의 제공 **초보 중국어 회화** 	HSK 4급 쓰기+어휘 완벽 대비 **쓰기 핵심 문장 연습** 	TSC 급수별 **만능 표현** **& 필수 암기 학습자료**
중급	매일 들어보는 **사자성어 & 한자상식** 	입이 트이는 자동발사 **중국어 팟캐스트** 	기본에서 실전까지 마무리 **HSK 무료 강의** 	HSKK/TSC 실전 정복! **고사장 소음 버전 MP3** 
고급	실생활 고급 중국어 완성! **중국어 무료 강의** 	상황별 다양한 표현 학습 **여행/비즈니스 중국어** 	HSK 고득점을 위한 **무료 쉐도잉 프로그램** 	고급 레벨을 위한 **TSC 무료 학습자료**

무료 학습자료
확인하기 ▶

중국어 인강 **1위** 해커스중국어   china.Hackers.com ▼   검색

다음 단계를 추천하는 교재

해커스 HSK 기본서 시리즈

해커스 HSK 3급
한 권으로 합격

· 최신 HSK 출제경향 반영
· 前HSK 채점위원 출제 최신 문제 수록
· 3급 합격을 좌우하는 필수 학습 전략 <합격비책> 제시

해커스 HSK 4급
한 권으로 합격

· 최신 HSK 출제경향 반영
· 4급 합격을 위한 필수 학습 전략 <합격비책> 제시

해커스 HSK 5급
한 권으로 정복

· 최신 HSK 출제경향 반영
· 5급 점수 향상을 위한 필수 학습 전략 <고득점비책> 제시

해커스 HSK 6급
한 권으로 고득점 달성

· 최신 HSK 출제경향 반영
· 前HSK 채점위원 출제 최신 문제 수록
· 6급 고득점을 위한 필수 학습 전략 <고득점비책> 제시

해커스 HSK 7-9급
한 권으로 마스터

· 최신 HSK 출제경향 반영
· 7-9급 마스터를 위한 필수 학습 전략 <고득점비책> 제시

해커스 중국어

HSK1-2급

한 권으로 가볍게 합격

해커스중국어 교재 시리즈

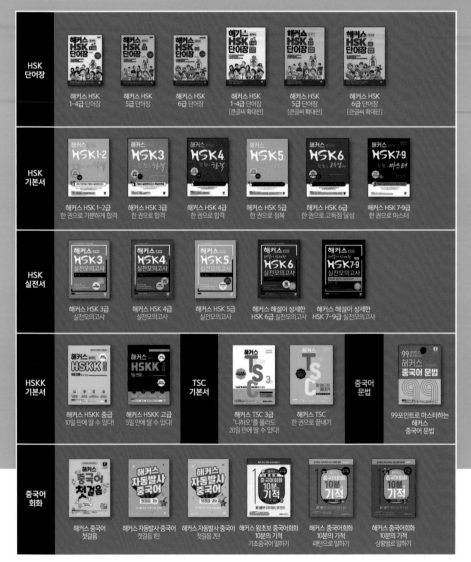

HSK 단어장	해커스 HSK 1-4급 단어장	해커스 HSK 5급 단어장	해커스 HSK 6급 단어장	해커스 HSK 1-4급 단어장 [큰글씨 확대판]	해커스 HSK 5급 단어장 [큰글씨 확대판]	해커스 HSK 6급 단어장 [큰글씨 확대판]
HSK 기본서	해커스 HSK 1-2급 한 권으로 가볍게 합격	해커스 HSK 3급 한 권으로 합격	해커스 HSK 4급 한 권으로 합격	해커스 HSK 5급 한 권으로 정복	해커스 HSK 6급 한 권으로 고득점 달성	해커스 HSK 7-9급 한 권으로 마스터
HSK 실전서	해커스 HSK 3급 실전모의고사	해커스 HSK 4급 실전모의고사	해커스 HSK 5급 실전모의고사	해커스 해설이 상세한 HSK 6급 실전모의고사	해커스 해설이 상세한 HSK 7-9급 실전모의고사	
HSKK 기본서	해커스 HSKK 중급 10일 만에 딸 수 있다!	해커스 HSKK 고급 5일 만에 딸 수 있다!	**TSC 기본서** 해커스 TSC 3급 "니하오"를 몰라도 20일 만에 딸 수 있다!	해커스 TSC 한 권으로 끝내기	**중국어 문법** 99포인트로 마스터하는 해커스 중국어 문법	
중국어 회화	해커스 중국어 첫걸음	해커스 자동발사 중국어 첫걸음 탄	해커스 자동발사 중국어 첫걸음 2탄	해커스 왕초보 중국어회화 10분의 기적 기초중국어 말하기	해커스 중국어회화 10분의 기적 패턴으로 말하기	해커스 중국어회화 10분의 기적 상황별로 말하기

13720

9 791164 302918

ISBN 979-11-6430-291-8

해커스 중국어

HSK 1-2급

한 권으로 가뿐하게 합격

기초부터
실전까지
2주 완성

베스트셀러
1위

실전모의고사
무료 해설강의
4회분 제공
[1급 2회+2급 2회]

해설집

추가 자료 해커스중국어 china.Hackers.com

- 📀 본 교재 인강
- 🎵 무료 학습용/복습용 MP3
- 🖥 실전모의고사 무료 해설강의 4회 제공[1급 2회+2급 2회]
- 📝 무료 HSK 1-2급 필수어휘 워크북(교재 수록) 및 MP3
- 🖥 무료 듣기 받아쓰기 / 기초학습 받아쓰기 PDF&MP3

교보문고 외국어 베스트셀러 HSK/중국어시험 분야 1위(2020.05.04. 온라인 주간집계 기준)

해커스

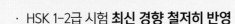

해커스 중국어
HSK 1-2급

한 권으로 가볍게 합격

200% 활용법!

**교재 듣기
학습용 MP3**

교재 듣기 복습용 MP3
(실전테스트+실전모의고사)

**HSK 1-2급 필수어휘
워크북 MP3**

**듣기/기초학습
받아쓰기 PDF&MP3**

방법 1

해커스중국어(china.Hackers.com) 접속 후 로그인 ▶
페이지 상단 [교재/MP3] → [교재 MP3/자료] 클릭 ▶ 본 교재 선택 후 이용하기

방법 2

[해커스 ONE] 앱 다운로드 후 로그인 ▶ 좌측 상단에서 [중국어] 선택 ▶
페이지 상단 [교재 · MP3] 클릭 ▶ 본 교재 선택 후 이용하기

▲ 해커스 ONE
앱 다운받기

본 교재 인강 30% 할인쿠폰

7E3B5DB2BE652DNQ · 쿠폰 유효기간: 쿠폰 등록 후 30일

* 해당 쿠폰은 HSK 1, 2급 단과 강의 구매 시 사용 가능합니다.

▲ 쿠폰 등록하기

HSK 1-2급 실전모의고사 인강 무료수강권

CB2BE867F368CBJW · 강의 수강 기간: 쿠폰 등록 후 90일

* 해당 쿠폰 등록 시, HSK 1-2급 모의고사 총 6회분 중 4회분의 유료 인강을 무료로 수강할 수 있습니다.

▲ 쿠폰 등록하기

이용방법

해커스중국어(china.Hackers.com) 접속 후 로그인 ▶ 나의강의실 ▶ 내 쿠폰 확인하기 ▶ 쿠폰번호 등록

* 본 쿠폰은 1회에 한해 등록 가능합니다.
* 이외 쿠폰 관련 문의는 해커스중국어 고객센터(T.02-537-5000)으로 연락바랍니다.

중국어도 역시
1위 해커스중국어

중국어인강
1위

소비자 만족지수
1위

강의 만족도
96.4%

[인강] 주간동아 선정 2019 한국 브랜드 만족지수 교육(중국어인강) 부문 1위
[소비자만족지수] 한경비즈니스 선정 2017 소비자가 뽑은 소비자만족지수, 교육(중국어학원)부문 1위 해커스중국어
[만족도] 해커스중국어 2020 강의 수강생 대상 설문조사 취합 결과

중국어인강 **1위** 해커스의 저력,
HSK 합격자로 증명합니다.

HSK 4급 환급 신청자
합격 점수
평균 256점

* 성적 미션 달성자

HSK 5급 환급 신청자
합격 점수
평균 240점

* 성적 미션 달성자

2주 만에 HSK 4급 261점 합격

HSK 4급 (2020.05.09) 汉语水平考试

듣기	독해	쓰기	총점
86	100	75	**총점**
			261

HSK 환급반 수강생 김*빈님 후기

이미 많은 선배들이 **해커스중국어**에서
고득점으로 HSK 졸업 했습니다.

해커스 중국어

중국어

HSK1-2급

한 권으로 가볍게 합격

해설집

해커스

해커스 HSK 1-2급 한 권으로 가뿐하게 합격

목 차

HSK 1급

HSK 2급

HSK 1급

듣기 제1부분 | 표현 듣고 일치·불일치 판단하기

실전 테스트

🎧 1급 듣기 제1부분의 mp3를 들으며 학습해 보세요.

무료MP3 바로듣기

테스트 1
p.52

1. ✕   2. ✓   3. ✓   4. ✕   5. ✕

1

mǎi cài
买 菜

채소를 사다

해설 사진을 보고 做菜(zuò cài, 요리를 하다)라는 표현을 떠올려요. 음성에서 买菜(mǎi cài, 채소를 사다)가 언급되었는데, 요리를 하는 사람 사진이 제시되었으므로 사진과 음성은 불일치해요.

어휘 买 mǎi 동 사다   菜 cài 명 채소, 요리, 음식

2

zài fēijī
在 飞机

비행기에 있다

해설 사진을 보고 飞机(fēijī, 비행기)라는 표현을 떠올려요. 음성에서 在飞机(zài fēijī, 비행기에 있다)가 언급되었고, 비행기가 있는 사진이 제시되었으므로 사진과 음성은 일치해요.

어휘 在 zài 동 ~에 있다   飞机 fēijī 명 비행기

3

yì bēi chá
一 杯 茶

차 한 잔

해설 사진을 보고 茶(chá, 차)라는 표현을 떠올려요. 음성에서 一杯茶(yì bēi chá, 차 한 잔)가 언급되었고, 차 한 잔이 있는 사진이 제시되었으므로 사진과 음성은 일치해요.

어휘 杯 bēi 명 잔, 컵   茶 chá 명 차

4

chī shuǐguǒ
吃　水果　　　　　　　과일을 먹다

해설　사진을 보고 **水**(shuǐ, 물)라는 표현을 떠올려요. 음성에서 **吃水果**(chī shuǐguǒ, 과일을 먹다)가 언급되었는데, 물컵
　　　을 들고 있는 사람 사진이 제시되었으므로 사진과 음성은 불일치해요.

어휘　**吃** chī 통 먹다　**水果** shuǐguǒ 명 과일

5

zài shàngmian
在　　上面　　　　　　위에 있다

해설　사진을 보고 **桌子**(zhuōzi, 탁자), **下面**(xiàmian, 아래)이라는 표현을 떠올려요. 음성에서 **在上面**(zài shàngmian,
　　　위에 있다)이 언급되었는데, 탁자 아래에 있는 사람 사진이 제시되었으므로 사진과 음성은 불일치해요.

어휘　**在** zài 통 ~에 있다　**上面** shàngmian 명 위, 위쪽

테스트 2　　　　　　　　　　　　　　　　　　　　　　　　　　　　p.53

1. ✕　　　2. ✕　　　3. ✓　　　4. ✕　　　5. ✓

1

kàn shū
看　书　　　　　　　　책을 보다

해설　사진을 보고 **看电视**(kàn diànshì, 텔레비전을 보다)라는 표현을 떠올려요. 음성에서 **看书**(kàn shū, 책을 보다)
　　　가 언급되었고, 소파에 앉아 텔레비전을 보고 있는 사람 사진이 제시되었으므로 사진과 음성은 불일치해요.

어휘　**看** kàn 통 보다　**书** shū 명 책

2

xiě zì
写 字　　　　　　　　　글씨를 쓰다

해설　사진을 보고 **听**(tīng, 듣다)이라는 표현을 떠올려요. 음성에서 **写字**(xiě zì, 글씨를 쓰다)가 언급되었는데, 헤드폰을
　　　끼고 있는 사람 사진이 제시되었으므로 사진과 음성은 불일치해요.

어휘　**写** xiě 통 쓰다, 적다　**字** zì 명 글씨, 글자

3

bàba hé　érzi
爸爸 和 儿子　　　　　아빠와 아들

해설　사진을 보고 **爸爸**(bàba, 아빠), **儿子**(érzi, 아들)라는 표현을 떠올려요. 음성에서 **爸爸和儿子**(bàba hé érzi, 아빠
　　　와 아들)가 언급되었고, 성인 남성과 아이 사진이 제시되었으므로 사진과 음성은 일치해요.

어휘　**爸爸** bàba 명 아빠　**和** hé 접 ~와/과　**儿子** érzi 명 아들

4		zuò chūzūchē 坐 出租车	택시를 타다

해설 사진을 보고 去(qù, 가다)라는 표현을 떠올려요. 음성에서 坐出租车(zuò chūzūchē, 택시를 타다)가 언급되었는데, 자전거를 타고 있는 사람 사진이 제시되었으므로 사진과 음성은 불일치해요. 참고로, 자전거는 自行车(zìxíngchē, 자전거[3급])예요.

어휘 坐 zuò 통 타다 出租车 chūzūchē 몡 택시

5		qī diǎn 七 点	일곱 시

해설 사진을 보고 七点(qī diǎn, 일곱 시)이라는 표현을 떠올려요. 음성에서 七点(qī diǎn, 일곱 시)이 언급되었고, 일곱 시를 가리키는 시계가 있는 사진이 제시되었으므로 사진과 음성은 일치해요.

어휘 七 qī 숟 일곱, 7 点 diǎn 몡 시

듣기 제2부분 | 짧은 문장 듣고 사진 선택하기

실전 테스트

🎧 1급 듣기 제2부분의 mp3를 들으며 학습해 보세요.

무료MP3 바로듣기

테스트 1   p.62

1. C	2. B	3. C	4. B	5. A

1			
A	B	C	

Wǒ jīntiān kāi chē huí jiā. 我 今天 开车 回 家。	저는 오늘 차를 운전해서 집에 가요.

해설 각 사진을 보고 A는 去(qù, 가다), C는 开车(kāichē, 차를 운전하다)라는 표현을 떠올려요. 음성에서 开车(kāichē, 차를 운전하다)가 언급되었으므로 차를 운전하고 있는 사람 사진 C가 정답이에요. 이 문장에서 开车回家는 '차를 운전해서 집에 가다'라는 뜻이고, 2개의 동사로 동작이 연속되는 것을 표현한 연동문이에요. 참고로, B와 관련된 표현은 自行车(zìxíngchē, 자전거[3급])예요.

어휘 **今天** jīntiān 몡 오늘 **开车** kāichē 통 차를 운전하다 **回家** huí jiā 집에 가다

2

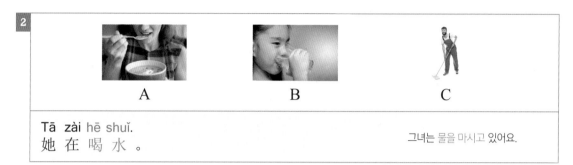

A   B   C

Tā zài hē shuǐ.
她 在 喝 水 。

그녀는 물을 마시고 있어요.

해설 각 사진을 보고 A는 吃(chī, 먹다), B는 喝水(hē shuǐ, 물을 마시다), C는 工作(gōngzuò, 일하다)라는 표현을 떠올려요. 음성에서 喝水(hē shuǐ, 물을 마시다)가 언급되었으므로 물을 마시고 있는 사람 사진 B가 정답이에요.

어휘 **在** zài 囝 ~하고 있다 **喝** hē 통 마시다 **水** shuǐ 몡 물

3

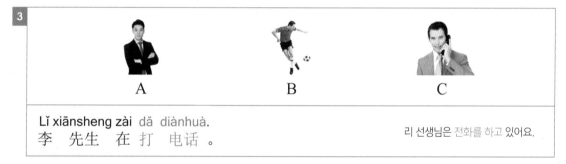

A   B   C

Lǐ xiānsheng zài dǎ diànhuà.
李 先生 在 打 电话 。

리 선생님은 전화를 하고 있어요.

해설 각 사진을 보고 A는 先生(xiānsheng, 선생님), C는 打电话(dǎ diànhuà, 전화를 하다)라는 표현을 떠올려요. 음성에서 打电话(dǎ diànhuà, 전화를 하다)가 언급되었으므로 전화를 하고 있는 사람 사진 C가 정답이에요. 참고로, B와 관련된 표현은 踢足球(tī zúqiú, 축구를 하다[2급])예요.

어휘 **先生** xiānsheng 몡 선생님[성인 남자에 대한 경칭] **在** zài 囝 ~하고 있다 **打电话** dǎ diànhuà 전화를 하다

4

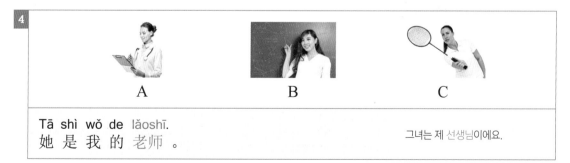

A   B   C

Tā shì wǒ de lǎoshī.
她 是 我 的 老师 。

그녀는 제 선생님이에요.

해설 각 사진을 보고 A는 医生(yīshēng, 의사), B는 老师(lǎoshī, 선생님)이라는 표현을 떠올려요. 음성에서 老师(lǎoshī, 선생님)이 언급되었으므로 칠판 앞에 서 있는 사람 사진 B가 정답이에요. 참고로, C와 관련된 표현은 运动(yùndòng, 운동하다[2급])이에요.

어휘 **老师** lǎoshī 몡 선생님

5

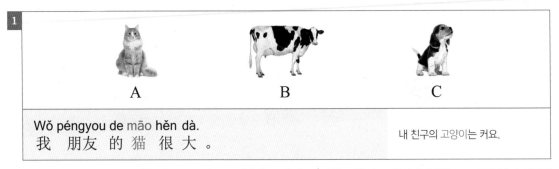

| A | B | C |

Diànnǎo zài zhuōzi shang.
电脑 在 桌子 上。

컴퓨터는 탁자 위에 있어요.

해설 각 사진을 보고 A는 电脑(diànnǎo, 컴퓨터), B는 水果(shuǐguǒ, 과일), C는 书(shū, 책)라는 표현을 떠올려요. 음성에서 电脑(diànnǎo, 컴퓨터)가 언급되었으므로 컴퓨터가 있는 사진 A가 정답이에요.

어휘 电脑 diànnǎo 몡 컴퓨터   在 zài 통 ~에 있다   桌子 zhuōzi 몡 탁자, 책상

테스트 2

p.63

| 1. A | 2. C | 3. B | 4. B | 5. A |

1

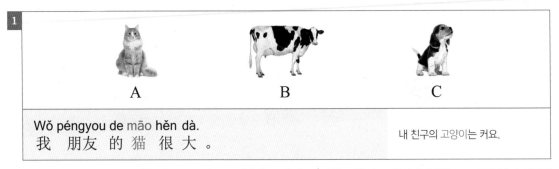

| A | B | C |

Wǒ péngyou de māo hěn dà.
我 朋友 的 猫 很 大。

내 친구의 고양이는 커요.

해설 각 사진을 보고 A는 猫(māo, 고양이), C는 狗(gǒu, 개)라는 표현을 떠올려요. 음성에서 猫(māo, 고양이)가 언급되었으므로 고양이가 있는 사진 A가 정답이에요. 참고로, B와 관련된 표현은 牛(niú, 소[급수 외])예요.

어휘 朋友 péngyou 몡 친구   猫 māo 몡 고양이   大 dà 혱 크다

2

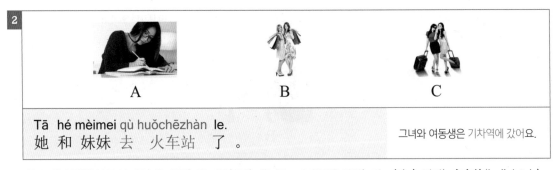

| A | B | C |

Tā hé mèimei qù huǒchēzhàn le.
她 和 妹妹 去 火车站 了。

그녀와 여동생은 기차역에 갔어요.

해설 각 사진을 보고 A는 写(xiě, 쓰다), B는 买东西(mǎi dōngxi, 물건을 사다), C는 去(qù, 가다), 火车站(huǒchēzhàn, 기차역)이라는 표현을 떠올려요. 음성에서 去火车站(qù huǒchēzhàn, 기차역에 가다)이 언급되었으므로 두 사람이 캐리어를 끄는 사진 C가 정답이에요. 참고로, 1급 시험에서 캐리어를 끄는 사람 사진이 제시된 문제에서는 火车站(huǒchēzhàn, 기차역)이 자주 언급됨을 알아 두세요.

어휘 和 hé 젭 ~와/과   妹妹 mèimei 몡 여동생   火车站 huǒchēzhàn 몡 기차역

3

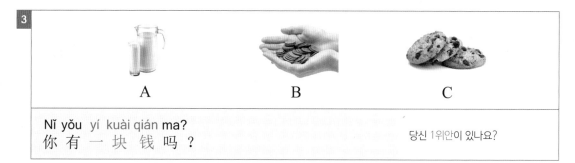

A   B   C

| Nǐ yǒu yí kuài qián ma?
你 有 一 块 钱 吗 ? | 당신 1위안이 있나요? |

해설   각 사진을 보고 B는 钱(qián, 돈), C는 三块(sān kuài, 세 조각)라는 표현을 떠올려요. 음성에서 **一块钱**(yí kuài qián, 1위안)이 언급되었으므로 동전을 들고 있는 손이 있는 사진 B가 정답이에요. 참고로, A와 관련된 표현은 **牛奶** (niúnǎi, 우유[2급])예요.

어휘   **块** kuài 양 위안[중국 화폐 단위], 조각   **钱** qián 명 돈

4

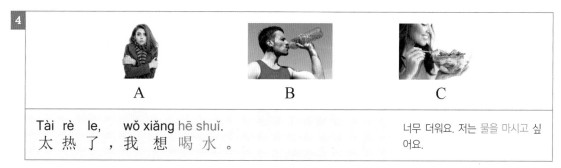

A   B   C

| Tài rè le, wǒ xiǎng hē shuǐ.
太 热 了 , 我 想 喝 水 。 | 너무 더워요. 저는 물을 마시고 싶
어요. |

해설   각 사진을 보고 A는 冷(lěng, 춥다), B는 喝水(hē shuǐ, 물을 마시다), C는 吃(chī, 먹다)이라는 표현을 떠올려요. 음성에서 **喝水**(hē shuǐ, 물을 마시다)가 언급되었으므로 물을 마시고 있는 사람 사진 B가 정답이에요.

어휘   **太……了** tài …… le 너무 ~하다   **热** rè 형 덥다   **想** xiǎng 조동 ~하고 싶다   **喝** hē 동 마시다   **水** shuǐ 명 물

5

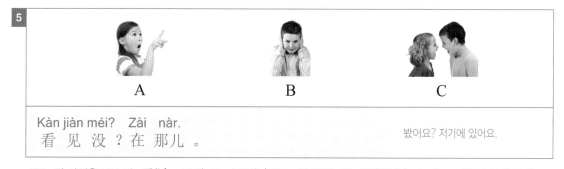

A   B   C

| Kàn jiàn méi? Zài nàr.
看 见 没 ? 在 那儿 。 | 봤어요? 저기에 있어요. |

해설   각 사진을 보고 A는 看(kàn, 보다), B는 不听(bù tīng, 안 듣다), C는 不高兴(bù gāoxìng, 기쁘지 않다)이라는 표현을 떠올려요. 음성에서 **看见没? 在那儿。**(Kànjiàn méi? Zài nàr, 봤어요? 저기에 있어요.)이 언급되었으므로 어딘가를 보며 손가락으로 가리키고 있는 사람 사진 A가 정답이에요.

어휘   **看见** kànjiàn 동 보다, 보이다   **在** zài 동 ~에 있다   **那儿** nàr 대 저기, 거기

실전 테스트

🎧 1급 듣기 제3부분의 mp3를 들으며 학습해 보세요.

테스트 1
p.72

| 1. E | 2. F | 3. A | 4. D | 5. B |

1-5

A   B   C̶

D   E   F

* 문제를 풀기 전, 예시로 사용된 보기 'C'에 취소선을 그어 두세요.

각 사진을 보고 A는 开车(kāichē, 차를 운전하다), B는 买衣服(mǎi yīfu, 옷을 사다), D는 米饭(mǐfàn, 쌀밥), E는 下雨(xià yǔ, 비가 내리다), F는 茶(chá, 차)라는 표현을 떠올려요.

1

男 :	Jīntiān tiānqi hǎo ma? 今天 天气 好 吗?	남: 오늘 날씨 좋아요?
女 :	Bú tài hǎo, yǒu yǔ. 不 太 好 , 有 雨 。	여: 그다지 좋지 않아요. 비가 와요.

해설 음성을 첫 번째로 들을 때, **天气**(tiānqì, 날씨)와 **有雨**(yǒu yǔ, 비가 오다)를 듣고 우산을 들고 있는 사람 사진 E 옆에 ✓ 표시를 해 둬요. 음성을 두 번째로 들을 때, 보기 E를 정답으로 확정해요.

* 정답으로 선택한 'E'에 취소선을 그어 두세요.

어휘 **今天** jīntiān 몡 오늘   **天气** tiānqì 몡 날씨   **好** hǎo 혱 좋다   **不太** bú tài 그다지 ~하지 않다
有雨 yǒu yǔ 비가 오다

2

> Lái, hē bēi chá.
> 女：来，喝杯茶。
>
> Xièxie nǐ.
> 男：谢谢你。

여: 여기요, 차 한 잔 마셔요.

남: 감사합니다.

해설 음성을 첫 번째로 들을 때, 喝(hē, 마시다)와 茶(chá, 차)를 듣고 차 한 잔이 있는 사진 F 옆에 √ 표시를 해 둬요. 음성을 두 번째로 들을 때, 보기 F를 정답으로 확정해요.

　　* 정답으로 선택한 'F'에 취소선을 그어 두세요.

어휘 来 lái 감 여기요, 자　喝 hē 동 마시다　杯 bēi 양 잔　茶 chá 명 차

3

> Duìbuqǐ, wǒ bú huì kāi chē.
> 男：对不起，我不会开车。
>
> Méi guānxi, wǒ huì kāi chē.
> 女：没关系，我会开车。

남: 죄송합니다. 저는 차를 운전할 줄 몰라요.

여: 괜찮아요. 제가 차를 운전할 줄 알아요.

해설 음성을 첫 번째로 들을 때, 开车(kāichē, 차를 운전하다)를 듣고 차를 운전하고 있는 사람 사진 A 옆에 √ 표시를 해 둬요. 음성을 두 번째로 들을 때, 보기 A를 정답으로 확정해요.

　　* 정답으로 선택한 'A'에 취소선을 그어 두세요.

어휘 会 huì 조동 ~할 줄 알다　开车 kāichē 동 차를 운전하다

4

> Nǐ chī mǐfàn ma?
> 女：你吃米饭吗？
>
> Wǒ bù xiǎng chī.
> 男：我不想吃。

여: 쌀밥 먹을래요?

남: 먹고 싶지 않아요.

해설 음성을 첫 번째로 들을 때, 米饭(mǐfàn, 쌀밥)을 듣고 밥솥에 밥이 있는 사진 D 옆에 √ 표시를 해 둬요. 음성을 두 번째로 들을 때, 보기 D를 정답으로 확정해요.

　　* 정답으로 선택한 'D'에 취소선을 그어 두세요.

어휘 吃 chī 동 먹다　米饭 mǐfàn 명 쌀밥　想 xiǎng 조동 ~하고 싶다

5

> Zhè yīfu zěnmeyàng?
> 男：这衣服怎么样？
>
> Wǒ juéde dà le yìdiǎnr.
> 女：我觉得大了一点儿。

남: 이 옷 어때요?

여: 저는 조금 큰 것 같다고 생각해요.

해설 음성을 첫 번째로 들을 때, 衣服(yīfu, 옷)를 듣고 두 사람이 옷을 고르고 있는 사진 B 옆에 √ 표시를 해 둬요. 음성을 두 번째로 들을 때, 보기 B를 정답으로 확정해요.

어휘 衣服 yīfu 명 옷　怎么样 zěnmeyàng 대 어떻다　觉得 juéde 동 ~라고 생각하다　大 dà 형 크다
　　一点儿 yìdiǎnr 수량 조금

1. B	2. E	3. A	4. D	5. F

1-5

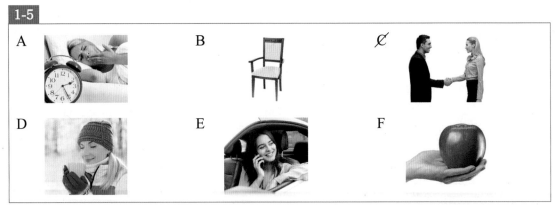

* 문제를 풀기 전, 예시로 사용된 보기 'C'에 취소선을 그어 두세요.

각 사진을 보고 A는 **睡觉**(shuìjiào, 잠을 자다), B는 **椅子**(yǐzi, 의자), D는 **冷** (lěng, 춥다), E는 **打电话**(dǎ diànhuà, 전화를 하다), F는 **苹果**(píngguǒ, 사과)라는 표현을 떠올려요.

1

男： Nàr yǒu yǐzi, nǐ zuò ma?
那儿 有 椅子 ， 你 坐 吗 ？

女： Bú zuò le, nǐ zuò ba.
不 坐 了 ， 你 坐 吧 。

남: 저기에 의자가 있는데, 앉을래요?
여: 안 앉을래요. 당신이 앉으세요.

해설   음성을 첫 번째로 들을 때, **椅子**(yǐzi, 의자)를 듣고 의자가 있는 사진 B 옆에 √ 표시를 해 둬요. 음성을 두 번째로 들을 때, 보기 B를 정답으로 확정해요.

   * 정답으로 선택한 'B'에 취소선을 그어 두세요.

어휘   **那儿** nàr 때 저기   **椅子** yǐzi 명 의자   **坐** zuò 동 앉다

2

女： Wéi, nǐ xiànzài zài nǎr?
喂 ， 你 现在 在 哪儿 ？

男： Zài xuéxiào li.
在 学校 里 。

여: 여보세요, 당신 지금 어디에 있나요?
남: 학교에 있어요.

해설   음성을 첫 번째로 들을 때, **喂**(wéi, 여보세요)를 듣고 전화를 하고 있는 사람 사진 E 옆에 √ 표시를 해 둬요. 음성을 두 번째로 들을 때, 보기 E를 정답으로 확정해요.

   * 정답으로 선택한 'E'에 취소선을 그어 두세요.

어휘   **喂** wéi 감 여보세요   **现在** xiànzài 명 지금   **在** zài 동 ~에 있다   **哪儿** nǎr 때 어디   **学校** xuéxiào 명 학교
里 li 명 안, 안쪽

3

Jīntiān nǐ shénme shíhou shuìjiào?

男: 今天 你 什么 时候 睡觉 ?

Sānshí fēnzhōng hòu.

女: 30 分钟 后 。

남: 오늘 언제 잠을 잘 거예요?

여: 30분 뒤에요.

해설 음성을 첫 번째로 들을 때, **睡觉**(shuìjiào, 잠을 자다)를 듣고 잠을 자려고 하는 사람 사진 A 옆에 √ 표시를 해 둬요. 음성을 두 번째로 들을 때, 보기 A를 정답으로 확정해요.

　　 * 정답으로 선택한 'A'에 취소선을 그어 두세요.

어휘 **今天** jīntiān 명 오늘　**什么时候** shénme shíhou 대 언제　**睡觉** shuìjiào 통 잠을 자다　**分钟** fēnzhōng 명 분 **后** hòu 명 뒤

4

Jīntiān lěng bu lěng?

女: 今天 冷 不 冷 ?

Jīntiān tài lěng le.

男: 今天 太 冷 了 。

여: 오늘 추워요?

남: 오늘 너무 추워요.

해설 음성을 첫 번째로 들을 때, **太冷了**(tài lěng le, 너무 춥다)를 듣고 모자와 장갑을 착용하고 있는 사람 사진 D 옆에 √ 표시를 해 둬요. 음성을 두 번째로 들을 때, 보기 D를 정답으로 확정해요.

　　 * 정답으로 선택한 'D'에 취소선을 그어 두세요.

어휘 **今天** jīntiān 명 오늘　**冷** lěng 형 춥다　**太……了** tài …… le 너무 ~하다

5

Nǐ xǐhuan chī shénme shuǐguǒ?

男: 你 喜欢 吃 什么 水果 ?

Wǒ xǐhuan chī píngguǒ.

女: 我 喜欢 吃 苹果 。

남: 당신은 무슨 과일 먹는 것을 좋아하나요?

여: 저는 사과 먹는 것을 좋아해요.

해설 음성을 첫 번째로 들을 때, **苹果**(píngguǒ, 사과)를 듣고 사과가 있는 사진 F 옆에 √ 표시를 해 둬요. 음성을 두 번째로 들을 때, 보기 F를 정답으로 확정해요.

어휘 **喜欢** xǐhuan 통 좋아하다　**水果** shuǐguǒ 명 과일　**苹果** píngguǒ 명 사과

듣기 제4부분 | 문장 듣고 질문에 맞는 답 선택하기

실전 테스트

🎧 1급 듣기 제4부분의 mp3를 들으며 학습해 보세요.

무료MP3 바로듣기

테스트 1

p.82

1. A　　　2. C　　　3. B　　　4. C　　　5. C

1			
A 同学 tóngxué	**B** 妈妈 māma	**C** 老师 lǎoshī	A 학우　　B 엄마　　C 선생님

Wǒ de tóngxué xǐhuan xiǎomāo. 我 的 同学 喜欢 小猫 。	내 학우는 고양이를 좋아해요.
Shéi xǐhuan xiǎomāo? 问: 谁 喜欢 小猫 ？	질문: 누가 고양이를 좋아하는가?

해설　문장에서 **同学喜欢小猫**라며 '학우는 고양이를 좋아해요'라고 했고, 질문이 누가 고양이를 좋아하는지 물었어요. 따라서 A **同学**(tóngxué, 학우)가 정답이에요.

어휘　**同学** tóngxué 뗑 학우　　**妈妈** māma 뗑 엄마　　**老师** lǎoshī 뗑 선생님　　**喜欢** xǐhuan 동 좋아하다
　　　小猫 xiǎomāo 뗑 고양이

2			
A 开车 kāi chē	**B** 坐 火车 zuò huǒchē	**C** 坐 出租车 zuò chūzūchē	A 차를 운전하다　B 기차를 타다　　C 택시를 타다

Xià xuě le, wǒmen zuò chūzūchē huí jiā. 下 雪 了 ， 我们 坐 出租车 回 家 。	눈이 내려요. 우리 택시를 타고 집에 가요.
Tāmen zěnme huí jiā? 问: 他们 怎么 回 家 ？	질문: 그들은 어떻게 집에 가는가?

해설　문장에서 **坐出租车回家**라며 '택시를 타고 집에 가요'라고 했고, 질문이 그들은 어떻게 집에 가는지 물었어요. 따라서 C **坐出租车**(zuò chūzūchē, 택시를 타다)가 정답이에요. 이 문장에서 **坐出租车回家**는 '택시를 타고 집에 가다'라는 뜻이고, 2개의 동사로 동작이 연속되는 것을 표현한 연동문이에요.

어휘　**开车** kāichē 동 차를 운전하다　　**坐** zuò 동 타다　　**火车** huǒchē 뗑 기차　　**出租车** chūzūchē 뗑 택시
　　　下雪 xià xuě 눈이 내리다　　**回家** huí jiā 집에 가다

3			
A 桌子 前 zhuōzi qián	**B** 桌子 上 zhuōzi shang	**C** 椅子 上 yǐzi shang	A 탁자 앞　　　**B** 탁자 위　　　C 의자 위

Nǐ de shū? Zài zhuōzi shang. 你 的 书 ？ 在 桌子 上 。	네 책? 탁자 위에 있어.
Tā de shū zài nǎr? 问: 他 的 书 在 哪儿 ？	질문: 그의 책은 어디에 있는가?

해설　음성에서 **你的书? 在桌子上。**이라며 '네 책? 탁자 위에 있어.'라고 했고, 질문이 그의 책은 어디에 있는지 물었어요. 따라서 B **桌子上**(zhuōzi shang, 탁자 위)가 정답이에요.

어휘　**在** zài 동 ~에 있다　　**桌子** zhuōzi 뗑 탁자　　**前** qián 뗑 앞　　**椅子** yǐzi 뗑 의자　　**书** shū 뗑 책

4						
	xīngqī'èr A 星期二	xīngqīsān B 星期三	xīngqīsì C 星期四	A 화요일	B 수요일	C 목요일

Jīntiān shì xīngqīsān, wǒmen xīngqīsì qù 今天 是 星期三 ， 我们 星期四 去 kàn diànyǐng. 看 电影 。	오늘은 수요일이에요. 우리 목요일에 영화를 보러 가요.
Tāmen shénme shíhou qù kàn diànyǐng? 问： 他们 什么 时候 去 看 电影 ？	질문: 그들은 언제 영화를 보러 가는가?

해설 문장에서 **今天是星期三, 我们星期四去看电影**。이라며 '오늘은 수요일이에요. 우리 목요일에 영화를 보러 가요'라고 했고, 질문이 그들은 언제 영화를 보러 가는지 물었어요. 따라서 C **星期四**(xīngqīsì, 목요일)가 정답이에요. 이 문장에서 **去看电影**은 '영화를 보러 가다'라는 뜻이고, 2개의 동사로 동작이 연속되는 것을 표현한 연동문이에요.

어휘 **星期** xīngqī 몡 요일   **今天** jīntiān 몡 오늘   **看电影** kàn diànyǐng 영화를 보다
什么时候 shénme shíhou 대 언제

5						
	Běijīng A 北京	diànyǐngyuàn B 电影院	fànguǎnr C 饭馆儿	A 베이징	B 영화관	C 음식점

Nàr yǒu jiā fànguǎnr, wǒmen qù nàr chī. 那儿 有 家 饭馆儿 ， 我们 去 那儿 吃 。	저기에 음식점이 하나 있어요. 우리 저기 가서 먹어요.
Tāmen xiǎng qù nǎr? 问： 他们 想 去 哪儿 ？	질문: 그들은 어디에 가려고 하는가?

해설 문장에서 **那儿有家饭馆儿, 我们去那儿吃**。이라며 '저기에 음식점이 하나 있어요. 우리 저기 가서 먹어요.'라고 했고, 질문이 그들은 어디에 가려고 하는지 물었어요. 따라서 C **饭馆儿**(fànguǎnr, 음식점)이 정답이에요. 이 문장에서 **去那儿吃**는 '저기 가서 먹다'라는 뜻이고, 2개의 동사로 동작이 연속되는 것을 표현한 연동문이에요.

어휘 **北京** Běijīng 고유 베이징, 북경   **电影院** diànyǐngyuàn 몡 영화관   **饭馆儿** fànguǎnr 몡 음식점
家 jiā 양 [집, 가게 등을 셀 때 쓰는 단위]   **想** xiǎng 조동 ~하려고 하다, ~하고 싶다

테스트 2
p.83

1. B	2. C	3. A	4. B	5. A

1						
	bàba A 爸爸	mèimei B 妹妹	tóngxué C 同学	A 아빠	B 여동생	C 학우

Xiǎo Míng, cài zuò hǎo le, jiào mèimei lái 小 明 ， 菜 做 好 了 ， 叫 妹妹 来 chī fàn. 吃 饭 。	샤오밍, 요리가 다 됐으니, 여동생에게 밥 먹으러 오라고 해.
Xiǎo Míng qù jiào shéi lái chī fàn? 问： 小 明 去 叫 谁 来 吃 饭 ？	질문: 샤오밍은 누구에게 가서 밥을 먹으러 오라고 하는가?

해설 음성에서 **叫妹妹来吃饭**이라며 '여동생에게 밥 먹으러 오라고 해'라고 했고, 질문이 누구에게 밥을 먹으러 오라고 했는지 물었어요. 따라서 B 妹妹(mèimei, 여동생)가 정답이에요.

어휘 **爸爸** bàba 圐 아빠 **妹妹** mèimei 圐 여동생 **同学** tóngxué 圐 학우 **菜** cài 圐 요리 **叫** jiào 圐 ~하게 하다

2

xià xīngqītiān A 下 星期天	A 다음 주 일요일
míngtiān B 明天	B 내일
míngnián sì yuè C 明年 4月	C 내년 4월
Wǒ dìdi míngnián sì yuè lái Zhōngguó. 我 弟弟 明年 四 月 来 中国 。	내 남동생은 내년 4월에 중국에 온다.
Dìdi shénme shíhou lái Zhōngguó? 问: 弟弟 什么 时候 来 中国？	질문: 남동생은 언제 중국에 오는가?

해설 문장에서 **弟弟明年四月来中国**라며 '남동생은 내년 4월에 중국에 온다'고 했고, 질문이 남동생은 언제 중국에 오는지 물었어요. 따라서 C 明年4月(míngnián sì yuè, 내년 4월)가 정답이에요.

어휘 **下星期天** xià xīngqītiān 다음 주 일요일 **明天** míngtiān 圐 내일 **明年** míngnián 圐 내년 **月** yuè 圐 월, 달 **弟弟** dìdi 圐 남동생 **来** lái 圐 오다 **中国** Zhōngguó 고유 중국 **什么时候** shénme shíhou 때 언제

3

xiě dú chī A 写 B 读 C 吃	A 쓰다 B 읽다 C 먹다
Zhège zì wǒ huì xiě, bú huì dú. 这个 字 我 会 写，不 会 读。	나는 이 글자를 쓸 줄 알지만, 읽을 줄 몰라요.
Tā huì shénme? 问: 他 会 什么？	질문: 그는 무엇을 할 줄 아는가?

해설 문장에서 **这个字我会写, 不会读。**라며 '나는 이 글자를 쓸 줄 알지만, 읽을 줄 몰라요.'라고 했고, 질문이 그는 무엇을 할 줄 아는지 물었어요. 따라서 A 写(xiě, 쓰다)가 정답이에요.

어휘 **写** xiě 圐 쓰다 **读** dú 圐 읽다 **字** zì 圐 글자, 글씨 **会** huì 조圐 ~할 줄 알다

4

xuéxiào yīyuàn huǒchēzhàn A 学校 B 医院 C 火车站	A 학교 B 병원 C 기차역
Wǒ zài yīyuàn gōngzuò, bàba yě zài yīyuàn 我 在 医院 工作，爸爸 也 在 医院 gōngzuò. 工作 。	나는 병원에서 일하고, 아빠도 병원에서 일한다.
Tāmen zài nǎr gōngzuò? 问: 他们 在 哪儿 工作？	질문: 그들은 어디에서 일하는가?

해설 문장에서 **我在医院工作, 爸爸也在医院工作**。라며 '나는 병원에서 일하고, 아빠도 병원에서 일한다.'라고 했고, 질문이 그들은 어디에서 일하는지 물었어요. 따라서 B **医院**(yīyuàn, 병원)이 정답이에요.

어휘 **学校** xuéxiào 몡 학교 　**医院** yīyuàn 몡 병원 　**火车站** huǒchēzhàn 몡 기차역 　**在** zài 전 ~에서
工作 gōngzuò 동 일하다 　**也** yě 부 ~도, 또한

5	hěn lěng A 很 冷	hěn rè B 很 热	xià yǔ le C 下 雨 了	A 춥다	B 덥다	C 비가 내리다

Jīntiān tài lěng le,　nǐ duō hē rè shuǐ. 今天 太 冷 了 ， 你 多 喝 热 水 。	오늘 너무 추우니, 뜨거운 물을 많이 마셔요.
Jīntiān tiānqì zěnmeyàng? 问： 今天 天气 怎么样 ？	질문: 오늘 날씨는 어떠한가?

해설 문장에서 **今天太冷了**라며 '오늘 너무 춥다'라고 했고, 질문이 오늘 날씨는 어떠한지 물었어요. 따라서 A **很冷**(hěn lěng, 춥다)이 정답이에요.

어휘 **冷** lěng 형 춥다 　**热** rè 형 덥다, 뜨겁다 　**下雨** xià yǔ 비가 내리다 　**今天** jīntiān 몡 오늘
太……了 tài …… le 너무 ~하다 　**多** duō 형 많이, 많다 　**天气** tiānqì 몡 날씨

실전 테스트

🎧 1급 독해 제1부분의 mp3를 들으며 학습해 보세요.

무료MP3 바로듣기

테스트 1   p.94

1. ✕	2. ✓	3. ✓	4. ✓	5. ✕

1

chūzūchē
出租车

택시

해설   제시된 단어 **出租车**(chūzūchē)는 '택시'라는 뜻이에요. 단어의 뜻이 '택시'인데, 버스 사진이 제시되었으므로 사진과 단어는 불일치해요. 참고로, '버스'는 **公共汽车**(gōnggòng qìchē[2급])예요.

어휘   **出租车** chūzūchē 몡 택시

2

gōngzuò
工作

일하다

해설   제시된 단어 **工作**(gōngzuò)는 '일하다'라는 뜻이에요. 단어의 뜻이 '일하다'이고, 일하는 사람 사진이 제시되었으므로 사진과 단어는 일치해요.

어휘   **工作** gōngzuò 됭 일하다 몡 일, 직업

3

jiǔ diǎn
九 点

9시

해설   제시된 단어 **九点**(jiǔ diǎn)은 '9시'라는 뜻이에요. 단어의 뜻이 '9시'이고, 9시를 가리키고 있는 시계가 있는 사진이 제시되었으므로 사진과 단어는 일치해요.

어휘   **九** jiǔ ㈜ 9, 아홉   **点** diǎn 몡 시

4

píngguǒ
苹果

사과

해설 제시된 단어 **苹果**(píngguǒ)는 '사과'라는 뜻이에요. 단어의 뜻이 '사과'이고, 사과가 있는 사진이 제시되었으므로 사진과 단어는 일치해요.

어휘 **苹果** píngguǒ ⑲ 사과

5		zuò 坐	앉다

해설 제시된 단어 **坐**(zuò)는 '앉다'라는 뜻이에요. 단어의 뜻이 '앉다'인데, 물을 마시고 있는 사람 사진이 제시되었으므로 사진과 단어는 불일치해요. 참고로, '물을 마시다'는 **喝水**(hē shuǐ)예요.

어휘 **坐** zuò ⑧ 앉다

테스트 2
p.95

1. ✗	2. ✓	3. ✗	4. ✗	5. ✓

1		chá 茶	차

해설 제시된 단어 **茶**(chá)는 '차'라는 뜻이에요. 단어의 뜻이 '차'인데, 연필이 있는 사진이 제시되었으므로 사진과 단어는 불일치해요. 참고로, '연필'은 **铅笔**(qiānbǐ[2급])예요.

어휘 **茶** chá ⑲ 차

2		hǎo 好	좋다

해설 제시된 단어 **好**(hǎo)는 '좋다'라는 뜻이에요. 단어의 뜻이 '좋다'이고, 미소를 지으며 엄지 손가락을 치켜세우고 있는 사람 사진이 제시되었으므로 사진과 단어는 일치해요.

어휘 **好** hǎo ⑲ 좋다

3		hē 喝	마시다

해설 제시된 단어 **喝**(hē)는 '마시다'라는 뜻이에요. 단어의 뜻이 '마시다'인데, 음식을 먹고 있는 사람 사진이 제시되었으므로 사진과 단어는 불일치해요. 참고로, '먹다'는 **吃**(chī)이에요.

어휘 **喝** hē ⑧ 마시다

4		māo 猫	고양이

해설   제시된 단어 猫(māo)는 '고양이'라는 뜻이에요. 단어의 뜻이 '고양이'인데, 개가 있는 사진이 제시되었으므로 사진과
          단어는 불일치해요. 참고로, 개는 狗(gǒu)예요.

어휘   猫 māo 몡 고양이

5

shuìjiào
睡觉

잠을 자다

해설   제시된 단어 睡觉(shuìjiào)는 '잠을 자다'라는 뜻이에요. 단어의 뜻이 '잠을 자다'이고, 잠을 자고 있는 사람 사진이
          제시되었으므로 사진과 단어는 일치해요.

어휘   睡觉 shuìjiào 통 잠을 자다

독해 제2부분 | 문장과 관련 있는 사진 선택하기

실전 테스트

🎧 1급 독해 제2부분의 mp3를 들으며 학습해 보세요.

무료MP3 바로듣기

테스트 1

p.104

1. A	2. D	3. B	4. F	5. C

1-5

A

B

C

D

E̸

F

* 문제를 풀기 전, 예시로 사용된 보기 'E'에 취소선을 그어 두세요.

1

Tā / zài / xuéxí / zuò / Zhōngguó cài.
他 / 在 / 学习 / 做 / 中国 菜 。
그는 ~하고 있다 배우다 만들다 중국 요리를 .

그는 중국 요리를 만드는 것을 배우
고 있어요.

해설 제시된 문장 **他在学习做中国菜**。는 '그는 중국 요리를 만드는 것을 배우고 있어요.'라는 뜻이에요. 따라서 요리를 하고 있는 사람 사진 A가 정답이에요. 이 문장의 목적어는 做中国菜이고, '중국 요리를 만드는 것'으로 해석하면 돼요. '술어+목적어' 형태가 목적어로 사용되었어요.

* 정답으로 선택한 'A'에 취소선을 그어 두세요.

어휘 **在** zài 厍 ~하고 있다 **学习** xuéxí 동 배우다, 공부하다 **做** zuò 동 만들다, 하다 **中国** Zhōngguó 고유 중국
菜 cài 명 요리, 음식

2

Xiǎojiě, / lǐmian / qǐng.	
小姐 , / 里面 / 请。	아가씨, 안쪽으로 오세요.
아가씨, 안쪽으로 ~하세요.	

해설 제시된 문장 **小姐, 里面请**。은 '아가씨, 안쪽으로 오세요.'라는 뜻이에요. 따라서 안내하는 손짓을 하고 있는 사람 사진 D가 정답이에요.

* 정답으로 선택한 'D'에 취소선을 그어 두세요.

어휘 **小姐** xiǎojiě 명 아가씨[성인 여성에 대한 경칭] **里面** lǐmian 명 안쪽, 안 **请** qǐng 동 ~하세요, 부탁하다

3

Wéi, / shí fēnzhōng hòu / wǒ / huì / dào / jiā / de.	
喂 , / 10 分钟 后 / 我 / 会 / 到 / 家 / 的。	여보세요, 10분 후에 저는 집에 도
여보세요, 10분 후에 저는 ~할 것이다 도착하다 집에	착할 거예요.

해설 제시된 문장 **喂, 10分钟后我会到家的**。는 '여보세요, 10분 후에 저는 집에 도착할 거예요.'라는 뜻이에요. 따라서 전화를 하고 있는 사람 사진 B가 정답이에요. 참고로, 문장 맨 처음에 **喂**(wéi, 여보세요)가 나오면 전화를 하고 있는 상황이라는 점을 알아 두세요.

* 정답으로 선택한 'B'에 취소선을 그어 두세요.

어휘 **喂** wéi 감 여보세요 **分钟** fēnzhōng 명 분 **后** hòu 명 후, 뒤 **会……的** huì……de ~할 것이다
到 dào 동 도착하다 **家** jiā 명 집

4

Tiānqì / tài / rè / le, / duō / hē diǎnr / shuǐ.	
天气 / 太 / 热 / 了 , / 多 / 喝 点儿 / 水。	날씨가 너무 더우니, 물을 좀 많이
날씨가 너무 덥다 많이 좀 마시다 물을.	마셔요.

해설 제시된 문장 **天气太热了, 多喝点儿水**。는 '날씨가 너무 더우니, 물을 좀 많이 마셔요.'라는 뜻이에요. 따라서 물컵에 물을 따르고 있는 사진 F가 정답이에요.

* 정답으로 선택한 'F'에 취소선을 그어 두세요.

어휘 **天气** tiānqì 명 날씨 **太……了** tài……le 너무 ~하다 **热** rè 형 덥다, 뜨겁다 **多** duō 형 많다
喝 hē 동 마시다 **(一)点儿** (yì)diǎnr 수량 조금, 약간 **水** shuǐ 명 물

5

Jiā li / yǒu / yìxiē / shuǐguǒ.	
家 里 / 有 / 一些 / 水果。	집에 과일이 조금 있어요.
집에 있다 조금 과일이.	

해설   제시된 문장 **家里有一些水果**。는 '집에 과일이 조금 있어요.'라는 뜻이에요. 따라서 그릇에 과일이 담겨 있는 사진
C 가 정답이에요.

어휘   **家** jiā 몡집   **里** li 몡안, 안쪽   **有** yǒu 동있다   **一些** yìxiē 수량조금, 약간   **水果** shuǐguǒ 몡과일

테스트 2
p.105

1. A	2. D	3. C	4. F	5. B

1-5

A

B

C

D

E

F

* 문제를 풀기 전, 예시로 사용된 보기 'E'에 취소선을 그어 두세요.

1

Zhuōzi shang / yǒu / liǎng ge / bēizi.
桌子　上 / 有 / 两 个 / 杯子 。
　탁자 위에　　있다　두 개　　컵.

탁자 위에 컵 두 개가 있어요.

해설   제시된 문장 **桌子上有两个杯子**。는 '탁자 위에 컵 두 개가 있어요.'라는 뜻이에요. 따라서 탁자 위에 컵 두 개가 올려
져 있는 사진 A가 정답이에요.

* 정답으로 선택한 'A'에 취소선을 그어 두세요.

어휘   **桌子** zhuōzi 몡탁자, 책상   **上** shang 몡위   **两** liǎng 수둘   **个** gè 양개   **杯子** bēizi 몡컵

2

Bàba / zài shāngdiàn / mǎi / dōngxi / ne.
爸爸 / 在　商店 / 买 / 东西 / 呢 。
아빠는　　상점에서　　사다　물건을　~하고 있다.

아빠는 상점에서 물건을 사고 있어요.

해설   제시된 문장 **爸爸在商店买东西呢**。는 '아빠는 상점에서 물건을 사고 있어요.'라는 뜻이에요. 따라서 카트를 밀고 있
는 사람 사진 D가 정답이에요.

* 정답으로 선택한 'D'에 취소선을 그어 두세요.

어휘   **爸爸** bàba 몡아빠   **在** zài 전~에서   **商店** shāngdiàn 몡상점   **买** mǎi 동사다   **东西** dōngxi 몡물건
呢 ne 조 [문장 끝에 쓰여 동작이나 상태가 계속되고 있음을 나타냄]

3

Zhège / shì / wǒ / zuótiān / mǎi de / yǐzi.
这个 / 是 / 我 / 昨天 / 买的 / 椅子 。
이것은　~이다　제가　어제　　산　　의자.

이것은 제가 어제 산 의자예요.

해설 제시된 문장 **这个是我昨天买的椅子。**는 '이것은 제가 어제 산 의자예요.'라는 뜻이에요. 따라서 의자가 있는 사진 C 가 정답이에요.

　　＊ 정답으로 선택한 'C'에 취소선을 그어 두세요.

어휘 **这个** zhège 떼 이것　**是** shì 통 ~이다　**昨天** zuótiān 명 어제　**买** mǎi 통 사다　**椅子** yǐzi 명 의자

4
Xiànzài / shì / shí'èr diǎn, / wǒmen / sānshí fēnzhōng hòu / jiàn.
现在 / 是 / 12 点 , / 我们 / 30 分钟 后 / 见 。
지금은　~이다　12시,　　우리　　30분 후에　　만나다.

지금은 12시이니, 우리 30분 후에 만나요.

해설 제시된 문장 **现在是12点, 我们30分钟后见。**은 '지금은 12시이니, 우리 30분 후에 만나요.'라는 뜻이에요. 따라서 전화를 하며 시계를 보고 있는 사람 사진 F가 정답이에요.

　　＊ 정답으로 선택한 'F'에 취소선을 그어 두세요.

어휘 **现在** xiànzài 명 지금　**点** diǎn 양 시　**我们** wǒmen 떼 우리　**分钟** fēnzhōng 명 분　**后** hòu 명 후, 뒤
见 jiàn 통 만나다

5
Wǒmen / qù / nàge fànguǎnr / chī / fàn / zěnmeyàng?
我们 / 去 / 那个 饭馆儿 / 吃 / 饭 / 怎么样 ?
우리　　가다　 저 식당　　먹다　밥을　　어때요?

우리 저 식당에 가서 밥을 먹는 건 어때요?

해설 제시된 문장 **我们去那个饭馆儿吃饭怎么样?**은 '우리 저 식당에 가서 밥을 먹는 건 어때요?'라는 뜻이에요. 따라서 손가락으로 어딘가를 가리키고 있는 사람 사진 B가 정답이에요. **去那个饭馆儿吃饭**은 '저 식당에 가서 밥을 먹다'라 고 해석하면 되고, 2개의 동사로 동작이 연속되는 것을 표현한 연동문이에요.

어휘 **去** qù 통 가다　**那个** nàge 떼 저, 그　**饭馆儿** fànguǎnr 명 식당　**吃** chī 통 먹다　**饭** fàn 명 밥
怎么样 zěnmeyàng 떼 어떻다, 어떠하다

독해 제3부분 | 상응하는 문장 선택하기

실전 테스트

🎧 1급 독해 제3부분의 mp3를 들으며 학습해 보세요.

무료MP3 바로듣기

테스트 1
p.114

1. B	2. C	3. E	4. A	5. D

A	Xuéxí Hànyǔ. 学习 汉语 。	A	중국어를 공부해요.
B	Zhuōzi shang de. 桌子 上 的 。	B	책상 위의 것이요.
C	Shàng ge yuè. 上 个 月 。	C	지난달에요.
D	Zài xuéxiào. 在 学校 。	D	학교에서요.
E	Méiyǒu. 没有 。	E	아니요.
F	Hǎo de, xièxie! 好 的 ， 谢谢 ！	F	네, 감사합니다!

* 문제를 풀기 전, 예시로 사용된 보기 'F'에 취소선을 그어 두세요.

어휘 **学习 xuéxí** [동] 공부하다   **汉语 Hànyǔ** [고유] 중국어   **桌子 zhuōzi** [명] 책상, 탁자   **上 shang** [명] 위, 위쪽
上个月 shàng ge yuè 지난달   **在 zài** [전] ~에서   **学校 xuéxiào** [명] 학교

1

Nǎge / shì / wǒ de bēizi? 哪个 / 是 / 我 的 杯子 ？ 어느 것이　~이다　　나의 컵 ?	어느 것이 나의 컵인가요?

해설 **哪个是我的杯子?**는 '어느 것이 나의 컵인가요?'라는 뜻이에요. 의문사 **哪个**(nǎge, 어느 것)에 표시해 두어요. 문제
의 **哪个**에 대한 답변이 되는 B **桌子上的。**(Zhuōzi shang de, 책상 위의 것이요.)를 정답으로 골라요.
* 정답으로 선택한 'B'에 취소선을 그어 두세요.

어휘 **哪个 nǎge** [대] 어느   **杯子 bēizi** [명] 컵   **桌子 zhuōzi** [명] 책상, 탁자   **上 shang** [명] 위

2

Nǐmen / shì / shénme shíhou / rènshi / de? 你们 / 是 / 什么 时候 / 认识 / 的 ？ 너희는　(~이다)　언제　　알다　(~한 것) ?	너희는 언제 알게 되었니?

해설 **你们是什么时候认识的?**는 '너희는 언제 알게 되었니?'라는 뜻이에요. 의문사 **什么时候**(shénme shíhou, 언제)에
표시해 두어요. 문제의 **什么时候**에 대한 답변이 되는 C **上个月。**(Shàng ge yuè, 지난달에요.)를 정답으로 골라요.
* 정답으로 선택한 'C'에 취소선을 그어 두세요.

어휘 **什么时候 shénme shíhou** [대] 언제   **认识 rènshi** [동] 알다   **上个月 shàng ge yuè** 지난달

3

Nà běn shū / nǐ / kàn le? 那 本 书 / 你 / 看 了 ？ 그 책을　당신은　봤다 ?	그 책을 당신은 봤나요?

해설 **那本书你看了?**는 '그 책을 당신은 봤나요?'라는 뜻이에요. 핵심어구인 술어 **看了**(kàn le, 봤다)와 목적어 **那本书**(nà běn shū, 그 책)에 표시해 두어요. 문제의 **那本书……看了**에 대한 답변이 되는 **E 没有。**(Méiyǒu, 아니요.)를 정답으로 골라요. 참고로, 이 문장의 원래 순서는 '**你看了那本书?**(당신은 그 책을 봤나요?)'이지만, '**那本书你看了?**(그 책을 당신은 봤나요?)'와 같이 목적어를 문장 맨 앞에 두어서 목적어를 강조하기도 해요.

* 정답으로 선택한 'E'에 취소선을 그어 두세요.

어휘 **那** nà 대 그, 저   **本** běn 양 권[책을 세는 단위]   **书** shū 명 책   **看** kàn 동 보다

4

Nǐ /	qù /	Zhōngguó /	zuò /	shénme?
你 /	去 /	中国 /	做 /	什么 ?
당신은	가다	중국에	~하다	무엇을 ?

당신은 중국에 가서 무엇을 하나요?

해설 **你去中国做什么?**는 '당신은 중국에 가서 무엇을 하나요?'라는 뜻이에요. 의문사를 포함한 **做什么**(zuò shénme, 무엇을 하다)에 표시해 두어요. 문제의 **做什么**에 대한 답변이 되는 **A 学习汉语。**(Xuéxí Hànyǔ, 중국어를 공부해요.)를 정답으로 골라요. **去中国做什么**는 '중국에 가서 무엇을 하다'라고 해석하면 되고, 2개의 동사로 동작이 연속되는 것을 표현한 연동문이에요.

* 정답으로 선택한 'A'에 취소선을 그어 두세요.

어휘 **去** qù 동 가다   **中国** Zhōngguó 고유 중국   **做** zuò 동 하다, 만들다   **什么** shénme 대 무엇, 어떤
学习 xuéxí 동 공부하다   **汉语** Hànyǔ 고유 중국어

5

Nǐ /	xiànzài /	zài nǎr /	gōngzuò?
你 /	现在 /	在 哪儿 /	工作 ?
당신은	지금	어디에서	일하나요 ?

당신은 지금 어디에서 일하나요?

해설 **你现在在哪儿工作?**는 '당신은 지금 어디에서 일하나요?'라는 뜻이에요. 의문사를 포함한 **在哪儿**(zài nǎr, 어디에서)에 표시해 두어요. 문제의 **在哪儿**에 대한 답변이 되는 **D 在学校。**(Zài xuéxiào, 학교에서요.)를 정답으로 골라요.

어휘 **现在** xiànzài 명 지금, 현재   **在** zài 전 ~에서   **哪儿** nǎr 대 어디   **工作** gōngzuò 동 일하다
学校 xuéxiào 명 학교

테스트 2

p.115

1. C	2. D	3. A	4. E	5. B

HSK 1급

독해

해커스 HSK 1-2급 한 권으로 가뿐하게 합격

	Yí ge xīngqī. A 一 个 星期 。	A 일주일이요.
	Hěn hǎo. B 很 好 。	B 훌륭해요.
	Wǒ. C 我 。	C 저요.
	Zài zhuōzi shang. D 在 桌子 上 。	D 책상 위에 있어요.
	Kàn diànshì. E 看 电视 。	E 텔레비전을 봐요.
	Hǎo de, xièxie! F̶ 好 的 ， 谢谢 ！	F̶ 네, 감사합니다!

* 문제를 풀기 전, 예시로 사용된 보기 'F'에 취소선을 그어 두세요.

어휘 **星期 xīngqī** 명 요일   **好 hǎo** 형 훌륭하다, 좋다   **在 zài** 전 ~에(서)   **桌子 zhuōzi** 명 책상, 탁자
　　上 shang 명 위, 위쪽   **看 kàn** 동 보다   **电视 diànshì** 명 텔레비전

1

Nǐmen / shéi / huì / zuò / fàn?
你们 / 谁 / 会 / 做 / 饭 ?
당신들　누가　~할 줄 알다　하다　밥을 ?

당신들 중 누가 밥을 할 줄 아나요?

해설 **你们谁会做饭?**은 '당신들 중 누가 밥을 할 줄 아나요?'라는 뜻이에요. 의문사 **谁**(shéi, 누구)에 표시해 두어요. 문제
　　의 **谁**에 대한 답변이 되는 C **我。**(Wǒ, 저요.)를 정답으로 골라요.
　　* 정답으로 선택한 'C'에 취소선을 그어 두세요.

어휘 **谁 shéi** 대 누구   **会 huì** 조동 ~ 할 줄 알다   **做 zuò** 동 하다, 만들다   **饭 fàn** 명 밥

2

Māma, / wǒ de shū / ne?
妈妈 , / 我 的 书 / 呢 ?
엄마,　　　제 책　~은/는 요?

엄마, 제 책은요?

해설 **妈妈, 我的书呢?**는 '엄마, 제 책은요?'라는 뜻이에요. 핵심어구인 **我的书呢**(wǒ de shū ne, 제 책은요)에 표시해
　　두어요. 문제의 **我的书呢**에 대한 답변이 되는 D **在桌子上。**(Zài zhuōzi shang, 책상 위에 있어요.)을 정답으로 골
　　라요.
　　* 정답으로 선택한 'D'에 취소선을 그어 두세요.

어휘 **妈妈 māma** 명 엄마, 어머니   **书 shū** 명 책   **呢 ne** 조 [문장의 끝에 쓰여 의문의 어기를 나타냄]
　　桌子 zhuōzi 명 책상, 탁자   **上 shang** 명 위

3

Nǐ / xiǎng / qù / Běijīng / zhù / jǐ tiān?
你 / 想 / 去 / 北京 / 住 / 几 天 ?
당신은　~하려고 하다　가다　베이징　묵다　며칠 ?

당신은 베이징에 가서 며칠 묵으려
고 하나요?

해설 **你想去北京住几天?**은 '당신은 베이징에 가서 며칠 묵으려고 하나요?'라는 뜻이에요. 의문사를 포함한 **几天**(jǐ tiān, 며칠)에 표시해 두어요. 문제의 **几天**에 대한 답변이 되는 A **一个星期**。(Yí ge xīngqī, 일주일이요.)를 정답으로 골라요. **去北京住几天**은 '베이징에 가서 며칠 묵다'라고 해석하면 되고, 2개의 동사로 동작이 연속되는 것을 표현한 연동 문이에요.

* 정답으로 선택한 'A'에 취소선을 그어 두세요.

어휘 **想 xiǎng** [조동] ~하려고 하다   **去 qù** [동] 가다   **北京 Běijīng** [고유] 베이징, 북경   **住 zhù** [동] 묵다, 살다
几天 jǐ tiān 며칠   **星期 xīngqī** [명] 요일

4

Tā / zài jiā / zuò / shénme / ne?	
他 / 在家 / 做 / 什么 / 呢 ?	그는 집에서 무엇을 하고 있나요?
그는 집에서 하다 무엇을 ~요 ?	

해설 **他在家做什么呢?**는 '그는 집에서 무엇을 하고 있나요?'라는 뜻이에요. 의문사를 포함한 **做什么**(zuò shénme, 무 엇을 하다)에 표시해 두어요. 문제의 **做什么**에 대한 답변이 되는 E **看电视**。(Kàn diànshì, 텔레비전을 봐요.)을 정 답으로 골라요.

* 정답으로 선택한 'E'에 취소선을 그어 두세요.

어휘 **在 zài** [전] ~에서   **家 jiā** [명] 집   **做 zuò** [동] 하다, 만들다   **什么 shénme** [대] 무엇, 무슨
呢 ne [조] [문장 끝에 쓰여 동작이나 상태가 계속되고 있음을 나타냄]   **看 kàn** [동] 보다   **电视 diànshì** [명] 텔레비전

5

Nǐ tóngxué de / Hànyǔ / zěnmeyàng?	
你 同学 的 / 汉语 / 怎么样 ?	당신 학우의 중국어는 어때요?
당신 학우의 중국어는 어때요?	

해설 **你同学的汉语怎么样?**은 '당신 학우의 중국어는 어때요?'라는 뜻이에요. 의문사 **怎么样**(zěnmeyàng, 어때요)에 표시해 두어요. 문제의 **怎么样**에 대한 답변이 되는 B **很好**。(Hěn hǎo, 훌륭해요.)를 정답으로 골라요.

어휘 **同学 tóngxué** [명] 학우, 동창   **汉语 Hànyǔ** [고유] 중국어   **怎么样 zěnmeyàng** [대] 어떻다, 어떠한가
好 hǎo [형] 훌륭하다, 좋다

독해 제4부분 | 빈칸에 알맞은 어휘 채우기

실전 테스트

🎧 1급 독해 제4부분의 mp3를 들으며 학습해 보세요.

무료MP3 바로듣기

테스트 1

p.124

1. B	2. E	3. A	4. F	5. C

				A 모두	B 살다	C 요일
A	dōu 都	B	zhù 住	C	xīngqī 星期	
Ð	míngzi 名字	E	chī 吃	F	li 里	Ð 이름	E 먹다	F 안, 안쪽

* D 名字(míngzi, 이름)는 예시 어휘이므로 취소선을 그은 후, 이를 제외한 나머지 5개의 보기 중에서 정답을 골라요.

어휘　都 dōu 图 모두　住 zhù 图 살다　星期 xīngqī 图 요일　吃 chī 图 먹다　里 li 图 안, 안쪽

1

Wǒ / nǚ'ér / zhù / zài Běijīng.
我 / 女儿 / （ **B** 住 ）/ 在 北京 。
　제　　　딸은　　　　살다　　　베이징에서 .

제 딸은 베이징에서 살아요.

해설　**我女儿(　)在北京。**은 '제 딸은 베이징에서 ＿＿＿＿＿＿.'라는 뜻이고, 문장에 술어가 없어요. 따라서 '住+在+장소 ('장소'에 살다)'의 형태로 자주 쓰이고 문맥에도 알맞은 동사 B 住(zhù, 살다)가 정답이에요.

　　　* 정답으로 선택한 'B'에 취소선을 그어 두세요.

어휘　女儿 nǚ'ér 图 딸　住 zhù 图 살다　在 zài 图 ~에서　北京 Běijīng 교유 베이징, 북경

2

Wǒmen / míngtiān / chī / Zhōngguó cài.
我们 / 明天 / （ **E** 吃 ）/ 中国 菜 。
　우리는　　내일　　　먹다　　　중국 요리를 .

우리는 내일 중국 요리를 먹어요.

해설　**我们明天(　)中国菜。**는 '우리는 내일 중국 요리를 ＿＿＿＿＿＿.'라는 뜻이고, 문장에 술어가 없어요. 따라서 **中国 菜**(Zhōngguó cài, 중국 요리)를 목적어로 갖는 술어 역할을 하고 문맥에도 알맞은 동사 E 吃(chī, 먹다)이 정답이 에요.

　　　* 정답으로 선택한 'E'에 취소선을 그어 두세요.

어휘　明天 míngtiān 图 내일　吃 chī 图 먹다　中国 Zhōngguó 교유 중국　菜 cài 图 요리, 음식

3

Wǒ hé māma / dōu / ài / kàn / diànyǐng.
我 和 妈妈 / （ **A** 都 ）/ 爱 / 看 / 电影 。
　나와 엄마는　　　모두　좋아하다 보는 것을　영화를 .

나와 엄마는 모두 영화를 보는 것을 좋아해요.

해설　**我和妈妈(　)爱看电影。**은 '나와 엄마는 ＿＿＿＿＿＿ 영화를 보는 것을 좋아해요.'라는 뜻이고, 빈칸 앞에는 주어인 **我和妈妈**(wǒ hé māma, 나와 엄마)가, 빈칸 뒤에는 술어인 동사 爱(ài, 좋아하다)가 있어요. 따라서 술어 앞에 올 수 있고 문맥에도 알맞은 부사 A 都(dōu, 모두)가 정답이에요. 이 문장의 목적어는 **看电影**이고, '영화를 보는 것' 으로 해석하면 돼요. '술어+목적어' 형태가 목적어로 사용되었어요. 참고로 부사 都 앞에는 한 명 이상의 사람이 와 야 해요.

　　　* 정답으로 선택한 'A'에 취소선을 그어 두세요.

어휘　和 hé 图 ~와/과　妈妈 māma 图 엄마　都 dōu 图 모두　爱 ài 图 좋아하다　看 kàn 图 보다
　　　电影 diànyǐng 图 영화

4

女: Nǐ / zài / nǎr? / Wǒ / méi kànjiàn / nǐ.
你 / 在 / 哪儿? / 我 / 没 看见 / 你。
당신 ~에 있다 어디? 저는 못 봤다 당신을.

男: Wǒ / zài / shāngdiàn li
我 / 在 / 商店 (F 里)。
나 ~에 있다 상점 안

여: 당신 어디에 있어요? 저는 당신을 못 봤어요.
남: 나는 상점 안에 있어요.

해설 **我在商店( )。**는 '나는 상점 _____에 있어요.'라는 뜻이고, 빈칸 앞에 **在商店**(zài shāngdiàn, 상점에 있다)이 있어요. 따라서 '**在**+장소+**里**('장소'에 있다)'의 형태로 함께 자주 쓰이고 문맥에도 알맞은 명사 F **里**(li, 안)가 정답이에요.

* 정답으로 선택한 'F'에 취소선을 그어 두세요.

어휘 **在** zài 동 ~에 있다 **哪儿** nǎr 대 어디 **看见** kànjiàn 동 보다, 보이다 **商店** shāngdiàn 명 상점
里 li 명 안, 안쪽

5

男: Nǐ / jīntiān / jǐ diǎn / qù / xuéxiào?
你 / 今天 / 几 点 / 去 / 学校?
너는 오늘 몇 시에 가다 학교에?

女: Jīntiān / shì / xīngqī rì, / wǒ / bú qù / xuéxiào.
今天 / 是 / (C 星期) 日, / 我 / 不 去 / 学校。
오늘은 ~이다 일요일 저는 안 가다 학교를.

남: 너는 오늘 몇 시에 학교에 가니?
여: 오늘은 일요일이라서, 저는 학교를 안 가요.

해설 **今天是( )日, 我不去学校。**는 '오늘은 일_____이라서, 저는 학교를 안 가요.'라는 뜻이고, 빈칸 뒤에 날짜를 뜻하는 **日**(rì, 일)이 있어요. 따라서 **日**과 함께 쓰여 요일을 나타내고 문맥에도 알맞은 C **星期**(xīngqī, 요일)가 정답이에요.

어휘 **今天** jīntiān 명 오늘 **几** jǐ 대 몇 **点** diǎn 양 시 **去** qù 동 가다 **学校** xuéxiào 명 학교 **星期** xīngqī 명 요일

테스트 2

p.125

1. F   2. B   3. C   4. E   5. A

1-5

dǎ diànhuà   dōngxi   érzi
A 打 电话 B 东西 C 儿子

míngzi   kāi   néng
Ø 名字 E 开 F 能

A 전화를 하다   B 물건   C 아들
Ø 이름   E 운전하다   F ~할 수 있다

* D **名字**(míngzi, 이름)는 예시 어휘이므로 취소선을 그은 후, 이를 제외한 나머지 5개의 보기 중에서 정답을 골라요.

어휘 **打电话** dǎ diànhuà 전화를 하다 **东西** dōngxi 명 물건 **儿子** érzi 명 아들 **开** kāi 동 운전하다
能 néng 조동 ~할 수 있다

1

Duìbuqǐ, / wǒ / míngtiān / bù **néng** / hé nǐ / chī /
对不起， / 我 / 明天 / 不（**F 能**） / 和 你 / 吃 /
죄송하지만, 　저는　 내일 　　할 수 없다　 당신과 　먹다

fàn / le.
饭 / 了 。
밥을 （~상태로)되다 .

죄송하지만, 저는 내일 당신과 밥을 먹을 수 없게 됐어요.

해설　**对不起, 我明天不(　　)和你吃饭了。**는 '죄송하지만, 저는 내일 당신과 밥을 먹을 _____없게 됐어요.'라는 뜻이고, 빈칸 뒤에는 술어인 동사 **吃**(chī, 먹다)이 있어요. 따라서 동사 **吃** 앞에 올 수 있고 문맥에도 알맞은 조동사 **F 能**(néng, ~할 수 있다)이 정답이에요.
＊ 정답으로 선택한 'F'에 취소선을 그어 두세요.

어휘　**对不起** duìbuqǐ 동 죄송합니다, 미안합니다　**明天** míngtiān 명 내일　**能** néng 조동 ~할 수 있다
和 hé 전 ~과/와　**吃** chī 동 먹다　**饭** fàn 명 밥

2

Zǎoshang / nǐ / qù / mǎi / shénme / **dōngxi** / le?
早上 / 你 / 去 / 买 / 什么 / （**B 东西**） / 了 ?
아침에 　당신은　 가다 　사다 　어떤 　　물건을 　(~상태로)되다?

당신은 아침에 어떤 물건을 사러 갔나요?

해설　**早上你去买什么(　　)了?**는 '당신은 아침에 어떤 _____ 사러 갔나요?'라는 뜻이고, 빈칸 앞에는 술어인 동사 **买**(mǎi, 사다)가 있어요. 따라서 술어 뒤에서 목적어 역할을 하고 문맥에도 알맞은 명사 **B 东西**(dōngxi, 물건)가 정답이에요. **去买什么东西**는 '어떤 물건을 사러 가다'로 해석하면 되고, 2개의 동사로 동작이 연속되는 것을 표현한 연동문이에요.
＊ 정답으로 선택한 'B'에 취소선을 그어 두세요.

어휘　**早上** zǎoshang 명 아침　**去** qù 동 가다　**买** mǎi 동 사다, 구매하다　**什么** shénme 대 어떤, 무엇
东西 dōngxi 명 물건

3

Tā / **érzi** / xiànzài / zài Zhōngguó / dú shū.
他 （**C 儿子**） / 现在 / 在 中国 / 读 书 。
그 　아들은 　지금 　중국에서 　공부하다.

그의 아들은 지금 중국에서 공부해요.

해설　**他(　　)现在在中国读书。**는 '그의 _____은/는 지금 중국에서 공부해요.'라는 뜻이고, 빈칸 앞에 **他**(tā, 그)가 있어요. 따라서 **他**와 함께 문장의 주어가 되고 문맥에도 알맞은 명사 **C 儿子**(érzi, 아들)가 정답이에요. 참고로 **他儿子**(tā érzi)는 **他的儿子**(tā de érzi)와 같은 표현이며, **他**(그)와 **儿子**(아들)사이에 **的**(~의)가 생략되었어요.
＊ 정답으로 선택한 'C'에 취소선을 그어 두세요.

어휘　**儿子** érzi 명 아들　**现在** xiànzài 명 지금　**在** zài 전 ~에서　**中国** Zhōngguó 고유 중국
读书 dúshū 동 공부하다, 책을 읽다

4

Xià yǔ le, / nǐ / zěnme / huí jiā?
女：下 雨 了 ， / 你 / 怎么 / 回 家 ?
비가 내리다 ,　 당신은　 어떻게 　집으로 돌아가다?

Wǒ / jīntiān / **kāi** / chē / huí jiā.
男：我 / 今天 / （**E 开**） / 车 / 回 家 。
저는 　오늘 　운전하다 　차를 　집으로 돌아가다.

여: 비가 내리는데, 당신은 어떻게 집으로 돌아갈 건가요?

남: 저는 오늘 차를 운전해서 집으로 돌아가요.

해설 **我今天(　)车回家。**는 '저는 오늘 차를 _____ 집으로 돌아가요.'라는 뜻이고, 빈칸 뒤에 목적어인 명사 **车** (chē, 차)가 있어요. 따라서 목적어 앞에 올 수 있고 문맥에도 알맞은 동사 E **开**(kāi, 운전하다)가 정답이에요. **开车 回家**는 '차를 운전해서 집으로 돌아가다'로 해석하면 되고, 2개의 동사로 동작이 연속되는 것을 표현한 연동문이에 요.

* 정답으로 선택한 'E'에 취소선을 그어 두세요.

어휘 **下雨** xià yǔ 비가 내리다 　**怎么** zěnme 데 어떻게, 어째서 　**回** huí 동 돌아가다 　**家** jiā 명 집
今天 jīntiān 명 오늘 　**开车** kāichē 동 차를 운전하다

5

男:	Lǐ yīshēng / shàngwǔ / huì / lái / ma?	남: 리 의사는 오전에 오나요?
	李 医生 / 上午 / 会 / 来 / 吗 ?	여: 오실 거예요. 그가 전화로 올 것
	리 의사는　　오전에　~할 것이다　오다　~나요?	이라고 말했어요.
女:	Huì de, / tā / (A dǎ diànhuà) / shuō / huì / lái.	
	会 的 , / 他 / (A 打 电 话) / 说 / 会 / 来 。	
	오실 거예요.　그가　　전화를 하다　　말하다 ~할 것이다 오다.	

해설 **会的, 他(　)说会来。**는 '오실 거예요, 그가 _____ 올 것이라고 말했어요.'라는 뜻이고, 문맥에 알맞은 A **打电 话**(dǎ diànhuà, 전화를 하다)가 정답이에요. **打电话说**는 '전화로 말하다'로 해석하면 되고, 2개의 동사로 동작이 연속되는 것을 표현한 연동문이에요.

어휘 **医生** yīshēng 명 의사 　**上午** shàngwǔ 명 오전 　**会** huì 조동 ~할 것이다 　**来** lái 동 오다
打电话 dǎ diànhuà 전화를 하다 　**说** shuō 동 말하다

🎧 1급 실전모의고사 1의 mp3를 들으며 학습해 보세요.

무료MP3 바로듣기

듣기   p.135

제1부분
1. X   2. X   3. V   4. V   5. V

제2부분
6. A   7. C   8. B   9. B   10. C

제3부분
11. D   12. A   13. F   14. B   15. E

제4부분
16. A   17. A   18. C   19. A   20. B

독해   p.140

제1부분
21. V   22. V   23. X   24. X   25. V

제2부분
26. D   27. A   28. F   29. C   30. B

제3부분
31. C   32. A   33. E   34. D   35. B

제4부분
36. B   37. E   38. A   39. F   40. C

듣기

1		kāi chē 开 车	차를 운전하다

해설 사진을 보고 去(qù, 가다)라는 표현을 떠올려요. 음성에서 开车(kāichē, 차를 운전하다)가 언급되었는데, 걷고 있는
사람 사진이 제시되었으므로 사진과 음성은 불일치해요.

어휘 开车 kāichē 图 차를 운전하다

2

bù xiǎng chī
不 想 吃

먹고 싶지 않다

해설 사진을 보고 吃(chī, 먹다), 好(hǎo, 좋다)라는 표현을 떠올려요. 음성에서 **不想吃**(bù xiǎng chī, 먹고 싶지 않다)이 언급되었는데, 피자를 먹으며 엄지손가락을 치켜 세우는 사람 사진이 제시되었으므로 사진과 음성은 불일치해요.

어휘 想 xiǎng [조동] ~하고 싶다 [동] 생각하다 吃 chī [동] 먹다

3

sì ge bēizi
四 个 杯子

컵 네 개

해설 사진을 보고 四个(sì ge, 네 개), 杯子(bēizi, 컵)라는 표현을 떠올려요. 음성에서 **四个杯子**(sì ge bēizi, 컵 네 개)가 언급되었고, 컵 네 개가 있는 사진이 제시되었으므로 사진과 음성은 일치해요.

어휘 四 sì [수] 넷, 4 个 gè [양] 개, 명 杯子 bēizi [명] 컵, 잔

4

zài shuìjiào
在 睡觉

잠을 자고 있다

해설 사진을 보고 睡觉(shuìjiào, 잠을 자다)라는 표현을 떠올려요. 음성에서 **在睡觉**(zài shuìjiào, 잠을 자고 있다)가 언급되었고, 잠을 자고 있는 사람 사진이 제시되었으므로 사진과 음성은 일치해요.

어휘 在 zài [부] ~하고 있다 睡觉 shuìjiào [동] 잠을 자다

5

wǒ de māo
我 的 猫

나의 고양이

해설 사진을 보고 猫(māo, 고양이)라는 표현을 떠올려요. 음성에서 **我的猫**(wǒ de māo, 나의 고양이)가 언급되었고, 고양이가 있는 사진이 제시되었으므로 사진과 음성은 일치해요.

어휘 猫 māo [명] 고양이

6

A

B

C

Wǒ māma shì yīshēng, tā jīnnián sìshí suì.
我 妈妈 是 医生 ， 她 今年 四十 岁 。

우리 엄마는 의사이며, 올해 마흔 살이에요.

해설 사진을 보고 A는 **医生**(yīshēng, 의사)이라는 표현을 떠올려요. 음성에서 **医生**(yīshēng, 의사)이 언급되었으므로 의사 가운을 입고 청진기를 들고 있는 사람 사진 A가 정답이에요. 참고로, B와 관련된 표현은 厨师(chúshī, 요리사[급수 외]), C와 관련된 표현은 乘务员(chéngwùyuán, 승무원[급수 외])이에요.

어휘 医生 yīshēng [명] 의사 今年 jīnnián [명] 올해 岁 suì [명] 살, 세[나이를 셀 때 쓰임]

A　　　　　　　　B　　　　　　　　C

Bà,　　nǐ wǎnshang　zuò shénme cài?
爸 , 你　晚上　做　什么 菜 ?

아빠, 저녁에 무슨 요리를 해요?

해설　각 사진을 보고 B는 衣服(yīfu, 옷), C는 做菜(zuò cài, 요리를 하다)라는 표현을 떠올려요. 음성에서 做什么菜?(zuò shénme cài?, 무슨 요리를 해요?)가 언급되었으므로 요리를 하고 있는 사람 사진 C가 정답이에요. 참고로, A와 관련된 표현은 洗(xǐ, 씻다[2급])예요.

어휘　晚上 wǎnshang 圐 저녁　做 zuò 圐 하다, 만들다　什么 shénme 때 무슨, 무엇　菜 cài 圐 요리, 음식, 채소

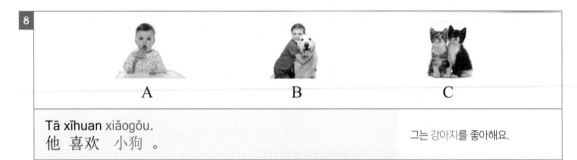

8

A　　　　　　　　B　　　　　　　　C

Tā xǐhuan xiǎogǒu.
他 喜欢　小狗 。

그는 강아지를 좋아해요.

해설　각 사진을 보고 B는 狗(gǒu, 개), C는 猫(māo, 고양이)라는 표현을 떠올려요. 음성에서 小狗(xiǎogǒu, 강아지)가 언급되었으므로 강아지와 아이가 있는 사진 B가 정답이에요. 참고로, A와 관련된 표현은 孩子(háizi, 아이[2급])예요.

어휘　喜欢 xǐhuan 圐 좋아하다　小狗 xiǎogǒu 圐 강아지

A　　　　　　　　B　　　　　　　　C

Tā　hé tóngxué zài　jiā kàn diànshì.
她 和 同学 在 家 看 电视 。

그녀는 학우와 집에서 텔레비전을 봐요.

해설　각 사진을 보고 B는 看电视(kàn diànshì, 텔레비전을 보다), C는 看书(kàn shū, 책을 보다)라는 표현을 떠올려요. 음성에서 看电视(kàn diànshì, 텔레비전을 보다)이 언급되었으므로 두 사람이 텔레비전을 보고 있는 사진 B가 정답이에요. 참고로, A와 관련된 표현은 踢足球(tī zúqiú, 축구를 하다[2급])예요.

어휘　和 hé 囵 ~와/과　同学 tóngxué 圐 학우, 동창　在 zài 囵 ~에서　家 jiā 圐 집　看 kàn 圐 보다
电视 diànshì 圐 텔레비전

10

A   B   C

Zhège zì zěnme dú?
这个 字 怎么 读 ?

이 글자 어떻게 읽어요?

해설   각 사진을 보고 B는 **听**(tīng, 듣다), C는 **学生**(xuésheng, 학생), **字**(zì, 글자)라는 표현을 떠올려요. 음성에서 **这个 字怎么读?**(Zhège zì zěnme dú?, 이 글자 어떻게 읽어요?)가 언급되었으므로 아이가 칠판에 적힌 글자를 물어보고 있는 사진 C가 정답이에요. 참고로, A와 관련된 표현은 **画**(huà, 그리다[3급])예요.

어휘   **字** zì 몡 글자, 글씨   **怎么** zěnme 댸 어떻게, 어째서   **读** dú 됭 읽다

11-15

A

B

C̸

D

E

F

* 문제를 풀기 전, 예시로 사용된 보기 C에 취소선을 그어 두세요.

각 사진을 보고 A는 **打电话**(dǎ diànhuà, 전화를 하다), B는 **那个**(nàge, 저것, 저 사람), **那儿**(nàr, 저기), D는 **谢谢**(xièxie, 감사합니다), E는 **看书**(kàn shū, 책을 보다), F는 **衣服**(yīfu, 옷)라는 표현을 떠올려요.

11

Tài piàoliang le, xièxie nǐ.
男: 太 漂亮 了 , 谢谢 你 。

남: 너무 예뻐요. 감사합니다.

Bú kèqi, zàijiàn.
女: 不 客气 , 再见 。

여: 천만에요. 안녕히 계세요.

해설   음성을 첫 번째로 들을 때 **谢谢你**(xièxie nǐ, 감사합니다), **不客气**(bú kèqi, 천만에요)를 듣고 선물을 건네는 사진 D 옆에 √ 표시를 해 둬요. 음성을 두 번째로 들을 때, 보기 D를 정답으로 확정해요.

   * 정답으로 선택한 'D'에 취소선을 그어 두세요.

어휘   **太……了** tài …… le 너무 ~하다   **漂亮** piàoliang 휑 예쁘다   **谢谢** xièxie 됭 감사합니다
    不客气 bú kèqi 천만에요, 별 말씀을요   **再见** zàijiàn 됭 안녕히 계세요, 안녕히 가세요

12

Érzi zài shuìjiào?
女: 儿子 在 睡觉 ?

여: 아들이 자고 있나요?

Méi, tā zài dǎ diànhuà.
男: 没 , 他 在 打 电话 。

남: 아니요, 그는 전화를 하고 있어요.

해설 음성을 첫 번째로 들을 때 **打电话**(dǎ diànhuà, 전화를 하다)를 듣고 전화를 하고 있는 사람 사진 A 옆에 √ 표시를 해 둬요. 음성을 두 번째로 들을 때, 보기 A를 정답으로 확정해요.

    ＊정답으로 선택한 'A'에 취소선을 그어 두세요.

어휘 **儿子 érzi** 몡 아들   **在 zài** 무 ~하고 있다   **睡觉 shuìjiào** 통 잠을 자다   **打电话 dǎ diànhuà** 전화를 하다

13

男：　Wǒ de yīfu zài nǎr?
　　我 的 衣服 在 哪儿 ?

女：　Zài zhèr.
　　在 这儿 。

남: 제 옷은 어디에 있나요?

여: 여기에 있어요.

해설 음성을 첫 번째로 들을 때 **衣服**(yīfu, 옷)를 듣고 옷이 걸려 있는 사진 F 옆에 √ 표시를 해 둬요. 음성을 두 번째로 들을 때, 보기 F를 정답으로 확정해요.

    ＊정답으로 선택한 'F'에 취소선을 그어 두세요.

어휘 **衣服 yīfu** 몡 옷   **哪儿 nǎr** 때 어디   **在 zài** 통 ~에 있나   **这儿 zhèr** 때 여기, 이곳

14

女：　Nǐ rènshi nàge rén ma?
　　你 认识 那个 人 吗 ?

男：　Nǎge?
　　哪个 ?

여: 당신은 저 사람을 아나요?

남: 어느 분이요?

해설 음성을 첫 번째로 들을 때 **你认识那个人吗?**(Nǐ rènshi nàge rén ma?, 당신은 저 사람을 아나요?)를 듣고 앞쪽을 가리키고 있는 사람 사진 B 옆에 √ 표시를 해 둬요. 음성을 두 번째로 들을 때, 보기 B를 정답으로 확정해요.

    ＊정답으로 선택한 'B'에 취소선을 그어 두세요.

어휘 **认识 rènshi** 통 알다   **哪个 nǎge** 때 어느 분, 어느 것

15

男：　Zhè běn shū duōshao qián?
　　这 本 书 多少 钱 ?

女：　Èrshí kuài qián.
　　20 块 钱 。

남: 이 책은 얼마예요?

여: 20위안이에요.

해설 음성을 첫 번째로 들을 때 **这本书**(zhè běn shū, 이 책)를 듣고 책을 보고 있는 사람 사진 E 옆에 √ 표시를 해 둬요. 음성을 두 번째로 들을 때, 보기 E를 정답으로 확정해요.

어휘 **本 běn** 양 권[책을 세는 단위]   **书 shū** 몡 책   **多少钱? Duōshao qián?** 얼마예요?
    块 kuài 양 위안[중국 화폐 단위], 덩이, 조각

16

tā de tóngxué A 他 的 同学	A 그의 학우
tā de lǎoshī B 他 的 老师	B 그의 선생님
tā de bàba C 他 的 爸爸	C 그의 아빠
Tā shì wǒ tóngxué. Tā jiào Lǐ Míng. 他 是 我 同学 。 他 叫 李 明 。	그는 내 학우야. 그는 리밍이라고 해.
Lǐ Míng shì shéi? 问：李 明 是 谁 ？	질문: 리밍은 누구인가?

해설 음성에서 **他是我同学。他叫李明。**이라며 '그는 내 학우야. 그는 리밍이라고 해.'라고 했고, 질문이 리밍은 누구인지 물었어요. 따라서 A 他的同学(tā de tóngxué, 그의 학우)가 정답이에요.

어휘 **同学** tóngxué 명 학우, 동창　**老师** lǎoshī 명 선생님　**叫** jiào 동 ~이라고 하다, 부르다

17

yì běn A 1 本	sān běn B 3 本	sì běn C 4 本	A 1권　　B 3권　　C 4권
Zuótiān wǒ kànle yì běn shū. 昨天 我 看 了 一 本 书 。			어제 나는 책 한 권을 봤어요.
Tā zuótiān kànle jǐ běn shū? 问：他 昨天 看 了 几 本 书 ？			질문: 그는 어제 책을 몇 권 봤는가?

해설 음성에서 **昨天我看了一本书。**라며 '어제 나는 책 한 권을 봤어요.'라고 했고, 질문이 그는 어제 책을 몇 권 봤는지 물었어요. 따라서 A 1本(yì běn, 1권)이 정답이에요.

어휘 **昨天** zuótiān 명 어제　**本** běn 양 권[책을 세는 단위]　**几** jǐ 대 몇

18

tài xiǎo A 太 小	tài shǎo B 太 少	tài dà C 太 大	A 너무 작다　　B 너무 적다　　C 너무 크다
Zhège yīfu tài dà le, yǒu xiǎo yìdiǎnr 这个 衣服 太 大 了 ， 有 小 一点儿 de ma? 的 吗 ？			이 옷은 너무 큰데, 좀 더 작은 것 있나요?
Zhège yīfu zěnmeyàng? 问：这个 衣服 怎么样 ？			질문: 이 옷은 어떠한가?

해설 음성에서 **衣服太大了**라며 '옷은 너무 크다'라고 했고, 질문이 이 옷은 어떠한지 물었어요. 따라서 C 太大(tài dà, 너무 크다)가 정답이에요.

어휘 **小** xiǎo 형 작다　**少** shǎo 형 (수량이) 적다　**大** dà 형 크다　**衣服** yīfu 명 옷
太……了 tài …… le 너무 ~하다　**一点儿** yìdiǎnr 수량 좀, 조금　**怎么样** zěnmeyàng 대 어떠한가, 어떻다

19

huí jiā chī fàn A 回家吃饭	A 집에 가서 밥을 먹다
dǎ diànhuà B 打电话	B 전화를 하다
zài shuìjiào C 在睡觉	C 잠을 자고 있다
Nǚ'ér dǎ diànhuà shuō jīntiān huí jiā chī fàn. 女儿打电话说今天回家吃饭。	딸이 전화로 오늘 집에 와서 밥을 먹는다고 했어요.
Nǚ'ér jīntiān yào zuò shénme? 问：女儿今天要做什么？	질문: 딸은 오늘 무엇을 하려고 하는가?

해설 음성에서 **女儿打电话说今天回家吃饭**。이라며 '딸이 전화로 오늘 집에 와서 밥을 먹는다고 했어요.'라고 했고, 질문이 딸은 오늘 무엇을 하려고 하는지 물었어요. 따라서 A **回家吃饭**(huí jiā chī fàn, 집에 가서 밥을 먹다)이 정답이에요.

어휘 回 huí 통 돌아가다 家 jiā 명 집 打电话 dǎ diànhuà 전화를 하다 在 zài 부 ~하고 있다
  睡觉 shuìjiào 통 잠을 자다 女儿 nǚ'ér 명 딸 说 shuō 통 말하다 今天 jīntiān 명 오늘

20

shū A 书	píngguǒ B 苹果	bēizi C 杯子

A 책　　　B 사과　　　C 컵	
Wǒ yào zhè jǐ ge píngguǒ, duōshao qián? 我要这几个苹果，多少钱？	나는 이 사과 몇 개를 원해요. 얼마예요?
Tā zài mǎi shénme? 问：他在买什么？	질문: 그는 무엇을 사고 있는가?

해설 음성에서 **我要这几个苹果**라며 '나는 이 사과 몇 개를 원해요'라고 했고, 질문이 그는 무엇을 사고 있는지 물었어요. 따라서 B **苹果**(píngguǒ, 사과)가 정답이에요.

어휘 书 shū 명 책 苹果 píngguǒ 명 사과 杯子 bēizi 명 컵, 잔 要 yào 통 원하다 个 gè 양 개
  几 jǐ 수 몇[1부터 10까지의 불특정한 수] 多少钱? Duōshao qián? 얼마예요? 在 zài 부 ~하고 있다
  买 mǎi 통 사다, 구매하다

21

gǒu

狗

강아지

해설　제시된 단어 **狗**(gǒu)는 '강아지'라는 뜻이에요. 단어의 뜻이 '강아지'이고, 강아지가 있는 사진이 제시되었으므로 사진과 단어는 일치해요.

어휘　**狗** gǒu 몡 강아지, 개

22

yīshēng

医生

의사

해설　제시된 단어 **医生**(yīshēng)은 '의사'라는 뜻이에요. 단어의 뜻이 '의사'이고, 의사 가운을 입고 청진기를 들고 있는 사람 사진이 제시되었으므로 사진과 단어는 일치해요.

어휘　**医生** yīshēng 몡 의사

23

dú

读

읽다

해설　제시된 단어 **读**(dú)는 '읽다'라는 뜻이에요. 단어의 뜻이 '읽다'인데, 무언가를 먹고 있는 사람 사진이 제시되었으므로 사진과 단어는 불일치해요. 참고로, '먹다'는 **吃**(chī)이에요.

어휘　**读** dú 동 읽다

24

gāoxìng

高兴

기쁘다

해설　제시된 단어 **高兴**(gāoxìng)은 '기쁘다'라는 뜻이에요. 단어의 뜻이 '기쁘다'인데, 표정이 좋지 않은 사람 사진이 제시되었으므로 사진과 단어는 불일치해요.

어휘　**高兴** gāoxìng 형 기쁘다

25

wǔ

五

5, 오

해설　제시된 단어 **五**(wǔ)는 '5, 오'라는 뜻이에요. 단어의 뜻이 '5, 오'이고, 사과 5개가 있는 사진이 제시되었으므로 사진과 단어는 일치해요. 참고로, '사과'는 **苹果**(píngguǒ)예요.

어휘　**五** wǔ 준 5, 오

A B C

D E F

* 문제를 풀기 전, 예시로 사용된 보기 E에 취소선을 그어 두세요.

26

Wǒ / xiǎng / zhīdào / zhè lǐmian / shì / shónme dōngxi.	나는 이 안에 무슨 물건이 있는지 알
我 / 想 / 知道 / 这 里面 / 是 / 什么 东西 。	고 싶어요.
나는 ~하고 싶다 알다 이 안에 ~이다 무슨 물건 .	

해설 제시된 문장 **我想知道这里面是什么东西**。는 '나는 이 안에 무슨 물건이 있는지 알고 싶어요.'라는 뜻이에요. 따라서 여자가 가방 속을 확인하고 있는 사진 D가 정답이에요.

* 정답으로 선택한 'D'에 취소선을 그어 두세요.

어휘 **想 xiǎng** 조동 ~하고 싶다 **知道 zhīdào** 동 알다 **里面 lǐmian** 명 안, 안쪽 **什么 shénme** 대 무슨, 어떤
东西 dōngxi 명 물건

27

Wéi, / māma, / nǐ / jǐ diǎn / néng / huílai?	여보세요, 엄마, 몇 시에 돌아올 수
喂 , / 妈妈 , / 你 / 几点 / 能 / 回来 ?	있어요?
여보세요, 엄마, 당신 몇 시에 ~할 수 있다 돌아오다?	

해설 제시된 문장 **喂, 妈妈, 你几点能回来?**는 '여보세요, 엄마, 몇 시에 돌아올 수 있어요?'라는 뜻이에요. 따라서 전화를 하고 있는 사람 사진 A가 정답이에요. 참고로, 문장 맨 처음에 喂(wéi, 여보세요)가 나오면 전화를 하고 있는 상황이라는 것을 알아 두세요.

* 정답으로 선택한 'A'에 취소선을 그어 두세요.

어휘 **喂 wéi** 감 여보세요 **妈妈 māma** 명 엄마, 어머니 **几 jǐ** 대 몇 **点 diǎn** 양 시 **能 néng** 조동 ~할 수 있다
回来 huílai 동 돌아오다

28

Wǒ / xiǎng / shuìjiào le, / míngtiān / jiàn.	나는 잠을 자고 싶어요. 내일 만나
我 / 想 / 睡觉 了 , / 明天 / 见 。	요.
나는 ~하고 싶다 잠을 자다 (~상태로)되다, 내일 만나다.	

해설 제시된 문장 **我想睡觉了, 明天见**。은 '나는 잠을 자고 싶어요. 내일 만나요.'라는 뜻이에요. 따라서 하품을 하고 있는 사람 사진 F가 정답이에요.

* 정답으로 선택한 'F'에 취소선을 그어 두세요.

어휘 **想 xiǎng** 조동 ~하고 싶다, ~하려고 하다 **睡觉 shuìjiào** 동 잠을 자다 **明天 míngtiān** 명 내일
见 jiàn 동 만나다

29

Nǐ / xǐhuan / chī / zhège cài / ma?

你 / 喜欢 / 吃 / 这个 菜 / 吗 ？

당신은　좋아하다　먹는 것을　이 채소를　~나요?

당신은 이 채소를 먹는 것을 좋아하나요?

해설　제시된 문장 **你喜欢吃这个菜吗?**는 '당신은 이 채소를 먹는 것을 좋아하나요?'라는 뜻이에요. 따라서 여러 가지 채소가 있는 사진 C가 정답이에요. 이 문장의 목적어는 **吃这个菜**이고, '이 채소를 먹다'로 해석하면 돼요. '술어+목적어' 형태가 목적어로 사용되었어요.

　　* 정답으로 선택한 'C'에 취소선을 그어 두세요.

어휘　**喜欢** xǐhuan 동 좋아하다　**吃** chī 동 먹다　**菜** cài 명 채소, 음식, 요리

30

Nǚ'ér / zài jiā li / kàn / diànshì / ne.

女儿 / 在家里 / 看 / 电视 / 呢 。

딸은　집에서　보다　텔레비전을　~하고 있다.

딸은 집에서 텔레비전을 보고 있어요.

해설　제시된 문장 **女儿在家里看电视呢。**는 '딸은 집에서 텔레비전을 보고 있어요.'라는 뜻이에요. 따라서 텔레비전을 보고 있는 사람 사진 B가 정답이에요.

어휘　**女儿** nǚ'ér 명 딸　**在** zài 전 ~에(서)　**家** jiā 명 집　**里** li 명 안, 안쪽　**看** kàn 동 보다
　　电视 diànshì 명 텔레비전　**呢** ne 조 [문장 끝에 쓰여 동작이나 상대가 계속되고 있음을 나타냄]

31-35

A　Běijīng.
　　北京 。

B　Hěn lěng.
　　很 冷 。

C　Wǒ tóngxué de.
　　我 同学 的 。

D　Méiyǒu.
　　没有 。

E　Xià ge yuè.
　　下 个 月 。

F̶　Hǎo de, xièxie!
　　好 的 , 谢谢 ！

A 베이징에서요.

B 추워요.

C 제 학우의 것이에요.

D 아니요.

E 다음달에요.

F̶ 네, 감사합니다!

* 문제를 풀기 전, 예시로 사용된 보기 F에 취소선을 그어 두세요.

어휘　**北京** Běijīng 고유 베이징, 북경　**冷** lěng 형 춥다　**同学** tóngxué 명 학우, 동창　**下个月** xià ge yuè 다음달

31

Zhè / shì / shéi de / bēizi?

这 / 是 / 谁的 / 杯子 ？

이것은　~이다　누구의 / 컵 ？

이것은 누구의 컵인가요?

해설　**这是谁的杯子?**는 '이것은 누구의 컵인가요?'라는 뜻이에요. 의문사 **谁**(shéi, 누구)에 표시해 두어요. 문제의 **谁**에 대한 답변이 되는 C **我同学的。**(Wǒ tóngxué de, 제 학우의 것이에요.)를 정답으로 골라요.

　　* 정답으로 선택한 'C'에 취소선을 그어 두세요.

어휘　**谁** shéi 대 누구　**杯子** bēizi 명 컵　**同学** tóngxué 명 학우, 동창

Nǐ / xiànzài / zài nǎr / gōngzuò? 你 / 现在 / 在 哪儿 / 工作 ? 당신은　　지금　　어디에서　　일하다?	당신은 지금 어디에서 일하나요?

해설　**你现在在哪儿工作?**는 '당신은 지금 어디에서 일하나요?'라는 뜻이에요. 의문사를 포함한 **在哪儿**(zài nǎr, 어디에서)에 표시해 두어요. 문제의 **在哪儿**에 대한 답변이 되는 A 北京。(Běijīng, 베이징에서요.)을 정답으로 골라요.

　　　* 정답으로 선택한 'A'에 취소선을 그어 두세요.

어휘　**现在 xiànzài** 몡 지금, 현재　**在 zài** 젠 ~에서　**哪儿 nǎr** 때 어디　**工作 gōngzuò** 통 일하다
　　　北京 Běijīng 고유 베이징, 북경

Tā / shénme shíhou / qù / Zhōngguó? 她 / 什么 时候 / 去 / 中国 ? 그녀는　　　언제　　　가다　중국에?	그녀는 중국에 언제 가나요?

해설　**她什么时候去中国?**는 '그녀는 중국에 언제 가나요?'라는 뜻이에요. 의문사 **什么时候**(shénme shíhou, 언제)에 표시해 두어요. 문제의 **什么时候**에 대한 답변이 되는 E 下个月。(Xià ge yuè, 다음달에요.)를 정답으로 골라요.

　　　* 정답으로 선택한 'E'에 취소선을 그어 두세요.

어휘　**什么时候 shénme shíhou** 때 언제　**去 qù** 통 가다　**中国 Zhōngguó** 고유 중국　**下个月 xià ge yuè** 다음달

Nǐ / kànjiàn / wǒ xiānsheng / le / ma? 你 / 看见 / 我 先生 / 了 / 吗 ? 당신은　　보다　　제 남편을　　~했다　~나요?	당신은 제 남편을 보셨나요?

해설　**你看见我先生了吗?**는 '당신은 제 남편을 보셨나요?'라는 뜻이에요. 핵심어구인 **看见……了吗**(kànjiàn …… le ma, 보셨나요)에 표시해 두어요. 문제의 **看见……了吗**에 대한 답변이 되는 D 没有。(Méiyǒu, 아니요.)를 정답으로 골라요. 참고로 **先生**은 '선생님'이라는 의미도 있고, '남편'이라는 의미도 있어요.

　　　* 정답으로 선택한 'D'에 취소선을 그어 두세요.

어휘　**看见 kànjiàn** 통 보다, 보이다　**先生 xiānsheng** 몡 남편, 선생님[성인 남성에 대한 경칭]

Jīntiān / tiānqì / zěnmeyàng? 今天 / 天气 / 怎么样 ? 오늘　　날씨　　어때요?	오늘 날씨 어때요?

해설　**今天天气怎么样?**은 '오늘 날씨 어때요?'라는 뜻이에요. 의문사 **怎么样**(zěnmeyàng, 어떠한가)에 표시해 두어요. 문제의 **怎么样**에 대한 답변이 되는 B 很冷。(Hěn lěng, 추워요.)을 정답으로 골라요.

어휘　**今天 jīntiān** 몡 오늘　**天气 tiānqì** 몡 날씨　**怎么样 zěnmeyàng** 때 어떠한가, 어떻다　**冷 lěng** 톙 춥다

chá A 茶	Hànyǔ B 汉语	piàoliang C 漂亮
míngzi Ð 名字	rènshi E 认识	zuò F 坐

A 차	B 중국어	C 예쁘다
Ð 이름	E 알다	F 앉다

* 문제를 풀기 전, 예시로 사용된 보기 D에 취소선을 그어 두세요.

어휘　茶 chá 뗑 차　汉语 Hànyǔ 고유 중국어　漂亮 piàoliang 혱 예쁘다　认识 rènshi 동 알다　坐 zuò 동 앉다

36

Nǐ de péngyou / huì / shuō / **Hànyǔ** / ma?
你 的 朋友 / 会 / 说 / （ **B 汉语** ）/ 吗 ?
당신 친구는　~할 줄 알다　말하다　　중국어를　　~나요?

당신 친구는 중국어를 말할 줄 아나요?

해설　**你的朋友会说(　　)吗?**는 '당신 친구는 _____ 말할 줄 아나요?'라는 뜻이고, 빈칸 앞에 술어인 동사 **说**(shuō, 말하다)가 있어요. 따라서 술어 뒤에서 목적어 역할을 하고 문맥에도 알맞은 명사 B **汉语**(Hànyǔ, 중국어)가 정답이에요.

　　* 정답으로 선택한 'B'에 취소선을 그어 두세요.

어휘　朋友 péngyou 뗑 친구　会 huì 조동 ~할 줄 알다　说 shuō 동 말하다　汉语 Hànyǔ 고유 중국어

37

Wǒ / hé xiǎo Yuè / **rènshi** / shí duō nián le.
我 / 和 小 月 / （ **E 认识** ）/ 十 多 年 了 。
나는　샤오위에와　　　　알다　　　십여 년이 넘었다.

나는 샤오위에와 알게 된지 십여 년이 넘었어요.

해설　**我和小月(　　)十多年了。**는 '나는 샤오위에와 _____ 십여 년이 넘었어요.'라는 뜻이고, 문장에 술어가 없어요. 따라서 술어 역할을 하고 문맥에도 알맞은 동사 E **认识**(rènshi, 알다)이 정답이에요.

　　* 정답으로 선택한 'E'에 취소선을 그어 두세요.

어휘　和 hé 전 ~와/과　认识 rènshi 동 알다　十 shí 수 십, 열, 10　多 duō 수 여, 남짓　年 nián 뗑 년, 해

38

Wǒ bàba / hěn / ài / hē / **chá.**
我 爸爸 / 很 / 爱 / 喝 / （ **A 茶** ）。
우리 아빠는　매우　좋아하다　마시는 것을　　차를.

우리 아빠는 차를 마시는 것을 매우 좋아해요.

해설　**我爸爸很爱喝(　　)。**는 '우리 아빠는 _____ 마시는 것을 매우 좋아해요.'라는 뜻이고, 빈칸 앞에 술어인 동사 **喝**(hē, 마시다)가 있어요. 따라서 술어 뒤에서 목적어 역할을 하고 문맥에도 알맞은 명사 A **茶**(chá, 차)가 정답이에요. 이 문장의 목적어는 **喝茶**이고, '차를 마시다'로 해석하면 돼요. '술어+목적어' 형태가 목적어로 사용되었어요.

　　* 정답으로 선택한 'A'에 취소선을 그어 두세요.

어휘　爸爸 bàba 뗑 아빠, 아버지　很 hěn 부 매우　爱 ài 동 좋아하다, 사랑하다　喝 hē 동 마시다　茶 chá 뗑 차

39

女: Zhèli / yǒu / yǐzi, / nǐ / yào / **zuò** / ma?
这里 / 有 / 椅子, / 你 / 要 / （**F 坐**）/ 吗 ?
여기에 있다 의자, 당신 ~할 것이다 앉다 ~나요?

남: Bù le, / xièxie, / wǒ / xiànzài / yào / huíqu le.
不了, / 谢谢, / 我 / 现在 / 要 / 回去了。
아니요, 감사하지만, 저는 지금 ~하려고 하다 돌아가다.

여: 여기에 의자가 있는데, 당신이 앉을실래요?

남: 아니요, 감사하지만, 저는 지금 돌아가려고 해요.

해설 **这里有椅子, 你要（　　）吗?**는 '여기에 의자가 있는데, 당신이 ＿＿＿래요?'라는 뜻이고, 빈칸 앞에 조동사 **要**(yào, ~할 것이다)가 있어요. 따라서 조동사 뒤에 올 수 있고 문맥에도 알맞은 동사 F **坐**(zuò, 앉다)가 정답이에요.

* 정답으로 선택한 'F'에 취소선을 그어 두세요.

어휘 **这里** zhèli [대] 여기, 이곳 　**椅子** yǐzi [명] 의자 　**要** yào [조동] ~할 것이다, ~하려고 하다 　**坐** zuò [동] 앉다
谢谢 xièxie [동] 감사합니다 　**现在** xiànzài [명] 지금, 현재 　**回去** huíqu [동] 돌아가다

40

남: Nǐ xiě de / zì / tài / （**C** piàoliang） / le.
你 写 的 / 字 / 太 / （**C 漂亮**）/ 了 。
네가 쓴 / 글씨는 너무 예쁘다

여: Shì ma? / Xièxie.
是 吗 ? / 谢谢 。
그래? 고마워.

남: 네가 쓴 글씨는 너무 예뻐.

여: 그래? 고마워.

해설 **你写的字太（　　）了。**는 '네가 쓴 글씨는 너무 ＿＿＿.'라는 뜻이고, 빈칸 앞에는 부사 **太**(tài, 너무)가, 빈칸 뒤에는 어기조사 **了**(le)가 있어요. 따라서 정도부사 뒤에 올 수 있고 문맥에도 알맞은 형용사 C **漂亮**(piàoliang, 예쁘다)이 정답이에요. 참고로, '**太……了**'는 '너무 ~하다'라는 뜻으로, **太**와 **了** 사이에는 주로 형용사가 와요.

어휘 **写** xiě [동] 쓰다, 적다 　**字** zì [명] 글씨, 글자 　**太……了** tài …… le 너무 ~하다 　**漂亮** piàoliang [형] 예쁘다
是吗? shì ma? 그래요?, 그렇습니까? 　**谢谢** xièxie [동] 고맙습니다

HSK 1급 실전모의고사 2

🎧 1급 실전모의고사 2의 mp3를 들으며 학습해 보세요.

무료MP3 바로듣기

듣기
p.149

제1부분

1. X   2. X   3. √   4. X   5. √

제2부분

6. B   7. C   8. C   9. A   10. B

제3부분

11. A   12. B   13. F   14. D   15. E

제4부분

16. B   17. A   18. B   19. A   20. B

독해
p.154

제1부분

21. √   22. √   23. X   24. √   25. X

제2부분

26. F   27. A   28. D   29. C   30. B

제3부분

31. B   32. D   33. E   34. A   35. C

제4부분

36. B   37. C   38. A   39. F   40. E

듣기

1

zài chūzūchē shang
在 出租车 上   택시에 있다

해설 사진을 보고 **飞机**(fēijī, 비행기)라는 표현을 떠올려요. 음성에서 **在出租车上**(zài chūzūchē shang, 택시에 있다)이 언급되었는데, 비행기가 있는 사진이 제시되었으므로 사진과 음성은 불일치해요.

어휘 **在** zài 동 ~에 있다   **出租车** chūzūchē 명 택시   **上** shang 명 ~에, ~위에

2

dǎ diànhuà
打 电话

전화를 하다

해설 사진을 보고 **看电视**(kàn diànshì, 텔레비전을 보다)이라는 표현을 떠올려요. 음성에서 **打电话**(dǎ diànhuà, 전화를 하다)가 언급되었는데, 두 사람이 텔레비전을 보는 사진이 제시되었으므로 사진과 음성은 불일치해요.

어휘 **打电话** dǎ diànhuà 전화를 하다

3

duìbuqǐ
对不起

죄송합니다

해설 사진을 보고 **对不起**(duìbuqǐ, 죄송합니다)라는 표현을 떠올려요. 음성에서 **对不起**(duìbuqǐ, 죄송합니다)가 언급되었고, 미안해하고 있는 사람 사진이 제시되었으므로 사진과 음성은 일치해요

어휘 **对不起** duìbuqǐ 图 죄송합니다

4

sān diǎn
三 点

3시

해설 사진을 보고 **五点**(wǔ diǎn, 5시)이라는 표현을 떠올려요. 음성에서 **三点**(sān diǎn, 3시)이 언급되었는데, 5시를 가리키는 시계가 있는 사진이 제시되었으므로 사진과 음성은 불일치해요.

어휘 **点** diǎn 窗 시

5

hē chá
喝 茶

차를 마시다

해설 사진을 보고 **茶**(chá, 차)라는 표현을 떠올려요. 음성에서 **喝茶**(hē chá, 차를 마시다)가 언급되었고, 찻잔에 차를 따르고 있는 사진이 제시되었으므로 사진과 음성은 일치해요.

어휘 **喝** hē 图 마시다 **茶** chá 阁 차

6

A

B

C

Xià yǔ le, wǒmen huí jiā.
下 雨 了 ， 我们 回 家 。

비가 내리니, 우리 집에 가요.

해설 각 사진을 보고 A는 **买东西**(mǎi dōngxi, 물건을 사다), B는 **下雨**(xià yǔ, 비가 내리다)라는 표현을 떠올려요. 음성에서 **下雨了**(xià yǔ le, 비가 내리다)가 언급되었으므로 우산을 쓰고 있는 사람 사진 B가 정답이에요. 참고로, C와 관련된 표현은 **游泳**(yóuyǒng, 수영을 하다[2급])이에요.

어휘 **下雨** xià yǔ 비가 내리다 **回家** huí jiā 집에 가다

7

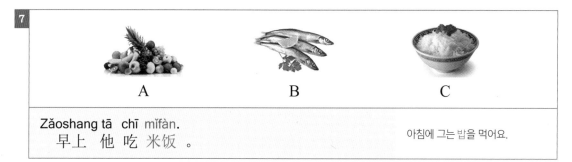

A　　　　　　　B　　　　　　　C

Zǎoshang tā chī mǐfàn.
早上 他 吃 米饭 。

아침에 그는 밥을 먹어요.

해설 각 사진을 보고 A는 **水果**(shuǐguǒ, 과일), C는 **米饭**(mǐfàn, 밥)이라는 표현을 떠올려요. 음성에서 **米饭**(mǐfàn, 밥)
이 언급되었으므로 그릇에 밥이 담긴 사진 C가 정답이에요. 참고로, B와 관련된 표현은 **鱼**(yú, 생선[2급])예요.

어휘 **早上** zǎoshang 몡 아침　**吃** chī 통 먹다　**米饭** mǐfàn 몡 (쌀)밥

8

A　　　　　　　B　　　　　　　C

Nǐ de míngzi xiě zài zhèr.
你 的 名字 写 在 这儿 。

당신의 이름을 여기에 쓰세요.

해설 각 사진을 보고 A는 **你好**(nǐ hǎo, 안녕하세요), B는 **电脑**(diànnǎo, 컴퓨터), C는 **写**(xiě, 쓰다)라는 표현을 떠올려
요. 음성에서 **写在这儿**(xiě zài zhèr, 여기에 쓰다)이 언급되었으므로 무언가를 쓰고 있는 사진 C가 정답이에요.

어휘 **名字** míngzi 몡 이름　**写** xiě 통 쓰다, 적다　**在** zài 전 ~에서　**这儿** zhèr 대 여기, 이곳

9

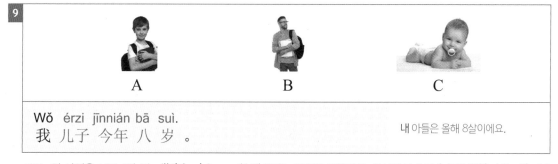

A　　　　　　　B　　　　　　　C

Wǒ érzi jīnnián bā suì.
我 儿子 今年 八 岁 。

내 아들은 올해 8살이에요.

해설 각 사진을 보고 A와 B는 **学生**(xuésheng, 학생)이라는 표현을 떠올려요. 음성에서 **儿子今年八岁**(érzi jīnnián bā
suì, 아들은 올해 8살이다)가 언급되었으므로 8살 정도로 보이는 아이 사진 A가 정답이에요.

어휘 **儿子** érzi 몡 아들　**今年** jīnnián 몡 올해　**岁** suì 양 살, 세[나이를 셀 때 쓰임]

10

A   B   C

Tāmen zài shāngdiàn mǎi yīfu ne. 她们 在 商店 买衣服 呢 。	그녀들은 상점에서 옷을 사고 있어요.

해설   각 사진을 보고 A는 **吃饭**(chīfàn, 밥을 먹다), B는 **买衣服**(mǎi yīfu, 옷을 사다), C는 **工作**(gōngzuò, 일하다)라는 표현을 떠올려요. 음성에서 **买衣服**(mǎi yīfu, 옷을 사다)가 언급되었으므로 두 사람이 옷을 보고 있는 사진 B가 정답이에요.

어휘   **在** zài 전 ~에서   **商店** shāngdiàn 명 상점   **买** mǎi 동 사다, 구매하다   **衣服** yīfu 명 옷   **呢** ne 조 [문장의 끝에 쓰여 동작이나 상태가 계속되고 있음을 나타냄]

11-15

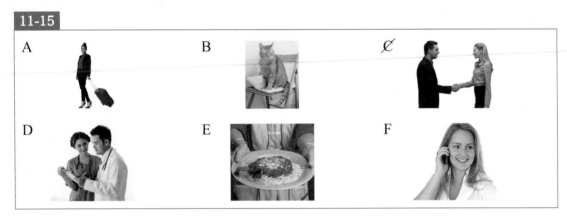

A   B   C̸   D   E   F

* 문제를 풀기 전, 예시로 사용된 보기 C에 취소선을 그어 두세요.

각 사진을 보고 A는 **去**(qù, 가다), B는 **猫**(māo, 고양이), D는 **医生**(yīshēng, 의사), E는 **菜**(cài, 요리), F는 **喂**(wéi, 여보세요)라는 표현을 떠올려요.

11

Nǐ xiànzài qù huǒchēzhàn ma? 男: 你 现在 去 火车站 吗 ?	남: 당신 지금 기차역에 가요?
Shì de, zàijiàn. 女: 是 的 , 再见 。	여: 네, 안녕히 계세요.

해설   음성을 첫 번째로 들을 때 **去火车站**(qù huǒchēzhàn, 기차역에 가다)을 듣고 캐리어를 끌고 가는 사람 사진 A 옆에 √ 표시를 해 둬요. 음성을 두 번째로 들을 때, 보기 A를 정답으로 확정해요.
    * 정답으로 선택한 'A'에 취소선을 그어 두세요.

어휘   **现在** xiànzài 명 지금, 현재   **火车站** huǒchēzhàn 명 기차역   **再见** zàijiàn 동 안녕히 계세요, 안녕히 가세요

12

Nǐ kànjiàn wǒ de xiǎomāo le ma? 女: 你 看见 我 的 小猫 了 吗 ?	여: 제 고양이 봤어요?
Zài yǐzi shang. 男: 在 椅子 上 。	남: 의자 위에 있어요.

해설 음성을 첫 번째로 들을 때 小猫(xiǎomāo, 고양이)를 듣고 고양이가 있는 사진 B 옆에 √ 표시를 해 둬요. 음성을 두
번째로 들을 때, 보기 B를 정답으로 확정해요.

＊정답으로 선택한 'B'에 취소선을 그어 두세요.

어휘 看见 kànjiàn 동 보다, 보이다   小猫 xiǎomāo 명 고양이   在 zài 동 ~에 있다   椅子 yǐzi 명 의자

13

Wéi, nǐ hǎo, shì xiǎo Lǐ ma? 男: 喂 , 你 好 , 是 小 李 吗 ？	남: 여보세요, 안녕하세요. 샤오리이신가요?
Wǒ jiù shì xiǎo Lǐ. Nǐ shì shéi? 女: 我 就 是 小 李 。你 是 谁 ？	여: 제가 바로 샤오리입니다. 누구세요?

해설 음성을 첫 번째로 들을 때 喂(wéi, 여보세요)를 듣고 전화를 하고 있는 사람 사진 F 옆에 √ 표시를 해 둬요. 음성을
두 번째로 들을 때, 보기 F를 정답으로 확정해요.

＊정답으로 선택한 'F'에 취소선을 그어 두세요.

어휘 喂 wéi 감 여보세요   就 jiù 부 바로   谁 shéi 대 누구

14

Qiánmian nàge yīshēng shì nǐ de 女: 前面 那个 医生 是 你 的 péngyou ma? 朋友 吗 ？	여: 앞에 저 이사는 당신의 친구입니까?
Tā? Tā bú shì wǒ de péngyou. 男: 他 ？他 不 是 我 的 朋友 。	남: 그요? 그는 제 친구가 아니에요.

해설 음성을 첫 번째로 들을 때 医生(yīshēng, 의사)을 듣고 의사가 있는 사진 D 옆에 √ 표시를 해 둬요. 음성을 두 번째
로 들을 때, 보기 D를 정답으로 확정해요.

＊정답으로 선택한 'D'에 취소선을 그어 두세요.

어휘 前面 qiánmian 명 앞, 앞쪽   医生 yīshēng 명 의사   朋友 péngyou 명 친구

15

Zhè shì nǐ zuò de cài ma? 男: 这 是 你 做 的 菜 吗 ？	남: 이것은 당신이 만든 요리예요?
Shì de, nǐ lái chī yìdiǎnr. 女: 是 的 , 你 来 吃 一点儿 。	여: 네, 와서 좀 드세요.

해설 음성을 첫 번째로 들을 때 菜(cài, 요리)를 듣고 음식을 내밀고 있는 사진 E 옆에 √ 표시를 해 둬요. 음성을 두 번째
로 들을 때, 보기 E를 정답으로 확정해요.

어휘 做 zuò 동 만들다, 하다   菜 cài 명 요리, 음식, 채소
来 lái 동 [동사의 앞에 놓여 상대방에게 어떤 행동을 하게 하는 어감을 나타냄]   一点儿 yìdiǎnr 수량 좀, 조금

16						
	jiǔ diǎn A 9：00	**shí diǎn** B 10：00	**shíyī diǎn** C 11：00	A 9시	B 10시	C 11시

Wáng lǎoshī de fēijī shì shàngwǔ shí diǎn de. 王 老师 的 飞机 是 上午 十 点 的 。	왕 선생님의 비행기는 오전 10시 것이에요.
Fēijī shì jǐ diǎn de? 问 : 飞机 是 几 点 的 ?	질문: 비행기는 몇 시 것인가?

해설 음성에서 **飞机是上午十点的**라며 '비행기는 오전 10시 것이에요'라고 했고, 질문이 비행기는 몇 시 것인지 물었어요.
따라서 B 10：00(shí diǎn, 10시)이 정답이에요.

어휘 **老师** lǎoshī 몡 선생님   **飞机** fēijī 몡 비행기   **上午** shàngwǔ 몡 오전   **点** diǎn 양 시

17						
	tóngxué de A 同学 的	**māma de** B 妈妈 的	**érzi de** C 儿子 的	A 학우의 것	B 엄마의 것	C 아들의 것

Zhuōzi shang de shū shì wǒ tóngxué de. 桌子 上 的 书 是 我 同学 的 。	책상 위의 책은 제 학우의 것이에요.
Zhuōzi shang de shū shì shéi de? 问 : 桌子 上 的 书 是 谁 的 ?	질문: 책상 위의 책은 누구의 것인가?

해설 음성에서 **桌子上的书是我同学的**。라며 '책상 위의 책은 제 학우의 것이에요.'라고 했고, 질문이 책상 위의 책은 누구의 것인지 물었어요. 따라서 A 同学的(tóngxué de, 학우의 것)가 정답이에요.

어휘 **同学** tóngxué 몡 학우, 동창   **儿子** érzi 몡 아들   **桌子** zhuōzi 몡 책상, 탁자   **谁** shéi 때 누구
的 de 조 ~의, ~의 것   **书** shū 몡 책

18						
	tài dà le A 太 大 了	**tài xiǎo le** B 太 小 了	**hěn piàoliang** C 很 漂亮	A 너무 크다	B 너무 작다	C 예쁘다

Zhège bēizi tài xiǎo le, wǒ bù xǐhuan. 这个 杯子 太 小 了 , 我 不 喜欢 。	이 컵은 너무 작아서, 저는 좋아하지 않아요.
Nàge bēizi zěnmeyàng? 问 : 那个 杯子 怎么样 ?	질문: 그 컵은 어떠한가?

해설 음성에서 **杯子太小了**라며 '컵은 너무 작다'라고 했고, 질문이 그 컵은 어떠한지 물었어요. 따라서 B 太小了(tài xiǎo
le, 너무 작다)가 정답이에요.

어휘 **太……了** tài …… le 너무 ~하다   **大** dà 형 크다   **小** xiǎo 형 작다   **漂亮** piàoliang 형 예쁘다
杯子 bēizi 몡 컵, 잔   **喜欢** xǐhuan 동 좋아하다   **怎么样** zěnmeyàng 때 어떠한가, 어떻다

xué Hànyǔ　dǎ diànhuà　kàn diànshì A 学 汉语　B 打 电话　C 看 电视	A 중국어를 배우다　B 전화를 하다　C 텔레비전을 보다
Tā　hé　tā péngyou qù Zhōngguó xuéxí Hànyǔ. 她 和 她 朋友 去 中国 学习 汉语 。	그녀는 그녀의 친구와 중국에 가서 중국어를 배워요.
Tāmen qù Zhōngguó zuò shénme? 问：她们 去 中国 做 什么 ？	질문: 그녀들은 중국에 가서 무엇을 하는가?

해설　음성에서 **她和她朋友去中国学习汉语。**라며 '그녀는 그녀의 친구와 중국에 가서 중국어를 배워요.'라고 했고, 질문
이 그녀들은 중국에 가서 무엇을 하는지 물었어요. 따라서 A **学汉语**(xué Hànyǔ, 중국어를 배우다)가 정답이에요.
이 문장에서 **去中国学习汉语**는 '중국에 가서 중국어를 배우다'라는 뜻이고, 2개의 동사로 동작이 연속되는 것을 표
현한 연동문이에요.

어휘　**学** xué 图 배우다, 공부하다　**汉语** Hànyǔ 고유 중국어　**打电话** dǎ diànhuà 전화를 하다
电视 diànshì 명 텔레비전　**朋友** péngyou 명 친구　**中国** Zhōngguó 고유 중국
学习 xuéxí 图 배우다, 공부하다

yì nián duō　sān nián duō　wǔ nián duō A 一 年 多 B 三 年 多 C 五 年 多	A 1년 남짓　　B 3년 남짓　　C 5년 남짓
Wǒ gōngzuò sān nián duō　le. 我 工作 三 年 多 了 。	저는 일한 지 3년 남짓 되었어요.
Tā gōngzuò jǐ nián le? 问：他 工作 几 年 了 ？	질문: 그는 일한 지 얼마나 되었는가?

해설　음성에서 **工作三年多了**라며 '일한 지 3년 남짓 되었어요'라고 했고, 질문이 그는 일한 지 얼마나 되었는지 물었어요.
따라서 B **三年多**(sān nián duō, 3년 남짓)가 정답이에요.

어휘　**年** nián 명 년, 해　**多** duō ㊉ 남짓, 여　**工作** gōngzuò 图 일하다 명 일, 직업

21

| yīfu 衣服 | 옷 |

해설　제시된 단어 **衣服**(yīfu)는 '옷'이라는 뜻이에요. 단어의 뜻이 '옷'이고, 셔츠가 있는 사진이 제시되었으므로 사진과 단어는 일치해요.

어휘　**衣服** yīfu 명 옷

22

| tīng 听 | 듣다 |

해설　제시된 단어 **听**(tīng)은 '듣다'라는 뜻이에요. 단어의 뜻이 '듣다'이고, 헤드셋을 끼고 무언가를 듣고 있는 사람 사진이 제시되었으므로 사진과 단어는 일치해요.

어휘　**听** tīng 동 듣다

23

| mǐfàn 米饭 | (쌀)밥 |

해설　제시된 단어 **米饭**(mǐfàn)은 '(쌀)밥'이라는 뜻이에요. 단어의 뜻이 '(쌀)밥'인데, 사과가 있는 사진이 제시되었으므로 사진과 단어는 불일치해요. 참고로, '사과'는 **苹果**(píngguǒ)예요.

어휘　**米饭** mǐfàn 명 (쌀)밥

24

| lěng 冷 | 춥다 |

해설　제시된 단어 **冷**(lěng)은 '춥다'라는 뜻이에요. 단어의 뜻이 '춥다'이고, 두꺼운 옷을 입고 몸을 웅크리고 있는 사람 사진이 제시되었으므로 사진과 단어는 일치해요.

어휘　**冷** lěng 형 춥다

25

| xiě 写 | 쓰다 |

해설　제시된 단어 **写**(xiě)는 '쓰다'라는 뜻이에요. 단어의 뜻이 '쓰다'인데, 두 사람이 책을 읽고 있는 사진이 제시되었으므로 사진과 단어는 불일치해요. 참고로, '책을 읽다'는 **看书**(kàn shū) 또는 **读书**(dúshū)예요.

어휘　**写** xiě 동 쓰다, 적다

26-30

A

B

C

D

E

F

* 문제를 풀기 전, 예시로 사용된 보기 E에 취소선을 그어 두세요.

26

Mā, / shì / lǎoshī / dǎlai de / diànhuà. 妈 , / 是 / 老师 / 打来 的 / 电话 。 엄마, ~이다 선생님 걸려 온 전화 .	엄마, 선생님에게서 걸려 온 전화 예요.

해설 제시된 문장 **妈, 是老师打来的电话。**는 '엄마, 선생님에게서 걸려 온 전화예요.'라는 뜻이에요. 따라서 손에 휴대폰 을 쥐고 있는 사진 F가 정답이에요.

  * 정답으로 선택한 'F'에 취소선을 그어 두세요.

어휘 **老师** lǎoshī 몡 선생님   **打来** dǎlai (전화 등이) 걸려 오다   **电话** diànhuà 몡 전화

27

Wǒ / xiàwǔ / huì / huílai / de, / zàijiàn. 我 / 下午 / 会 / 回来 / 的 , / 再见 。 저는 오후에 ~할 것이다 돌아오다 안녕히 계세요.	저는 오후에 돌아올 거예요. 안녕 히 계세요.

해설 제시된 문장 **我下午会回来的, 再见。**은 '저는 오후에 돌아올 거예요. 안녕히 계세요.'라는 뜻이에요. 따라서 손을 흔 들고 있는 사람 사진 A가 정답이에요.

  * 정답으로 선택한 'A'에 취소선을 그어 두세요.

어휘 **下午** xiàwǔ 몡 오후   **会……的** huì …… de ~할 것이다   **回来** huílai 동 돌아오다
  再见 zàijiàn 동 안녕히 계세요, 안녕히 가세요

28

Wǒ de diànnǎo / zěnmele? 我 的 电脑 / 怎么 了 ? 내 컴퓨터가 어떻게 된 거지?	내 컴퓨터가 어떻게 된 거지?

해설 제시된 문장 **我的电脑怎么了?**는 '내 컴퓨터가 어떻게 된 거지?'라는 뜻이에요. 따라서 컴퓨터가 있는 사진 D가 정 답이에요.

  * 정답으로 선택한 'D'에 취소선을 그어 두세요.

어휘 **电脑** diànnǎo 몡 컴퓨터   **怎么了?** zěnmele? 어떻게 된 거지?, 무슨 일이지?

29

Zhè jǐ tiān / tiānqì / tài / rè / le. 这 几 天 / 天气 / 太 / 热 / 了 。 요 며칠은 날씨가 너무 덥다	요 며칠은 날씨가 너무 더워요.

해설 제시된 문장 **这几天天气太热了。**는 '요 며칠은 날씨가 너무 더워요.'라는 뜻이에요. 따라서 선풍기 앞에서 더워하는 사람 사진 C가 정답이에요.

    * 정답으로 선택한 'C'에 취소선을 그어 두세요.

어휘 **这几天** zhè jǐ tiān 요 며칠, 요즘　**天气** tiānqì 몡 날씨　**太……了** tài …… le 너무 ~하다
       热 rè 혱 덥다, 뜨겁다

30

Nǐ kàn,	/ wǒ	/ jīntiān	/ mǎile	/ hěn duō	/ dōngxi.	
你 看 ，	/ 我	/ 今天	/ 买了	/ 很 多	/ 东西 。	보세요, 제가 오늘 많은 물건을 샀어요.
보세요,	제가	오늘	샀다	많은	물건을.	

해설 제시된 문장 **你看, 我今天买了很多东西。**는 '보세요, 제가 오늘 많은 물건을 샀어요.'라는 뜻이에요. 따라서 양손에 쇼핑백을 들고 있는 사람 사진 B가 정답이에요.

어휘 **看** kàn 동 보다　**今天** jīntiān 몡 오늘　**买** mǎi 동 사다, 구매하다　**多** duō 혱 많다　**东西** dōngxi 몡 물건, 것

31-35

A	Sānshíwǔ kuài. 35 块 。	A	35위안이에요.
B	Shíyī diǎn. 11 点 。	B	11시에요.
C	Zuò chūzūchē. 坐 出租车 。	C	택시를 탔어요.
D	Shì de, bù shǎo. 是 的 ， 不 少 。	D	네, 적지 않아요.
E	Wǒ bàba. 我 爸爸 。	E	저희 아빠예요.
~~F~~	Hǎo de, xièxie! 好 的 ， 谢谢 ！	~~F~~	네, 감사합니다!

* 문제를 풀기 전, 예시로 사용된 보기 F에 취소선을 그어 두세요.

어휘 **块** kuài 양 위안[중국 화폐 단위]　**点** diǎn 양 시　**坐** zuò 동 타다, 앉다　**出租车** chūzūchē 몡 택시
      少 shǎo 혱 적다　**爸爸** bàba 몡 아빠

31

Nǐ	/ shì	/ shénme shíhou	/ huílai	/ de?	
你	/ 是	/ 什么 时候	/ 回来	/ 的 ？	당신은 언제 돌아왔나요?
당신은	(~이다)	언제	돌아오다	(~한 것)？	

해설 **你是什么时候回来的?**는 '당신은 언제 돌아왔나요?'라는 뜻이에요. 의문사 **什么时候**(shénme shíhou, 언제)에 표시해 두어요. 문제의 **什么时候**에 대한 답변이 되는 B **11点。**(Shíyī diǎn, 11시에요.)을 정답으로 골라요.

    * 정답으로 선택한 'B'에 취소선을 그어 두세요.

어휘 **什么时候** shénme shíhou 대 언제　**回来** huílai 동 돌아오다　**点** diǎn 양 시

32

Tā	/	rènshi	/	hěn duō	/	Zhōngguó péngyou?
他	/	认识	/	很 多	/	中国　朋友 ?
그는		알다		많은		중국 친구를 ?

그는 많은 중국 친구를 알고 있나요?

해설　**他认识很多中国朋友?**는 '그는 많은 중국 친구를 알고 있나요?'라는 뜻이에요. 핵심어구인 술어 **认识**(rènshi, 알다) 과 목적어 **中国朋友**(Zhōngguó péngyou, 중국 친구)에 표시해 두어요. 문제의 **认识······中国朋友**에 대한 답변이 되는 D **是的, 不少。**(Shì de, bù shǎo, 네, 적지 않아요.)를 정답으로 골라요.

　　* 정답으로 선택한 'D'에 취소선을 그어 두세요.

어휘　**认识** rènshi 동 알다　　**多** duō 형 많다　　**中国** Zhōngguó 고유 중국　　**朋友** péngyou 명 친구　　**少** shǎo 형 적다

33

Kāi chē de	/	nàge rén	/	shì	/	shéi?
开车的	/	那个人	/	是	/	谁 ?
차를 운전하는		저 사람은		~이다		누구 ?

차를 운전하는 저 사람은 누구인가요?

해설　**开车的那个人是谁?**는 '차를 운전하는 저 사람은 누구인가요?'라는 뜻이에요. 의문사 **谁**(shéi, 누구)에 표시해 두어 요. 문제의 **谁**에 대한 답변이 되는 E **我爸爸。**(Wǒ bàba, 저희 아빠예요.)를 정답으로 골라요.

　　* 정답으로 선택한 'E'에 취소선을 그어 두세요.

어휘　**开车** kāichē 동 차를 운전하다　　**那个** nàge 대 저, 그　　**人** rén 명 사람　　**谁** shéi 대 누구
　　爸爸 bàba 명 아빠

34

Zhège dōngxi	/	duōshao qián?
这个 东西	/	多少　钱 ?
이 물건은		얼마예요?

이 물건은 얼마예요?

해설　**这个东西多少钱?**은 '이 물건은 얼마예요?'라는 뜻이에요. 의문사를 포함한 **多少钱**(duōshao qián, 얼마예요)에 표시해 두어요. 문제의 **多少钱**에 대한 답변이 되는 A **35块。**(Sānshíwǔ kuài, 35위안이에요.)를 정답으로 골라요.

　　* 정답으로 선택한 'A'에 취소선을 그어 두세요.

어휘　**这个** zhège 대 이, 이것　　**东西** dōngxi 명 물건, 것　　**多少** duōshao 대 얼마, 몇　　**钱** qián 명 돈, 화폐
　　块 kuài 양 위안[중국 화폐 단위]

35

Nǐ	/	jīntiān	/	shì	/	zěnme	/	qù	/	xuéxiào	/	de?
你	/	今天	/	是	/	怎么	/	去	/	学校	/	的 ?
당신은		오늘		(~이다)		어떻게		가다		학교에		(~한 것) ?

당신은 오늘 어떻게 학교에 갔나요?

해설　**你今天是怎么去学校的?**는 '당신은 오늘 어떻게 학교에 갔나요?'라는 뜻이에요. 의문사를 포함한 **怎么去**(zěnme qù, 어떻게 가다)에 표시해 두어요. 문제의 **怎么去**에 대한 답변이 되는 C **坐出租车。**(Zuò chūzūchē, 택시를 탔어 요.)를 정답으로 골라요.

어휘　**今天** jīntiān 명 오늘　　**怎么** zěnme 대 어떻게, 어째서　　**去** qù 동 가다　　**学校** xuéxiào 명 학교
　　坐 zuò 동 타다, 앉다　　**出租车** chūzūchē 명 택시

	hé		qiánmian		dǎ		A ~와/과	B 앞	C (전화를) 하다
A	和	B	前面	C	打				
	míngzi		huì		nǎ		Ð 이름	E ~할 줄 알다	F 어느
Ð	名字	E	会	F	哪				

* 문제를 풀기 전, 예시로 사용된 보기 D에 취소선을 그어 두세요.

어휘 **和 hé** 졉 ~와/과   **前面 qiánmian** 몡 앞   **打 dǎ** 동 (전화를) 하다   **会 huì** 조동 ~할 줄 알다   **哪 nǎ** 대 어느

36
Nàge fànguǎnr / zài / yīyuàn / **qiánmian**.
那个 饭馆儿 / 在 / 医院 / （ **B** 前面 ）。
그 식당은　　　~에 있다　　병원　　　　앞 .

그 식당은 병원 앞에 있어요.

해설 **那个饭馆儿在医院(　　)。**은 '그 식당은 병원 ____에 있어요.'라는 뜻이고, 빈칸 앞에 명사 **医院**(yīyuàn, 병원)이 있어요. 따라서 명사 뒤에서 위치를 나타내고 문맥에도 알맞은 명사 B **前面**(qiánmian, 앞)이 정답이에요.
* 정답으로 선택한 'B'에 취소선을 그어 두세요.

어휘 **那个 nàge** 대 그, 저   **饭馆儿 fànguǎnr** 몡 식당   **在 zài** 동 ~에 있다   **医院 yīyuàn** 몡 병원
前面 qiánmian 몡 앞

37
Wǒ nǚ'ér / zài / hé / péngyou / **dǎ** / diànhuà / ne.
我 女儿 / 在 / 和 / 朋友 / （ **C** 打 ） / 电话 / 呢 。
제 딸은　~하고 있다　~와　친구　　（전화를) 하다　전화를

제 딸은 친구와 전화를 하고 있어요.

해설 **我女儿在和朋友(　　)电话呢。**는 '제 딸은 친구와 전화를 ____ 있어요.'라는 뜻이고, 문장에 술어가 없어요. 따라서 **电话**(diànhuà, 전화)를 목적어로 갖는 술어 역할을 하고 문맥에도 알맞은 동사 C **打**(dǎ, (전화를) 하다)가 정답이에요.
* 정답으로 선택한 'C'에 취소선을 그어 두세요.

어휘 **女儿 nǚ'ér** 몡 딸   **在 zài** 뷔 ~하고 있다   **和 hé** 젼 ~와/과   **朋友 péngyou** 몡 친구
打电话 dǎ diànhuà 전화를 하다   **呢 ne** 조 [문장 끝에 쓰여 동작이나 상태가 계속되고 있음을 나타냄]

38
Wǒ **hé** bàba / dōu / ài / kàn / diànshì.
我 （ **A** 和 ） 爸爸 / 都 / 爱 / 看 / 电视 。
나와 아빠는　　　모두　좋아하다　보는 것을　텔레비전을 .

나와 아빠는 모두 텔레비전을 보는 것을 좋아해요.

해설 **我(　　)爸爸都爱看电视。**은 '나 ____ 아빠는 모두 텔레비전을 보는 것을 좋아해요.'라는 뜻이고, 빈칸 앞에는 대명사 **我**(wǒ, 나)가 빈칸 뒤에는 명사 **爸爸**(bàba, 아빠)가 있어요. 따라서 명사와 명사를 이어줄 수 있고 문맥에도 알맞은 접속사 A **和**(hé, ~와/과)가 정답이에요. 이 문장의 목적어는 **看电视**이고, '텔레비전을 보다'로 해석하면 돼요. '술어+목적어' 형태가 목적어로 사용되었어요.
* 정답으로 선택한 'A'에 취소선을 그어 두세요.

어휘 **和 hé** 뷔 ~와/과   **爸爸 bàba** 몡 아빠, 아버지   **都 dōu** 뷔 모두, 다   **爱 ài** 동 좋아하다, 사랑하다
看 kàn 동 보다   **电视 diànshì** 몡 텔레비전

39

Nǐ / tīngshuōle ma? / Xiǎo Hóng de māma / zhù yuàn le. 女： 你 / 听说 了 吗 ？ / 小 红 的 妈妈 / 住 院 了 。 당신　들었어요?　　　샤오훙의 어머니가　　입원했다.	여: 당신 들었어요? 샤오훙의 어머니가 입원하셨대요.
Shì ma? / Zài / nǎge / yīyuàn? 男： 是 吗 ？ / 在 / （ **F 哪** ）个 / 医院 ？ 그래요?　~에 있다　어느　　병원?	남: 그래요? 어느 병원에 계세요?

해설　**是吗? 在(　　)个医院?**는 '그래요? ＿＿＿ 병원에 계세요?'라는 뜻이고, 빈칸 뒤에 양사 **个**(gè, 개)가 있어요. 따라서 양사 앞에 올 수 있고 문맥에도 알맞은 의문대사 **F 哪**(nǎ, 어느)가 정답이에요.

＊ 정답으로 선택한 'F'에 취소선을 그어 두세요.

어휘　**听说** tīngshuō 통 ~라고 들었다, 듣자 하니　**妈妈** māma 명 엄마, 어머니　**住院** zhùyuàn 통 입원하다
　　　是吗? shì ma? 그래요?　**在** zài 통 ~에 있다, 존재하다　**哪个** nǎge 대 어느　**医院** yīyuàn 명 병원

40

Xièxie nǐ, / wǒ / xiànzài / huì / dú / 男： 谢谢 你 ， / 我 / 现在 / （ **E 会** ）/ 读 / 감사합니다.　　저는　이제　~할 줄 알다　읽다	남: 감사합니다. 저는 이제 이 글자들을 읽을 줄 알게 됐어요.
zhèxiē zì / le. 这些 字 / 了 。 이 글자들을　(~상태가)되다 .	
Bú kèqi 女： 不 客气 。 천만에요.	여: 천만에요.

해설　**谢谢你, 我现在(　　)读这些字了。**는 '감사합니다. 저는 이제 이 글자들을 읽＿＿＿ 됐어요.'라는 뜻이고, 빈칸 뒤에 술어인 동사 **读**(dú, 읽다)가 있어요. 따라서 동사 앞에 올 수 있고 문맥에도 알맞은 조동사 **E 会**(huì, ~할 줄 알다)가 정답이에요.

어휘　**谢谢** xièxie 통 감사합니다　**现在** xiànzài 명 이제, 지금　**会** huì 조통 ~할 줄 알다　**读** dú 통 읽다
　　　这些 zhèxiē 대 이런 것들　**字** zì 명 글자, 글씨　**不客气** bú kèqi 천만에요, 별 말씀을요

🎧 1급 실전모의고사 3의 mp3를 들으며 학습해 보세요.

무료MP3 바로듣기

듣기   p.163

제1부분

1. ∨   2. ∨   3. ✗   4. ∨   5. ✗

제2부분

6. C   7. B   8. A   9. B   10. A

제3부분

11. A   12. F   13. E   14. B   15. D

제4부분

16. C   17. C   18. B   19. C   20. C

독해   p.168

제1부분

21. ✗   22. ∨   23. ✗   24. ∨   25. ✗

제2부분

26. D   27. A   28. C   29. B   30. F

제3부분

31. C   32. A   33. D   34. E   35. B

제4부분

36. B   37. E   38. A   39. F   40. C

듣기

1		**hěn lěng** 很 冷	춥다

해설 사진을 보고 冷(lěng, 춥다)이라는 표현을 떠올려요. 음성에서 很冷(hěn lěng, 춥다)이 언급되었고, 두꺼운 옷을 입고 추워하는 사람 사진이 제시되었으므로 사진과 음성은 일치해요.

어휘 冷 lěng 휑 춥다

2

zuò cài
做 菜

요리를 하다

해설 사진을 보고 **做菜**(zuò cài, 요리를 하다)라는 표현을 떠올려요. 음성에서 **做菜**(zuò cài, 요리를 하다)가 언급되었고, 두 사람이 요리를 하는 사진이 제시되었으므로 사진과 음성은 일치해요.

어휘 **做** zuò ⑧ 하다, 만들다　**菜** cài ⑲ 요리, 음식, 채소

3

hěn duō　yǐzi
很 多 椅子

많은 의자

해설 사진을 보고 **书**(shū, 책)라는 표현을 떠올려요. 음성에서 **很多椅子**(hěn duō yǐzi, 많은 의자)가 언급되었는데, 책 한 권이 있는 사진이 제시되었으므로 사진과 음성은 불일치해요.

어휘 **多** duō ⑲ 많다　**椅子** yǐzi ⑲ 의자

4

qǐng zuò
请 坐

앉으세요

해설 사진을 보고 **请坐**(qǐng zuò, 앉으세요)라는 표현을 떠올려요. 음성에서 **请坐**(qǐng zuò, 앉으세요)가 언급되었고, 의자를 손으로 가리키고 있는 사람 사진이 제시되었으므로 사진과 음성은 일치해요. 참고로, 의자는 **椅子**(yǐzi)예요.

어휘 **请** qǐng ⑧ ~해 주세요, 부탁하다　**坐** zuò ⑧ 앉다, 타다

5

liù　kuàir
六 块 儿

여섯 조각

해설 사진을 보고 **三个**(sān ge, 세 개), **三块儿**(sān kuàir, 세 조각)이라는 표현을 떠올려요. 음성에서 **六块儿**(liù kuàir, 여섯 조각)이 언급되었는데, 케이크 세 조각이 있는 사진이 제시되었으므로 사진과 음성은 불일치해요. 참고로, 케이크는 **蛋糕**(dàngāo[3급])예요.

어휘 **块** kuài ⑱ 조각, 덩이, 위안[중국 화폐 단위]

6

A　　　　　　　　B　　　　　　　　C

Nǚ'ér zài shuìjiào.
女儿 在 睡觉 。

딸은 잠을 자고 있어요.

해설 각 사진을 보고 B는 **好**(hǎo, 좋다), C는 **睡觉**(shuìjiào, 잠을 자다)라는 표현을 떠올려요. 음성에서 **睡觉**(shuìjiào, 잠을 자다)가 언급되었으므로 잠을 자고 있는 사람 사진 C가 정답이에요. 참고로, A와 관련된 표현은 **画**(huà, 그리다[3급])예요.

어휘 **女儿** nǚ'ér 몡 딸   **在** zài 뷔 ~하고 있다   **睡觉** shuìjiào 동 잠을 자다

7

| | | |
| A | B | C |

Zhè shì wǒ tóngxué de diànnǎo.
这 是 我 同学 的 电脑 。

이것은 제 학우의 컴퓨터예요.

해설 각 사진을 보고 B는 **电脑**(diànnǎo, 컴퓨터)라는 표현을 떠올려요. 음성에서 **电脑**(diànnǎo, 컴퓨터)가 언급되었으므로 컴퓨터가 있는 사진 B가 정답이에요. 참고로, A와 관련된 표현은 **手表**(shǒubiǎo, 손목시계), C와 관련된 표현은 **手机**(shǒujī, 휴대폰)예요.

어휘 **同学** tóngxué 몡 학우, 동창   **电脑** diànnǎo 몡 컴퓨터

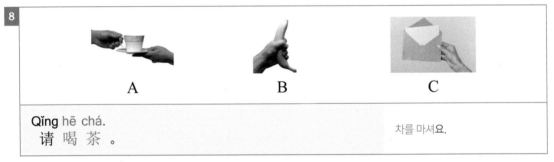

8

| | | |
| A | B | C |

Qǐng hē chá.
请 喝 茶 。

차를 마셔요.

해설 각 사진을 보고 A는 **茶**(chá, 차), B는 **水果**(shuǐguǒ, 과일)라는 표현을 떠올려요. 음성에서 **喝茶**(hē chá, 차를 마시다)가 언급되었으므로 찻잔을 들고 있는 사진 A가 정답이에요. 참고로, C와 관련된 표현은 **信**(xìn, 편지[급수 외])이에요.

어휘 **请** qǐng 동 ~해 주세요, 부탁하다   **喝** hē 동 마시다   **茶** chá 몡 차

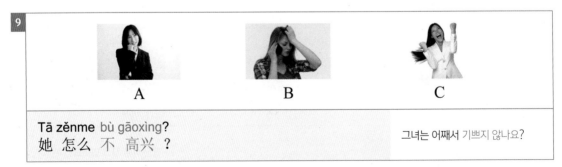

9

| | | |
| A | B | C |

Tā zěnme bù gāoxìng?
她 怎么 不 高兴 ？

그녀는 어째서 기쁘지 않나요?

해설 각 사진을 보고 A는 **想**(xiǎng, 생각하다), B는 **不高兴**(bù gāoxìng, 기쁘지 않다), C는 **高兴**(gāoxìng, 기쁘다)이라는 표현을 떠올려요. 음성에서 **不高兴**(bù gāoxìng, 기쁘지 않다)이 언급되었으므로 기분이 좋지 않아 보이는 사람 사진 B가 정답이에요.

어휘 **怎么** zěnme 때 어째서, 어떻게   **高兴** gāoxìng 휑 기쁘다, 즐겁다

10

A   B   C

Nǐ rènshi dǎ diànhuà de nàge rén ma? 你 认识 打 电话 的 那个 人 吗 ?	당신은 전화를 하는 저 사람을 알 아요?

해설 각 사진을 보고 A는 **打电话**(dǎ diànhuà, 전화를 하다), B는 **衣服**(yīfu, 옷)라는 표현을 떠올려요. 음성에서 **打电话**(dǎ diànhuà, 전화를 하다)가 언급되었으므로 전화를 하고 있는 사람 사진 A가 정답이에요. 참고로, C와 관련된 표현은 **打篮球**(dǎ lánqiú, 농구를 하다[2급])예요.

어휘 **认识** rènshi 통 알다 **打电话** dǎ diànhuà 전화를 하다

11-15

A   B   C̶

D    E   F

* 문제를 풀기 전, 예시로 사용된 보기 C에 취소선을 그어 두세요.

각 사진을 보고 A는 **东西**(dōngxi, 물건), B는 **看书**(kàn shū, 책을 보다), D는 **好点儿了吗**?(hǎo diǎnr le ma?, (몸이) 좀 좋아졌어요?), E는 **去**(qù, 가다), F는 **苹果**(píngguǒ, 사과)라는 표현을 떠올려요.

11

Jiějie, zhè shì nǐ de dōngxi. 男: 姐姐 ， 这 是 你 的 东西 。	남: 누나, 이건 누나 물건이야.
Xièxie. 女: 谢谢 。	여: 고마워.

해설 음성을 첫 번째로 들을 때 **你的东西**(nǐ de dōngxi, 당신의 물건)를 듣고 박스를 건네는 사진 A 옆에 √ 표시를 해 둬요. 음성을 두 번째로 들을 때, 보기 A를 정답으로 확정해요.

   * 정답으로 선택한 'A'에 취소선을 그어 두세요.

어휘 **姐姐** jiějie 명 누나, 언니 **东西** dōngxi 명 물건

12

Wǒ hěn xǐhuan chī píngguǒ. 女: 我 很 喜欢 吃 苹果 。	여: 나는 사과를 먹는 것을 매우 좋아해.
Nǐ duō chī diǎnr. 男: 你 多 吃 点儿 。	남: 많이 좀 먹어.

해설 음성을 첫 번째로 들을 때 苹果(píngguǒ, 사과)를 듣고 사과를 들고 있는 사진 F 옆에 √ 표시를 해 둬요. 음성을 두 번째로 들을 때, 보기 F를 정답으로 확정해요.

* 정답으로 선택한 'F'에 취소선을 그어 두세요.

어휘 **喜欢 xǐhuan** 圖 좋아하다　**苹果 píngguǒ** 圖 사과　**多 duō** 圖 많다　**(一)点儿 (yì)diǎnr** 쉬링 좀, 조금

13

男: Nǐmen qù nǎr?
你们 去 哪儿 ?

남: 당신들은 어디에 가나요?

女: Wǒmen qù shāngdiàn mǎi dōngxi.
我们 去 商店 买 东西 。

여: 우리는 물건을 사러 상점에 가요.

해설 음성을 첫 번째로 들을 때 去哪儿?(qù nǎr?, 어디에 가나요?)을 듣고 여러 사람이 차에 타고 있는 사진 E 옆에 √ 표시를 해 둬요. 음성을 두 번째로 들을 때, 보기 E를 정답으로 확정해요.

* 정답으로 선택한 'E'에 취소선을 그어 두세요.

어휘 **哪儿 nǎr** 때 어디　**商店 shāngdiàn** 圖 상점　**买 mǎi** 圖 사다　**东西 dōngxi** 圖 물건

14

女: Bàba, zhège Hànzì nǐ rènshi ma?
爸爸 , 这个 汉字 你 认识 吗 ?

여: 아빠, 이 한자를 알아요?

男: Nǎge zì? Xiàmian zhège?
哪个 字 ? 下面 这个 ?

남: 어떤 글자? 아래에 이거?

해설 음성을 첫 번째로 들을 때 爸爸, 这个汉字你认识吗?(Bàba, zhège Hànzì nǐ rènshi ma?, 아빠, 이 한자를 알아요?)를 듣고 아빠와 함께 책을 보는 아이 사진 B 옆에 √ 표시를 해 둬요. 음성을 두 번째로 들을 때, 보기 B를 정답으로 확정해요.

* 정답으로 선택한 'B'에 취소선을 그어 두세요.

어휘 **汉字 Hànzì** 고유 한자　**认识 rènshi** 圖 알다　**哪 nǎ** 때 어느　**字 zì** 圖 글씨, 글자　**下面 xiàmian** 圖 아래

15

男: Xièxie nǐmen lái kàn wǒ.
谢谢 你们 来 看 我 。

남: 나를 보러 와 줘서 고마워.

女: Bú kèqi, hǎo diǎnr le ma?
不 客气 , 好 点儿 了 吗 ?

여: 천만에요. (몸이) 좀 좋아졌어요?

해설 음성을 첫 번째로 들을 때 谢谢你们来看我。(Xièxie nǐmen lái kàn wǒ, 나를 보러 와 줘서 고마워.), **好点儿了吗?**(hǎo diǎnr le ma?, (몸이) 좀 좋아졌어요?)를 듣고 병실에 병문안을 온 사람 사진 D 옆에 √ 표시를 해 둬요. 음성을 두 번째로 들을 때, 보기 D를 정답으로 확정해요. **来看我**는 '나를 보러 오다'라는 뜻이고, 2개의 동사로 동작이 연속되는 것을 표현한 연동문이에요.

어휘 **谢谢 xièxie** 圖 고맙습니다　**不客气 bú kèqi** 천만에요, 별 말씀을요　**(一)点儿 (yì)diǎnr** 쉬링 좀, 조금

16

shí kuài A 10 块	shísān kuài B 13 块	sānshí kuài C 30 块
A 10위안	B 13위안	C 30위안

Zhège yīfu sānshí kuài qián, wǒ xiǎng mǎi 这个 衣服 三十 块 钱 ， 我 想 买 zhège yīfu. 这个 衣服 。	이 옷은 30위안이에요. 저는 이 옷을 사고 싶어요.
Nàge yīfu duōshao qián? 问：那个 衣服 多少 钱 ？	질문: 그 옷은 얼마인가?

해설 음성에서 **这个衣服三十块钱**이라며 '이 옷은 30위안이에요'라고 했고, 질문이 그 옷은 얼마인지 물었어요. 따라서 C **30块**(sānshí kuài, 30위안)가 정답이에요.

어휘 **块 kuài** 양 위안[중국 화폐 단위], 덩이, 조각 **衣服 yīfu** 명 옷 **想 xiǎng** 조동 ~하고 싶다, ~하려고 하다 **多少钱? Duōshao qián?** 얼마예요?

17

huí jiā A 回 家	kàn diànshì B 看 电视	kàn diànyǐng C 看 电影
A 집에 가다	B 텔레비전을 보다	C 영화를 보다

Wǒ hé bàba qù kàn diànyǐng. 我 和 爸爸 去 看 电影 。	나는 아빠와 영화를 보러 가요.
Wǒ hé bàba qù zuò shénme? 问：我 和 爸爸 去 做 什么 ？	질문: 나는 아빠와 무엇을 하러 가는가?

해설 음성에서 **我和爸爸去看电影。**이라며 '나는 아빠와 영화를 보러 가요.'라고 했고, 질문이 나는 아빠와 무엇을 하러 가는지 물었어요. 따라서 C **看电影**(kàn diànyǐng, 영화를 보다)이 정답이에요. **去看电影**는 '영화를 보러 가다'라는 뜻이고, 2개의 동사로 동작이 연속되는 것을 표현한 연동문이에요.

어휘 **回家 huí jiā** 집에 가다 **电视 diànshì** 명 텔레비전 **电影 diànyǐng** 명 영화 **和 hé** 전 ~와/과

18

xīngqīwǔ A 星期五	xīngqīliù B 星期六	xīngqīrì C 星期日
A 금요일	B 토요일	C 일요일

Wǒ zài Běijīng zhù sān tiān, xīngqīliù huílai. 我 在 北京 住 三 天 ， 星期六 回来 。	저는 베이징에 3일을 묵고, 토요일에 돌아와요.
Tā nǎ tiān huílai? 问：他 哪 天 回来 ？	질문: 그는 어느 날에 돌아오는가?

해설 음성에서 **星期六回来**라며 '토요일에 돌아와요'라고 했고, 질문이 그는 어느 날에 돌아오는지 물었어요. 따라서 B **星期六**(xīngqīliù, 토요일)가 정답이에요.

어휘 **北京 Běijīng** 고유 베이징, 북경 **住 zhù** 동 묵다, 살다 **回来 huílai** 동 돌아오다 **哪 nǎ** 대 어느

wǒ A 我　B 朋友　C 朋友 的 女儿	A 나	B 친구　C 친구의 딸

Tā shì wǒ péngyou de nǚ'ér,　tīng péngyou 她 是 我 朋友 的 女儿 ， 听 朋友 shuō,　tā zài xuéxiào gōngzuò. 说 ， 她 在 学校 工作 。	그녀는 내 친구의 딸이고, 친구에게 듣기로는, 그녀는 학교에서 일해요.
Shéi zài xuéxiào gōngzuò? 问 : 谁 在 学校 工作 ？	질문: 누가 학교에서 일하는가?

해설　음성에서 **朋友的女儿……在学校工作**라며 '내 친구의 딸 …… 학교에서 일해요'라고 했고, 질문이 누가 학교에서 일하는지 물었어요. 따라서 C **朋友的女儿**(péngyou de nǚ'ér, 친구의 딸)이 정답이에요.

어휘　**朋友** péngyou 몡 친구　**女儿** nǚ'ér 몡 딸　**听说** tīngshuō 동 듣기로는, 듣자 하니　**在** zài 전 ~에서
　　学校 xuéxiào 몡 학교　**工作** gōngzuò 동 일하나 몡 일, 식업

hěn lěng　　hěn hǎo　　xià yǔ le A 很 冷　B 很 好　C 下 雨 了	A 춥다　　B 좋다	C 비가 내린다

Jīntiān shàngwǔ xià dà yǔ le,　tiānqì bù hǎo. 今天 上午 下 大 雨 了 ， 天气 不 好 。	오늘 오전에 큰 비가 내려서, 날씨가 좋지 않아요.
Jīntiān shàngwǔ tiānqì zěnmeyàng? 问 : 今天 上午 天气 怎么样 ？	질문: 오늘 오전의 날씨는 어떠한가?

해설　음성에서 **上午下大雨了**라며 '오전에 큰 비가 내렸다'라고 했고, 질문이 오늘 오전의 날씨는 어떠한지 물었어요. 따라서 C **下雨了**(xià yǔ le, 비가 내린다)가 정답이에요.

어휘　**冷** lěng 형 춥다　**下雨** xià yǔ 비가 내리다　**今天** jīntiān 몡 오늘　**上午** shàngwǔ 몡 오전
　　下大雨 xià dà yǔ 큰 비가 내리다　**天气** tiānqì 몡 날씨　**怎么样** zěnmeyàng 대 어떠한가, 어떻다

21

rè
热

덥다

해설 제시된 단어 **热**(rè)는 '덥다'라는 뜻이에요. 단어의 뜻이 '덥다'인데, 방긋 웃고 있는 사람 사진이 제시되었으므로 사진과 단어는 불일치해요. 참고로 '웃다'는 **笑**(xiào[2급])예요.

어휘 **热** rè 휑 덥다, 뜨겁다

22

yǐzi
椅子

의자

해설 제시된 단어 **椅子**(yǐzi)는 '의자'라는 뜻이에요. 단어의 뜻이 '의자'이고, 의자가 있는 사진이 제시되었으므로 사진과 단어는 일치해요.

어휘 **椅子** yǐzi 뎽 의자

23

shǎo
少

적다

해설 제시된 단어 **少**(shǎo)는 '적다'라는 뜻이에요. 단어의 뜻이 '적다'인데, 많은 상자가 있는 사진이 제시되었으므로 사진과 단어는 불일치해요. 참고로, '많다'는 '**多**(duō)'예요.

어휘 **少** shǎo 휑 적다

24

tā
他

그

해설 제시된 단어 **他**(tā)는 '그'라는 뜻이에요. 단어의 뜻이 '그'이고, 성인 남성 사진이 제시되었으므로 사진과 단어는 일치해요.

어휘 **他** tā 떼 그, 그 사람

25

shuōhuà
说话

말하다

해설 제시된 단어 **说话**(shuōhuà)는 '말하다'라는 뜻이에요. 단어의 뜻이 '말하다'인데, 물을 마시는 사람 사진이 제시되었으므로 사진과 단어는 불일치해요. 참고로 '물을 마시다'는 **喝水**(hē shuǐ)예요.

어휘 **说话** shuōhuà 뎽 말하다, 이야기하다

A B C

D E F

* 문제를 풀기 전, 예시로 사용된 보기 E에 취소선을 그어 두세요.

26

Wǒ / hé péngyou / zài shāngdiàn / mǎi / yīfu / ne.	나는 친구와 상점에서 옷을 사고 있
我 / 和 朋友 / 在 商店 / 买 / 衣服 / 呢。	어요.
나는 친구와 상점에서 사다 옷을 ~하고 있다.	

해설 제시된 문장 **我和朋友在商店买衣服呢。**는 ' 나는 친구와 상점에서 옷을 사고 있어요.'라는 뜻이에요. 따라서 두 사람이 옷을 들고 있는 사진 D가 정답이에요.

　　　* 정답으로 선택한 'D'에 취소선을 그어 두세요.

어휘 **和 hé** 젠 ~와/과　**朋友 péngyou** 명 친구　**在 zài** 젠 ~에(서)　**商店 shāngdiàn** 명 상점
　　　买 mǎi 동 사다, 구매하다　**衣服 yīfu** 명 옷　**呢 ne** 조 [문장의 끝에 쓰여 동작이나 상태가 계속되고 있음을 나타냄]

27

Zhè jǐ ge / zì / nǐ / huì / dú / ma?	이 글자 몇 개를 너는 읽을 줄 아니?
这 几 个 / 字 / 你 / 会 / 读 / 吗?	
이 몇 개 글자를 너는 ~할 줄 알다 읽다 ~니?	

해설 제시된 문장 **这几个字你会读吗?**는 '이 글자 몇 개를 너는 읽을 줄 아니?'라는 뜻이에요. 따라서 선생님으로 보이는 사람이 학생에게 무언가를 가르쳐 주고 있는 사진 A가 정답이에요.

　　　* 정답으로 선택한 'A'에 취소선을 그어 두세요.

어휘 **几 jǐ** 수 몇　**个 gè** 양 개　**字 zì** 명 글자, 글씨　**会 huì** 조동 ~할 줄 알다　**读 dú** 동 읽다

28

Lǐmian / méiyǒu / qián.	안에 돈이 없어요.
里面 / 没有 / 钱。	
안에 없다 돈이 .	

해설 제시된 문장 **里面没有钱。**은 '안에 돈이 없어요.'라는 뜻이에요. 따라서 지갑이 텅 비어 있는 사진 C가 정답이에요.

　　　* 정답으로 선택한 'C'에 취소선을 그어 두세요.

어휘 **里面 lǐmian** 명 안, 안쪽　**没有 méiyǒu** 동 없다　**钱 qián** 명 돈

29

Nǐ / zài nàr / xiǎng / shénme / ne?
你 / 在 那儿 / 想 / 什么 / 呢 ？
당신은　　거기서　　생각하다　무엇을　~하고 있다 ?

당신은 거기서 무엇을 생각하고 있나요?

해설　제시된 문장 **你在那儿想什么呢?**는 '당신은 거기에서 무엇을 생각하고 있나요?'라는 뜻이에요. 따라서 남자가 손으로 턱을 괴고 무언가를 생각하는 사진 B가 정답이에요.
　　* 정답으로 선택한 'B'에 취소선을 그어 두세요.

어휘　**在 zài** 젠 ~에서　**那儿 nàr** 때 거기, 저기　**想 xiǎng** 됭 생각하다　**什么 shénme** 때 무엇, 무슨

30

Zhèxiē xiǎomāo / dōu / shì / shéi / de?
这些 小猫 / 都 / 是 / 谁 / 的 ？
이 고양이들은　　모두　~이다　누구　~의 것 ?

이 고양이들은 모두 누구의 것인가요?

해설　제시된 문장 **这些小猫都是谁的?**는 '이 고양이들은 모두 누구의 것인가요?'라는 뜻이에요. 따라서 고양이 세 마리가 있는 사진 F가 정답이에요.

어휘　**这些 zhèxiē** 때 이것들　**小猫 xiǎomāo** 몡 고양이　**都 dōu** 뷔 모두, 다　**谁 shéi** 때 누구

31-35

A　Xuéxiào li.
　学校 里 。

B　Xiǎo Yuè.
　小 月 。

C　Hěn hǎo.
　很 好 。

D　Hànyǔ shū.
　汉语 书 。

E　10 岁 。
　Shí suì.

F̶　Hǎo de, xièxie!
　好 的 ，谢谢 ！

A 학교 안에서요.

B 샤오위에 입니다.

C 좋아요.

D 중국어 책이요.

E 열 살이에요.

F̶ 네, 감사합니다!

* 문제를 풀기 전, 예시로 사용된 보기 F에 취소선을 그어 두세요.

어휘　**学校 xuéxiào** 몡 학교　**里 li** 몡 안, 안쪽　**汉语 Hànyǔ** 고유 중국어　**岁 suì** 양 살, 세[나이를 세는 단위]

31

Nàge fànguǎnr / zěnmeyàng?
那个 饭馆儿 / 怎么样 ？
그 음식점은　　어때요?

그 음식점은 어때요?

해설　**那个饭馆儿怎么样?**은 '그 음식점은 어때요?'라는 뜻이에요. 의문사 **怎么样**(zěnmeyàng, 어때요)에 표시해 두어요. 문제의 **怎么样**에 대한 답변이 되는 C **很好**。(Hěn hǎo, 좋아요.)를 정답으로 골라요.
　　* 정답으로 선택한 'C'에 취소선을 그어 두세요.

어휘　**那个 nàge** 때 그, 저　**饭馆儿 fànguǎnr** 몡 음식점, 식당　**怎么样 zěnmeyàng** 때 어떠한가, 어떻다

32

Nǐ de	érzi /	xiànzài /	zhù /	nǎr?
你 的	儿子 /	现在 /	住 /	哪儿 ?
당신의 아들은		지금	살다	어디에

당신의 아들은 지금 어디에 살아요?

해설　**你的儿子现在住哪儿?**은 '당신의 아들은 지금 어디에 살아요?'라는 뜻이에요. 의문사를 포함한 **住哪儿**(zhù nǎr, 어디에 살다)에 표시해 두어요. 문제의 **住哪儿**에 대한 답변이 되는 A **学校里**。(Xuéxiào li, 학교 안에서요.)를 정답으로 골라요.

　　　* 정답으로 선택한 'A'에 취소선을 그어 두세요.

어휘　**儿子** érzi 몡 아들　**现在** xiànzài 몡 지금, 현재　**住** zhù 통 살다, 묵다　**哪儿** nǎr 때 어디　**学校** xuéxiào 몡 학교　**里** li 몡 안, 안쪽

33

Tā /	xiǎng /	mǎi /	shénme?
他 /	想 /	买 /	什么 ?
그는	~하고 싶다	사다	무엇을

그는 무엇을 사고 싶어 하나요?

해설　**他想买什么?**는 '그는 무엇을 사고 싶어 하나요?'라는 뜻이에요. 의문사를 포함한 **买什么**(mǎi shénme, 무엇을 사다)에 표시해 두어요. 문제의 **买什么**에 대한 답변이 되는 D **汉语书**。(Hànyǔ shū, 중국어 책이요.)를 정답으로 골라요.

　　　* 정답으로 선택한 'D'에 취소선을 그어 두세요.

어휘　**想** xiǎng 조통 ~하고 싶다　**买** mǎi 통 사다　**什么** shénme 때 무엇, 무슨　**汉语** Hànyǔ 고유 중국어　**书** shū 몡 책

34

Lǐ lǎoshī de /	nǚ'ér /	jīnnián /	duō dà le?
李 老师 的 /	女儿 /	今年 /	多 大 了 ?
리 선생님의	딸은	올해	몇 살인가요?

리 선생님의 딸은 올해 몇 살인가요?

해설　**李老师的女儿今年多大了?**는 '리 선생님의 딸은 올해 몇 살인가요?'라는 뜻이에요. **多大**(duō dà, 몇 살)에 표시해 두어요. 문제의 **多大**에 대한 답변이 되는 E **10岁**。(Shí suì, 열 살이에요.)를 정답으로 선택해요.

　　　* 정답으로 선택한 'E'에 취소선을 그어 두세요.

어휘　**老师** lǎoshī 몡 선생님, 스승　**女儿** nǚ'ér 몡 딸　**今年** jīnnián 몡 올해　**多大** duō dà 몇 살

35

Zhèxiē shuǐguǒ /	shì /	shéi /	mǎi /	de?
这些 水果 /	是 /	谁 /	买 /	的 ?
이 과일들은	(~이다)	누가	사다	(~한 것)

이 과일들은 누가 샀나요?

해설　**这些水果是谁买的?**는 '이 과일들은 누가 샀나요?'라는 뜻이에요. 의문사 **谁**(shéi, 누구)에 표시해 두어요. 문제의 **谁**에 대한 답변이 되는 B **小月**。(Xiǎo Yuè, 샤오위에 입니다.)를 정답으로 골라요.

어휘　**这些** zhèxiē 때 이것들　**水果** shuǐguǒ 몡 과일　**谁** shéi 때 누구　**买** mǎi 통 사다, 구매하다

				A 월	B 몇	C 작다
yuè A 月	jǐ B 几	xiǎo C 小				
míngzi Ɗ 名字	cài E 菜	xièxie F 谢谢		Ɗ 이름	E 요리, 음식	F 감사합니다

* 문제를 풀기 전, 예시로 사용된 보기 D에 취소선을 그어 두세요.

어휘　月 yuè 몡 월　几 jǐ 때 몇　小 xiǎo 혱 작다　菜 cài 몡 요리, 음식　谢谢 xièxie 통 감사합니다

36

Jīntiān / nǐ xiānsheng / jǐ diǎn / huílai? 今天 / 你 先生 / (**B** 几) 点 / 回来 ? 오늘　당신 남편은　몇 시에　돌아와요?	오늘 당신 남편은 몇 시에 돌아와요?

해설　今天你先生( )点回来?는 '오늘 당신 남편은 _____시에 돌아와요?'라는 뜻이고, 빈칸 뒤에 양사 点(diǎn, 시)이 있어요. 따라서 뒤에 양사가 올 수 있고 문맥에도 알맞은 B 几(jǐ, 몇)가 정답이에요.

　　* 정답으로 선택한 'B'에 취소선을 그어 두세요.

어휘　今天 jīntiān 몡 오늘　先生 xiānsheng 몡 남편, 선생님[성인 남성에 대한 경칭]　几 jǐ 때 몇　点 diǎn 양 시　回来 huílai 통 돌아오나

37

Wǒ / hěn / xǐhuan / chī / Zhōngguó / cài 我 / 很 / 喜欢 / 吃 / 中国 / (**E** 菜) 。 나는　매우　좋아하다　먹는 것을　중국　요리를 .	나는 중국 요리를 먹는 것을 매우 좋아해요.

해설　我很喜欢吃中国( )。는 '나는 중국 _____ 먹는 것을 매우 좋아해요.'라는 뜻이고, 빈칸 앞에 술어인 동사 吃(chī, 먹다)이 있어요. 따라서 술어 뒤에서 목적어 역할을 하고 문맥에도 알맞은 E 菜(cài, 요리)가 정답이에요. 이 문장의 목적어는 吃中国菜고, '중국 요리를 먹다'로 해석하면 돼요. '술어+목적어' 형태가 목적어로 사용되었어요.

　　* 정답으로 선택한 'E'에 취소선을 그어 두세요.

어휘　很 hěn 뷔 매우　喜欢 xǐhuan 통 좋아하다　吃 chī 통 먹다　中国 Zhōngguó 고유 중국　菜 cài 몡 요리, 음식

38

Tā / jīnnián / jiǔ yuè / qù / Běijīng / dú shū. 她 / 今年 / 9 (**A** 月) / 去 / 北京 / 读 书 。 그녀는　올해　9월　가다　베이징에　공부하다 .	그녀는 올해 9월 공부하러 베이징에 가요.

해설　她今年9( )去北京读书。는 '그녀는 올해 9_____ 공부하러 베이징에 가요.'라는 뜻이고, 빈칸 앞에 今年9(jīn-nián jiǔ, 올해 9)가 있어요. 따라서 '今年+숫자+月' 형태로 자주 쓰이고 문맥에도 알맞은 A 月(yuè, 월)가 정답이에요. 去北京读书는 '공부하러 베이징에 가다'라고 해석하면 되고, 2개의 동사로 동작이 연속되는 것을 표현한 연동문이에요.

　　* 정답으로 선택한 'A'에 취소선을 그어 두세요.

어휘　今年 jīnnián 몡 올해　月 yuè 몡 월　去 qù 통 가다　北京 Běijīng 고유 베이징, 북경　读书 dúshū 통 공부하다

39

女：（ F 谢谢 ）/ 你 / 今天 / 请 / 我 / 吃 / 饭 。
　　Xièxie　　/ nǐ / jīntiān / qǐng / wǒ / chī / fàn.
　　감사합니다　　당신이　오늘　대접하다 저에게 밥을　먹다.

男：不 客气 。
　　Bú kèqi.
　　천만에요.

여자: 오늘 저에게 식사를 대접해
　　　주셔서 감사해요.

남자: 천만에요.

해설　（　）你今天请我吃饭。은 '오늘 저에게 식사를 대접해 주셔서 _____.'라는 뜻이고, 남자가 不客气(Bú kèqi, 천만에요)라고 대답했어요. 따라서 문맥에 알맞은 F 谢谢(xièxie, 감사합니다)가 정답이에요. 참고로, 谢谢는 주로 문장 맨 앞에 오며, 대화에서 谢谢라고 말하면 不客气라고 대답한다는 것을 알아 두세요.
　　* 정답으로 선택한 'F'에 취소선을 그어 두세요.

어휘　谢谢 xièxie 동 감사합니다　今天 jīntiān 명 오늘　请 qǐng 동 (식사를) 대접하다, 부탁하다
　　吃 chī 동 먹다　饭 fàn 명 밥　不客气 bú kèqi 천만에요, 별 말씀을요

40

男：这个 桌子 / 太 / （ C 小 ）/ 了 , / 有 /
　　Zhège zhuōzi / tài / xiǎo / le, / yǒu /
　　이 탁자는　　너무　　작다　　　있다

　　大 一点儿 的 / 吗 ？
　　dà yìdiǎnr de / ma?
　　조금 더 큰 것　~나요?

女：这个 呢 ？
　　Zhège ne?
　　이건요?

남자: 이 탁자는 너무 작은데, 좀 더
　　　큰 것이 있나요?

여자: 이건요?

해설　这个桌子太（　）了, 有大一点儿的吗?는 '이 탁자는 너무 _____, 좀 더 큰 것이 있나요?'라는 뜻이고, 빈칸 앞에는 부사 太(tài, 너무)가, 빈칸 뒤에는 어기조사 了(le, ~하다)가 있어요. 따라서 부사 뒤에 올 수 있고 문맥에도 알맞은 C 小(xiǎo, 작다)가 정답이에요. 참고로, 太……了는 '너무 ~하다' 라는 의미로, 太와 了 사이에는 주로 형용사가 와요.

어휘　这个 zhège 대 이, 이것　桌子 zhuōzi 명 탁자, 책상　太……了 tài …… le 너무 ~하다　小 xiǎo 형 작다
　　大 dà 형 크다　一点儿 yìdiǎnr 수량 조금, 약간　呢 ne 조 [문장의 끝에 쓰여 의문의 어기를 나타냄]

HSK 2급

듣기 제1부분 | 문장 듣고 일치·불일치 판단하기

실전 테스트

🎧 2급 듣기 제1부분의 mp3를 들으며 학습해 보세요.

무료MP3 바로듣기

테스트 1   p.184

1. ✗   2. ✓   3. ✗   4. ✗   5. ✓   6. ✓   7. ✗   8. ✓   9. ✓   10. ✗

1

Wǒ hěn xǐhuan kàn shū.
我 很 喜欢 看 书 。

나는 책 보는 것을 매우 좋아해요.

해설　사진을 보고 看电视(kàn diànshì, 텔레비전을 보다)이라는 표현을 떠올려요. 음성에서 看书(kàn shū, 책을 보다)가 언급되었는데, 네 사람이 텔레비전을 보고 있는 사진이 제시되었으므로 사진과 음성은 불일치해요. 이 문장의 목적어는 看书이고, '책을 보다'라는 뜻이에요. '술어+목적어' 형태가 목적어로 사용되었어요.

어휘　喜欢 xǐhuan 통 좋아하다　看书 kàn shū 책을 보다

2

Qǐng wèn zhège yào zěnme chī?
请 问 这个 药 怎么 吃 ？

실례지만 이 약은 어떻게 먹나요?

해설　사진을 보고 医生(yīshēng, 의사)이라는 표현을 떠올려요. 음성에서 这个药怎么吃?(zhège yào zěnme chī?, 이 약은 어떻게 먹나요?)이 언급되었고, 의사와 대화를 하고 있는 사람 사진이 제시되었으므로 의사와 환자가 대화 중임을 알 수 있어요. 따라서 사진과 음성은 일치해요.

어휘　请问 qǐngwèn 통 실례합니다　药 yào 명 약　怎么 zěnme 대 어떻게, 어째서

3

Zuǒbian de bǐ yòubian de dà.
左边 的 比 右边 的 大 。

왼쪽 것은 오른쪽 것보다 커요.

해설 사진을 보고 **两个**(liǎng ge, 두 개)라는 표현을 떠올려요. 음성에서 **左边的比右边的大.**(Zuǒbian de bǐ yòubian de dà, 왼쪽 것은 오른쪽 것보다 커요.)가 언급되었는데, 크기가 같은 공 두 개가 있는 사진이 제시되었으므로 사진과 음성은 불일치해요.

어휘 **左边** zuǒbian 몡 왼쪽   **比** bǐ 전 ~보다   **右边** yòubian 몡 오른쪽   **大** dà 혱 크다

4

Zhè shì nǐ xīn mǎi de shǒubiǎo ma?
这 是 你 新 买 的 手表 吗 ?

이것은 당신이 새로 산 손목시계인가요?

해설 사진을 보고 **手机**(shǒujī, 휴대폰)라는 표현을 떠올려요. 음성에서 **手表**(shǒubiǎo, 손목시계)가 언급되었는데, 휴대폰을 들고 있는 사진이 제시되었으므로 사진과 음성은 불일치해요.

어휘 **新** xīn 뷔 새로   **手表** shǒubiǎo 몡 손목시계

5

Nǐ yào bu yào hē bēi rè chá?
你 要 不 要 喝 杯 热 茶 ?

뜨거운 차 한 잔 마실래요?

해설 사진을 보고 **茶**(chá, 차)라는 표현을 떠올려요. 음성에서 **茶**(chá, 차)가 언급되었고, 차 주전자와 찻잔이 있는 사진이 제시되었으므로 사진과 음성은 일치해요.

어휘 **要** yào 조동 ~하려 하다   **杯** bēi 양 잔   **热** rè 혱 뜨겁다, 덥다

6

Xiào yi xiào, zài lái yì zhāng.
笑 一 笑 , 再 来 一 张 。

웃어 보세요. 한 장 더 찍을게요.

해설 사진을 보고 **再来一张**(zài lái yì zhāng, 한 장 더 찍을게요)이라는 표현을 떠올려요. 음성에서 **再来一张**(zài lái yì zhāng, 한 장 더 찍을게요)이 언급되었고, 사진을 찍고 있는 사람 사진이 제시되었으므로 사진과 음성은 일치해요. 참고로 **再来一张**(zài lái yì zhāng, 한 장 더 찍을게요)은 사진을 찍는 사람 사진과 함께 자주 출제되는 표현이므로 꼭 알아 두세요.

어휘 **笑** xiào 동 웃다   **再** zài 뷔 더, 다시   **来** lái 동 하다[다른 동사를 대신함]   **张** zhāng 양 장

7

Zhè yú èrshí kuài qián yì jīn, tài guì le.
这 鱼 二 十 块 钱 一 斤 , 太 贵 了 。

이 생선은 한 근에 20위안이에요. 너무 비싸요.

해설 사진을 보고 **水果**(shuǐguǒ, 과일)라는 표현을 떠올려요. 음성에서 **鱼**(yú, 생선)가 언급되었는데, 과일 바구니가 있는 사진이 제시되었으므로 사진과 음성은 불일치해요.

어휘 **鱼** yú 몡 생선   **斤** jīn 양 근(500g)   **太……了** tài …… le 너무 ~하다   **贵** guì 혱 비싸다

8

Nín hǎo, wǒ xìng Gāo, nín guì xìng?
您 好 , 我 姓 高 , 您 贵 姓 ?

안녕하세요. 제 성은 까오입니다. 당신의 성은 어떻게 되십니까?

해설 사진을 보고 **您好**(nín hǎo, 안녕하세요), **认识你很高兴**(rènshi nǐ hěn gāoxìng, 만나서 반갑습니다)이라는 표현을 떠올려요. 음성에서 **您好**(nín hǎo, 안녕하세요)가 언급되었고, 두 사람이 악수를 나누는 사진이 제시되었으므로 사진과 음성은 일치해요.

어휘 **姓** xìng 图 성이 ~이다 **您贵姓?** Nín guì xìng? 당신의 성(함)은 어떻게 되십니까?

9 Lǎoshī, zhège tí wǒ lái huídá.
老师 ， 这 个 题 我 来 回答 。

선생님, 이 문제는 제가 대답해 볼게요.

해설 사진을 보고 **回答**(huídá, 대답하다)라는 표현을 떠올려요. 음성에서 **回答**(huídá, 대답하다)가 언급되었고, 학생으로 보이는 손을 든 사람 사진이 제시되었으므로 사진과 음성은 일치해요. 참고로 **回答**(huídá, 대답하다)는 2급에 자주 나오는 3급 단어예요.

어휘 **题** tí 图 문제 **来** lái 图 [다른 동사 앞에서 어떤 일을 적극적으로 시도함을 나타냄] **回答** huídá 图 대답하다

10 Wàimian tài lěng le, chuān hǎo yīfu zài
外面 太 冷 了 ， 穿 好 衣服 再
chūqu.
出去 。

바깥이 너무 추우니, 옷을 잘 입은 후에 나가세요.

해설 사진을 보고 **热**(rè, 덥다)라는 표현을 떠올려요. 음성에서 **太冷了**(tài lěng le, 너무 춥다)가 언급되었는데, 선풍기 앞에서 더워하고 있는 사람 사진이 제시되었으므로 사진과 음성은 불일치해요. 이 문장에서 **穿好衣服再出去**는 '옷을 잘 입은 후에 나가다'라는 뜻이고, 2개의 동사로 동작이 연속되는 것을 표현한 연동문이에요.

어휘 **外面** wàimian 图 바깥, 밖 **太……了** tài …… le 너무 ~하다 **冷** lěng 图 춥다 **穿** chuān 图 입다
好 hǎo 图 [동사 뒤에 쓰여 동작이 잘 마무리되었음을 나타냄] **再** zài 图 ~한 후, ~하고 나서 **出去** chūqu 나가다

테스트 2

p.186

1. ✕   2. ✓   3. ✕   4. ✓   5. ✕   6. ✓   7. ✓   8. ✕   9. ✕   10. ✓

1 Jīntiān de shuǐguǒ hěn piányi.
今天 的 水果 很 便宜 。

오늘 과일이 싸요.

해설 사진을 보고 **鸡蛋**(jīdàn, 달걀)이라는 표현을 떠올려요. 음성에서 **水果**(shuǐguǒ, 과일)가 언급되었는데, 달걀이 있는 사진이 제시되었으므로 사진과 음성은 불일치해요.

어휘 **水果** shuǐguǒ 图 과일 **便宜** piányi 图 싸다

2 Tā měi tiān chūqu pǎobù.
他 每 天 出去 跑步 。

그는 매일 나가서 달려요.

해설 사진을 보고 **跑步**(pǎobù, 달리다)라는 표현을 떠올려요. 음성에서 **跑步**(pǎobù, 달리다)가 언급되었고, 달리고 있는 사람 사진이 제시되었으므로 사진과 음성은 일치해요. 이 문장에서 **出去跑步**는 '나가서 달리다'라는 뜻이고, 2개의 동사로 동작이 연속되는 것을 표현한 연동문이에요.

어휘 **每天** měi tiān 매일　**出去** chūqu 나가다　**跑步** pǎobù 동 달리다

3

Zhuōzi shang yǒu liǎng bēi niúnǎi.
桌子　上　有　两　杯　牛奶。

탁자 위에 우유 두 잔이 있어요.

해설 사진을 보고 **三杯**(sān bēi, 세 잔)라는 표현을 떠올려요. 음성에서 **两杯**(liǎng bēi, 두 잔)가 언급되었는데, 컵 세 잔이 있는 사진이 제시되었으므로 사진과 음성은 불일치해요.

어휘 **桌子** zhuōzi 명 탁자　**两** liǎng 수 2, 둘　**杯** bēi 명 잔　**牛奶** niúnǎi 명 우유

4

Tā méiyǒu kāi diànnǎo, tā zài xuéxí ne.
她　没有　开　电脑，她　在　学习　呢。

그녀는 컴퓨터를 켜지 않았고, 공부하고 있는 중이에요.

해설 사진을 보고 **学习**(xuéxí, 공부하다)라는 표현을 떠올려요. 음성에서 **学习**(xuéxí, 공부하다)가 언급되었고, 공부를 하고 있는 사람 사진이 제시되었으므로 사진과 음성은 일치해요. **没有开电脑**(méiyǒu kāi diànnǎo, 컴퓨터를 켜지 않았다)만 듣고 불일치로 판단하지 않도록 주의해요.

어휘 **开** kāi 동 켜다, 열다　**电脑** diànnǎo 명 컴퓨터　**在** zài 부 ~하고 있다　**学习** xuéxí 동 공부하다
呢 ne 조 [동작의 진행을 강조함]

5

Māma zuò de yú zuì hǎochī.
妈妈　做　的　鱼　最　好吃。

엄마가 만든 생선이 가장 맛있어요.

해설 사진을 보고 **面条**(miàntiáo, 국수)라는 표현을 떠올려요. 음성에서 **鱼**(yú, 생선)가 언급되었는데, 국수가 있는 사진이 제시되었으므로 사진과 음성은 불일치해요.

어휘 **鱼** yú 명 생선　**最** zuì 부 가장, 제일　**好吃** hǎochī 형 맛있다

6

Wǒ huílai de shíhou, māma zhèngzài xǐ
我　回来　的　时候，妈妈　正在　洗
yīfu ne.
衣服　呢。

제가 돌아왔을 때, 엄마는 옷을 빨고 있었어요.

해설 사진을 보고 **洗衣服**(xǐ yīfu, 옷을 빨다)라는 표현을 떠올려요. 음성에서 **洗衣服**(xǐ yīfu, 옷을 빨다)가 언급되었고, 세탁기 앞에 있는 사람 사진이 제시되었으므로 사진과 음성은 일치해요.

어휘 **回来** huílai 돌아오다　**……的时候** …… de shíhou ~할 때　**正在** zhèngzài 부 ~하고 있다
洗 xǐ 동 빨다, 씻다　**衣服** yīfu 명 옷

7

Nǐ shuōle shénme?　Wǒ méiyǒu tīng dào.
你　说了　什么？　我　没有　听　到。

뭐라고 말했어요? 전 듣지 못했어요.

해설 사진을 보고 **听**(tīng, 듣다)이라는 표현을 떠올려요. 음성에서 **没有听到**(méiyǒu tīng dào, 듣지 못했다)가 언급되었고, 귀에 손을 대고 자세히 들으려는 사람 사진이 제시되었으므로 사진과 음성은 일치해요.

어휘 **说** shuō [동] 말하다   **听到** tīng dào 듣다, 들리다

8

Dàjiā kuài diǎnr, chē yǐjīng lái le.
大家 快 点儿 , 车 已经 来 了 。

여러분 좀 서두르세요. 차가 이미 왔어요.

해설 사진을 보고 **妈妈**(māma, 엄마), **女儿**(nǚ'ér, 딸)이라는 표현을 떠올려요. 음성에서 **车已经来了**(chē yǐjīng lái le, 차가 이미 왔어요)가 언급되었는데, 자전거를 타는 아이와 아이 옆에 한 사람이 서 있는 사진이 제시되었으므로 사진과 음성은 불일치해요.

어휘 **快** kuài [형] 빠르다   **(一)点儿** (yì)diǎnr [수량] 좀   **车** chē [명] 차   **已经** yǐjīng [부] 이미

9

Nǐ juéde zhège hóngsè de yīfu zěnmeyàng?
你 觉得 这个 红色 的 衣服 怎么样 ?

너는 이 빨간색 옷이 어떻다고 생각해?

해설 사신을 보고 **椅子**(yǐzi, 의자)라는 표현을 떠올려요. 음성에서 **衣服**(yīfu, 옷)가 언급되었는데, 의자(소파)가 있는 사진이 제시되었으므로 사진과 음성은 불일치해요.

어휘 **觉得** juéde [동] ~이라 생각하다   **红色** hóngsè [명] 빨간색

10

Tāmen dì-yī cì lái zhèr yóuyǒng.
他们 第一 次 来 这儿 游泳 。

그들은 처음으로 이곳에 수영하러 왔어요.

해설 사진을 보고 **游泳**(yóuyǒng, 수영하다), **孩子**(háizi, 아이)라는 표현을 떠올려요. 음성에서 **游泳**(yóuyǒng, 수영하다)이 언급되었고, 수영복을 입고 튜브 위에 앉아 있는 아이들 사진이 제시되었으므로 사진과 음성은 일치해요. 이 문장에서 **来这儿游泳**은 '이곳에 수영하러 오다'라는 뜻이고, 2개의 동사로 동작이 연속되는 것을 표현한 연동문이에요.

어휘 **第一** dì-yī [수] 처음, 첫 번째   **次** cì [양] 번, 차례   **游泳** yóuyǒng [동] 수영하다

듣기 제2부분 | 대화 듣고 사진 선택하기

실전 테스트

🎧 2급 듣기 제2부분의 mp3를 들으며 학습해 보세요.

무료MP3 바로듣기

테스트 1
p.196

| 1. C | 2. A | 3. F | 4. E | 5. B | 6. D | 7. A | 8. B | 9. C | 10. E |

A

B

C

D

E

F

* 문제를 풀기 전, 예시로 사용된 보기 'D'에 취소선을 그어 두세요.

각 사진을 보고 A는 唱歌(chànggē, 노래를 부르다), B는 喂(wéi, 여보세요), C는 看报纸(kàn bàozhǐ, 신문을 보다), E는 苹果 (píngguǒ, 사과), F는 狗(gǒu, 개)라는 표현을 미리 떠올려요.

1

女: **Nǐ kàn shénme ne?**
你 看 什么 呢?

男: **Zhè shì jīntiān de bàozhǐ, nǐ yě kànkan.**
这 是 今天 的 报纸, 你 也 看看。

여: 당신 무엇을 보고 있어요?

남: 이것은 오늘 신문이에요. 당신도 좀 보세요.

해설 음성을 첫 번째로 들을 때, **报纸**(bàozhǐ, 신문)을 듣고 신문을 보고 있는 사람 사진 C 옆에 √표시를 해 둬요. 음성을 두 번째로 들을 때, 보기 C를 정답으로 확정해요.

  * 정답으로 선택한 'C'에 취소선을 그어 두세요.

어휘 **今天** jīntiān 몡 오늘   **报纸** bàozhǐ 몡 신문   **也** yě 뷔 ~도, 또한

2

男: **Tāmen liǎng ge rén gē chàng de zěnmeyàng?**
她们 两 个 人 歌 唱 得 怎么样?

女: **Dōu chàng de hěn hǎo.**
都 唱 得 很 好。

남: 그녀 둘은 노래 부르는 게 어때요?

여: 모두 잘 불러요.

해설 음성을 첫 번째로 들을 때, **她们两个人歌唱得怎么样?**(Tāmen liǎng ge rén gē chàng de zěnmeyàng?, 그녀 둘은 노래 부르는 게 어때요?)을 듣고 두 사람이 노래를 부르고 있는 사진 A 옆에 √표시를 해 둬요. 음성을 두 번째로 들을 때, 보기 A를 정답으로 확정해요. **唱得很好**는 '잘 불러요'라는 뜻이고, **得很好**는 술어 **唱**의 의미를 보충해주는 보어예요.

  * 정답으로 선택한 'A'에 취소선을 그어 두세요.

어휘 **个** gè 양 명, 개   **歌** gē 몡 노래   **唱** chàng 동 부르다   **都** dōu 뷔 모두

3

女: **Nǐ de gǒu zhè jǐ tiān hǎo diǎnr le ma?**
你 的 狗 这 几 天 好 点儿 了 吗?

男: **Zhōngwǔ tā chīle yào, xiànzài hǎo duō le.**
中午 它 吃了 药, 现在 好 多 了。

여: 당신의 개는 요 며칠 동안 좀 좋아졌어요?

남: 점심에 약을 먹어서, 지금은 많이 좋아졌어요.

해설 음성을 첫 번째로 들을 때, **狗**(gǒu, 개)를 듣고 개가 있는 사진 F 옆에 √표시를 해 둬요. 음성을 두 번째로 들을 때, 보기 F를 정답으로 확정해요.

　　* 정답으로 선택한 'F'에 취소선을 그어 두세요.

어휘 **(一)点儿** (yì)diǎnr 수량 좀　**药** yào 명 약　**中午** zhōngwǔ 명 점심　**现在** xiànzài 명 지금

4

　　Wǒ hěn è. Jiā li yǒu shénme chī de
男： 我 很 饿。家 里 有 什么 吃 的
　　ma?
　　吗 ?

　　Nǐ xiān chī diǎnr píngguǒ ba.
女： 你 先 吃 点儿 苹果 吧 。

남: 저는 배고파요. 집에 뭐 먹을 거 있어요?

여: 먼저 사과 좀 먹으렴.

해설 음성을 첫 번째로 들을 때, **苹果**(píngguǒ, 사과)를 듣고 사과가 있는 사진 E 옆에 √표시를 해 둬요. 음성을 두 번째로 들을 때, 보기 E를 정답으로 확정해요.

　　* 정답으로 선택한 'E'에 취소선을 그어 두세요.

어휘 **饿** è 형 배고프다　**先** xiān 부 먼저, 우선　**(一)点儿** (yì)diǎnr 수량 좀

5

　　Wéi, wǒ yǐjīng dào le, nǐ zài nǎr?
女： 喂 , 我 已经 到 了 , 你 在 哪儿 ?

　　Wǒ hěn kuài jiù dào, hái yào wǔ fēnzhōng.
男： 我 很 快 就 到 , 还 要 五 分钟 。

여: 여보세요, 저는 이미 도착했는데, 당신은 어디예요?

남: 저 곧 도착하는데, 5분 더 걸릴 거예요.

해설 음성을 첫 번째로 들을 때, **喂**(wéi, 여보세요)를 듣고 전화를 하고 있는 사람 사진 B 옆에 √표시를 해 둬요. 음성을 두 번째로 들을 때, 보기 B를 정답으로 확정해요.

어휘 **喂** wéi 감 여보세요　**已经** yǐjīng 부 이미　**到** dào 동 도착하다　**快** kuài 부 곧, 빨리 형 빠르다
　　还 hái 부 더, 여전히　**要** yào 동 걸리다, 필요하다　**分钟** fēnzhōng 명 분

6-10

A　B　C

D　E

각 사진을 보고 A는 **看书**(kàn shū, 책을 보다), B는 **菜**(cài, 요리), **服务员**(fúwùyuán, 종업원), C는 **西瓜**(xīguā, 수박), D는 **跳舞**(tiàowǔ, 춤을 추다), E는 **累**(lèi, 피곤하다)라는 표현을 미리 떠올려요.

6

男：Tā shì nǐ érzi ma? Tiào de fēicháng búcuò.
他 是 你 儿子 吗？ 跳 得 非常 不错 。

女：Tā shì cóngxiǎo kāishǐ tiàowǔ de.
他 是 从小 开始 跳舞 的 。

남: 그가 당신의 아들이에요? 춤을 매우 잘 추네요.

여: 그는 어릴 때부터 춤을 추기 시작했어요.

해설 음성을 첫 번째로 들을 때, 跳舞(tiàowǔ, 춤을 추다)를 듣고 춤을 추는 사람 사진 D 옆에 √표시를 해 둬요. 음성을 두 번째로 들을 때, 보기 D를 정답으로 확정해요. 跳得非常不错는 '춤을 매우 잘 추다'라는 뜻이고, 得非常不错는 술어 跳의 의미를 보충해주는 보어예요.

　　＊ 정답으로 선택한 'D'에 취소선을 그어 두세요.

어휘 儿子 érzi 몡 아들　跳 tiào 용 (춤을) 추다　非常 fēicháng 붱 매우　不错 búcuò 톙 좋다, 나쁘지 않다
　　从小 cóngxiǎo 붱 어릴 때부터　开始 kāishǐ 용 시작하다　跳舞 tiàowǔ 용 춤을 추다

7

女：Bàba, wǒ xiǎng kàn shū.
爸爸 ， 我 想 看书 。

男：Shíjiān yǐjīng hěn wǎn le, kuài diǎnr qù shuìjiào.
时间 已经 很 晚 了 ， 快 点儿 去 睡觉 。

여: 아빠, 저는 책을 보고 싶어요.

남: 시간이 벌써 늦었으니, 빨리 가서 자렴.

해설 음성을 첫 번째로 들을 때, 看书(kàn shū, 책을 보다)를 듣고 책을 보고 있는 사람 사진 A 옆에 √표시를 해 둬요. 음성을 두 번째로 들을 때, 보기 A를 정답으로 확정해요.

　　＊ 정답으로 선택한 'A'에 취소선을 그어 두세요.

어휘 想 xiǎng 조동 ~하고 싶다　时间 shíjiān 몡 시간　已经 yǐjīng 붱 벌써, 이미　晚 wǎn 톙 늦다
　　快 kuài 톙 빠르다

8

男：Nǐ hǎo, zhège yú kěyǐ rè yíxià ma? Xièxie.
你 好 ， 这个 鱼 可以 热 一下 吗 ？ 谢谢 。

女：Hǎo de, qǐng děng yíxià.
好 的 ， 请 等 一下 。

남: 안녕하세요. 이 생선을 좀 데워 주실 수 있나요? 감사합니다.

여: 네, 잠시만 기다려 주세요.

해설 음성을 첫 번째로 들을 때, 这个鱼可以热一下吗?(zhège yú kěyǐ rè yíxià ma?, 이 생선을 좀 데워 주실 수 있나요?)와 请等一下(qǐng děng yíxià, 잠시만 기다려 주세요)를 듣고 식당에서 주문을 하고 있는 손님과 종업원이 있는 사진 B 옆에 √표시를 해 둬요. 음성을 두 번째로 들을 때, 보기 B를 정답으로 확정해요.

　　＊ 정답으로 선택한 'B'에 취소선을 그어 두세요.

어휘 鱼 yú 몡 생선　可以 kěyǐ 조동 ~할 수 있다　热 rè 용 데우다 톙 덥다　一下 yíxià 수량 좀 ~하다
　　请 qǐng 용 ~해 주세요　等 děng 용 기다리다

9

女: Xīguā duōshao qián yì jīn?
　　西瓜 多少 钱 一 斤？

男: Yí kuài èr yì jīn, hěn piányi.
　　一 块 二 一 斤 ， 很 便宜 。

여: 수박은 한 근에 얼마예요?
남: 한 근에1.2위안이에요. 싸요.

해설 음성을 첫 번째로 들을 때, 西瓜(xīguā, 수박)를 듣고 수박이 있는 사진 C 옆에 √표시를 해 둬요. 음성을 두 번째로 들을 때, 보기 C를 정답으로 확정해요.

　　* 정답으로 선택한 'C'에 취소선을 그어 두세요.

어휘 西瓜 xīguā 몡 수박　多少钱? Duōshao qián? 얼마예요?　块 kuài 얭 위안[중국 화폐 단위], 조각
　　斤 jīn 얭 근(500g)　便宜 piányi 혱 싸다

10

男: Máng le yì tiān le, lèi bu lèi?
　　忙 了 一 天 了 ， 累 不 累 ？

女: Yǒu yìdiǎnr, wǒ xiǎng huí jiā xiūxi.
　　有 一点儿 ， 我 想 回 家 休息 。

남: 종일 바빴는데, 피곤해요?
여: 조금요. 집에 가서 쉬고 싶어요.

해설 음성을 첫 번째로 들을 때, 累不累?(lèi bu lèi?, 피곤해요?)를 듣고 피곤해 보이는 사람 사진 E 옆에 √표시를 해 둬요. 음성을 두 번째로 들을 때, 보기 E를 정답으로 확정해요.

어휘 忙 máng 혱 바쁘다　一天 yì tiān 종일　累 lèi 혱 피곤하다　有(一)点儿 yǒu(yì)diǎnr 뿐 조금
　　回家 huí jiā 집에 가다　休息 xiūxi 동 쉬다

테스트 2

p.198

| 1. B | 2. F | 3. C | 4. E | 5. A | 6. D | 7. A | 8. E | 9. B | 10. C |

1-5

A 　B 　C

Ø 　E 　F

* 문제를 풀기 전, 예시로 사용된 보기 'D'에 취소선을 그어 두세요.

각 사진을 보고 A는 看报纸(kàn bàozhǐ, 신문을 보다), B는 手表(shǒubiǎo, 손목시계), 手机(shǒujī, 휴대폰), C는 苹果 (píngguǒ, 사과), E는 火车站(huǒchēzhàn, 기차역), 机场(jīchǎng, 공항), 旅游(lǚyóu, 여행하다), F는 服务员(fúwùyuán, 종업원)이라는 표현을 미리 떠올려요.

1

女： Nǐ kànjiàn wǒ de shǒubiǎo le ma?
你 看见 我 的 手表 了 吗 ？

男： Jiù zài nǐ shǒujī pángbiān.
就 在 你 手机 旁边 。

여: 제 손목시계를 봤나요?
남: 바로 당신 휴대폰 옆에 있어요.

해설 음성을 첫 번째로 들을 때, 手表(shǒubiǎo, 손목시계), 手机(shǒujī, 휴대폰)를 듣고 손목시계와 휴대폰이 있는 사진 B 옆에 √표시를 해 둬요. 음성을 두 번째로 들을 때, 보기 B를 정답으로 확정해요.
＊ 정답으로 선택한 'B'에 취소선을 그어 두세요.

어휘 看见 kànjiàn 图 보다, 보이다   手表 shǒubiǎo 图 손목시계   手机 shǒujī 图 휴대폰   旁边 pángbiān 图 옆

2

男： Nǐ dìdi shì fúwùyuán ma?
你 弟弟 是 服务员 吗 ？

女： Shì, tā zài fànguǎnr gōngzuò.
是 ， 他 在 饭馆儿 工作 。

남: 당신의 남동생은 종업원이에요?
여: 네, 그는 식당에서 일해요.

해설 음성을 첫 번째로 들을 때, 服务员(fúwùyuán, 종업원)을 듣고 종업원이 있는 사진 F 옆에 √표시를 해 둬요. 음성을 두 번째로 들을 때, 보기 F를 정답으로 확정해요.
＊ 정답으로 선택한 'F'에 취소선을 그어 두세요.

어휘 服务员 fúwùyuán 图 종업원   饭馆儿 fànguǎnr 图 식당   工作 gōngzuò 图 일하다

3

女： Nǐ ài chī shénme shuǐguǒ?
你 爱 吃 什么 水果 ？

男： Píngguǒ, nǐ ne?
苹果 ， 你 呢 ？

여: 너는 무슨 과일 먹는 것을 좋아해?
남: 사과. 너는?

해설 음성을 첫 번째로 들을 때, 水果(shuǐguǒ, 과일)와 苹果(píngguǒ, 사과)를 듣고 사과가 있는 사진 C 옆에 √표시를 해 둬요. 음성을 두 번째로 들을 때, 보기 C를 정답으로 확정해요.
＊ 정답으로 선택한 'C'에 취소선을 그어 두세요.

어휘 爱 ài 图 좋아하다, 사랑하다

4

男： Nǐ xiànzài jiù zǒu ma?
你 现在 就 走 吗 ？

女： Shì, wǒ xiǎng zǎo diǎnr qù.
是 ， 我 想 早 点儿 去 。

Yīnwèi huǒchēzhàn hěn yuǎn.
因为 火车站 很 远 。

남: 당신 지금 벌써 가요?
여: 네, 저는 좀 일찍 가고 싶어요. 왜냐하면 기차역이 멀기 때문이에요.

해설 음성을 첫 번째로 들을 때, 火车站(huǒchēzhàn, 기차역)을 듣고 캐리어를 들고 있는 사람 사진 E 옆에 √표시를 해 둬요. 음성을 두 번째로 들을 때, 보기 E를 정답으로 확정해요.
＊ 정답으로 선택한 'E'에 취소선을 그어 두세요.

어휘 现在 xiànzài 图 지금   就 jiù 图 벌써, 바로   走 zǒu 图 가다, 걷다   早 zǎo 图 이르다
(一)点儿 (yì)diǎnr 图 좀   因为 yīnwèi 图 왜냐하면   火车站 huǒchēzhàn 图 기차역   远 yuǎn 图 멀다

5

女：今天 的 报纸 到 了 吗 ？
Jīntiān de bàozhǐ dào le ma?

男：今天 的 还 没 到 ，
Jīntiān de hái méi dào,

我们 看 昨天 的 吧 。
wǒmen kàn zuótiān de ba.

여: 오늘 신문 도착했어요?

남: 오늘 것은 아직 도착하지 않았어요. 우리 어제 거 봐요.

해설　음성을 첫 번째로 들을 때, **报纸**(bàozhǐ, 신문)을 듣고 신문을 보고 있는 사람 사진 A 옆에 √표시를 해 둬요. 음성을 두 번째로 들을 때, 보기 A를 정답으로 확정해요.

어휘　**今天** jīntiān 몡 오늘　**报纸** bàozhǐ 몡 신문　**到** dào 통 도착하다　**还** hái 뿐 아직, 더, 여전히
　　　昨天 zuótiān 몡 어제

6-10

A

B

C

D

E

각 사진을 보고 A는 **药**(yào, 약), B는 **左边**(zuǒbian, 왼쪽), C는 **很高兴认识您**(hěn gāoxìng rènshi nín, 만나서 반가워요),
D는 **房间**(fángjiān, 방), **宾馆** (bīnguǎn, 호텔), E는 **看书**(kàn shū, 책을 보다)라는 표현을 미리 떠올려요.

6

男：这个 房间 又 大 又 漂亮 。
Zhège fángjiān yòu dà yòu piàoliang.

女：那 我们 就 住 这个 宾馆 吧 。
Nà wǒmen jiù zhù zhège bīnguǎn ba.

남: 이 방은 크고 예쁘네요.

여: 그럼 우리 이 호텔에 묵어요.

해설　음성을 첫 번째로 들을 때, **房间**(fángjiān, 방)과 **宾馆**(bīnguǎn, 호텔)을 듣고 호텔 방에 침대가 있는 사진 D 옆에
　　　√표시를 해 둬요. 음성을 두 번째로 들을 때, 보기 D를 정답으로 확정해요.
　　　* 정답으로 선택한 'D'에 취소선을 그어 두세요.

어휘　**房间** fángjiān 몡 방　**又……又……** yòu …… yòu …… ~하고 ~하다　**那** nà 젭 그럼, 그러면
　　　住 zhù 통 묵다, 살다　**宾馆** bīnguǎn 몡 호텔

7

女：你 今天 吃 药 了 没有 ？
Nǐ jīntiān chī yào le méiyǒu?

男：我 还 没 吃 呢 。
Wǒ hái méi chī ne.

여: 당신 오늘 약 먹었어요?

남: 아직 안 먹었어요.

해설　음성을 첫 번째로 들을 때, **吃药**(chī yào, 약을 먹다)를 듣고 알약이 있는 사진 A 옆에 √표시를 해 둬요. 음성을 두 번째로 들을 때, 보기 A를 정답으로 확정해요.

* 정답으로 선택한 'A'에 취소선을 그어 두세요.

어휘　**今天** jīntiān 몡 오늘　**药** yào 몡 약　**还** hái 뛷 아직, 여전히

8

男：你 笑 什么 呢 ？
Nǐ xiào shénme ne?

女：我 觉得 这 本 书 很 有 意思 。
Wǒ juéde zhè běn shū hěn yǒu yìsi.

남: 너 왜 웃니?
여: 나는 이 책이 재미있다고 생각해.

해설　음성을 첫 번째로 들을 때, **书**(shū, 책)를 듣고 책을 보고 있는 사람 사진 E 옆에 √표시를 해 둬요. 음성을 두 번째로 들을 때, 보기 E를 정답으로 확정해요. 이 문장의 목적어는 **这本书很有意思**이고, '이 책이 재미있다'라는 뜻이에요. '주어+술어' 형태가 목적어로 사용되었어요.

* 정답으로 선택한 'E'에 취소선을 그어 두세요.

어휘　**笑** xiào 동 웃다　**觉得** juéde 동 ~라고 생각하다　**本** běn 양[책을 세는 단위]　**有意思** yǒu yìsi 재미있다

9

女：向 左 走 吧 ， 这样 走 很 近 。
Xiàng zuǒ zǒu ba, zhèyàng zǒu hěn jìn.

男：好 的 ， 谢谢 。
Hǎo de, xièxie.

여: 왼쪽으로 가세요. 이렇게 가면 가까워요.
남: 네, 감사합니다.

해설　음성을 첫 번째로 들을 때, **向左走**(xiàng zuǒ zǒu, 왼쪽으로 가다)를 듣고 길에 왼쪽을 가리키는 화살표가 있는 사진 B 옆에 √표시를 해 둬요. 음성을 두 번째로 들을 때, 보기 B를 정답으로 확정해요.

* 정답으로 선택한 'B'에 취소선을 그어 두세요.

어휘　**向** xiàng 전 ~으로　**左** zuǒ 몡 왼쪽　**走** zǒu 동 가다, 걷다　**这样** zhèyàng 때 이렇게　**近** jìn 혱 가깝다

10

男：这 是 我 女 朋友 小 明 ，
Zhè shì wǒ nǚ péngyou xiǎo Míng,

　　我们 是 在 旅游 中 认识 的 。
wǒmen shì zài lǚyóu zhōng rènshi de.

女：您 好 ， 很 高兴 认识 您 。
Nín hǎo, hěn gāoxìng rènshi nín.

남: 여기는 제 여자친구 샤오밍이에요. 우리는 여행 중에 알게 되었어요.
여: 안녕하세요. 만나서 반가워요.

해설　음성을 첫 번째로 들을 때, **很高兴认识您**(hěn gāoxìng rènshi nín, 만나서 반가워요)을 듣고 두 사람이 악수를 하고 있는 사진 C 옆에 √표시를 해 둬요. 음성을 두 번째로 들을 때, 보기 C를 정답으로 확정해요.

어휘　**女朋友** nǚ péngyou 여자친구　**旅游** lǚyóu 동 여행하다　**在……中** zài …… zhōng ~ 중에
　　高兴 gāoxìng 혱 반갑다, 기쁘다　**认识** rènshi 동 알다

듣기 제3·4부분 | 대화 듣고 질문에 맞는 답 선택하기

실전 테스트

🎧 2급 듣기 제3,4부분의 mp3를 들으며 학습해 보세요.

무료MP3 바로듣기

테스트 1   p.208

1. B	2. A	3. C	4. A	5. B	6. C	7. B	8. A	9. A	10. B
11. A	12. A	13. C	14. A	15. B					

1

fànguǎnr	shāngdiàn	yīyuàn		
A 饭馆儿	B 商店	C 医院	A 식당 B 상점 C 병원	

女:	Qǐng wèn, jīdàn zài nǎr? 请 问 , 鸡蛋 在 哪儿 ?	여: 실례합니다. 달걀은 어디에 있나요? 남: 죄송합니다. 오늘 달걀은 다 팔렸어요.
男:	Duìbuqǐ, jīntiān de jīdàn mài wán le. 对不起 , 今天 的 鸡蛋 卖 完 了 。	
问:	Tāmen zuì kěnéng zài nǎr? 他们 最 可能 在 哪儿 ?	질문: 그들은 어디에 있을 가능성이 가장 큰가?

해설   대화에서 여자가 鸡蛋在哪儿?이라며 '달걀은 어디에 있나요?'라고 묻자, 남자가 鸡蛋卖完了라며 '달걀은 다 팔렸어요'라고 답했어요. 질문이 그들은 어디에 있을 가능성이 가장 큰지 물었으므로 달걀을 사고 팔 수 있는 장소인 B 商店(shāngdiàn, 상점)이 정답이에요.

어휘   饭馆儿 fànguǎnr 몡 식당   商店 shāngdiàn 몡 상점   医院 yīyuàn 몡 병원   鸡蛋 jīdàn 몡 달걀
今天 jīntiān 몡 오늘   卖完 mài wán 다 팔리다   最 zuì 뷔 가장, 제일

2

qī diǎn	qī diǎn shí fēn	qī diǎn sānshí fēn		
A 7 点	B 7 点 10 分	C 7 点 30 分	A 7시 B 7시 10분 C 7시 30분	

男:	Fànguǎnr kāi mén le ma? 饭馆儿 开 门 了 吗 ?	남: 식당 문 열었어요? 여: 지금 아침 7시예요. 아직 이른걸요.
女:	Xiànzài zǎoshang qī diǎn, hái zǎo ne. 现在 早上 7点 , 还 早 呢 。	
问:	Xiànzài jǐ diǎn le? 现在 几 点 了 ?	질문: 지금은 몇 시인가?

해설 　대화에서 여자가 **现在早上7点**이라며 '지금 아침 7시예요'라고 했어요. 질문이 지금은 몇 시인지 물었으므로 A 7点 (qī diǎn, 7시)이 정답이에요.

어휘 　**点** diǎn 양 시　**分** fēn 양 분　**饭馆儿** fànguǎnr 명 식당　**开门** kāimén 동 문을 열다　**现在** xiànzài 명 지금
　　　早上 zǎoshang 명 아침　**还** hái 부 아직, 여전히　**早** zǎo 형 이르다

3

bù gāoxìng	cài lěng le	bù xǐhuan		
A 不 高兴	B 菜 冷 了	C 不 喜欢	A 기쁘지 않다　B 음식이 식었다　C 좋아하지 않는다	

	Zěnme bù chī?　Nǐ bù xǐhuan chī niúròu?	
女：	怎么 不 吃？你 不 喜欢 吃 牛肉？	여: 왜 안 먹어요? 당신 소고기 먹는 것을 좋아하지 않나요?
	Wǒ bú tài xǐhuan chī niúròu.	남: 저는 소고기 먹는 것을 그다지 좋아하지 않아요.
男：	我 不 太 喜欢 吃 牛肉。	
	Nán de wèishénme bù chī niúròu?	
问：	男 的 为什么 不 吃 牛肉？	질문: 남자는 왜 소고기를 먹지 않는가?

해설 　대화에서 여자가 남자에게 왜 안 먹냐고 묻자, 남자가 **我不太喜欢吃牛肉。**라며 '저는 소고기 먹는 것을 그다지 좋아하지 않아요.'라고 했어요. 질문이 남자는 왜 소고기를 먹지 않는지 물었으므로 C 不喜欢(bù xǐhuan, 좋아하지 않는다)이 정답이에요.

어휘 　**怎么** zěnme 대 왜　**不太** bú tài 그다지 ~하지 않다　**牛肉** niúròu 명 소고기　**为什么** wèishénme 대 왜

4

shǒujī	yǐzi	diànnǎo			
A 手机	B 椅子	C 电脑	A 휴대폰	B 의자	C 컴퓨터

	Zhège shǒujī zěnmeyàng?	
男：	这个 手机 怎么样？	남: 이 휴대폰 어때요?
	Yánsè bù hǎokàn, yǒu méi yǒu báisè de?	여: 색깔이 안 예쁜데, 흰색 없어요?
女：	颜色 不 好看，有 没 有 白色 的？	
	Tāmen zài kàn shénme?	
问：	他们 在 看 什么？	질문: 그들은 무엇을 보고 있는가?

해설 　대화에서 남자가 **这个手机怎么样?**이라며 '이 휴대폰 어때요?'라고 했어요. 질문이 그들은 무엇을 보고 있는지 물었으므로 A 手机(shǒujī, 휴대폰)가 정답이에요.

어휘 　**手机** shǒujī 명 휴대폰　**颜色** yánsè 명 색깔　**好看** hǎokàn 형 예쁘다, 보기 좋다　**白色** báisè 명 흰색
　　　在 zài 부 ~하고 있다

5

yìqǐ lái de A 一起 来 的	A 같이 왔다
kànjiàn chē le B 看见 车 了	B 차를 봤다
dǎguo diànhuà C 打过 电话	C 전화를 했었다

Nǐ zěnme zhīdào māma huílai le? 女: 你 怎么 知道 妈妈 回来 了 ?	여: 너 어떻게 엄마가 돌아오신 것을 알았어?
Wǒ zài mén wài kàn dào tā de chē le. 男: 我 在 门 外 看 到 她 的 车 了 。	남: 내가 문밖에서 그녀의 차를 봤거든.
Nán de zěnme zhīdào māma huílai le? 问: 男 的 怎么 知道 妈妈 回来 了 ?	질문: 남자는 어떻게 엄마가 돌아오신 것을 알았는가?

해설 대화에서 여자가 남자에게 어떻게 엄마가 돌아오신 것을 알았냐고 묻자, 남자가 **看到她的车了**라며 '그녀의 차를 봤거든'이라고 했어요. 질문이 남자는 어떻게 엄마가 돌아오신 것을 알았는지 물었으므로 B **看见车了**(kànjiàn chē le, 사를 봤다)가 정답이에요.

어휘 **一起** yìqǐ 튄 같이   **看见** kànjiàn 툉 보다, 보이다   **车** chē 멍 차   **过** guo 國 ~한 적이 있다
知道 zhīdào 툉 알다   **回来** huílai 돌아오다   **门外** mén wài 문밖, 바깥   **看到** kàn dào 보다, 보이다

6

zǎoshang A 早上	zhōngwǔ B 中午	wǎnshang C 晚上	A 아침	B 점심	C 저녁

Tiān hēi le, nǐ kāi chē màn yìdiǎnr. 男: 天 黑 了 , 你 开 车 慢 一点儿 。	남: 날이 어두워졌으니, 운전을 좀 천천히 해.
Hǎo de, míngtiān zhōngwǔ jiàn. 女: 好 的 , 明天 中午 见 。	여: 알겠어. 내일 점심에 만나.
Xiànzài zuì kěnéng shì shénme shíhou? 问: 现在 最 可能 是 什么 时候 ?	질문: 지금은 아마도 언제일 가능성이 가장 큰가?

해설 대화에서 남자가 **天黑了**라며 '날이 어두워졌다'라고 했어요. 질문이 지금은 아마도 언제일 가능성이 가장 큰지 물었으므로 C **晚上**(wǎnshang, 저녁)이 정답이에요. 참고로, **明天中午**(míngtiān zhōngwǔ, 내일 점심)를 듣고 B **中午**(zhōngwǔ, 점심)를 선택하지 않도록 주의해요.

어휘 **早上** zǎoshang 멍 아침   **中午** zhōngwǔ 멍 점심   **晚上** wǎnshang 멍 저녁   **黑** hēi 휑 어둡다, 검다
慢 màn 휑 느리다   **一点儿** yìdiǎnr 수량 좀   **见** jiàn 툉 만나다   **最** zuì 튄 가장, 제일
可能 kěnéng 조됭 아마도 (~일 것이다)   **什么时候** shénme shíhou 대 언제

	wǔshíwǔ	liùshí	liùshíwǔ			
	A 55	**B 60**	**C 65**	A 55	B 60	C 65

女:	Zhège yuè wǒ tiāntiān qù yùndòng, 这个 月 我 天天 去 运动， wǒ xiànzài liùshí gōngjīn. 我 现在 六十 公斤 。	여: 이번 달에 나는 매일 운동하러 가서, 나는 지금 60킬로그램이야. 남: 정말? 너 5킬로그램 빠졌어?
男:	Zhēn de ma? Nǐ shǎole wǔ gōngjīn? 真 的 吗 ? 你 少 了 五 公斤 ？	
问:	Nǚ de xiànzài duōshao gōngjīn? 女 的 现在 多少 公斤 ？	질문: 여자는 지금 몇 킬로그램인가?

해설 대화에서 여자가 **我现在六十公斤**이라며 '나는 지금 60킬로그램이야'라고 했어요. 질문이 여자는 지금 몇 킬로그램인지 물었으므로 B 60(liùshí)이 정답이에요.

어휘 **天天** tiāntiān 图 매일 **运动** yùndòng 图 운동하다 **现在** xiànzài 圆 지금 **公斤** gōngjīn 圆 킬로그램(kg) **真的吗?** Zhēn de ma? 정말? **少** shǎo 图 (살이) 빠지다, 모자라다

---

	mǎile diànnǎo **A 买了 电脑**	A 컴퓨터를 샀다
	mǎile diànshì **B 买了 电视**	B 텔레비전을 샀다
	mǎile shǒujī **C 买了 手机**	C 휴대폰을 샀다

男:	Nǐ wèishénme zhème gāoxìng? 你 为什么 这么 高兴 ？	남: 너 왜 이렇게 기쁘니?
女:	Yīnwèi bàba zuótiān gěi wǒ mǎile xīn 因为 爸爸 昨天 给 我 买了 新 diànnǎo. 电脑 。	여: 왜냐하면 아빠가 어제 나에게 새 컴퓨터를 사 주셨기 때문이야.
问:	Nǚ de wèishénme hěn gāoxìng? 女 的 为什么 很 高兴 ？	질문: 여자는 왜 기쁜가?

해설 대화에서 남자가 여자에게 왜 이렇게 기뻐하는지 묻자, 여자는 **爸爸昨天给我买了新电脑**라며 '아빠가 어제 나에게 새 컴퓨터를 사 주셨다'라고 했어요. 질문이 여자는 왜 기쁜지 물었으므로 A 买了电脑(mǎile diànnǎo, 컴퓨터를 샀다)가 정답이에요.

어휘 **手机** shǒujī 圆 휴대폰 **为什么** wèishénme 때 왜 **因为** yīnwèi 圙 왜냐하면 **昨天** zuótiān 圆 어제 **给** gěi 쥔 ~에게 **新** xīn 혱 새롭다 图 새로

lù shang jiā li xuéxiào li A 路 上 B 家 里 C 学校 里	A 가는길 B 집안 C 학교안
女： Wéi, nǐ dào diànyǐngyuàn le ma? 喂 ，你 到 电影院 了 吗 ？ 男： Duìbuqǐ, wǒ zài lù shang, 对不起 ，我 在 路 上 ， nǐ děng wǒ shí fēnzhōng. 你 等 我 10 分钟 。 问： Nán de xiànzài zài nǎr? 男 的 现在 在 哪儿 ？	여: 여보세요, 당신 영화관에 도착했어요? 남: 죄송해요. 저는 가는 길이에요. 10분만 기다려 주세요. 질문: 남자는 지금 어디에 있는가?

해설 대화에서 여자가 남자에게 영화관에 도착했냐고 묻자, 남자가 **在路上**이라며 '가는 길이에요'라고 했어요. 질문이 남자는 지금 어디에 있는지 물었으므로 A **路上**(lù shang, 가는 길)이 정답이에요.

어휘 **路上** lù shang 명 가는 길, 도중 **喂** wéi 감 여보세요 **到** dào 동 도착하다 **电影院** diànyǐngyuàn 명 영화관 **等** děng 동 기다리다 **分钟** fēnzhōng 명 분 **现在** xiànzài 명 지금

chá kāfēi niúnǎi A 茶 B 咖啡 C 牛奶	A 차 B 커피 C 우유
男： Yǒu rén xǐhuan hē chá ma? 有 人 喜欢 喝 茶 吗 ？ 女： Wǒ zhàngfu xǐhuan, wǒ xǐhuan hē kāfēi. 我 丈夫 喜欢 ，我 喜欢 喝 咖啡 。 问： Nǚ de xǐhuan shénme? 女 的 喜欢 什么 ？	남: 차 마시는 것을 좋아하는 사람 있어요? 여: 제 남편이 좋아해요. 저는 커피 마시는 것을 좋아해요. 질문: 여자는 무엇을 좋아하는가?

해설 대화에서 여자가 **我喜欢喝咖啡**라며 '저는 커피 마시는 것을 좋아해요'라고 했어요. 질문이 여자는 무엇을 좋아하는 지 물었으므로 B **咖啡**(kāfēi, 커피)가 정답이에요. 참고로, 남자의 **茶**(chá, 차)를 듣고 A **茶**(chá, 차)를 선택하지 않 도록 주의해요.

어휘 **咖啡** kāfēi 명 커피 **牛奶** niúnǎi 명 우유 **丈夫** zhàngfu 명 남편

11

sòng tā　　　　qù shāngdiàn　zuò fēijī A 送他　　B 去 商店　C 坐 飞机	A 그를 바래다주다　B 상점을 가다　C 비행기를 타다

Wǒ míngtiān yào zuò fēijī, nǐ néng sòng 男: 我 明天 要 坐 飞机，你 能 送 wǒ qù jīchǎng ma? 我 去 机场 吗？	남: 제가 내일 비행기를 타려고 하는데, 저를 공항까지 바래다 주실 수 있어요?
Méi wèntí, míngtiān wǒ xiūxi. Jǐ diǎn 女: 没 问题，明天 我 休息。几 点 de fēijī? 的 飞机？	여: 문제 없어요. 저는 내일 쉬거든요. 몇 시 비행기예요?
Xiàwǔ sān diǎn de. 男: 下午 三 点 的 。	남: 오후 3시예요.
Hǎo de, míngtiān zǎoshang shí diǎn jiàn. 女: 好 的 ，明天 早上 十 点 见 。	여: 좋아요. 내일 아침 열 시에 만나요.
Nán de xiǎng qǐng nǚ de zuò shénme? 问: 男 的 想 请 女 的 做 什么？	질문: 남자는 여자에게 무엇을 해 달라고 부탁 하려고 하는가?

해설　대화에서 남자가 **你能送我去机场吗?**라며 '저를 공항까지 바래다 주실 수 있어요?'라고 했어요. 질문이 남자는 여자에게 무엇을 해 달라고 부탁하려고 하는지 물었으므로 A 送他(sòng tā, 그를 바래다주다)가 정답이에요. **送我去机场**은 '공항까지 바래다 주다'라는 뜻이고, 2개의 동사로 동작이 연속되는 것을 표현한 연동문이에요.

어휘　送 sòng 동 바래다주다, 선물하다　坐 zuò 동 타다　飞机 fēijī 명 비행기　明天 míngtiān 명 내일
要 yào 조동 ~하려고 하다　机场 jīchǎng 명 공항　没问题 méi wèntí 문제 없다　休息 xiūxi 동 쉬다
点 diǎn 양 시　早上 zǎoshang 명 아침　请 qǐng 동 부탁하다

12

gōngsī máng A 公司 忙	A 회사가 바쁘다
bú ài kàn B 不 爱 看	B 보는 것을 좋아하지 않는다
xiǎng xiūxi C 想 休息	C 쉬고 싶다

Wǒmen míngtiān qù kàn diànyǐng zěnmeyàng? 女: 我们 明天 去 看 电影 怎么样？	여: 우리 내일 영화 보러 가는 것은 어때요?
Xià xīngqī ba, wǒ míngtiān shàngbān. 男: 下 星期 吧 ，我 明天 上班 。	남: 다음 주에 가요. 저 내일 출근해요.
Xīngqīliù bù xiūxi ma? 女: 星期六 不 休息 吗？	여: 토요일에 안 쉬어요?
Zhè liǎng tiān gōngsī hěn máng, yào shàngbān. 男: 这 两 天 公司 很 忙 ，要 上班 。	남: 이틀 간 회사가 바빠서, 출근해야 해요.
Nán de wèishénme bú qù kàn diànyǐng? 问: 男 的 为什么 不 去 看 电影？	질문: 남자는 왜 영화를 보러 가지 않는가?

해설 대화에서 여자가 내일 영화보러 가는 것이 어떠냐고 하자, 남자가 **公司很忙, 要上班**이라며 '회사가 바빠서, 출근해 야 해요'라고 했어요. 질문이 남자는 왜 영화를 보러 가지 않는지 물었으므로 A **公司忙**(gōngsī máng, 회사가 바쁘다)이 정답이에요.

어휘 **公司** gōngsī 몡 회사 **忙** máng 혱 바쁘다 **爱** ài 동 좋아하다, 사랑하다 **休息** xiūxi 동 쉬다
  明天 míngtiān 몡 내일 **下星期** xià xīngqī 다음 주 **上班** shàngbān 동 출근하다 **星期六** xīngqīliù 몡 토요일
  要 yào 조동 ~해야 하다 **为什么** wèishénme 대 왜

13

shí yuè	jiǔ yuè	yī yuè
A 十 月	B 九 月	C 一 月

A 10월 B 9월 C 1월

Běijīng dōngtiān tiānqì zěnmeyàng?
男： 北京 冬天 天气 怎么样 ？

Yī yuè zuì lěng.
女： 一 月 最 冷 。

Nà Běijīng shénme shíhou tiānqì zuì hǎo?
男： 那 北京 什么 时候 天气 最 好 ？

Jiǔ yuè zuì hǎo. Bù lěng yě bú rè.
女： 九 月 最 好 。 不 冷 也 不 热 。

Běijīng shénme shíhou zuì lěng?
问： 北京 什么 时候 最 冷 ？

남: 베이징의 겨울 날씨는 어때요?
여: 1월이 가장 추워요.
남: 그럼 베이징은 언제 날씨가 가장 좋아요?
여: 9월이 가장 좋아요. 춥지도 덥지도 않아요.

질문: 베이징은 언제 가장 추운가?

해설 대화에서 남자가 베이징의 겨울 날씨가 어떤지 묻자, 여자가 **一月最冷**。이라며 '1월이 가장 추워요.'라고 했어요. 질 문이 베이징은 언제 가장 추운지 물었으므로 C **一月**(yī yuè, 1월)가 정답이에요. 참고로, 여자의 **九月最好**(jiǔ yuè zuì hǎo, 9월이 가장 좋아요)를 듣고 B **九月**(jiǔ yuè, 9월)를 선택하지 않도록 주의해요.

어휘 **月** yuè 몡 월 **北京** Běijīng 고유 베이징, 북경 **冬天** dōngtiān 몡 겨울 **最** zuì 부 가장, 제일
  那 nà 접 그럼, 그러면 **什么时候** shénme shíhou 대 언제 **也** yě 부 ~도, 또한

14

hěn jìn	hěn yuǎn	bú tài jìn
A 很 近	B 很 远	C 不 太 近

A 가깝다 B 멀다 C 그다지 가깝지 않다

Nǐ jiā lí xuéxiào yuǎn ma?
女： 你 家 离 学校 远 吗 ？

Bù yuǎn, hěn jìn.
男： 不 远 ， 很 近 。

Nǐ měi tiān zěnme qù xuéxiào?
女： 你 每 天 怎么 去 学校 ？

Wǒ zǒu lù qù xuéxiào.
男： 我 走 路 去 学校 。

Nán de jiā lí xuéxiào yuǎn ma?
问： 男 的 家 离 学校 远 吗 ？

여: 당신 집은 학교에서 멀어요?
남: 멀지 않아요. 가까워요.
여: 매일 어떻게 학교에 가요?
남: 저는 걸어서 학교에 가요.

질문: 남자의 집은 학교에서 먼가?

해설 대화에서 여자가 남자에게 집이 학교에서 머냐고 묻자, 남자가 **不远, 很近**。이라며 '멀지 않아요. 가까워요.'라고 했어 요. 질문이 남자의 집은 학교에서 먼지 물었으므로 A **很近**(hěn jìn, 가깝다)이 정답이에요.

어휘 **近** jìn 혱 가깝다 **远** yuǎn 혱 멀다 **不太** bú tài 그다지 ~하지 않다 **离** lí 전 ~에서 **学校** xuéxiào 몡 학교
  每天 měi tiān 매일 **走路** zǒulù 동 걷다

15	Wáng lǎoshī	Lǐ lǎoshī	Lǐ xiānsheng	A 왕 선생님	B 리 선생님	C 리 씨
	A 王 老师	B 李 老师	C 李 先生			

男：	Nín hǎo, qǐng wèn Lǐ lǎoshī zài ma? 您 好，请 问 李 老师 在 吗？	남: 안녕하세요. 실례지만 리 선생님 계시나요?
女：	Zài, nǐ shì shéi? 在，你 是 谁？	여: 계십니다. 당신은 누구십니까?
男：	Wǒ shì tā de xuésheng, wǒ jiào Wáng Míng. 我 是 他 的 学生，我 叫 王 明。	남: 저는 그의 학생입니다. 저는 왕밍이라고 해요.
女：	Nǐ hǎo, qǐng jìn. 你 好，请 进。	여: 안녕하세요. 들어오세요.
问：	Nán de zhǎo shéi? 男 的 找 谁？	질문: 남자는 누구를 찾는가?

해설 대화에서 남자가 **李老师在吗?**라며 '리 선생님 계시나요?'라고 했어요. 질문이 남자는 누구를 찾는지 물었으므로
B **李老师**(Lǐ lǎoshī, 리 선생님)이 정답이에요.

어휘 **先生** xiānsheng 몡 씨, 선생님[성인 남성에 대한 경칭], 남편 **叫** jiào 동 ~라고 하다, ~라고 부르다
请进 qǐng jìn 들어오세요 **找** zhǎo 동 찾다

테스트 2
p.210

1. C	2. B	3. A	4. B	5. C	6. B	7. B	8. C	9. C	10. A
11. A	12. A	13. B	14. B	15. C					

1	yīyuàn	jiàoshì	bīnguǎn	A 병원	B 교실	C 호텔
	A 医院	B 教室	C 宾馆			

女：	Nǐ hǎo, nǐmen de bīnguǎn yǒu zǎofàn ma? 你 好，你们 的 宾馆 有 早饭 吗？	여: 안녕하세요. 이 호텔은 아침 식사가 있나요?
男：	yǒu de. 有 的。	남: 있습니다.
问：	Tāmen kěnéng zài nǎr? 他们 可能 在 哪儿？	질문: 그들은 아마도 어디에 있는가?

해설 대화에서 남자가 **宾馆有早饭吗?**라며 '호텔은 아침 식사가 있나요?'라고 했어요. 질문이 그들은 아마도 어디에 있는
지 물었으므로 C **宾馆**(bīnguǎn, 호텔)이 정답이에요.

어휘 **医院** yīyuàn 몡 병원 **教室** jiàoshì 몡 교실 **宾馆** bīnguǎn 몡 호텔 **早饭** zǎofàn 몡 아침 식사, 조식

2

A 今年 3 月
    jīnnián sān yuè

B 去年 3 月
    qùnián sān yuè

C 去年 7 月
    qùnián qī yuè

A 올해 3월

B 작년 3월

C 작년 7월

男: 你 去过 中国 吗 ?
    Nǐ qùguo Zhōngguó ma?

女: 去年 3 月 去过 北京 。
    Qùnián sān yuè qùguo Běijīng.

问: 女 的 什么 时候 去过 北京 ?
    Nǚ de shénme shíhou qùguo Běijīng?

남: 당신 중국에 가 본 적이 있어요?

여: 작년 3월에 베이징에 가 봤어요.

질문: 여자는 언제 베이징에 가 봤는가?

해설 대화에서 여자가 **去年3月去过北京**。이라며 '작년 3월에 베이징에 가 봤어요.'라고 했어요. 질문이 여자는 언제 베이 징에 가 봤는지 물었으므로 B **去年3月**(qùnián sān yuè, 작년 3월)가 정답이에요. **去过**는 '가 본 적이 있다'라는 뜻 이에요.

어휘 **今年** jīnnián 명 올해 **去年** qùnián 명 작년 **过** guo 조 ~한 적이 있다 **什么时候** shénme shíhou 대 언제

3

A 一 个 学生
    yí ge xuésheng

B 一 个 老师
    yí ge lǎoshī

C 一 个 医生
    yí ge yīshēng

A 학생 한 명

B 선생님 한 명

C 의사 한 명

女: 张 老师 , 有 一 个 学生
    Zhāng lǎoshī, yǒu yí ge xuésheng
    找 您 。
    zhǎo nín.

男: 好 的 , 让 他 进来 吧 。
    Hǎo de, ràng tā jìnlai ba.

问: 谁 找 张 老师 ?
    Shéi zhǎo Zhāng lǎoshī?

여: 장 선생님, 학생 한 명이 당신을 찾아요.

남: 알겠어요. 그에게 들어오라고 하세요.

질문: 누가 장 선생님을 찾는가?

해설 대화에서 여자가 **张老师, 有一个学生找您**。이라며 '장 선생님, 학생 한 명이 당신을 찾아요.'라고 했어요. 질문이 누 가 장 선생님을 찾는지 물었으므로 A **一个学生**(yí ge xuésheng, 학생 한 명)이 정답이에요.

어휘 **个** gè 양 명, 개 **找** zhǎo 동 찾다 **让** ràng 동 ~하게 하다 **进来** jìnlai 들어오다

4

A 书 B 手表 C 衣服 shū　　　shǒubiǎo　　yīfu	A 책　　　B 손목시계　　C 옷
男: 你 在 找 什么 呢? Nǐ zài zhǎo shénme ne?	남: 무엇을 찾고 있어요?
女: 我 的 手表 找 不 到 了, Wǒ de shǒubiǎo zhǎo bu dào le, 你 看见 了 没? nǐ kànjiàn le méi?	여: 제 손목시계를 찾을 수 없어요. 당신은 봤어요?
问: 女 的 在 找 什么? Nǚ de zài zhǎo shénme?	질문: 여자는 무엇을 찾고 있는가?

해설　대화에서 남자가 여자에게 무엇을 찾고 있는지 묻자, 여자가 **我的手表找不到了**라며 '제 손목시계를 찾을 수 없어요'
　　라고 했어요. 질문이 여자는 무엇을 찾고 있는시 물었으므로 B **手表**(shǒubiǎo, 손목시계)가 정답이에요.

어휘　**手表** shǒubiǎo 몡 손목시계　　**在** zài 뷔 ~하고 있다　　**找** zhǎo 동 찾다　　**找不到** zhǎo bu dào 찾을 수 없다
　　看见 kànjiàn 동 보다, 보이다

5

A 不 想 来 B 生病 了 C 来 晚 了 bù xiǎng lái　　shēngbìng le　　lái wǎn le	A 오기 싫다　　B 병이 났다　　C 늦게 왔다
女: 对不起, 我 来 晚 了。我 的 车 Duìbuqǐ, wǒ lái wǎn le. Wǒ de chē 在 路 上 出了 问题。 zài lù shang chūle wèntí.	여: 죄송합니다. 제가 늦게 왔어요. 제 차가 도중에 문제 가 생겼어요.
男: 没 关系, 你 没 事 吧? Méi guānxi, nǐ méi shì ba?	남: 괜찮아요. 별일 없죠?
问: 女 的 怎么了? Nǚ de zěnmele?	질문: 여자는 무슨 일인가?

해설　대화에서 여자가 **我来晚了**라며 '제가 늦게 왔어요'라고 했어요. 질문이 여자는 무슨 일인지 물었으므로 C **来晚了**(lái
　　wǎn le, 늦게 왔다)가 정답이에요.

어휘　**生病** shēngbìng 동 병이 나다　　**晚** wǎn 형 늦다　　**路上** lù shang 명 도중　　**出问题** chū wèntí 문제가 생기다
　　没事 méishì 동 별일 없다

6

kāi chē A 开 车	A 운전을 하다
zuò gōnggòng qìchē B 坐 公共汽车	B 버스를 타다
zǒu lù C 走 路	C 길을 걷다
Nǐ měi tiān zěnme shàngbān? Zuò qī lù? 男：你 每 天 怎么 上班 ？ 坐 七 路 ？ Duì, qī lù qìchēzhàn lí wǒ jiā hěn jìn. 女：对 ， 七 路 汽车站 离 我 家 很 近 。	남: 당신은 매일 어떻게 출근하세요? 7번 버스를 타세요? 여: 네, 7번 버스 정류장이 우리 집에서 가까워요.
Nǚ de měi tiān zěnme qù shàngbān? 问：女 的 每 天 怎么 去 上班 ？	질문: 여자는 매일 어떻게 출근하는가?

해설   대화에서 남자가 여자에게 **坐七路?**라며 '7번 버스를 타세요?'라고 하자, 여자가 **七路汽车站离我家很近**이라며 '7 번 버스 정류장이 우리 집에서 가까워요'라고 했어요. 질문이 여자는 매일 어떻게 출근하는지 물었으므로 B **坐公共 汽车**(zuò gōnggòng qìche, 버스를 타다)가 정답이에요. 참고로 '숫자+**路**(lù)'는 '~번 버스'라는 뜻이에요.

어휘   **公共汽车** gōnggòng qìchē 몡 버스   **走路** zǒulù 통 길을 걷다   **每天** měi tiān 매일
      上班 shàngbān 통 출근하다   **路** lù 몡 ~번 버스   **汽车站** qìchēzhàn 버스 정류장   **离** lí 젠 ~에서
      近 jìn 혱 가깝다

7

bā yuè yī hào A 8 月 1 号	A 8월 1일
jiǔ yuè shíwǔ hào B 9 月 15 号	B 9월 15일
yī yuè yī hào C 1 月 1 号	C 1월 1일

Jīntiān shì bā yuè yī hào, nǐ de shēngrì
女：今天 是 8 月 1 号 ，你 的 生日
    shì bu shì kuài dào le?
    是 不 是 快 到 了 ？
    Hái zǎo ne, wǒ de shēngrì shì xià ge
男：还 早 呢 ， 我 的 生日 是 下 个
    yuè shíwǔ hào.
    月 15 号 。
	여: 오늘은 8월 1일인데, 곧 네 생일이지?
	남: 아직 일러. 내 생일은 다음달 15일이야.

Nán de de shēngrì shì jǐ yuè jǐ hào? 问：男 的 的 生日 是 几 月 几 号 ？	질문: 남자의 생일은 몇 월 며칠인가?

해설   대화에서 여자가 **今天是8月1号**라며 '오늘은 8월 1일이다'라고 했고, 남자가 **我的生日是下个月15号**라며 '내 생일 은 다음달 15일이야'라고 했어요. 질문이 남자의 생일은 몇 월 며칠인지 물었는데, 오늘이 8월 1일이므로 남자의 생일 은 다음달 15일인 9월 15일임을 유추할 수 있어요. 따라서 B **9月15号**(jiǔ yuè shíwǔ hào, 9월 15일)가 정답이에요.

어휘   **月** yuè 몡 월   **号** hào 먕 일[날짜를 가리킴]   **生日** shēngrì 몡 생일   **快** kuài 뮈 곧, 빨리 혱 빠르다
      到 dào 통 도착하다   **还** hái 뮈 아직, 여전히   **早** zǎo 혱 이르다   **下个月** xià ge yuè 다음달

8

A 弟弟 dìdi	B 妻子 qīzi	C 女儿 nǚ'ér

| A 남동생 | B 부인 | C 딸 |

男: 外面 是 谁 ? 　　Wàimian shì shéi?	남: 밖에 누구신가요?
女: 爸爸 , 是 我 。给 我 开 门 。 　　Bàba, shì wǒ. Gěi wǒ kāi mén.	여: 아빠, 저예요. 문을 열어 주세요.
问: 谁 在 外面 ? 　　Shéi zài wàimian?	질문: 누가 밖에 있는가?

해설　대화에서 남자가 밖에 누구신지 묻자, 여자가 **爸爸**라며 남자를 '아빠'라고 불렀어요. 질문이 누가 밖에 있는지 물었는데, 여자가 남자를 아빠라고 불렀으므로 남자와 여자는 아빠와 딸 관계임을 유추할 수 있어요. 따라서 C **女儿**(nǚ'ér, 딸)이 정답이에요.

어휘　**弟弟** dìdi 몡 남동생　**妻子** qīzi 몡 부인　**外面** wàimian 몡 밖, 바깥　**给** gěi 젠 ~에게
　　　开门 kāimén 통 문을 열다

9

A 他 不 会 tā bú huì	A 그는 할 줄 모른다
B 太 忙 了 tài máng le	B 너무 바쁘다
C 天气 很 热 tiānqì hěn rè	C 날씨가 덥다

女: 你 会 游泳 吗 ? 我们 一起 去 　　Nǐ huì yóuyǒng ma? Wǒmen yìqǐ qù 　　游泳 吧 ! 　　yóuyǒng ba!	여: 당신 수영할 줄 알아요? 우리 같이 수영하러 가요! 남: 다음에요, 오늘 날씨가 너무 더워요.
男: 下次 吧 , 今天 天气 太 热 了 。 　　Xià cì ba, jīntiān tiānqì tài rè le.	
问: 男 的 为什么 不 想 去 游泳 ? 　　Nán de wèishénme bù xiǎng qù yóuyǒng?	질문: 남자는 왜 수영하러 가고 싶지 않은가?

해설　대화에서 여자가 남자에게 같이 수영하러 가자고 하자, 남자가 **下次吧, 今天天气太热了**。라며 '다음에요, 오늘 날씨가 너무 더워요.'라고 했어요. 질문이 남자는 왜 수영하러 가고 싶지 않은지 물었으므로 C **天气很热**(tiānqì hěn rè, 날씨가 덥다)가 정답이에요.

어휘　**太……了** tài …… le 너무 ~하다　**忙** máng 혱 바쁘다　**游泳** yóuyǒng 통 수영하다　**一起** yìqǐ 뷔 같이
　　　下次 xià cì 다음(번)　**今天** jīntiān 몡 오늘　**为什么** wèishénme 때 왜

10

 tài xiǎo tài dà tài guì le A 太 小 B 太 大 C 太 贵 了	A 너무 작다 B 너무 크다 C 너무 비싸다

Zhèxiē píngguǒ dōu tài xiǎo le, yǒu dà 男：这些 苹果 都 太 小 了，有 大 diǎnr de ma? 点儿 的 吗？ Nà zhège píngguǒ zěnmeyàng? 女：那 这个 苹果 怎么样？ Nán de juéde píngguǒ zěnmeyàng? 问：男 的 觉得 苹果 怎么样？	남: 이 사과들은 모두 너무 작아요. 좀 큰 것 있나요? 여: 그럼 이 사과는 어때요? 질문: 남자는 사과가 어떻다고 생각하는가?

해설   대화에서 남자가 **苹果都太小了**라며 '사과들은 모두 너무 작아요'라고 했어요. 질문이 남자는 사과가 어떻다고 생각하는지 물었으므로 A 太小(tài xiǎo, 너무 작다)가 정답이에요.

어휘   太……了 tài …… le 너무 ~하다   贵 guì 형 비싸다   (一)点儿 (yì)diǎnr 수량 좀   那 nà 접 그럼, 그러면
       觉得 juéde 동 ~이라고 생각하다

11

 shāngdiàn yīyuàn xuéxiào A 商店 B 医院 C 学校	A 상점 B 병원 C 학교

Nǐ kàn zhè jiàn yīfu zěnmeyàng? 男：你 看 这 件 衣服 怎么样？ Wǒ juéde hěn piàoliang. 女：我 觉得 很 漂亮。 Dànshì zhège tài guì le. 男：但是 这个 太 贵 了。 Méi guānxi, mǎi ba. 女：没 关系，买 吧。 Tāmen zuì kěnéng zài nǎr? 问：他们 最 可能 在 哪儿？	남: 당신이 봤을 때 이 옷 어때요? 여: 예쁜 것 같아요. 남: 하지만 이 옷은 너무 비싸요. 여: 괜찮아요. 사요. 질문: 그들은 어디에 있을 가능성이 가장 큰가?

해설   대화에서 남자가 **衣服怎么样?**이라며 '옷 어때요?'라고 물었고, 여자가 **买吧**라며 '사요'라고 했어요. 질문이 그들은
       어디에 있을 가능성이 가장 큰지 물었는데, 옷을 사려고 하는 대화 내용에서 두 사람은 상점에서 대화하고 있음을 유
       추할 수 있어요. 따라서 A 商店(shāngdiàn, 상점)이 정답이에요.

어휘   商店 shāngdiàn 명 상점   医院 yīyuàn 명 병원   件 jiàn 양 벌   觉得 juéde 동 ~이라고 생각하다
       但是 dànshì 접 하지만, 그러나   太……了 tài …… le 너무 ~하다   贵 guì 형 비싸다   最 zuì 부 가장, 제일

12

hěn guì A 很 贵	hěn piányi B 很 便宜	hěn piàoliang C 很 漂亮
A 비싸다	B 싸다	C 예쁘다

Zhè shì nǐ xīn mǎi de diànshì ma? 女: 这 是 你 新 买 的 电视 吗？ Duōshao qián? 多少 钱？ Sānqiān duō kuài qián. 男: 三千 多 块 钱。 Sānqiān duō? Zhème guì? 女: 三千 多？ 这么 贵？ Yǐjīng piányi le hěn duō, bú guì. 男: 已经 便宜 了 很 多， 不 贵。 Nǚ de juéde diànshì zěnmeyàng? 问: 女 的 觉得 电视 怎么样？	여: 이게 당신이 새로 산 텔레비전이에요? 얼마예요? 남: 3000여 위안이에요. 여: 3000여 (위안)이요? 이렇게나 비싸요? 남: 이미 많이 싸진 거예요. 비싸지 않아요. 질문: 여자는 텔레비전이 어떻다고 생각하는가?

해설 대화에서 남자가 텔레비전이 3000여 위안이라고 하자 여자가 **这么贵?**라며 '이렇게나 비싸요?'라고 했어요. 질문이 여자는 텔레비전이 어떻다고 생각하는지 물었으므로 A 很贵(hěn guì, 비싸다)가 정답이에요.

어휘 **贵** guì 형 비싸다　**便宜** piányi 형 싸다　**新** xīn 부 새로　**千** qiān 수 1000, 천　**块** kuài 양 위안[중국 화폐 단위]　**这么** zhème 대 이렇게, 이러한　**已经** yǐjīng 부 이미　**觉得** juéde 동 ~이라고 생각하다

13

bā yuè yī hào A 八 月 一 号 bā yuè qī hào B 八 月 七 号 bā yuè bā hào C 八 月 八 号	A 8월 1일 B 8월 7일 C 8월 8일

Jīntiān de piào hái yǒu ma? 男: 今天 的 票 还 有 吗？ Duìbuqǐ, jīntiān de piào méiyǒu le. 女: 对不起， 今天 的 票 没有 了。 Nà gěi wǒ yì zhāng míngtiān de ba. 男: 那 给 我 一 张 明天 的 吧。 Hǎo, bā yuè bā hào de, gěi nǐ. 女: 好， 八 月 八 号 的， 给 你。 Jīntiān jǐ yuè jǐ hào? 问: 今天 几 月 几 号？	남: 오늘 표 아직 있나요? 여: 죄송합니다. 오늘 표는 없습니다. 남: 그럼 내일 것 한 장 주세요. 여: 네, 8월 8일 것, 드릴게요. 질문: 오늘은 몇 월 며칠인가?

해설 대화에서 남자가 **给我一张明天的吧**라며 '내일 것 한 장 주세요'라고 하자, 여자가 **八月八号的**라며 '8월 8일 것'이 라고 했어요. 질문이 오늘은 몇 월 며칠인지 물었는데, 내일이 8월 8일이므로 오늘은 8월 7일이라는 것을 유추할 수 있어요. 따라서 B 八月七号(bā yuè qī hào, 8월 7일)가 정답이에요.

어휘 **月** yuè 명 월　**号** hào 양 일[날짜를 가리킴]　**今天** jīntiān 명 오늘　**票** piào 명 표　**还** hái 부 아직, 여전히　**那** nà 접 그럼, 그러면　**张** zhāng 양 장　**明天** míngtiān 명 내일　**给** gěi 동 주다

14

bú yào mǎi　shǎo mǎi xiē　duō mǎi xiē A 不 要 买　B 少 买 些　C 多 买 些	A 사지 말아라　　B 좀 적게 사다　　C 좀 많이 사다

女: Nǐ kàn, píngguǒ zhēn piányi! Wǒmen 你 看 , 苹果 真 便宜 ! 我们 mǎi yìxiē ba. 买 一些 吧 。 男: Hǎo, wǒ yě ài chī píngguǒ. 好 , 我 也 爱 吃 苹果 。 女: Mǎi duōshao? 买 多少 ? 男: Bié mǎi tài duō, mǎi jǐ jīn jiù kěyǐ. 别 买 太 多 , 买 几 斤 就 可以 。 问: Nán de shì shénme yìsi? 男 的 是 什么 意思 ?	여: 보세요. 사과가 정말 싸요! 우리 좀 사요. 남: 좋아요. 저도 사과 먹는 것을 좋아해요. 여: 얼마나 살까요? 남: 너무 많이 사지 마세요. 몇 근만 사면 돼요. 질문: 남자의 말은 무슨 뜻인가?

해설　대화에서 여자가 남자에게 사과를 얼마나 살지 묻자, 남자가 **别买太多**라며 '너무 많이 사지 마세요'라고 했어요. 질
　　　문이 남자의 말은 무슨 뜻인지 물었으므로 B 少买些(shǎo mǎi xiě, 좀 적게 사다)가 정답이에요.

어휘　**不要** búyào 閉 ~하지 마라　**真** zhēn 閉 정말　**便宜** piányi 톙 싸다　**也** yě 閉 ~도, 또한　**太** tài 閉 너무
　　　斤 jīn 향 근(500g)　**可以** kěyǐ 톙 좋다, 괜찮다

15

shàng ge yuè　jīnnián　　qùnián A 上 个 月 B 今年　C 去年	A 지난달　　B 올해　　C 작년

男: Nǐ shì shénme shíhou lái Zhōngguó de? 你 是 什么 时候 来 中国 的 ? 女: Wǒ shì jīnnián lái Zhōngguó de, nǐ ne? 我 是 今年 来 中国 的 , 你 呢 ? 男: Wǒ shì qùnián lái de. Nǐ de Hànyǔ 我 是 去年 来 的 。 你 的 汉语 zhēn hǎo! 真 好 ! 女: Xièxie, nǐ shuō de yě hěn hǎo. 谢谢 , 你 说 得 也 很 好 。 问: Nán de shì shénme shíhou lái Zhōngguó de? 男 的 是 什么 时候 来 中国 的 ?	남: 당신은 언제 중국에 왔나요? 여: 저는 올해 중국에 왔어요. 당신은요? 남: 저는 작년에 왔어요. 당신 중국어를 정말 잘하네요! 여: 고마워요. 당신도 잘 해요. 질문: 남자는 언제 중국에 왔는가?

해설　대화에서 남자가 여자에게 언제 중국에 왔냐고 묻자, 여자가 올해 중국에 왔다고 대답했어요. 그리고 여자가 남자에
　　　게 언제 중국에 왔냐고 묻자, 남자가 **我是去年来的**라며 '저는 작년에 왔어요.'라고 했어요. 질문이 남자는 언제 중
　　　국에 왔는지 물었으므로 C 去年(qùnián, 작년)이 정답이에요. 참고로, 여자의 **今年来中国**(jīnnián lái Zhōngguó,
　　　올해 중국에 왔어요)를 듣고 B 今年(jīnnián, 올해)을 선택하지 않도록 주의해요.

어휘　**今年** jīnnián 몡 올해　**去年** qùnián 몡 작년　**什么时候** shénme shíhou 때 언제　**汉语** Hànyǔ 고유 중국어
　　　真 zhēn 閉 정말

실전 테스트

🎧 2급 독해 제1부분의 mp3를 들으며 학습해 보세요.

무료MP3 바로듣기

테스트 1

p.222

| 1. C | 2. B | 3. A | 4. F | 5. E |

1-5

A   B   C

D̷   E   F

* 문제를 풀기 전, 예시로 사용된 보기 'D'에 취소선을 그어 두세요.

1

Bié / shuōhuà / le, / dìdi / zài / shuìjiào.	말하지 마세요, 남동생이 잠을 자
别 / 说话 / 了 , / 弟弟 / 在 / 睡觉 。	고 있어요.
~하지 마라 말하다 , 남동생이 ~하고 있다 잠을 자다.	

해설 제시된 문장 **别说话了, 弟弟在睡觉。**는 '말하지 마세요, 남동생이 잠을 자고 있어요.'라는 뜻이에요. 따라서 손가락을 입에 대고 있는 사람 사진 C가 정답이에요.

* 정답으로 선택한 'C'에 취소선을 그어 두세요.

어휘 **别……了** bié …… le ~하지 마라   **说话** shuōhuà 통 말하다, 이야기하다   **弟弟** dìdi 명 남동생
在 zài 부 ~하고 있다   **睡觉** shuìjiào 통 잠을 자다

2

Jiějie / zài / tīng / gē, / tā / tīng bu jiàn / nǐ / zài /	
姐姐 / 在 / 听 / 歌 , / 她 / 听不见 / 你 / 在 /	누나는 노래를 듣고 있어서, 네가 무
누나는 ~하고 있다 듣다 노래를 , 그녀는 들리지 않는다 네가 ~하고 있다	엇을 말하고 있는지 들리지 않아.
shuō / shénme.	
说 / 什么 。	
말하다 무엇을 .	

해설 제시된 문장 **姐姐在听歌, 她听不见你在说什么。**는 '누나는 노래를 듣고 있어서, 네가 무엇을 말하고 있는지 들리지 않아.'라는 뜻이에요. 따라서 이어폰을 귀에 꽂고 있는 사람 사진 B가 정답이에요.

　* 정답으로 선택한 'B'에 취소선을 그어 두세요.

어휘 **姐姐** jiějie 명 누나, 언니　**在** zài 부 ~하고 있다　**听** tīng 동 듣다　**歌** gē 명 노래
　　 听不见 tīng bu jiàn 들리지 않다　**说** shuō 동 말하다　**什么** shénme 대 무엇, 무슨

3

Kěyǐ	/	gàosu	/	wǒ	/	nín de	/	míngzi hé diànhuà	/	ma?
可以	/	告诉	/	我	/	您的	/	名字 和 电话	/	吗 ?
~할 수 있다		알려 주다		저에게		당신의		이름과 전화(번호)를		~요?

저에게 당신의 이름과 전화(번호)를 알려 주실 수 있나요?

해설 제시된 문장 **可以告诉我您的名字和电话吗?**는 '저에게 당신의 이름과 전화(번호)를 알려 주실 수 있나요?'라는 뜻이에요. 따라서 전화를 하며, 무언가를 받아 적는 사람 사진 A가 정답이에요.

　* 정답으로 선택한 'A'에 취소선을 그어 두세요.

어휘 **可以** kěyǐ 조동 ~할 수 있다, ~해도 된다　**告诉** gàosu 동 알리다, 말하다　**名字** míngzi 명 이름
　　 和 hé 접 ~와/과　**电话** diànhuà 명 전화

4

Māma	/	gěi wǒ	/	mǎile	/	yí	ge	/	xīn shǒubiǎo.
妈妈	/	给我	/	买了	/	一	个	/	新 手表 。
엄마가		나에게		샀다		한	개		새 손목시계 .

엄마가 나에게 새 손목시계 한 개를 사 주셨어요.

해설 제시된 문장 **妈妈给我买了一个新手表。**는 '엄마가 나에게 새 손목시계 한 개를 사 주셨어요.'라는 뜻이에요. 따라서 손목시계가 있는 사진 F가 정답이에요.

　* 정답으로 선택한 'F'에 취소선을 그어 두세요.

어휘 **妈妈** māma 명 엄마, 어머니　**给** gěi 전 ~에게　**买** mǎi 동 사다, 구매하다　**个** gè 양 개, 명
　　 新 xīn 형 새롭다 부 새로　**手表** shǒubiǎo 명 손목시계

5

Wǒmen	/	chūqu	/	wán	/	xuě	/	ba.
我们	/	出去	/	玩	/	雪	/	吧 。
우리		나가다		놀다		눈		~하자.

우리 나가서 눈놀이 하자.

해설 제시된 문장 **我们出去玩雪吧。**는 '우리 나가서 눈놀이 하자.'라는 뜻이에요. 따라서 세 사람이 눈을 가지고 놀고 있는 사진 E가 정답이에요. **出去玩雪**는 '나가서 눈놀이 하다'로 해석하면 되고, 2개의 동사로 동작이 연속되는 것을 표현한 연동문이에요.

어휘 **出去** chūqu 동 나가다　**玩(儿)** wán(r) 동 놀다　**雪** xuě 명 눈

레스트 2　　　　　　　　　　　　　　　　　　　　　　　　　　　　　p.223

1. C	2. F	3. B	4. E	5. A

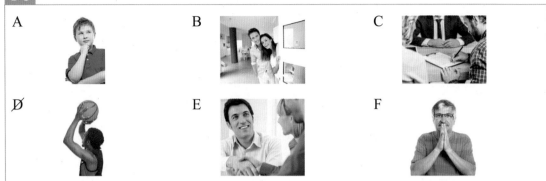

A
B
C
D
E
F

* 문제를 풀기 전, 예시로 사용된 보기 'D'에 취소선을 그어 두세요.

1

Qǐng / nín / zài zhèr / xiě / míngzi.	
请 / 您 / 在 这儿 / 写 / 名字。	이곳에 이름을 적어 주세요.
~해 주세요 당신 이곳에 적다 이름을 .	

해설　제시된 문장 **请您在这儿写名字。**는 '이곳에 이름을 적어 주세요.'라는 뜻이에요. 따라서 무언가를 적고 있는 사람 사진 C가 정답이에요.

　　 * 정답으로 선택한 'C'에 취소선을 그어 두세요.

어휘　**请** qǐng 동 ~해 주세요, 청하다　**在** zài 전 ~에(서)　**写** xiě 동 적다, 쓰다　**名字** míngzi 명 이름

2

Duìbuqǐ, / wǒ / méi tīng dǒng / nǐ shuō de / huà.	
对不起，/ 我 / 没听懂 / 你说的 / 话。	죄송해요. 저는 당신이 하는 말을 알아듣지 못했어요.
죄송합니다, 저는 알아듣지 못했다 당신이 하는 말을 .	

해설　제시된 문장 **对不起, 我没听懂你说的话。**는 '죄송해요. 저는 당신이 하는 말을 알아듣지 못했어요.'라는 뜻이에요. 따라서 두 손을 모으고 미안해하고 있는 사람 사진 F가 정답이에요.

　　 * 정답으로 선택한 'F'에 취소선을 그어 두세요.

어휘　**对不起** duìbuqǐ 동 죄송합니다, 미안합니다　**听懂** tīng dǒng 알아듣다　**说** shuō 동 말하다　**话** huà 명 말

3

Huānyíng / nǐ / lái / wǒmen jiā / wánr, / kuài /	
欢迎 / 你 / 来 / 我们 家 / 玩儿，/ 快 /	
환영하다 네가 오다 우리 집에 놀다, 어서	우리 집에 놀러 온 것을 환영해, 어서 들어와.
qǐng jìn / ba.	
请 进 / 吧。	
들어오세요 ~해요.	

해설　제시된 문장 **欢迎你来我们家玩儿, 快请进吧。**는 '우리 집에 놀러 온 것을 환영해, 어서 들어와.'라는 뜻이에요. 따라서 두 사람이 문을 열어 주고 있는 사진 B가 정답이에요. **来我们家玩儿**은 '우리 집에 놀러 오다'로 해석하면 되고, 2개의 동사로 동작이 연속되는 것을 표현한 연동문이에요.

　　 * 정답으로 선택한 'B'에 취소선을 그어 두세요.

어휘　**欢迎** huānyíng 동 환영하다　**来** lái 동 오다　**家** jiā 명 집, 가정　**玩(儿)** wán(r) 동 놀다
　　 快 kuài 부 어서, 빨리, 곧　**请** qǐng 동 ~해 주세요, 청하다　**进** jìn 동 (밖에서 안으로) 들다

4

Gěi nín / jièshào / yíxià, / zhè / shì / wǒmen xuéxiào de /
给 您 / 介绍 / 一下 , / 这 / 是 / 我们 学校 的 /
당신에게   소개하다   좀 ~해 보다,   이 분은   ~이다   저희 학교의

Lǐ lǎoshī.
李 老师 。
리 선생님 .

당신에게 소개해 드릴게요, 이 분은
저희 학교의 리 선생님이에요.

해설 제시된 문장 **给您介绍一下, 这是我们学校的李老师。**은 '당신에게 소개해 드릴게요, 이 분은 저희 학교의 리 선생님
이에요.'라는 뜻이에요. 따라서 두 사람이 악수를 하고 있는 사진 E가 정답이에요.

* 정답으로 선택한 'E'에 취소선을 그어 두세요.

어휘 **给** gěi 젠 ~에게   **介绍** jièshào 동 소개하다   **一下** yíxià 수량 좀 ~해 보다   **是** shì 동 ~이다
学校 xuéxiào 명 학교   **老师** lǎoshī 명 선생님

5

Zhège zì / wǒ / huì / dú, / nǐ / ràng / wǒ /
这个 字 / 我 / 会 / 读 , / 你 / 让 / 我 /
이 글자를   저는   ~할 줄 알다   읽다,   당신   ~하게 하다   제가

zài / xiǎngyixiǎng.
再 / 想一想 。
더   생각 좀 하다 .

저는 이 글자를 읽을 줄 알아요, 제
가 생각을 좀 더 하게 해주세요.

해설 제시된 문장 **这个字我会读, 你让我再想一想。**은 '저는 이 글자를 읽을 줄 알아요, 제가 생각을 좀 더 하게 해 주세
요.'라는 뜻이에요. 따라서 무언가를 생각하고 있는 사람 사진 A가 정답이에요.

어휘 **字** zì 명 글자, 글씨   **会** huì 조동 ~할 줄 알다, ~할 것이다   **读** dú 동 읽다   **让** ràng 동 ~하게 하다
再 zài 부 더, 다시   **想** xiǎng 동 생각하다

독해 제2부분 | 빈칸에 알맞은 어휘 채우기

실전 테스트

🎧 2급 독해 제2부분의 mp3를 들으며 학습해 보세요.

무료MP3 바로듣기

테스트 1
p.232

1. C	2. F	3. A	4. D	5. B

A 次 cì	**B** 已经 yǐjīng	**C** 介绍 jièshào	A 번	B 이미	C 소개하다
D 比 bǐ	~~**E** 贵 guì~~	**F** 旁边 pángbiān	D ~보다	E 비싸다	F 옆

* E 贵(guì, 비싸다)는 예시 어휘이므로 취소선을 그은 후, 이를 제외한 나머지 5개의 보기 중에서 정답을 골라요.

어휘 次 cì 〔양〕번, 회, 차례 已经 yǐjīng 〔부〕이미 介绍 jièshào 〔동〕소개하다 比 bǐ 〔전〕~보다 旁边 pángbiān 〔명〕옆, 근처

1

Wǒ de / gōngzuò / shì / tóngxué gěi wǒ jièshào de.
我 的 / 工作 / 是 / 同学 给 我（ **C** 介绍 ）的。
　내　　　직업은　~이다　동창이　나에게　　　　소개해 준 것.

내 직업은 동창이 나에게 소개해 준 것이에요.

해설 **我的工作是同学给我(　)的**。는 '내 직업은 동창이 나에게 ____ 준 것이에요.'라는 뜻이고, 빈칸 앞에 개사구 **给我**(gěi wǒ, 나에게)가 있어요. 따라서 '**给+사람명사+介绍**'의 형태로 자주 쓰이고, 문맥에도 알맞은 동사 C **介绍**(jièshào, 소개하다)가 정답이에요.

　* 정답으로 선택한 'C'에 취소선을 그어 두세요.

어휘 工作 gōngzuò 〔명〕직업, 일 〔동〕일하다 是 shì 〔동〕~이다 同学 tóngxué 〔명〕동창, 학우 给 gěi 〔전〕~에게
　　　介绍 jièshào 〔동〕소개하다

2

Diànnǎo pángbiān de / shǒubiǎo / shì / wǒ érzi de.
电脑（ **F** 旁边 ）的 / 手表 / 是 / 我 儿子 的 。
　컴퓨터　　　옆의　　　　시계는　~이다　내 아들의 것.

컴퓨터 옆의 시계는 내 아들의 것이에요.

해설 **电脑(　)的手表是我儿子的**。는 '컴퓨터 _____의 시계는 내 아들의 것이에요.'라는 뜻이고, 빈칸 앞에는 명사 **电脑**(diànnǎo, 컴퓨터)가, 빈칸 뒤에는 조사 **的**(de, ~의)가 있어요. 따라서 조사 **的** 앞에 올 수 있고 문맥에도 알맞은 명사 F **旁边**(pángbiān, 옆)이 정답이에요.

　* 정답으로 선택한 'F'에 취소선을 그어 두세요.

어휘 电脑 diànnǎo 〔명〕컴퓨터 旁边 pángbiān 〔명〕옆 手表 shǒubiǎo 〔명〕손목시계 儿子 érzi 〔명〕아들

3

Wǒ / shì / dì-yī cì / lái / Zhōngguó / lǚyóu.
我 / 是 / 第一（ **A** 次 ）/ 来 / 中国 / 旅游 。
나는　~이다　첫 번째　　　　오다　중국에　여행하다.

나는 처음으로 중국에 여행하러 왔어요.

해설 **我是第一(　)来中国旅游**。는 '나는 첫 _____째로 중국에 여행하러 왔어요.'라는 뜻이고, 빈칸 앞에 수사 **第一**(dì-yī, 첫 (번)째)가 있어요. 따라서 수사 **第一**뒤에 올 수 있고, 문맥에도 알맞은 양사 A **次**(cì, 번)가 정답이에요. 참고로, '**第一次+동사**'는 '처음으로 ~하다'라는 뜻으로 자주 사용됨을 알아 두어요.

　* 정답으로 선택한 'A'에 취소선을 그어 두세요.

어휘 第一 dì-yī 〔수〕첫 (번)째 次 cì 〔양〕번, 회, 차례 来 lái 〔동〕오다 中国 Zhōngguó 〔고유〕중국
　　　旅游 lǚyóu 〔동〕여행하다

4

Tā / **bǐ** gēge / gāo / yìdiǎn.
他 / （ **D 比** ）哥哥 / 高 / 一点 。
그는 . 형보다 크다 조금 더 .

그는 형보다 조금 더 커요.

해설 　他( )哥哥高一点。은 '그는 형 _____ 조금 더 커요.'라는 뜻이고, 빈칸 앞에는 주어인 他(tā, 그)가, 빈칸 뒤에는
　　　 명사 哥哥(gēge, 형, 오빠)가 있어요. 따라서 명사 哥哥 앞에 올 수 있고 문맥에도 알맞은 개사 D 比(bǐ, ~보다)가 정
　　　 답이에요. 참고로, 'A+比+B+술어'는 'A는 B보다 ~하다'라는 뜻으로, A와 B를 비교하는 비교문임을 알아 두세요.

　　　 * 정답으로 선택한 'D'에 취소선을 그어 두세요.

어휘 　比 bǐ 刭 ~보다　哥哥 gēge 몡 형, 오빠　高 gāo 혱 (키가) 크다, 높다　一点(儿) yìdiǎn(r) 수량 조금, 약간

5

男： Wǒ / （ **B 已经** ） / dào / diàn li / le, / nǐ ne?
我 / （ **B 已经** ） / 到 / 店里 / 了 , / 你 呢 ？
저는 이미 도착하다 가게에 (~상태가) 되다, 당신은요?

Duìbuqǐ, / nǐ / děng / wǒ / yíxià, / wǒ /
女： 对不起 , / 你 / 等 / 我 / 一下 , / 我 /
죄송합니다. 당신 기다리다 저를 좀 ~해보다, 저는

hěn kuài jiù / dào / le.
很 快 就 / 到 / 了 。
곧 도착하다 (~상태로) 되다 .

남: 저는 이미 가게에 도착했어요.
당신은요?

여: 죄송해요, 저를 좀 기다려 주세
요, 저는 곧 도착해요.

해설 　我( )到店里了는 '저는 _____ 가게에 도착했어요'라는 뜻이고, 빈칸 뒤에 동사 到(dào, 도착하다)가 있어요.
　　　 따라서 동사 앞에 올 수 있고, 문맥에도 알맞은 부사 B 已经(yǐjīng, 이미)이 정답이에요.

어휘 　已经 yǐjīng 명 이미, 벌써　到 dào 동 도착하다　店 diàn 몡 가게, 상점　里 li 몡 안, 안쪽
　　　 对不起 duìbuqǐ 동 죄송합니다, 미안합니다　等 děng 동 기다리다　一下 yíxià 수량 좀 ~해 보다
　　　 快 kuài 명 곧, 빨리　就 jiù 명 곧, 바로

테스트 2

p.233

| 1. B | 2. A | 3. D | 4. C | 5. F |

1-5

wán	shǒubiǎo	zài		A 끝나다	B 손목시계	C 다시
A 完	B 手表	C 再				
màn	guì	zhǎo		D 느리다	E 비싸다	F 찾다
D 慢	E̶ 贵	F 找				

* E 贵(guì, 비싸다)는 예시 어휘이므로 취소선을 그은 후, 이를 제외한 나머지 5개의 보기 중에서 정답을 골라요.

어휘 　完 wán 동 끝나다, 마치다　手表 shǒubiǎo 몡 손목시계　再 zài 명 다시, 재차　慢 màn 혱 느리다
　　　 找 zhǎo 동 찾다

1

Nà kuàir / **shǒubiǎo** / jiù / shì / wǒ xiānsheng de.
那 块儿 （ **B 手表** ） / 就 / 是 / 我 先生 / 的 。
그 손목시계 (한 개)는 바로 ~이다 내 남편의 것 .

그 손목시계는 바로 제 남편의 것
이에요.

해설 **那块儿(　)就是我先生的**。는 '그 _____는 바로 제 남편의 것이에요.'라는 뜻이고, 문장에 주어가 없어요. 따라서 양사 **块**(kuài, 개) 뒤에 올 수 있고, 문맥에도 알맞은 명사 B **手表**(shǒubiǎo, 손목시계)가 정답이에요.

* 정답으로 선택한 'B'에 취소선을 그어 두세요.

어휘 **块** kuài 양 개[손목시계 등을 셀 때 쓰임], 조각, 위안(元)　**手表** shǒubiǎo 명 손목시계　**就** jiù 부 바로, 곧
先生 xiānsheng 명 남편, 선생님[성인 남성에 대한 경칭]

2

Nǐ gěi de / dōngxi / tài / duō / le, / wǒ / méiyǒu /	
你 给 的 / 东西 / 太 / 多 / 了, / 我 / 没有 /	당신이 준 것이 너무 많아서, 저는
당신이 준　　것　　너무　많다　　　　저는　～않다	다 먹지 못했어요.
chī　　wán.	
吃（ **A 完** ）。	
다 먹다	

해설 **你给的东西太多了, 我没有吃(　)**。은 '당신이 준 것이 너무 많아서, 저는 _____ 먹지 못했어요.'라는 뜻이고, 빈칸 앞에는 술어인 동사 **吃**(chī, 먹다)이 있어요. 따라서 술어 **吃** 뒤에 결과보어로 올 수 있고, 문맥에도 알맞은 동사 A **完**(wán, 끝나다)이 정답이에요. 참고로 **完**은 **吃完**(다 먹다), **喝完**(hē wán, 다 마시다)처럼 동사 뒤에 올 때는 '다 ~하다'로 쓰임을 알아 두세요.

* 정답으로 선택한 'A'에 취소선을 그어 두세요.

어휘 **给** gěi 동 주다　**东西** dōngxi 명 것, 물건　**太……了** tài …… le 너무 ~하다　**多** duō 형 많다
没有 méiyǒu 부 ~않다　**吃** chī 동 먹다　**完** wán 동 끝나다, 마치다

3

Qǐng　　màn zǒu, / huānyíng / xià cì / zài / lái /	
请（ **D 慢** ）走, / 欢迎 / 下次 / 再 / 来 /	조심히 가, 다음에 또 우리 집에 놀
조심히 가세요　　　　　환영하다　다음번　또　오다	러 오는 것을 환영해.
wǒ jiā / wánr.	
我 家 / 玩儿 。	
우리 집에　놀다.	

해설 **请(　)走, 欢迎下次再来我家玩儿**。은 '_____ 가, 다음에 또 우리 집에 놀러 오는 것을 환영해.'라는 뜻이고, 빈칸 앞에는 동사 **请**(qǐng, ~해 주세요)이 있고, 빈칸 뒤에는 동사 **走**(zǒu, 가다)가 있어요. 따라서, **请慢走**(조심히 가세요)의 형태로 상대방을 배웅하는 인사말로 자주 쓰이고, 문맥에도 알맞은 형용사 D **慢**(màn, 느리다)이 정답이에요.

* 정답으로 선택한 'D'에 취소선을 그어 두세요.

어휘 **请慢走** qǐng màn zǒu 조심히 가세요　**欢迎** huānyíng 동 환영하다　**下次** xià cì 명 다음번　**再** zài 부 또, 다시
来 lái 동 오다　**家** jiā 명 집　**玩(儿)** wán(r) 동 놀다

4

Wǒ / xiànzài / hěn / máng, / wǎnshang / zài / chūqu /	
我 / 现在 / 很 / 忙 , / 晚上 / （ **C 再** ） / 出去 /	내가 지금 바쁘니, 저녁에 다시 나
내가　지금　　바쁘다,　저녁에　　　다시　　나가다	가 놀자.
wán / ba.	
玩 / 吧 。	
놀다　～하자.	

해설 晚上( )出去玩吧는 '저녁에 _____ 나가 놀자'라는 뜻이고, 빈칸 뒤에 술어인 出去(chūqu, 나가다)가 있어요. 따라서 술어 出去 앞에 올 수 있고, 문맥에도 알맞은 부사 C 再(zài, 다시)가 정답이에요.

* 정답으로 선택한 'C'에 취소선을 그어 두세요.

어휘 现在 xiànzài 몡 지금, 현재　忙 máng 혱 바쁘다　晚上 wǎnshang 몡 저녁　再 zài 튀 다시, 재차
　　 出去 chūqu 동 나가다　玩(儿) wán(r) 동 놀다

5
女： Zhāng lǎoshī / zài ma?　Wàimian / yǒu / ge xuésheng / 　　 张 老师 / 在 吗？　外面 / 有 / 个 学生 / 　　 장 선생님　계신가요?　　밖에　있다　학생 한 명이 　　 zhǎo / tā. 　（ F 找 ）/ 他 。 　　 찾다　그를 . 男： Tā / xiànzài / bú zài / jiàoshì li. 　　 他 / 现在 / 不 在 / 教室 里 。 　　 그는　지금　~에 있지 않다　교실 안에 .	여: 장 선생님 계신가요? 밖에 그를 찾는 한 학생이 있어요. 남: 그는 지금 교실 안에 없어요.

해설 外面有个学生( )他는 '밖에 그를 _____ 한 학생이 있어요'라는 뜻이고, 빈칸 뒤에 목적어인 대명사 他(tā, 그) 가 있어요. 따라서 他를 목적어로 갖는 술어 역할을 하고, 문맥에도 알맞은 동사 F 找(zhǎo, 찾다)가 정답이에요.

어휘 老师 lǎoshī 몡 선생님　在 zài 동 ~에 있다　外面 wàimian 몡 밖, 바깥　有 yǒu 동 있다　个 gè 뎡 명, 개
　　 学生 xuésheng 몡 학생　找 zhǎo 동 찾다　现在 xiànzài 몡 지금, 현재　教室 jiàoshì 몡 교실　里 li 몡 안, 안쪽

독해 제3부분 | 일치·불일치 판단하기

실전 테스트

🎧 2급 독해 제3부분의 mp3를 들으며 학습해 보세요.

무료MP3 바로듣기

테스트 1　　　　　　　　　　　　　　　　　　　　　　　　　　　　　p.244

1. ∨　　2. ∨　　3. ✗　　4. ✗　　5. ∨

1

Wǒ / yǒu diǎn / lèi / le, / wǒmen / qù / qiánmian de /
我 / 有点 / 累 / 了, / 我们 / 去 / 前面 的 /
내가　　조금　　피곤하다 (~상태가) 되다.　우리　가다　　앞의

cháguǎnr / hē / bēi / chá, / xiūxi / yíxià / hǎo bu hǎo?
茶馆儿 / 喝 / 杯 / 茶, / 休息 / 一下 / 好 不 好？
찻집　　마시다　한 잔　차,　쉬다　　좀 ~해 보다　어때?

★ Shuōhuàrén / xiǎng / qù / hē / chá.
★ 说话人 / 想 / 去 / 喝 / 茶 。
　　화자는　~하고 싶다　가다　마시다　차를.

내가 조금 피곤한데, 우리 앞에 있는
찻집에 가서 차를 한 잔 마시고, 좀
쉬는 것은 어때?

★ 화자는 차를 마시러 가고 싶어
한다.

해설　★ 문장 **说话人想去喝茶。**는 '화자는 차를 마시러 가고 싶어한다.'라는 뜻이에요. 지문의 **我们去前面的茶馆儿喝杯**
茶는 '우리 앞에 있는 찻집에 가서 차를 한 잔 마시자'라는 뜻이므로, ★ 문장은 지문의 내용과 일치해요. **去前面的茶**
馆儿喝杯茶는 '앞에 있는 찻집에 가서 차를 한 잔 마시다'라고 해석하면 되고, 2개의 동사로 동작이 연속되는 것을
표현한 연동문이에요.

어휘　**有点(儿)** yǒu diǎn(r) 튄 조금, 약간　**累** lèi 형 피곤하다, 지치다　**前面** qiánmian 명 앞, 앞쪽
　　茶馆儿 cháguǎnr 명 찻집　**杯** bēi 명 잔, 컵　**茶** chá 명 차　**休息** xiūxi 동 쉬다, 휴식하다
　　一下 yíxià 수량 좀 ~해 보다　**说话人** shuōhuàrén 명 화자　**想** xiǎng 조동 ~하고 싶다, ~하려고 하다

2

Wéi, / lù shang / chē / tài / duō / le, / wǒ / hái /
喂, / 路上 / 车 / 太 / 多 / 了, / 我 / 还 /
여보세요,　길에　　차가　너무　많다.　　저는　더

yǒu / shí fēnzhōng / néng / dào / huǒchēzhàn, / nǐ / zài /
有 / 10 分钟 / 能 / 到 / 火车站, / 你 / 再 /
있다　10분　　~할 수 있다　도착하다　기차역에,　(당신)　더

děng / wǒ / yíxià.
等 / 我 / 一下 。
기다리다　저를　좀 ~해 보다.

★ Shuōhuàrén / zài / qù huǒchēzhàn de / lù shang.
★ 说话人 / 在 / 去 火车站 的 / 路上 。
　　화자는　~에 있다　기차역에 가는　　　길.

여보세요, 길에 차가 너무 많아서,
저는 10분 더 있어야 기차역에 도착
할 수 있어요, 저를 좀 더 기다려
주세요.

★ 화자는 기차역에 가는 길이다.

해설　★ 문장 **说话人在去火车站的路上。**은 '화자는 기차역에 가는 길이다.'라는 뜻이에요. 지문의 **路上车太多了, 我还**
有10分钟能到火车站은 '길에 차가 너무 많아서, 저는 아직 10분 더 있어야 기차역에 도착할 수 있어요'라는 뜻이므
로, ★ 문장은 지문의 내용과 일치해요.

어휘　**喂** wéi 감 여보세요　**路** lù 명 길, 도로　**车** chē 명 차　**太……了** tài …… le 너무 ~하다
　　还 hái 튄 더, 아직, 여전히　**分钟** fēnzhōng 명 분　**能** néng 조동 ~할 수 있다　**到** dào 동 도착하다
　　火车站 huǒchēzhàn 명 기차역　**再** zài 튄 더, 다시　**等** děng 동 기다리다　**一下** yíxià 수량 좀 ~해 보다
　　在 zài 동 ~에 있다

3

Wǎnshang / wǒmen / bié / chūqu / le, / jiù / zài jiā /
晚上 / 我们 / 别 / 出去 / 了 , / 就 / 在 家 /
저녁에　　우리　　~하지 마라　나가다,　　　　그냥　　집에서

chī / fàn / ba, / wǒ / qù / mǎi / diǎnr /
吃 / 饭 / 吧 , / 我 / 去 / 买 / 点儿 /
먹다　밥을　~하자,　　제가　가다　사다　조금

nǐ ài chī de / cài hé yú.
你 爱 吃 的 / 菜 和 鱼 。
당신이 먹기 좋아하는　　채소와 생선을 .

★ Tāmen / yào / zài wàimian / chī / fàn.
★ 他们 / 要 / 在 外面 / 吃 / 饭 。
　그들은　~하려고 한다　밖에서　　　먹다　밥을 .

저녁에 우리 나가지 말고, 그냥 집에서 밥을 먹어요, 제가 가서 당신이 먹기 좋아하는 채소와 생선을 조금 사올게요.

★ 그들은 밖에서 밥을 먹으려 한다.

해설　★ 문장 他们要在外面吃饭。은 '그들은 밖에서 밥을 먹으려 한다.'라는 뜻이에요. 지문의 我们别出去了, 就在家吃饭吧는 '우리 나가지 말고, 그냥 집에서 밥을 먹어요'라는 뜻이므로, ★ 문장은 지문의 내용과 불일치해요.

어휘　晚上 wǎnshang 몡 저녁　别……了 bié…… le ~하지 마라　出去 chūqu 동 나가다　就 jiù 문 그냥, 바로
　　　在 zài 젠 ~에서　家 jiā 몡 집, 가정　买 mǎi 동 사다, 구매하다　(一)点儿 (yì) diǎnr 수량 조금
　　　爱 ài 동 좋아하다, 사랑하다　菜 cài 몡 채소, 음식, 요리　和 hé 젭 ~와/과　鱼 yú 몡 생선, 물고기
　　　要 yào 조동 ~하려 하다, ~할 것이다　外面 wàimian 몡 밖, 바깥쪽

4

Zuótiān / wǒ hé tóngxuémen / qù / chànggē / le, /
昨天 / 我 和 同学们 / 去 / 唱歌 / 了 , /
어제　　나와 학우들은　　　가다　노래를 부르다　(~상태가) 되다 ,

wǒmen / chàngle / yí ge xiàwǔ, / dàjiā / dōu / wánr /
我们 / 唱了 / 一 个 下午 , / 大家 / 都 / 玩儿 /
우리는　불렀다　　오후 내내 ,　　　모두　다　놀다

de hěn gāoxìng.
得 很 高兴 。
즐겁게 .

★ Zuótiān / tāmen / wánr / de bù gāoxìng.
★ 昨天 / 他们 / 玩儿 / 得 不 高兴 。
　어제　　그들은　　놀았다　즐겁지 않게 .

어제 나와 학우들은 노래를 부르러 갔어요. 우리는 오후 내내 노래를 불렀고, 모두 다 즐겁게 놀았어요.

★ 어제 그들은 즐겁지 않게 놀았다.

해설　★ 문장 昨天他们玩儿得不高兴。은 '어제 그들은 즐겁지 않게 놀았다.'라는 뜻이에요. 지문의 昨天……大家都玩儿得很高兴은 '어제……모두 다 즐겁게 놀았어요'라는 뜻이므로, ★ 문장은 지문의 내용과 불일치해요. 玩儿得很高兴은 '즐겁게 놀았다'로 해석하면 되고, 得很高兴은 술어 玩儿의 의미를 보충해주는 보어예요.

어휘　昨天 zuótiān 몡 어제　和 hé 젭 ~와/과　同学 tóngxué 몡 학우, 동창　唱歌 chànggē 동 노래를 부르다
　　　唱 chàng 동 노래하다　一个下午 yí ge xiàwǔ 오후 내내　大家 dàjiā 때 모두, 여러분　都 dōu 문 다, 모두
　　　玩(儿) wán(r) 동 놀다　高兴 gāoxìng 형 즐겁다, 기쁘다

5

Xiǎo Míng, / tīngshuō / nǐ / xiànzài / zài Běijīng Dàxué /
小 明 , / 听说 / 你 / 现在 / 在 北京 大学 /
샤오밍, 듣자 하니 네가 지금 베이징 대학교에서

dú shū, / wǒ / kěyǐ / qù / nǐ de / xuéxiào / kànyikàn / ma?
读 书 , / 我 / 可以 / 去 / 你 的 / 学校 / 看一看 / 吗 ?
공부하다, 내가 ~해도 되다 가다 네 학교에 좀 둘러보다 ~니?

★ Xiǎo Míng / xiànzài / zài Běijīng / shàngxué.
★ 小 明 / 现在 / 在 北京 / 上学 。
샤오밍은 지금 베이징에서 학교를 다니다.

샤오밍, 듣자 하니 네가 지금 베이징 대학교에서 공부한다던데, 내가 네 학교에 가서 좀 둘러봐도 되니?

★ 샤오밍은 지금 베이징에서 학교를 다닌다.

해설 ★ 문장 **小明现在在北京上学**。는 '샤오밍은 지금 베이징에서 학교를 다닌다.'라는 뜻이에요. 지문의 **小明, 听说你现在在北京大学读书**는 '샤오밍, 듣자 하니 네가 지금 베이징 대학교에서 공부한다던데'라는 뜻이므로, ★ 문장은 지문의 내용과 일치해요.

어휘 **听说** tīngshuō ⑧ 듣자 하니 **北京大学** Běijīng Dàxué 베이징 대학교 **读书** dúshū ⑧ 공부하다, 책을 읽다
可以 kěyǐ 조통 ~해도 되나, ~할 수 있나 **现在** xiànzài ⑲ 지금 **在** zài ㉙ ~에서
上学 shàngxué ⑧ 학교에 다니다, 등교하다

테스트 2
p.246

1. ✗   2. ✓   3. ✗   4. ✓   5. ✗

1

Zhè jǐ ge / shǒubiǎo / wǒ / dōu fēicháng / xǐhuan, /
这 几 个 / 手表 / 我 / 都 非常 / 喜欢 , /
이 몇 개 손목시계를 나는 모두 매우 좋아하다,

mǎi / nǎge / hǎo / ne? Nǐ / lái / bāng / wǒ / kànkan /
买 / 哪个 / 好 / 呢 ? 你 / 来 / 帮 / 我 / 看看 /
사다 어느 것 좋다 ~까? 네가 오다 돕다 나를 좀 보다

ba.
吧 。
~하자.

★ Shuōhuàrén / bù xǐhuan / nàxiē / shǒubiǎo.
★ 说话人 / 不 喜欢 / 那些 / 手表 。
화자는 좋아하지 않는다 그것들 손목시계를.

이 손목시계 몇 개를 나는 모두 매우 좋아하는데, 어느 것을 사는 것이 좋을까? 네가 와서 나를 도와 좀 봐줘.

★ 화자는 그 손목시계들을 좋아하지 않는다.

해설 ★ 문장 **说话人不喜欢那些手表**。는 '화자는 그 손목시계들을 좋아하지 않는다.'라는 뜻이에요. 지문의 **这几个手表我都非常喜欢**은 '이 손목시계 몇 개를 나는 모두 매우 좋아하는데'라는 뜻이므로, ★ 문장은 지문의 내용과 불일치해요.

어휘 **个** gè ⑱ 개 **手表** shǒubiǎo ⑲ 손목시계 **都** dōu ⑭ 모두, 다 **非常** fēicháng ⑭ 매우, 아주
喜欢 xǐhuan ⑧ 좋아하다 **帮** bāng ⑧ 돕다

2

Zhège xīngqīwǔ / nǐ / yǒu / shíjiān / ma? Wǒ / xiǎng /
这个 星期五 / 你 / 有 / 时间 / 吗？我 / 想 /
이번 주 금요일에　당신　있다　시간　~요?　저는　~하려고 하다

qù / yīyuàn / kàn / yīshēng, / nǐ / kěyǐ / hé wǒ yìqǐ /
去 / 医院 / 看 / 医生，/ 你 / 可以 / 和我 一起 /
가다　병원에　진찰받다　의사에게，　당신은　~할 수 있다　저와 같이

qù / ma?
去 / 吗？
가다　~요?

★ Tā / xiǎng / xīngqīwǔ / qù / yīyuàn.
★ 他 / 想 / 星期五 / 去 / 医院。
그는　~하려고 하다　금요일에　가다　병원에.

이번 주 금요일에 당신 시간 있나요? 저는 병원에 가서 의사에게 진찰을 받으려고 하는데, 저와 같이 갈 수 있나요?

★ 그는 금요일에 병원에 가려고 한다.

해설 ★ 문장 他想星期五去医院。은 '그는 금요일에 병원에 가려고 한다.'라는 뜻이에요. 지문의 **这个星期五你有时间吗? 我想去医院看医生**은 '이번 주 금요일에 당신 시간 있나요? 저는 병원에 가서 의사에게 진찰을 받으려고 하는데'라는 뜻이므로, ★ 문장은 지문의 내용과 일치해요. **去医院看医生**은 '병원에 가서 의사에게 진찰을 받다'로 해석하면 되고, 2개의 동사로 동작이 연속되는 것을 표현한 연동문이에요.

어휘 **星期五** xīngqīwǔ 몡 금요일　**时间** shíjiān 몡 시간　**想** xiǎng 조동 ~하려고 하다, ~하고 싶다
医院 yīyuàn 몡 병원　**看医生** kàn yīshēng 의사에게 진찰받다　**可以** kěyǐ 조동 ~할 수 있다, ~해도 되다
和 hé 젠 ~와/과　**一起** yìqǐ 뛰 같이, 함께

3

Jīntiān / shì / bā yuè shí rì, / zài yǒu liǎng tiān / jiù / shì /
今天 / 是 / 8 月 10 日，/ 再 有 两 天 / 就 / 是 /
오늘은　~이다　8월 10일，　이틀 더 있으면　바로　~이다

wǒ de / shēngrì / le, /
我 的 / 生日 / 了，/
나의　생일　(~상태가) 되다，

xīwàng / nǐmen / lái / wǒ jiā / wánr.
希望 / 你们 / 来 / 我 家 / 玩儿。
바라다　너희들이　오다　우리 집에　놀다.

★ Bā yuè shí rì / shì / wǒ de / shēngrì.
★ 8 月 10 日 / 是 / 我 的 / 生日。
8월 10일은　~이다　나의　생일.

오늘은 8월 10일이고, 이틀 더 있으면 바로 나의 생일이야. 너희들이 우리 집에 놀러 오길 바라.

★ 8월 10일은 나의 생일이다.

해설 ★ 문장 8月10日是我的生日。은 '8월 10일은 나의 생일이다.'라는 뜻이에요. 지문의 **今天是8月10日, 再有两天就是我的生日了**는 '오늘은 8월 10일이고, 이틀 더 있으면 바로 나의 생일이야'라는 뜻이므로, 8월 12일이 나의 생일임을 알 수 있어요. 따라서 ★ 문장은 지문의 내용과 불일치해요.

어휘 **今天** jīntiān 몡 오늘　**月** yuè 몡 월, 달　**日** rì 몡 일, 날　**再** zài 뛰 더, 다시　**两** liǎng 주 2, 둘
就 jiù 뛰 바로, 곧　**生日** shēngrì 몡 생일　**希望** xīwàng 동 바라다, 희망하다　**家** jiā 몡 집, 가정
玩(儿) wán(r) 동 놀다

4

Nín / qǐng jìn, / zhè / jiù / shì / wǒmen jiā.
您 / 请 进， / 这 / 就 / 是 / 我们 家 。
당신 들어오세요, 여기가 바로 ~이다 우리 집.

Zhège fángjiān / shì / wǒ hé wǒ xiānsheng de, /
这个 房间 / 是 / 我 和 我 先生 的， /
이 방은 ~이다 저와 제 남편의 것,

hòumian nàge xiǎo fángjiān / shì / wǒ nǚ'er de.
后面 那个 小 房间 / 是 / 我 女儿 的 。
뒤에 저 작은 방은 ~이다 제 딸의 것 .

★ Shuōhuàrén de / fángjiān / bǐ nǚ'er de fángjiān / dà.
★ 说话人 的 / 房间 / 比 女儿 的 房间 / 大 。
화자의 방은 딸의 방보다 크다.

들어오세요, 여기가 바로 우리 집이에요. 이 방은 저와 제 남편의 것이고, 뒤에 저 작은 방은 제 딸의 것이에요.

★ 화자의 방은 딸의 방보다 크다.

해설 ★ 문장 **说话人的房间比女儿的房间大。**는 '화자의 방은 딸의 방보다 크다.'라는 뜻이에요. 지문의 **这个房间是我和我先生的，后面那个小房间是我女儿的。**는 '이 방은 저와 제 남편의 것이고, 뒤에 저 작은 방은 제 딸의 것이에요.'라는 뜻이므로, 화자와 남편의 방은 딸의 방보다 크다는 것을 알 수 있어요. 따라서 ★ 문장은 지문의 내용과 일치해요.

어휘 **请 qǐng** 图 ~해 주세요, 청하다 **进 jìn** 图 (밖에서 안으로) 들다 **就 jiù** 图 바로, 곧 **家 jiā** 명 집, 가정
房间 fángjiān 명 방 **和 hé** 접 ~와/과 **先生 xiānsheng** 명 남편, 선생님[성인 남성에 대한 경칭]
后面 hòumian 명 뒤, 다음 **小 xiǎo** 형 작다, (나이, 수량이) 적다 **女儿 nǚ'er** 명 딸 **比 bǐ** 전 ~보다, ~에 비해
大 dà 형 크다, (나이, 수량이) 많다

5

Bàba / yǒu / shì / chūqu / le, / wǒ / yě /
爸爸 / 有 / 事 / 出去 / 了 ， / 我 / 也 /
아빠는 있다 일이 나가다 (~상태가) 되다, 저 ~도

bù zhīdào / tā / shénme shíhou / huílai, / nǐ / dǎ /
不 知道 / 他 / 什么 时候 / 回来 ， / 你 / 打 /
모른다 그가 언제 돌아오다, 당신이 (전화를) 걸다

tā shǒujī / ba.
他 手机 / 吧 。
그의 휴대폰으로 ~하세요.

★ Shuōhuàrén de bàba / zài / jiā li.
★ 说话人 的 爸爸 / 在 / 家 里 。
화자의 아빠는 ~에 있다 집 안에 .

아빠는 일이 있어서 나가셨어요. 저도 그가 언제 돌아오시는지 몰라요. 당신이 그의 휴대폰으로 전화를 걸어 보세요.

★ 화자의 아빠는 집 안에 있다.

해설 ★ 문장 **说话人的爸爸在家里。**는 '화자의 아빠는 집 안에 있다.'라는 뜻이에요. 지문의 **爸爸有事出去了**는 '아빠는 일이 있어서 나가셨어요'라는 뜻이므로, ★ 문장은 지문의 내용과 불일치해요.

어휘 **事 shì** 명 일 **出去 chūqu** 图 나가다 **也 yě** 图 ~도, 또한 **知道 zhīdào** 图 알다
什么时候 shénme shíhou 언제 **回来 huílai** 图 돌아오다 **打 dǎ** 图 (전화를) 걸다 **手机 shǒujī** 명 휴대폰
在 zài 图 ~에 있다 **家 jiā** 명 집 **里 li** 명 안, 안쪽

독해 제4부분 | 상응하는 문장 선택하기

실전 테스트

🎧 2급 독해 제4부분의 mp3를 들으며 학습해 보세요.

무료MP3 바로듣기

테스트 1
p.256

1. B	2. C	3. F	4. D	5. A	6. D	7. A	8. E	9. C	10. B

1-5

A	Wǒ / juéde / yánsè / hái / búcuò, / yě hěn / piányi. 我 / 觉得 / 颜色 / 还 / 不错, / 也 很 / 便宜。 저는 ~라고 생각한다 색깔이 그럭저럭 괜찮다, 또한 싸다.	저는 색깔이 그럭저럭 괜찮고, 또한 싸다고 생각해요.
B	Duìbuqǐ, / wǒ / bú shì, / wǒ / xìng / Gāo. 对不起, / 我 / 不 是, / 我 / 姓 / 高。 죄송합니다, 저는 아니에요, 저는 성이 ~이다 까오.	죄송합니다, 저는 아니에요. 저는 성이 까오예요.
C	Zhè jiàn yīfu / yě yào / xǐ / ma? 这 件 衣服 / 也 要 / 洗 / 吗? 이 옷 (한 벌) ~도 해야 한다 빨다 ~요?	이 옷도 빨아야 하나요?
D	Yǒu / shíjiān / nǐ / kěyǐ / kànkan / zhèxiē shū. 有 / 时间 / 你 / 可以 / 看看 / 这些 书。 있다 시간이 너는 ~해도 좋다 좀 보다 이 책들을.	시간이 있다면 너는 이 책들을 좀 봐도 좋아.
E̶	Māma zài nǎr ne? Huílai le ma? 妈妈 / 在 / 哪儿 / 呢? 回来 / 了 吗? 엄마 ~에 있다 어디 ~요? 돌아오다 ~했나요?	엄마는 어디에 있어요? 왔어요?
F	Dànshì / māma / shuō / wǒ / zuò / de hái búcuò, / 但是 / 妈妈 / 说 / 我 / 做 / 得 还 不错, / 하지만 어머니는 말하다 제가 만들다 꽤 괜찮게, tā / chīle / hěn duō. 她 / 吃了 / 很 多。 그녀는 먹었다 많이.	하지만 어머니는 제가 꽤 괜찮게 만들었다고 말씀하셨고, 많이 드셨어요.

* E는 예시 보기이므로 취소선을 그은 후, 이를 제외한 나머지 5개의 보기 중에서 정답을 골라요.

어휘 觉得 juéde 통 ~라고 생각하다, ~이라고 여기다 颜色 yánsè 명 색깔 还 hái 부 그럭저럭, 꽤
不错 búcuò 형 괜찮다 也 yě 부 또한, ~도 便宜 piányi 형 싸다 对不起 duìbuqǐ 통 죄송합니다, 미안합니다
姓 xìng 통 성이 ~이다 件 jiàn 양 벌, 건[옷, 일 등을 세는 단위] 衣服 yīfu 명 옷 洗 xǐ 통 빨다, 씻다
时间 shíjiān 명 시간 可以 kěyǐ 조동 ~해도 좋다, ~할 수 있다 但是 dànshì 접 하지만, 그러나

* 의문문인 문제 1번, 5번, 그리고 보기 C와 상응하는 문장을 먼저 골라요.

1

Qǐng wèn / nín / shì / Wáng xiānsheng / ma?	
请 问 / 您 / 是 / 王 先生 / 吗 ？	실례지만 당신은 왕 선생님인가요?
실례합니다 당신은 ~이다 왕 선생님 ~요?	

해설 **请问您是王先生吗?**는 '실례지만 당신은 왕 선생님인가요?'라는 뜻이에요. 보기 B의 **我不是, 我姓高**가 '저는 아니에요, 저는 성이 까오예요'라는 뜻이므로, **您是王先生吗?**(당신은 왕 선생님인가요?)라는 질문에 대한 답변이 돼요. 따라서 보기 B가 정답이에요.

　* 정답으로 선택한 'B'에 취소선을 그어 두세요.

어휘 **请问** qǐngwèn 图 실례합니다　**先生** xiānsheng 명 선생님[성인 남성에 대한 경칭], 남편

2

Bù, / zhè jiàn báisè de / hái / méi chuānguo / ne.	
不 ，/ 这 件 白色 的 / 还 / 没 穿过 / 呢 。	아니요, 이 흰색 옷은 아직 입은 적이 없는걸요.
아니요 이 흰색 (옷 한 벌) 아직 입은 적이 없다 요	

해설 보기 C **这件衣服也要洗吗?**는 '이 옷도 빨아야 하나요?'라는 뜻이에요. 2번 문제의 **不가** '아니요'라는 뜻이므로, **要洗吗?**(빨아야 하나요?)라는 질문에 대한 답변이 돼요. 따라서 보기 C가 2번 문제의 정답이에요. **穿过**는 '입은 적이 있다'로 해석해요.

　* 정답으로 선택한 'C'에 취소선을 그어 두세요.

어휘 **件** jiàn 양 벌, 건[옷, 일 등을 세는 단위]　**白色** báisè 명 흰색　**还** hái 图 아직, 여전히
　　穿 chuān 图 (옷·신발 등을) 입다, 신다　**过** guo 조 ~한 적이 있다

3

Jīntiān / shì / wǒ / dì-yī cì / zuò / fàn.	
今天 / 是 / 我 / 第一 次 / 做 / 饭 。	오늘 제가 처음으로 밥을 했어요.
오늘 ~이다 제가 처음으로 하다 밥을 .	

해설 **今天是我第一次做饭。**은 '오늘 제가 처음으로 밥을 했어요.'라는 뜻이에요. 보기 F의 **妈妈说我做得还不错, 她吃了很多**가 '어머니는 제가 꽤 괜찮게 만들었다고 말씀하셨고, 많이 드셨어요'라는 뜻이므로, 처음 요리를 했다는 상황과 연결돼요. 따라서 보기 F가 정답이에요. **做得还不错**는 '꽤 괜찮게 만들었다'로 해석하면 되고, **得还不错**는 술어 **做**의 의미를 보충해주는 보어예요.

　* 정답으로 선택한 'F'에 취소선을 그어 두세요.

어휘 **今天** jīntiān 명 오늘　**第一** dì-yī 주 첫 번째, 제1　**次** cì 양 번, 회　**做** zuò 图 하다, 만들다

4

Kěnéng / huì / duì nǐ / yǒu / hěn duō / bāngzhù.	
可能 / 会 / 对 你 / 有 / 很 多 / 帮助 。	아마도 너에게 많은 도움이 될 거야.
아마도 ~할 것이다 너에게 있다 많은 도움이 .	

해설 **可能会对你有很多帮助。**는 '아마도 너에게 많은 도움이 될 거야.'라는 뜻이에요. 보기 D **有时间你可以看看这些书。**는 '시간이 있다면 너는 이 책들을 좀 봐도 좋아.'라는 뜻이므로, 많은 도움이 된다는 의견과 연결돼요. 따라서 보기 D가 정답이에요.

　* 정답으로 선택한 'D'에 취소선을 그어 두세요.

어휘 **可能** kěnéng 조동 아마도 (~일 것이다)　**会** huì 조동 ~할 것이다, ~을 할 줄 알다　**对** duì 전 ~에게, ~에 (대해)
　　多 duō 형 많다　**帮助** bāngzhù 图 돕다

5

Nǐ / kàn yíxià, / zhè zhāng yǐzi / zěnmeyàng?	한번 보세요, 이 의자 어때요?
你 / 看 一下, / 这 张 椅子 / 怎么样 ？	
당신 좀 보다, 이 의자 어떠한가?	

해설 **你看一下, 这张椅子怎么样?**은 '한번 보세요, 이 의자 어때요?'라는 뜻이에요. 보기 A의 **颜色还不错, 也很便宜**가 '색깔이 그럭저럭 괜찮고, 또한 싸다'라는 뜻이므로, **椅子怎么样?**(의자 어때요?)이라는 질문에 대한 답변이 돼요. 따라서 보기 A가 정답이에요.

어휘 **看** kàn 동 보다 **一下** yíxià 수량 한번 ~해 보다 **张** zhāng 양 개, 장[의자·책상·종이 등을 세는 단위]
椅子 yǐzi 명 의자 **怎么样** zěnmeyàng 대 어떠한가, 어떻다

6-10

	중국어	한국어
A	Zuò gōnggòng qìchē / shí fēnzhōng / jiù / dào / le. 坐 公共汽车 / 10 分钟 / 就 / 到 / 了 。 버스를 타다 10분 동안 바로 도착하다 (~상태가) 되다.	버스를 타고 10분이면 바로 도착해요.
B	Nǐ hǎo, / qǐng wèn / Lǐ lǎoshī / zài / nǎge fángjiān? 你 好, / 请 问 / 李 老师 / 在 / 哪个 房间 ？ 안녕하세요, 실례합니다 리 선생님은 ~에 있다 어느 방에 ?	안녕하세요, 실례지만 리 선생님은 어느 방에 계시나요?
C	Wǒ / bù xǐhuan / zhè jiàn yīfu de / yánsè. 我 / 不 喜欢 / 这 件 衣服 的 / 颜色 。 나는 좋아하지 않는다 이 옷의 색깔을.	나는 이 옷 색깔을 좋아하지 않아.
D	Bàba / mǎi / hěn duō / dōngxi / huílai / le. 爸爸 / 买 / 很 多 / 东西 / 回来 / 了 。 아버지는 사다 많은 물건을 돌아오다 .	아버지는 많은 물건을 사서 돌아오셨어요.
E	Wǒ dìdi / zhǎo dào / gōngzuò / le. 我 弟弟 / 找 到 / 工作 / 了 。 제 남동생은 찾다 일자리를 (~상태가) 되다.	제 남동생은 일자리를 찾았어요.

어휘 **坐** zuò 동 타다, 앉다 **公共汽车** gōnggòng qìchē 명 버스 **分钟** fēnzhōng 명 분 **就** jiù 부 바로, 곧
到 dào 동 도착하다 **请问** qǐngwèn 동 실례합니다 **老师** lǎoshī 명 선생님 **在** zài 동 ~에 있다
哪个 nǎge 대 어느, 어느 것 **房间** fángjiān 명 방 **喜欢** xǐhuan 동 좋아하다
件 jiàn 양 벌, 건[의류 등을 세는 단위] **衣服** yīfu 명 옷 **颜色** yánsè 명 색깔, 색 **买** mǎi 동 사다, 구매하다
回来 huílai 동 돌아오다 **多** duō 형 많다 **东西** dōngxi 명 물건, 것 **找到** zhǎo dào 찾다, 찾아내다
工作 gōngzuò 명 일자리, 직업

* 의문문인 문제 7번, 그리고 보기 B와 상응하는 문장을 먼저 골라요.

6

Yǒu / jīdàn, / yǒu / niúnǎi, / hái / yǒu / wǒ xǐhuan chī de /	달걀이 있고, 우유가 있고, 또 제가 먹기 좋아하는 과일이 있어요.
有 / 鸡蛋, / 有 / 牛奶, / 还 / 有 / 我 喜欢 吃 的 /	
있다 달걀이, 있다 우유가, 또 있다 제가 먹기 좋아하는	
shuǐguǒ.	
水果 。	
과일이 .	

해설 **有鸡蛋, 有牛奶, 还有我喜欢吃的水果**。는 '달걀이 있고, 우유가 있고, 또 제가 먹기 좋아하는 과일이 있어요.'라는 뜻이에요. 보기 D의 **买很多东西回来了**는 '많은 물건을 사서 돌아오셨어요'라는 뜻이므로, 어떤 물건이 있는지 알려주는 설명과 연결돼요. 따라서 보기 D가 정답이에요.

* 정답으로 선택한 'D'에 취소선을 그어 두세요.

어휘 **有** yǒu 통 있다　**鸡蛋** jīdàn 명 달걀　**牛奶** niúnǎi 명 우유　**还** hái 뷔 또, 아직　**喜欢** xǐhuan 통 좋아하다
水果 shuǐguǒ 명 과일

7

Zhèlǐ / lí yīyuàn / yǒu / duō / yuǎn?	이곳은 병원으로부터 얼마나 먼가요?
这里 / 离 医院 / 有 / 多 / 远？	
이곳은　병원으로부터　얼마나　멀다？	

해설 **这里离医院有多远?**은 '이곳은 병원으로부터 얼마나 먼가요?'라는 뜻이에요. 보기 A **坐公共汽车10分钟就到了**。는 '버스를 타고 10분이면 바로 도착해요.'라는 뜻이므로, **离医院有多远?**(병원으로부터 얼마나 먼가요?)라는 질문에 대한 답변이 돼요. 따라서 보기 A가 정답이에요.

* 정답으로 선택한 'A'에 취소선을 그어 두세요.

어휘 **离** lí 전 ~으로부터, ~에서　**医院** yīyuàn 명 병원　**有** yǒu 통 (수량이나 정도에) 이르다, 있다
多 duō 대 얼마나[정도, 수량을 물음]　**远** yuǎn 형 멀다

8

Tā / zuótiān shì / dì-yī tiān / shàngbān.	그는 어제 첫 출근했어요.
他 / 昨天 是 / 第 一 天 / 上班。	
그는　어제 (~이다)　첫 날　출근하다.	

해설 **他昨天是第一天上班**。은 '그는 어제 첫 출근했어요.'라는 뜻이에요. 보기 E **我弟弟找到工作了**。는 '제 남동생은 일자리를 찾았어요.'라는 뜻이므로, 어제 첫 출근을 했다는 상황과 연결돼요. 따라서 보기 E가 정답이에요.

* 정답으로 선택한 'E'에 취소선을 그어 두세요.

어휘 **昨天** zuótiān 명 어제　**第一天** dì-yī tiān 첫 날　**上班** shàngbān 통 출근하다

9

Nà / wǒmen / qù / bié de / shāngdiàn / kànkan / ba.	그러면 우리 다른 상점에 가서 좀 둘러보자.
那 / 我们 / 去 / 别 的 / 商店 / 看看 / 吧。	
그러면　우리는　가다　다른　상점에　좀 둘러보다　~하자.	

해설 **那我们去别的商店看看吧**。는 '그러면 우리 다른 상점에 가서 좀 둘러보자.'라는 뜻이에요. 보기 C **我不喜欢这件衣服的颜色**。는 '나는 이 옷 색깔을 좋아하지 않아.'라는 뜻이므로, 다른 상점에 가자고 제안하는 상황과 연결돼요. 따라서 보기 C가 정답이에요. **去别的商店看看**은 '다른 상점에 가서 좀 둘러보다'로 해석하면 되고, 2개의 동사로 동작이 연속되는 것을 표현한 연동문이에요.

* 정답으로 선택한 'C'에 취소선을 그어 두세요.

어휘 **别的** bié de 다른 것　**商店** shāngdiàn 명 상점

| 10 | Sānlíng'èr hào, / qiánmian dì-èr ge.
302 号 , / 前面 第二 个 。
302호,   앞에서 두 번째 . | 302호요, 앞에서 두 번째요. |

해설   보기 B **你好, 请问李老师在哪个房间?**은 '안녕하세요, 실례지만 리 선생님은 어느 방에 계시나요?'라는 뜻이에요. 10번 문제의 302号가 '302호요'라는 뜻이므로, **在哪个房间?**(어느 방에 계시나요?)이라는 질문에 대한 답변이 돼요. 따라서 보기 B가 10번 문제의 정답이에요.

어휘   **号 hào** 몡 호, 일[날짜를 가리킴]   **前面 qiánmian** 몡 앞, 앞쪽   **第二 dì-èr** 두 번째   **个 gè** 양 개, 명

테스트 2

p.258

| 1. D | 2. C | 3. F | 4. A | 5. B | 6. D | 7. A | 8. C | 9. E | 10. B |

1-5

A	Wǒ / xiǎng / sòng / tā / yì běn shū. 我 / 想 / 送 / 她 / 一 本 书 。 저는 ~하고 싶다 선물하다 그녀에게 책 한 권을	저는 그녀에게 책 한 권을 선물하고 싶어요.
B	Bù, / zhè / shì / wǒ mèimei de / háizi. 不 , / 这 / 是 / 我 妹妹 的 / 孩子 。 아니, 이 아이는 ~이다 내 여동생의 아이 .	아니, 이 아이는 내 여동생의 아이야.
C	Nǐ / juéde / zhège báisè de / diànnǎo / zěnmeyàng? 你 / 觉得 / 这个 白色 的 / 电脑 / 怎么样 ? 너는 ~라고 생각하다 이 흰색 컴퓨터가 어떻다 ?	너는 이 흰색 컴퓨터가 어떻다고 생각해?
D	Nǐmen / zuótiān wǎnshang / qù / tī qiú / le? 你们 / 昨天 晚上 / 去 / 踢 球 / 了 ? 너희들은 어제 저녁에 가다 축구하다 (~상태가) 되다?	너희들은 어제 저녁에 축구하러 갔니?
E̶	Māma / zài / nǎr / ne? Huílai / le ma? 妈妈 / 在 / 哪儿 / 呢 ? 回来 / 了 吗 ? 엄마 ~에 있다 어디 ~요? 돌아오다 ~했나요?	엄마는 어디에 있어요? 왔어요?
F	Dōu kuài / bā diǎn / le, / nǐ / zěnme / hái zài / 都 快 / 8 点 / 了 , / 你 / 怎么 / 还 在 / 벌써 곧 8시 (~상태가) 되다, 너는 어째서 아직도 ~하고 있다 shuìjiào? 睡觉 ? 잠을 자다 ?	벌써 8시가 되어가는데, 너는 어째서 아직도 잠을 자고 있어?

* E는 예시 보기이므로 취소선을 그은 후, 이를 제외한 나머지 5개의 보기 중에서 정답을 골라요.

어휘   **送 sòng** 동 선물하다, 바래다주다   **本 běn** 양 권[책을 세는 단위]   **孩子 háizi** 몡 아이, 애

觉得 juéde 동 ~라고 생각하다　　白色 báisè 명 흰색　　怎么样 zěnmeyàng 대 어떻다, 어떠한가
昨天 zuótiān 명 어제　　晚上 wǎnshang 명 저녁　　踢球 tī qiú 축구하다　　都 dōu 부 벌써, 모두
快 kuài 부 곧, 빨리, 어서　　点 diǎn 양 시(時)　　怎么 zěnme 대 어째서, 어떻게　　还 hái 부 아직, 여전히
在 zài 부 ~하고 있다

* 의문문인 문제 5번, 그리고 보기 C, D, F와 상응하는 문장을 먼저 골라요.

1

Shì de, / dàjiā / wánr / de hěn gāoxìng.	
是 的 ，/ 大家 / 玩儿 / 得 很 高兴 。	네, 모두들 즐겁게 놀았어요.
네, 　　모두들 　놀다 　(매우) 즐겁게.	

해설　보기 D 你们昨天晚上去踢球了?는 '너희들은 어제 저녁에 축구하러 갔니?'라는 뜻이에요. 1번 문제 **是的, 大家玩儿得很高兴。**은 '네, 모두들 즐겁게 놀았어요.'라는 뜻이므로, **去踢球了?**(축구하러 갔니?)라는 질문에 대한 답변이 돼요. 따라서 보기 D가 1번 문제의 정답이에요. **玩儿得很高兴**은 '즐겁게 놀았다'로 해석하면 되고, **得很高兴**은 술어 **玩儿**의 의미를 보충해주는 보어예요.

　　* 정답으로 선택한 'D'에 취소선을 그어 두세요.

어휘　大家 dàjiā 대 모두, 여러분　　玩(儿) wán(r) 동 놀다　　高兴 gāoxìng 형 즐겁다, 기쁘다

2

Yánsè / hái / búcuò, / bǐ hóngsè de / hǎokàn.	
颜色 / 还 / 不错 ，/ 比 红色 的 / 好看 。	색깔이 꽤 괜찮아. 빨간색보다 예뻐.
색깔이 　꽤 　괜찮다, 　빨간색보다 　예쁘다.	

해설　보기 C 你觉得这个白色的电脑怎么样?은 '너는 이 흰색 컴퓨터가 어떻다고 생각해?'라는 뜻이에요. 2번 문제의 **颜色还不错**가 '색깔이 꽤 괜찮다'라는 뜻이므로, **这个白色的电脑怎么样?**(이 흰색 컴퓨터는 어때요?)이라는 질문에 대한 답변이 돼요. 따라서 보기 C가 2번 문제의 정답이에요.

　　* 정답으로 선택한 'C'에 취소선을 그어 두세요.

어휘　颜色 yánsè 명 색깔, 색　　还 hái 부 꽤, 그럭저럭　　不错 búcuò 형 괜찮다　　比 bǐ 전 ~보다
红色 hóngsè 명 빨강　　好看 hǎokàn 형 예쁘다, 보기 좋다

3

Jīntiān / shì / xīngqīrì, / ràng / wǒ / duō / shuì /	
今天 / 是 / 星期日 ，/ 让 / 我 / 多 / 睡 /	
오늘은 　~이다 　일요일， 　~하게 하다 　제가 　더 　자다	오늘은 일요일인데, 제가 몇 분 더 잘 수 있게 해 주세요.
jǐ fēnzhōng / ba.	
几 分钟 / 吧 。	
몇 분 　~하자.	

해설　보기 F 都快8点了, 你怎么还在睡觉?는 '벌써 8시가 되어가는데, 너는 어째서 아직도 잠을 자고 있어?'라는 뜻으로 이유를 물었어요. 3번 문제 **今天是星期日, 让我多睡几分钟吧。**는 '오늘은 일요일인데, 제가 몇 분 더 잘 수 있게 해 주세요.'라는 뜻이므로, **怎么还在睡觉?**(어째서 아직도 잠을 자고 있어?)라는 질문에 대한 답변이 돼요. 따라서 보기 F가 3번 문제의 정답이에요.

　　* 정답으로 선택한 'F'에 취소선을 그어 두세요.

어휘　今天 jīntiān 명 오늘　　星期日 xīngqīrì 명 일요일　　让 ràng 동 ~하게 하다　　睡 shuì 동 (잠을) 자다
分钟 fēnzhōng 명 분

4

Xià ge xīngqīsān / shì / wǒ mèimei de / shēngrì.
下 个 星期三 / 是 / 我 妹妹 的 / 生日 。
다음 주 수요일은　~이다　제 여동생의　생일 .

다음 주 수요일은 제 여동생의 생일이에요.

해설 **下个星期三是我妹妹的生日**。은 '다음 주 수요일은 제 여동생의 생일이에요.'라는 뜻이에요. 보기 A **我想送她一本书**。는 '저는 그녀에게 책 한 권을 선물하고 싶어요.'라는 뜻이므로, 여동생의 생일을 곧 맞이하는 상황과 연결돼요. 따라서 보기 A가 4번 문제의 정답이에요.

* 정답으로 선택한 'A'에 취소선을 그어 두세요.

어휘 **星期三** xīngqīsān 몡 수요일　**妹妹** mèimei 몡 여동생　**生日** shēngrì 몡 생일

5

Nǐ érzi / dōu / zhème / dà / le?
你 儿子 / 都 / 这么 / 大 / 了 ?
네 아들이　벌써　이렇게　크다　(~상태가) 되다 ?

네 아들이 벌써 이렇게 컸니?

해설 **你儿子都这么大了?**는 '네 아들이 벌써 이렇게 컸니?'라는 뜻이에요. 보기 B **不, 这是我妹妹的孩子**。는 '아니, 이 아이는 내 여동생의 아이야.'라는 뜻이므로, **你儿子都这么大了?**(네 아들이 벌써 이렇게 컸니?)라는 질문에 대한 답변이 돼요. 따라서 보기 B가 5번 문제의 정답이에요.

어휘 **儿子** érzi 몡 아들　**都** dōu 囝 벌써, 모두, 다　**这么** zhème 떼 이렇게, 이러한　**大** dà 혱 (나이, 수량이) 크다, 많다

6-10

	문장	뜻
A	Nǐ / shì / zuò / chūzūchē / lái / xuéxiào / de / ma? 你 / 是 / 坐 / 出租车 / 来 / 学校 / 的 / 吗 ? 당신은　(~이다)　타다　택시를　오다　학교에　(~한 것)　~요?	당신은 택시를 타고 학교에 왔나요?
B	Zhù / de zhème jìn, / zhēn / hǎo! 住 / 得 这么 近 , / 真 / 好 ! 살다　이렇게 가까이 ,　정말　좋다!	이렇게나 가까이 살다니, 정말 좋겠어요!
C	Zhèxiē píngguǒ / zěnme / mài? 这些 苹果 / 怎么 / 卖 ? 이 사과는　어떻게　팔다 ?	이 사과는 어떻게 팔아요?
D	Tā / shì / wǒ gēge de / péngyou. 他 / 是 / 我 哥哥 的 / 朋友 。 그는　~이다　제 형의　친구.	그는 제 형의 친구예요.
E	Wǒ / yě / zhīdào / pǎobù / duì shēntǐ / hǎo. 我 / 也 / 知道 / 跑步 / 对 身体 / 好 。 나　~도　알다　달리는 것이　몸에　좋다.	나도 달리는 것이 몸에 좋다는 것을 알아.

어휘 **坐** zuò 통 타다, 앉다　**出租车** chūzūchē 몡 택시　**来** lái 통 오다　**学校** xuéxiào 몡 학교　**住** zhù 통 살다, 묵다
近 jìn 혱 가깝다　**真** zhēn 囝 정말, 진짜로　**怎么** zěnme 떼 어떻게, 어째서　**卖** mài 통 팔다, 판매하다
朋友 péngyou 몡 친구　**也** yě 囝 ~도, 또한　**知道** zhīdào 통 알다, 이해하다　**跑步** pǎobù 통 달리다, 뛰다
对 duì 젠 ~에 (대해)　**身体** shēntǐ 몡 몸, 신체

* 의문문인 문제 6번, 그리고 보기 A, C와 상응하는 문장을 먼저 골라요.

6

Wǒ de tiān!	/ Nǐmen / zěnme huì / rènshi?
我 的 天 ！	/ 你们 / 怎么 会 / 认识 ？
맙소사!	너희들은 어떻게 ~할 수 있다 알다 ?

맙소사! 너희들은 (서로) 어떻게 알아?

해설 **我的天！你们怎么会认识?**은 '맙소사! 너희들은 (서로) 어떻게 알아?'라는 뜻이에요. 보기 D **他是我哥哥的朋友。**는 '그는 제 형의 친구예요.'라는 뜻이므로, **怎么会认识?**((서로) 어떻게 알아?)이라는 질문에 대한 답변이 돼요. 따라서 보기 D가 6번 문제의 정답이에요.

＊정답으로 선택한 'D'에 취소선을 그어 두세요.

어휘 **我的天** wǒ de tiān 맙소사, 세상에　**怎么** zěnme 때 어떻게, 어째서　**会** huì 조동 ~할 수 있다
认识 rènshi 동 알다

7

Shì,	/ zǎoshang / qǐchuáng / wǎn	le, /
是 ，	/ 早上 / 起床 / 晚	了 ， /
네,	아침에 일어나다 늦게	(~상태가) 되다 ,

chūmén de shíhou	/ kuài / jiǔ diǎn	le.
出门 的 时候	/ 快 / 9 点	了 。
나올 때는	거의 9시	(~상태가) 되다 .

네, 아침에 늦게 일어나서, 나올 때는 거의 9시였어요.

해설 보기 A **你是坐出租车来学校的吗?**는 '당신은 택시를 타고 학교에 왔나요?'라는 뜻이에요. 7번 문제의 **是, 早上起床晚了**가 '네, 아침에 늦게 일어났어요'라는 뜻이므로, **坐出租车来学校的吗?**(택시를 타고 학교에 왔나요?)라는 질문에 대한 답변이 돼요. 따라서 보기 A가 7번 문제의 정답이에요.

＊정답으로 선택한 'A'에 취소선을 그어 두세요.

어휘 **早上** zǎoshang 명 아침　**起床** qǐchuáng 동 일어나다, 기상하다　**晚** wǎn 형 늦다　**出门** chūmén 동 외출하다
时候 shíhou 명 때, 무렵　**快⋯⋯了** kuài ⋯⋯ le 거의 ~하다, 곧 ~하다　**点** diǎn 양 시(時)

8

Zuǒbian de	/ wǔ kuài qián yì jīn,	/ yòubian de /
左边 的	/ 5 块 钱 一 斤 ，	/ 右边 的 /
왼쪽 것은	5위안에 한 근이다	오른쪽 것은

sān kuài qián yì jīn.
3 块 钱 一 斤 。
3위안에 한 근이다 .

왼쪽 것은 5위안에 한 근이고, 오른쪽 것은 3위안에 한 근이에요.

해설 보기 C **这些苹果怎么卖?**는 '이 사과는 어떻게 팔아요?'라는 뜻으로 가격을 물었어요. 8번 문제 **左边的5块钱一斤, 右边的3块钱一斤.**은 '왼쪽 것은 5위안에 한 근이고, 오른쪽 것은 3위안에 한 근이에요.'라는 뜻이므로, **怎么卖?**(어떻게 팔아요?)라는 질문에 대한 답변이 돼요. 따라서 보기 C가 8번 문제의 정답이에요.

＊정답으로 선택한 'C'에 취소선을 그어 두세요.

어휘 **左边** zuǒbian 명 왼쪽, 왼편　**斤** jīn 양 근, 500g　**右边** yòubian 명 오른쪽

9

Dànshì	/ wǒ / tài / máng / le,	/ méi shíjiān / qù / yùndòng.
但是	/ 我 / 太 / 忙 / 了 ，	/ 没 时间 / 去 / 运动 。
하지만	나는 매우 바쁘다	시간이 없다 가다 운동하다 .

하지만 나는 너무 바빠서, 운동하러 갈 시간이 없어.

해설 **但是我太忙了, 没时间去运动.**은 '하지만 나는 너무 바빠서, 운동하러 갈 시간이 없어.'라는 뜻이에요. 보기 E **我也知道跑步对身体好。**는 '나도 달리는 것이 몸에 좋다는 것을 알아.'라는 뜻이므로, 바빠서 운동을 하지 못한다는 이유

와 연결돼요. 따라서 E가 9번 문제의 정답이에요.

* 정답으로 선택한 'E'에 취소선을 그어 두세요.

어휘 **但是 dànshì** 쥅 하지만, 그러나 **太……了 tài …… le** 너무 ~하다 **忙 máng** 혱 바쁘다 **时间 shíjiān** 몡 시간 **运动 yùndòng** 동 운동하다

10

Wǒ jiā / jiù / zài / gōngsī pángbiān, / zǒu lù /
我 家 / 就 / 在 / 公司 旁边， / 走 路 /
우리 집은 　바로　~에 있다　회사 근처에, 　　　걷다

wǔ fēnzhōng / jiù / dào / le.
5 分钟 / 就 / 到 / 了 。
5분 동안　　바로　도착하다 (~상태가) 되다.

우리 집은 바로 회사 근처에 있어서,
5분만 걸으면 바로 도착해요.

해설 **我家就在公司旁边, 走路5分钟就到了。**는 '우리 집은 바로 회사 근처에 있어서, 5분만 걸으면 바로 도착해요.'라는 뜻이에요. 보기 B의 **住得这么近**이 '이렇게나 가까이 살다니'라는 뜻이므로, 회사 근처에 산다는 상황과 연결돼요. 따라서 B가 10번 문제의 정답이에요. **住得这么近**은 '이렇게나 가까이 살다'로 해석하면 되고, **得这么近**은 술어 **住**의 의미를 보충해주는 보어예요.

어휘 **家 jiā** 몡 집 **就 jiù** 閏 바로, 곧 **在 zài** 동 ~에 있다 **公司 gōngsī** 몡 회사 **旁边 pángbiān** 몡 근처, 옆 **走路 zǒu lù** 동 (길을) 걷다, 가다 **分钟 fēnzhōng** 몡 분 **到 dào** 동 도착하다

🎧 2급 실전모의고사 1의 mp3를 들으며 학습해 보세요.

무료MP3 바로듣기

듣기   p.269

제1부분

1. X   2. V   3. X   4. V   5. X   6. V   7. V   8. X   9. X   10. V

제2부분

11. E   12. A   13. F   14. C   15. B   16. A   17. C   18. B   19. D   20. E

제3부분

21. B   22. A   23. A   24. C   25. B   26. A   27. C   28. C   29. B   30. A

제4부분

31. A   32. C   33. C   34. B   35. A

독해   p.276

제1부분

36. E   37. C   38. F   39. A   40. B

제2부분

41. D   42. F   43. B   44. C   45. A

제3부분

46. V   47. V   48. X   49. X   50. X

제4부분

51. C   52. A   53. F   54. D   55. B   56. B   57. E   58. D   59. C   60. A

듣기

1

Tā hé tā de mèimei dōu zài xiàozhe.
她 和 她 的 妹妹 都 在 笑着 。

그녀와 그녀의 여동생은 모두 웃고 있어요.

해설   사진을 보고 **不高兴**(bù gāoxìng, 기쁘지 않다)이라는 표현을 떠올려요. 음성에서 **笑着**(xiàozhe, 웃고 있다)가 언급되었는데, 시무룩한 표정을 지은 사람과 옆에서 위로해주는 사람 사진이 제시되었으므로 사진과 음성은 불일치해요.

어휘   **妹妹** mèimei 몡 여동생   **笑** xiào 동 웃다   **在** zài 분 ~하고 있다   **着** zhe 조 ~하고 있다, ~한 채로 있다

2

Wǒ chuān zhè jiàn zěnmeyàng?
我 穿 这 件 怎么样 ？

나 이 옷 입은 것 어때?

해설 사진을 보고 **穿衣服**(chuān yīfu, 옷을 입다)라는 표현을 떠올려요. 음성에서 **穿这件怎么样?**(chuān zhè jiàn zěnmeyàng?, 이 옷 입은 것 어때?)이 언급되었고, 옷을 입고 거울을 살펴보는 사람 사진이 제시되었으므로 사진과 음성은 일치해요. 참고로, **件**(jiàn, 벌)은 옷을 세는 양사로, **这件**(zhè jiàn, 이 옷 (한 벌))이라는 표현으로 자주 출제 돼요.

어휘 **穿 chuān** 동 (옷·신발 등을) 입다, 신다 **件 jiàn** 양 벌, 건[옷, 일 등을 세는 단위]

3

Tā zhèngzài kàn bàozhǐ.
他 正在 看 报纸 。

그는 신문을 보고 있어요.

해설 사진을 보고 **喝茶**(hē chá, 차를 마시다), **喝咖啡**(hē kāfēi, 커피를 마시다)라는 표현을 떠올려요. 음성에서 **看报纸**(kàn bàozhǐ, 신문을 보다)이 언급되었는데, 컵을 들고 있는 사람 사진이 제시되었으므로 사진과 음성은 불일치해요.

어휘 **正在 zhèngzài** 부 ~하고 있다 **报纸 bàozhǐ** 명 신문

4

Píngguǒ shì wǒ zuì xǐhuan de shuǐguǒ.
苹果 是 我 最 喜欢 的 水果 。

사과는 제가 가장 좋아하는 과일이에요.

해설 사진을 보고 **苹果**(píngguǒ, 사과)라는 표현을 떠올려요. 음성에서 **苹果**(píngguǒ, 사과)가 언급되었고, 사과가 있는 사진이 제시되었으므로 사진과 음성은 일치해요.

어휘 **苹果 píngguǒ** 명 사과 **最 zuì** 부 가장 **水果 shuǐguǒ** 명 과일

5

Xiànzài yǐjīng jiǔ diǎn le.
现在 已经 九 点 了 。

지금은 벌써 9시가 되었어요.

해설 사진을 보고 **十点**(shí diǎn, 10시)이라는 표현을 떠올려요. 음성에서 **九点**(jiǔ diǎn, 9시)이 언급되었는데, 10시를 가리키고 있는 시계 사진이 제시되었으므로 사진과 음성은 불일치해요.

어휘 **现在 xiànzài** 명 지금, 현재 **已经 yǐjīng** 부 벌써, 이미

6

Xièxie, wǒ kěyǐ dǎkāi ma?
谢谢 ， 我 可以 打开 吗 ？

감사합니다. 열어 봐도 돼요?

해설 사진을 보고 **谢谢**(xièxie, 감사합니다)라는 표현을 떠올려요. 음성에서 **谢谢**(xièxie, 감사합니다), **打开**(dǎkāi, 열다)가 언급되었고, 선물을 들고 있는 사람 사진이 제시되었으므로 사진과 음성은 일치해요.

어휘 **可以 kěyǐ** 조동 ~해도 된다, ~할 수 있다 **打开 dǎkāi** 열다

7

Bié shuōhuà, kǎoshì yǐjīng kāishǐ le.
别 说话 , 考试 已经 开始 了 。

말하지 마세요. 시험은 이미 시작되었어요.

해설 사진을 보고 **别说话**(bié shuōhuà, 말하지 마세요)라는 표현을 떠올려요. 음성에서 **别说话**(bié shuōhuà, 말하지 마세요)가 언급되었고, 손가락를 입 앞에 대고 있는 사람 사진이 제시되었으므로 사진과 음성은 일치해요.

어휘 **别** bié 뷔 ~하지 마라   **考试** kǎoshì 명 시험 동 시험을 보다   **已经** yǐjīng 뷔 이미, 벌써
开始 kāishǐ 동 시작하다

8

Zhè jǐ běn shū shì bàba sòng gěi wǒ de.
这 几 本 书 是 爸爸 送 给 我 的 。

이 책 몇 권은 아빠가 나에게 선물해 준 것이에요.

해설 아이스크림이 있는 사진이 제시되었어요. 음성에서 **书**(shū, 책)가 언급되었는데, 아이스크림이 있는 사진이 제시되었으므로 시진과 음성은 불일치해요.

어휘 **本** běn 양[책을 세는 단위]   **送** sòng 동 선물하다, 바래다주다   **给** gěi 전 ~에게 동 주다

9

Wǒ hé tóngxué pǎobù qù xuéxiào.
我 和 同学 跑步 去 学校 。

나와 학우는 뛰어서 학교에 가요.

해설 사진을 보고 **去**(qù, 가다) **走**(zǒu, 걷다, 가다)라는 표현을 떠올려요. 음성에서 **跑步**(pǎobù, 뛰다)가 언급되었는데, 두 사람이 자전거를 끌고 가는 사진이 제시되었으므로 사진과 음성은 불일치해요. 이 문장에서 **跑步去学校**는 '뛰어서 학교에 가다'라는 뜻이고, 2개의 동사로 동작이 연속되는 것을 표현한 연동문이에요.

어휘 **同学** tóngxué 명 학우, 동창   **跑步** pǎobù 동 뛰다, 달리다   **学校** xuéxiào 명 학교

10

Nǐ kàn, qiánmian de rén zhēn duō.
你 看 , 前面 的 人 真 多 。

보세요, 앞에 사람이 정말 많아요.

해설 사진을 보고 **人很多**(rén hěn duō, 사람이 많다)라는 표현을 떠올려요. 음성에서 **前面的人真多**(qiánmian de rén zhēn duō, 앞에 사람이 정말 많다)가 언급되었고, 여러 사람이 줄을 서 있는 사진이 제시되었으므로 사진과 음성은 일치해요.

어휘 **前面** qiánmian 명 앞, 앞쪽   **真** zhēn 뷔 정말, 진짜   **多** duō 혱 많다

11-15

A
B
C

D
E
F

* 문제를 풀기 전, 예시로 사용된 보기 'D'에 취소선을 그어 두세요.

각 사진을 보고 A는 **看书**(kàn shū, 책을 보다), B는 **写** (xiě, 쓰다), C는 **衣服**(yīfu, 옷), E는 **想**(xiǎng, 생각하다), F는 **唱歌** (chànggē, 노래를 부르다)라는 표현을 미리 떠올려요.

11

女: **让 我 想想 ， 明天 回答 可以 吗 ？**
Ràng wǒ xiǎngxiang, míngtiān huídá kěyǐ ma?

男: **没 问题 。**
Méi wèntí.

여: 제가 생각을 좀 해 보고, 내일 대답해도 돼요?
남: 문제 없어요.

해설　음성을 첫 번째로 들을 때, **想想**(xiǎngxiang, 생각을 좀 해 보다)을 듣고 곰곰이 생각하고 있는 사람 사진 E 옆에 √ 표시를 해 둬요. 음성을 두 번째로 들을 때, 보기 E를 정답으로 확정해요.
　　　　* 정답으로 선택한 'E'에 취소선을 그어 두세요.

어휘　**让 ràng** 图 ~하게 하다　**想 xiǎng** 图 생각하다 조동 ~하고 싶다　**明天 míngtiān** 명 내일
　　　　回答 huídá 图 대답하다　**可以 kěyǐ** 조동 ~해도 되다, ~할 수 있다　**没问题 méi wèntí** 문제 없다, 괜찮다

12

男: **给 你 介绍 一 本 书 吧 。**
Gěi nǐ jièshào yì běn shū ba.

女: **这 本 书 我 已经 看过 了 。**
Zhè běn shū wǒ yǐjīng kànguo le.

남: 당신에게 책 한 권을 소개해 줄게요.
여: 이 책은 이미 봤어요.

해설　음성을 첫 번째로 들을 때, **一本书**(yì běn shū, 책 한 권)를 듣고 책을 보고 있는 사람 사진 A 옆에 √ 표시를 해 둬요. 음성을 두 번째로 들을 때, 보기 A를 정답으로 확정해요.
　　　　* 정답으로 선택한 'A'에 취소선을 그어 두세요.

어휘　**给 gěi** 전 ~에게　**介绍 jièshào** 图 소개하다　**本 běn** 양 권[책을 세는 단위]　**已经 yǐjīng** 부 이미, 벌써
　　　　过 guo 조 ~한 적 있다

13

女: **昨天 你 和 同学们 去 哪儿 了 ？**
Zuótiān nǐ hé tóngxuémen qù nǎr le?

男: **我 和 他们 唱歌 去 了 。**
Wǒ hé tāmen chànggē qù le.

여: 어제 당신은 동창들과 어디에 갔어요?
남: 저는 그들과 노래를 부르러 갔어요.

해설　음성을 첫 번째로 들을 때, **唱歌**(chànggē, 노래를 부르다)를 듣고 두 사람이 마이크를 들고 노래를 부르는 사진 F 옆에 √ 표시를 해 둬요. 음성을 두 번째로 들을 때, 보기 F를 정답으로 확정해요.
　　　　* 정답으로 선택한 'F'에 취소선을 그어 두세요.

어휘　**昨天 zuótiān** 명 어제　**和 hé** 전 ~와/과　**同学 tóngxué** 명 동창, 학우　**唱歌 chànggē** 图 노래를 부르다

14

男: **你 喜欢 这 件 红色 的 吗 ？**
Nǐ xǐhuan zhè jiàn hóngsè de ma?

女: **我 喜欢 ， 但是 它 不 便宜 。**
Wǒ xǐhuan, dànshì tā bù piányi.

남: 당신은 이 빨간색 (옷 한 벌)이 좋아요?
여: 좋아요. 그런데 싸지 않네요.

해설 음성을 첫 번째로 들을 때, **这件红色的**(zhè jiàn hóngsè de, 이 빨간색 (옷 한 벌))를 듣고 옷을 고르는 사진 C 옆에 √ 표시를 해 둬요. 음성을 두 번째로 들을 때, 보기 C를 정답으로 확정해요.

　　*정답으로 선택한 'C'에 취소선을 그어 두세요.

어휘 **件 jiàn** 뗑 벌, 건[옷, 일 등을 세는 단위]　**红色 hóngsè** 몡 빨간색　**但是 dànshì** 젭 그런데
　　便宜 piányi 톙 (값이) 싸다

15

Bàba, nǐ huì xiě "xiūxi" de "xiū" ma? 女: 爸爸, 你 会 写 "休息" 的 "休" 吗? Nǐ kàn wǒ, zhèyàng xiě. 男: 你 看 我, 这样 写。	여: 아빠, '휴식하다(休息)'의 '휴(休)' 쓸 줄 아세요? 남: 날 보렴, 이렇게 쓴단다.

해설 음성을 첫 번째로 들을 때, **写**(xiě, 쓰다)를 듣고 글씨를 쓰고 있는 사진 B 옆에 √ 표시를 해 둬요. 음성을 두 번째로 들을 때, 보기 B를 정답으로 확정해요.

어휘 **会 huì** 조동 ~할 줄 알다　**写 xiě** 동 쓰다, 적다　**休息 xiūxi** 동 휴식하다, 쉬다

16-20

A	B	C

D	E	

각 사진을 보고 A는 **下雨**(xià yǔ, 비가 내리다), B는 **吃**(chī, 먹다), C는 **狗**(gǒu, 강아지), D는 **请进**(qǐng jìn, 들어오세요), E 는 **房间**(fángjiān, 방)이라는 표현을 미리 떠올려요.

16

Tiān yīn le, yào xià yǔ le. 男: 天 阴 了, 要 下 雨 了。 Wàimian yǐjīng zài xià dà yǔ le. 女: 外面 已经 在 下 大 雨 了。	남: 날이 흐려졌어요. 곧 비가 내리려나 봐요. 여: 바깥에 이미 큰 비가 내리고 있어요.

해설 음성을 첫 번째로 들을 때, **下雨**(xià yǔ, 비가 내리다)를 듣고 우산을 쓰고 있는 사람 사진 A 옆에 √ 표시를 해 둬요. 음성을 두 번째로 들을 때, 보기 A를 정답으로 확정해요.

　　*정답으로 선택한 'A'에 취소선을 그어 두세요.

어휘 **阴 yīn** 톙 (하늘이) 흐리다　**要……了 yào …… le** 곧 ~하려 하다　**下雨 xià yǔ** 비가 내리다
　　外面 wàimian 몡 바깥　**已经 yǐjīng** 뷔 이미, 벌써　**在 zài** 뷔 ~하고 있다

17

女: Wǒ jiā de gǒu yǐjīng liǎng tiān méi chī
我 家 的 狗 已经 两 天 没 吃
dōngxi le.
东西 了 。

男: Ràng wǒ kànkan.
让 我 看看 。

여: 우리 집 강아지는 벌써 이틀 동안 뭘 먹지 않았어요.
남: 제가 좀 볼게요.

해설 음성을 첫 번째로 들을 때, 狗(gǒu, 강아지)를 듣고 강아지가 있는 사진 C 옆에 √ 표시를 해 둬요. 음성을 두 번째로 들을 때, 보기 C를 정답으로 확정해요.

  * 정답으로 선택한 'C'에 취소선을 그어 두세요.

어휘 狗 gǒu 명 강아지, 개　东西 dōngxi 명 것, 물건　让 ràng 동 ~하게 하다

18

男: Zěnmele, cài bù hǎochī ma?
怎么了 , 菜 不 好吃 吗 ?

女: Shì, wǒ bú tài xǐhuan chī zhège cài.
是 , 我 不 太 喜欢 吃 这个 菜 。

남: 왜 그러니, 요리가 맛이 없니?
여: 네, 저는 이 요리를 먹는 것을 별로 좋아하지 않아요.

해설 음성을 첫 번째로 들을 때, 菜不好吃(cài bù hǎochī, 요리가 맛이 없다)을 듣고 음식 앞에서 찡그린 표정을 짓고 있는 사람 사진 B 옆에 √ 표시를 해 둬요. 음성을 두 번째로 들을 때, 보기 B를 정답으로 확정해요.

  * 정답으로 선택한 'B'에 취소선을 그어 두세요.

어휘 怎么了 zěnmele 왜 그래요? 무슨 일이에요?　菜 cài 명 요리, 음식, 반찬　好吃 hǎochī 형 맛있다

19

女: Qǐng jìn, nǐ yǒu shénme shì?
请 进 , 你 有 什么 事 ?

男: Wǒ zài zhǎo Wáng xiānsheng, tā zài ma?
我 在 找 王 先生 , 他 在 吗 ?

여: 들어오세요. 무슨 일이 있으세요?
남: 저는 왕 선생님을 찾고 있는데, 계시나요?

해설 음성을 첫 번째로 들을 때, 请进(qǐng jìn, 들어오세요)을 듣고 문을 열어주며 안내하는 사람 사진 D 옆에 √ 표시를 해 둬요. 음성을 두 번째로 들을 때, 보기 D를 정답으로 확정해요.

  * 정답으로 선택한 'D'에 취소선을 그어 두세요.

어휘 请 qǐng 동 ~해 주세요　进 jìn 동 (밖에서 안으로) 들어오다, 들어가다　事 shì 명 일　在 zài 부 ~하고 있다
找 zhǎo 동 찾다

20

男: Zhè jiù shì nǐ de fángjiān.
这 就 是 你 的 房间 。

女: Zhēn piàoliang!
真 漂亮 !

남: 여기가 바로 너의 방이란다.
여: 정말 예쁘네요!

해설 음성을 첫 번째로 들을 때, 房间(fángjiān, 방)을 듣고 침대가 있는 방 사진 E 옆에 √ 표시를 해 둬요. 음성을 두 번째로 들을 때, 보기 E를 정답으로 확정해요.

어휘 就 jiù 부 바로, 곧　房间 fángjiān 명 방　真 zhēn 부 정말, 진짜　漂亮 piàoliang 형 예쁘다

21

érzi A 儿子	qīzi B 妻子	péngyou C 朋友

A 아들　　　　B 아내　　　　C 친구

Nǐ qùguo Běijīng ma? 女: 你 去过 北京 吗 ?	여: 당신 베이징에 가 본 적 있어요?
Qùguo, shàng ge yuè hé wǒ qīzi 男: 去过 , 上 个 月 和 我 妻子 yìqǐ qù de. 一起 去 的 。	남: 가 봤어요. 지난달에 아내와 같이 갔어요.
Nán de shì hé shéi yìqǐ qù Běijīng de? 问: 男 的 是 和 谁 一起 去 北京 的 ?	질문: 남자는 누구와 같이 베이징에 갔는가?

해설 대화에서 여자가 남자에게 베이징에 가 본 적이 있냐고 묻자, 남자가 **和我妻子一起去的**라며 '아내와 같이 갔어요'라
고 했어요. 질문이 남자는 누구와 베이징에 갔는지 물었으므로 B **妻子**(qīzi, 아내)가 정답이에요.

어휘 **儿子** érzi 몡 아들　**妻子** qīzi 몡 아내, 부인　**朋友** péngyou 몡 친구　**过** guo 조 ~한 적 있다
北京 Běijīng 고유 베이징, 북경　**上个月** shàng ge yuè 지난달　**和** hé 전 ~와/과　**一起** yìqǐ 뿐 같이, 함께

22

duō xiūxi A 多 休息	duō yùndòng B 多 运动	duō hē shuǐ C 多 喝 水

A 푹 쉬다　B 운동을 많이 하다　C 물을 많이 마시다

Yīshēng shuōle shénme? 男: 医生 说了 什么 ?	남: 의사가 뭐라고 말했어요?
Tā shuō wǒ yào hǎohāo xiūxi. 女: 他 说 我 要 好好 休息 。	여: 그는 제가 잘 쉬어야 한다고 했어요.
Yīshēng ràng nǚ de zuò shénme? 问: 医生 让 女 的 做 什么 ?	질문: 의사는 여자에게 무엇을 하라고 했는가?

해설 대화에서 남자가 여자에게 의사가 뭐라고 했냐고 묻자, 여자가 **要好好休息**라며 '잘 쉬어야 한다'라고 했어요. 질문이
의사는 여자에게 무엇을 하라고 했는지 물었으므로 A **多休息**(duō xiūxi, 푹 쉬다)가 정답이에요.

어휘 **多** duō 형 많다　**休息** xiūxi 동 쉬다, 휴식하다　**运动** yùndòng 동 운동하다　**医生** yīshēng 몡 의사
说 shuō 동 말하다　**要** yào 조동 ~해야 한다, ~하려 하다　**好好** hǎohāo 뿐 잘, 푹　**让** ràng 동 ~하게 하다

23

hěn guì A 很 贵	hěn dà B 很 大	hěn piányi C 很 便宜

A 비싸다　　　　B 크다　　　　C 싸다

Zhè jiàn yīfu hǎokàn shì hǎokàn, dànshì 女: 这件 衣服 好看 是 好看 , 但是 tài guì le. 太 贵 了 。	여: 이 옷은 예쁘긴 예뻐요. 그런데 너무 비싸요.
Nǐ chuānzhe hěn piàoliang, mǎi ba. 男: 你 穿着 很 漂亮 , 买 吧 。	남: 당신이 입고 있으니까 예쁜데, 사세요.
Nǚ de juéde nà jiàn yīfu zěnmeyàng? 问: 女 的 觉得 那 件 衣服 怎么样 ?	질문: 여자는 그 옷이 어떻다고 생각하는가?

해설 대화에서 여자가 **衣服······太贵了**라며 '옷은······너무 비싸요'라고 했어요. 질문이 여자는 그 옷이 어떻다고 생각하는지 물었으므로 A **很贵**(hěn guì, 비싸다)가 정답이에요.

어휘 **贵 guì** 형 비싸다   **便宜 piányi** 형 (값이) 싸다   **件 jiàn** 양 벌, 건[옷, 일 등을 세는 단위]   **衣服 yīfu** 명 옷
好看 hǎokàn 형 예쁘다, 보기 좋다   **但是 dànshì** 접 그런데   **太······了 tài ······ le** 너무~하다
穿 chuān 동 입다, 신다   **着 zhe** 조 ~하고 있다, ~한 채로 있다   **漂亮 piàoliang** 형 예쁘다
觉得 juéde 동 ~라고 생각하다

24

	shísān ge		shíwǔ ge		**shíliù ge**				
A	13 个	B	15 个	C	16 个	A 13명	B 15명	C 16명

| | | | A 13명 | B 15명 | C 16명 |

男: Xiànzài jiàoshì li yǒu duōshao ge xuésheng?
　　现在 教室 里 有 多少 个 学生 ？

女: Sānshí ge, shísì ge nǚ tóngxué, shíliù ge nán tóngxué.
　　30 个 , 14 个 女 同学 , 16 个 男 同学 。

问: Jiàoshì li yǒu duōshao ge nán tóngxué?
　　教室 里 有 多少 个 男 同学 ？

남: 지금 교실에 학생이 몇 명 있나요?
여: 30명이요. 여학생 14명, 남학생 16명이요.

질문: 교실에는 남학생이 몇 명 있는가?

해설 대화에서 여자가 16**个男同学**라며 '남학생 16명이요'라고 했어요. 질문이 교실에는 남학생이 몇 명 있는지 물었으므로 C 16个(shíliù ge, 16명)가 정답이에요.

어휘 **个 gè** 양 명, 개   **教室 jiàoshì** 명 교실   **多少 duōshao** 대 몇, 얼마   **学生 xuésheng** 명 학생

25

	kàn shū		**chànggē**		hē kāfēi			
A	看书	B	唱歌	C	喝 咖啡	A 책을 본다	B 노래를 부르다	C 커피를 마신다

男: Nǐmen dōu ài chànggē? Chàng de zhēn hǎo!
　　你们 都 爱 唱歌 ？ 唱 得 真 好 ！

女: Shì de, wǒ mèimei yě xǐhuan chànggē.
　　是 的 , 我 妹妹 也 喜欢 唱歌 。

问: Tā mèimei xǐhuan shénme?
　　她 妹妹 喜欢 什么 ？

남: 너희 모두 노래 부르는 것을 좋아하니? 정말 잘 부르는구나!
여: 네, 제 여동생도 노래를 부르는 것을 좋아해요.

질문: 그녀의 여동생은 무엇을 좋아하는가?

해설 대화에서 여자가 여동생도 **唱歌**(chànggē, 노래를 부르다)를 좋아한다고 했고, 질문이 그녀의 여동생은 무엇을 좋아하는지 물었으므로 B **唱歌**(chànggē, 노래를 부르다)가 정답이에요.

어휘 **唱歌 chànggē** 동 노래를 부르다   **咖啡 kāfēi** 명 커피   **爱 ài** 동 좋아하다, 사랑하다

hěn hǎochī A 很 好吃	**bù hǎochī** B 不 好吃	**hái búcuò** C 还 不错	A 맛있다	B 맛이 없다	C 그럭저럭이다

Jīntiān de zhè cài shì wǒ zuò de,
男: 今天 的 这 菜 是 我 做 的,

zěnmeyàng?
怎么样 ?

남: 오늘 이 요리는 내가 만든 건데, 어떠니?

여: 매우 맛있어요. 저는 아빠가 만든 요리를 먹는 게 제일 좋아요.

Fēicháng hǎochī, wǒ zuì xǐhuan chī bàba
女: 非常 好吃 , 我 最 喜欢 吃 爸爸

zuò de cài.
做 的 菜 。

Nǚ de juéde cài zěnmeyàng?
问: 女 的 觉得 菜 怎么样 ?

질문: 여자는 요리가 어떻다고 생각하는가?

해설 대화에서 남자가 요리가 어떻냐고 묻자, 여자가 **非常好吃**이라며 '매우 맛있어요'라고 했어요. 질문이 여자는 요리가 어떻다고 생각하는지 물었으므로 A **很好吃**(hěn hǎochī, 맛있다)이 정답이에요.

어휘 **好吃** hǎochī 휑 맛있다   **还不错** hái búcuò 그럭저럭이다   **菜** cài 명 요리, 음식, 채소
做 zuò 동 만들다, 하다   **非常** fēicháng 뷰 매우   **最** zuì 뷰 제일   **觉得** juéde 동 ~라고 생각하다

jiàoshì A 教室	**huǒchēzhàn** B 火车站	**diànyǐngyuàn** C 电影院	A 교실	B 기차역	C 영화관

Nǐ hǎo, wǒ yào liǎng zhāng sān diǎn de
女: 你 好 , 我 要 两 张 三 点 的

diànyǐngpiào.
电影票 。

Duìbuqǐ, sān diǎn de mài wán le,
男: 对不起 , 三 点 的 卖 完 了 ,

sì diǎn de kěyǐ ma?
四 点 的 可以 吗 ?

Tāmen zuì kěnéng zài nǎr?
问: 他们 最 可能 在 哪儿 ?

여: 안녕하세요, 3시 영화표 두 장 주세요.

남: 죄송합니다. 3시 것은 다 팔렸어요. 4시 것 괜찮으세요?

질문: 그들은 어디에 있을 가능성이 가장 큰가?

해설 대화에서 여자가 **我要两张三点的电影票**라며 '3시 영화표 두 장 주세요'라고 했어요. 질문이 그들은 어디에 있을 가능성이 가장 큰지 물었으므로 영화표를 살 수 있는 장소인 C **电影院**(diànyǐngyuàn, 영화관)이 정답이에요.

어휘 **教室** jiàoshì 명 교실   **火车站** huǒchēzhàn 명 기차역   **电影院** diànyǐngyuàn 명 영화관   **张** zhāng 양 장
票 piào 명 표   **卖完** mài wán 다 팔리다   **最** zuì 뷰 가장

28

méi kāi chē A 没 开 车	A 차를 운전하지 않았다
gōngzuò hěn máng B 工作 很 忙	B 일이 바쁘다
shēngbìng le C 生病 了	C 병이 났다

Nǐ zuótiān zěnme méi lái wánr? 男: 你 昨天 怎么 没 来 玩儿？	남: 왜 어제 놀러 오지 않았어요？
Zuótiān wǒ shēngbìng le, qù yīyuàn le. 女: 昨天 我 生病 了，去 医院 了。	여: 어제 제가 병이 나서, 병원에 갔어요.
Nǚ de zuótiān zěnmele? 问: 女 的 昨天 怎么 了？	질문: 여자는 어제 어땠는가？

해설　대화에서 남자가 여자에게 왜 어제 놀러 오지 않았냐고 묻자, 여자가 **生病了**라며 '병이 났다'라고 했어요. 질문이 여자는 어제 어땠는지 물었으므로 C **生病了**(shēngbìng le, 병이 났다)가 정답이에요.

어휘　**开车** kāichē 图 차를 운전하다　**工作** gōngzuò 명 일 图 일하다　**忙** máng 형 바쁘다, 분주하다
生病 shēngbìng 图 병이 나다, 아프다　**昨天** zuótian 명 어제　**玩(儿)** wán(r) 图 놀다　**医院** yīyuàn 명 병원

29

qī diǎn A 7:00	A 7시
bā diǎn B 8:00	B 8시
bā diǎn shí fēn C 8:10	C 8시 10분

Nǐ xiàwǔ jǐ diǎn dào? 女: 你 下午 几 点 到？	여: 당신 오후 몇 시에 도착해요？
Bā diǎn, yīnwèi xià yǔ, fēijī wǎn le 男: 八 点，因为 下 雨，飞机 晚 了 jǐ ge xiǎoshí. 几 个 小时。	남: 8시요. 비가 내렸기 때문에 비행기가 몇 시간 늦었어요.
Fēijī jǐ diǎn dào? 问: 飞机 几 点 到？	질문: 비행기는 몇 시에 도착하는가？

해설　대화에서 여자가 남자에게 몇 시에 도착하는지 묻자, 남자가 **八点**이라며 '8시요'라고 했어요. 질문이 비행기는 몇 시에 도착하는지 물었으므로 B 8:00(bā diǎn, 8시)이 정답이에요.

어휘　**下午** xiàwǔ 명 오후　**到** dào 图 도착하다　**因为** yīnwèi 접 ~하기 때문에　**下雨** xià yǔ 비가 내리다
飞机 fēijī 명 비행기　**晚** wǎn 형 늦다　**小时** xiǎoshí 명 시간

30

zài děng rén A 在 等 人	A 사람을 기다리고 있다
zài zhǎo dōngxi B 在 找 东西	B 물건을 찾고 있다
bù xiǎng kàn C 不 想 看	C 보고 싶지 않다

Diànyǐng kuài yào kāishǐ le, wǒmen 男: 电影 快 要 开始 了，我们 jìnqu ba. 进去 吧 。 Wǒ zài děng wǒ tóngxué. 女: 我 在 等 我 同学 。 Nǚ de wèishénme bú jìnqu? 问: 女 的 为什么 不 进去 ？	남: 영화가 곧 시작하려고 해. 우리 들어가자. 여: 나는 내 학교 친구를 기다리고 있어. 질문: 여자는 왜 들어가지 않는가?

해설   대화에서 남자가 영화가 곧 시작한다며 들어가자고 하자, 여자가 **我在等我同学。**라며 '나는 내 학교 친구를 기다리고 있어.'라고 했어요. 질문이 여자는 왜 들어가지 않는지 물었으므로 A 在等人(zài děng rén, 사람을 기다리고 있다) 이 정답이에요.

어휘   在 zài 冞 ~하고 있다   等 děng 동 기다리다   找 zhǎo 동 찾다   东西 dōngxi 명 물건, 것
想 xiǎng 조동 ~하고 싶다 동 생각하다   **电影** diànyǐng 명 영화   **快要……了** kuài yào…… le 곧 ~하려 하다
开始 kāishǐ 동 시작하다   **进去** jìnqu 동 들어가다   **为什么** wèishénme 대 왜

31

zuò tí kàn shū xiě zì A 做 题 B 看 书 C 写 字	A 문제를 풀다 B 책을 보다 C 글씨를 쓰다

Zhèxiē tí nǐ dōu huì zuò ma? 男: 这些 题 你 都 会 做 吗 ？ Yǒu yí ge tí wǒ bú huì zuò. 女: 有 一 个 题 我 不 会 做 。 Shì nǎge? Wǒ bāng nǐ kànkan. 男: 是 哪个 ？ 我 帮 你 看看 。 Jiù shì zhège. 女: 就 是 这个 。 Nǚ de zài zuò shénme? 问: 女 的 在 做 什么 ？	남: 이 문제들을 다 풀 줄 알아요? 여: 풀 줄 모르는 문제가 하나 있어요. 남: 어느 거예요? 제가 좀 봐 줄게요. 여: 바로 이것이에요. 질문: 여자는 무엇을 하고 있는가?

해설   대화에서 남자가 여자에게 **这些题你都会做吗?**라며 '이 문제들을 다 풀 줄 알아요?'라고 묻자 여자가 **有一个题我 不会做。**라며 '풀 줄 모르는 문제가 하나 있어요.'라고 했어요. 질문이 여자는 무엇을 하고 있는지 물었으므로 A 做题 (zuò tí, 문제를 풀다)가 정답이에요.

어휘   **做题** zuò tí 문제를 풀다   **写** xiě 동 쓰다   **字** zì 명 글씨   **些** xiē 양 몇, 약간[적은 수량을 나타냄]
会 huì 조동 ~할 줄 알다   **个** gè 양 개   **帮** bāng 동 돕다   **就** jiù 冞 바로   **在** zài 冞 ~하고 있다

32

bié shuōhuà A 别 说话	A 말하지 마라
tiānqì hěn hǎo B 天气 很 好	B 날씨가 좋다
jīntiān méi kè C 今天 没 课	C 오늘 수업이 없다

Nǐ zěnme hái zài shuìjiào? 女：你 怎么 还 在 睡觉？	여: 너 어째서 아직 자고 있니?
Zhāng lǎoshī shuō jīntiān bú shàngkè. 男：张 老师 说 今天 不 上课。	남: 장 선생님이 오늘 수업 안 한다고 했어요.
Wèishénme? 女：为什么？	여: 왜?
Yīnwèi jīntiān xià dà xuě. 男：因为 今天 下 大 雪。	남: 오늘 큰 눈이 내리기 때문이에요.
Nán de gàosu nǚ de shénme? 问：男 的 告诉 女 的 什么？	질문: 남자는 여자에게 무엇을 알려주는가?

해설 대화에서 여자가 남자에게 왜 아직 자고 있냐고 묻자, 남자가 **今天不上课**라며 '오늘 수업 안 한다'라고 했어요. 질문이 남자는 여자에게 무엇을 알려주는지 물었으므로 C **今天没课**(jīntiān méi kè, 오늘 수업이 없다)가 정답이에요.

어휘 **别** bié 图 ~하지 마라 **说话** shuōhuà 图 말하다 **天气** tiānqì 펭 날씨 **课** kè 펭 수업, 강의
怎么 zěnme 떼 어째서, 어떻게 **还** hái 閉 아직, 여전히 **在** zài 閉 ~하고 있다 **上课** shàngkè 图 수업을 하다
为什么 wèishénme 떼 왜 **因为** yīnwèi 접 ~하기 때문에 **下雪** xià xuě 눈이 내리다
告诉 gàosu 图 알리다, 말하다

33

shǒujī qiānbǐ huǒchēpiào A 手机 B 铅笔 C 火车票	A 휴대폰 B 연필 C 기차표

Nǐ xiànzài yào chūmén? 男：你 现在 要 出门？	남: 당신 지금 외출하려고요?
Shì, wǒ qù huǒchēzhàn mǎi piào. 女：是，我 去 火车站 买 票。	여: 네, 저는 표를 사러 기차역에 가요.
Bié qù le, xiànzài shǒujī shang jiù 男：别 去 了，现在 手机 上 就 néng mǎi huǒchēpiào. 能 买 火车票。	남: 가지 마세요. 지금은 휴대폰으로 바로 기차표를 살 수 있어요.
Shì ma? Nǐ gàosu wǒ zěnme mǎi. 女：是 吗？你 告诉 我 怎么 买。	여: 그래요? 당신이 나에게 어떻게 사는지 알려주세요.
Nǚ de yào mǎi shénme? 问：女 的 要 买 什么？	질문: 여자는 무엇을 사려고 하는가?

해설 대화에서 남자가 여자에게 지금 외출하냐고 묻자, 여자가 **去火车站买票**라며 '표를 사러 기차역에 가요'라고 했어요. 질문이 여자는 무엇을 사려고 하는지 물었으므로 C 火车票(huǒchēpiào, 기차표)가 정답이에요. **去火车站买票**는 '기차역에 가서 표를 산다'라는 뜻이고, 2개의 동사로 동작이 연속되는 것을 표현한 연동문이에요.

어휘 **手机** shǒujī 몡 휴대폰 **铅笔** qiānbǐ 몡 연필 **火车票** huǒchēpiào 몡 기차표 **现在** xiànzài 몡 지금
出门 chūmén 동 외출하다 **火车站** huǒchēzhàn 몡 기차역 **票** piào 몡 표
别……了 bié …… le ~하지 마라 **告诉** gàosu 동 알리다, 말하다

34

	liù líng wǔ		wǔ líng liù		wǔ líng sì			
A	605	B	506	C	504	A 605	B 506	C 504

女：	Wáng lǎoshī, nín hǎo, nín zhù nǎr? 王 老师 ， 您 好 ， 您 住 哪儿 ？	여: 왕 선생님, 안녕하세요. 어디에 묵으세요?
男：	Wǒ zhù nàr, Běijīng fàndiàn. 我 住 那儿 ， 北京 饭店 。	남: 저는 저기에 묵어요, 베이징 호텔이요.
女：	Wǒ yě zhù Běijīng fàndiàn. Nín zhù nǎge 我 也 住 北京 饭店 。 您 住 哪个 fángjiān? 房间 ？	여: 저도 베이징 호텔에서 묵어요. 어느 방에 묵으세요? 남: 저는 506호에 묵어요.
男：	Wǒ zhù wǔ líng liù. 我 住 506 。	
问：	Nán de zhù nǎge fángjiān? 男 的 住 哪个 房间 ？	질문: 남자는 어느 방에 묵는가?

해설 대화에서 여자가 남자에게 어느 방에 묵냐고 묻자, 남자가 **我住506。**라며 '저는 506호에 묵어요.'라고 했어요. 질문이 남자는 어느 방에 묵는지 물었으므로 B 506(wǔ líng liù)가 정답이에요.

어휘 **住** zhù 동 묵다, 살다 **北京** Běijīng 고유 베이징, 북경 **饭店** fàndiàn 몡 호텔, 식당 **也** yě 부 ~도
房间 fángjiān 몡 방

hěn búcuò A 很 不错	A 잘한다
bú huì shuō B 不 会 说	B 말할 줄 모른다
bú huì xiě C 不 会 写	C 쓸 줄 모른다

Nǐ xué Hànyǔ duō cháng shíjiān le? 男：你 学 汉语 多 长 时间 了 ？	남: 당신은 중국어를 얼마 동안 공부했나요?
Yì nián duō le. 女：一 年 多 了 。	여: 1년 남짓 되었어요. 남: 저는 당신이 잘 (말)한다고 생각해요.
Wǒ juéde nǐ shuō de hěn hǎo. 男：我 觉得 你 说 得 很 好 。	여: 감사합니다! 저는 중국어 공부하는 걸 좋아해요.
Xièxie! Wǒ hěn xǐhuan xué Hànyǔ. 女：谢谢 ！我 很 喜欢 学 汉语 。	
Tā de Hànyǔ zěnmeyàng? 问：她 的 汉语 怎么样 ？	질문: 그녀의 중국어는 어떠한가?

해설　대화에서 여자가 중국어를 공부한지 1년 남짓이 되었다고 하자, 남자가 여자에게 **你说得很好**라며 '당신이 잘 (말)한다'라고 했어요. 질문이 그녀의 중국어는 어떤지 물었으므로 A **很不错**(hěn búcuò, 잘한다)가 정답이에요. 참고로 **不错**는 **好**(hǎo, 잘 하다)와 같은 뜻임을 알아 두세요. **说得很好**는 '정말 잘 (말)해요'라는 뜻이고, **得很好**는 술어 **说**의 의미를 보충해주는 보어예요.

어휘　**不错** búcuò 혭 잘하다　**汉语** Hànyǔ 고유 중국어　**多长时间** duō cháng shíjiān 얼마 동안
多 duō 죄 남짓, 여　**觉得** juéde 동 ~라고 생각하다

36-40

A

B

C

Ð

E

F

* 'D'는 예시 사진이므로 취소선을 그은 후, 이를 제외한 나머지 5개의 보기 중에서 정답을 골라요.

36

Wàimian /	bú xià yǔ /	le, /	tiān / qíng /	le.
外面 /	不 下 雨 /	了 , /	天 / 晴 /	了 。
바깥에	비가 내리지 않다	(~상태가) 되다 ,	하늘이 맑다	(~상태가) 되다 .

바깥에 비가 내리지 않아요. 하늘이 맑아졌어요.

해설   제시된 문장 **外面不下雨了, 天晴了**。는 '바깥에 비가 내리지 않아요. 하늘이 맑아졌어요.'라는 뜻이에요. 따라서 우산을 들고 있는 사람 사진 E를 정답으로 골라요.

 * 정답으로 선택한 'E'에 취소선을 그어 두세요.

어휘   **外面** wàimian 몡 바깥, 밖   **下雨** xià yǔ 비가 내리다   **天** tiān 몡 하늘   **晴** qíng 혱 (하늘이) 맑다

37

Yǐjīng /	bā diǎn /	le, /	wǒ /	yào /	qù /	shàngbān /
已经 /	8 点 /	了 , /	我 /	要 /	去 /	上班 /
벌써	8시	(~상태가) 되다 ,	저는	~하려고 하다	가다	출근하다

| le. |
| 了 。 |
| (~상태가) 되다 . |

벌써 8시가 되었어요. 저는 출근하러 가려고 해요.

해설   제시된 문장 **已经8点了, 我要去上班了**。는 '벌써 8시가 되었어요. 저는 출근하러 가려고 해요.'라는 뜻이에요. 따라서 손목시계를 보고 있는 사람 사진 C를 정답으로 골라요. **去上班**은 '출근하러 가다'라고 해석하면 되고, 2개의 동사로 동작이 연속되는 것을 표현한 연동문이에요.

 * 정답으로 선택한 'C'에 취소선을 그어 두세요.

어휘   **已经** yǐjīng 몀 벌써, 이미   **点** diǎn 몡 시   **要** yào 조동 ~하려고 하다, ~할 것이다
   上班 shàngbān 동 출근하다

38

Zhè /	shì /	nǐ xīn mǎi de /	diànnǎo /	ma?
这 /	是 /	你新买的 /	电脑 /	吗 ?
이것은	~이다	당신이 새로 산	컴퓨터	~나요?

이것은 당신이 새로 산 컴퓨터인가요?

해설 제시된 문장 **这是你新买的电脑吗?**는 '이것은 당신이 새로 산 컴퓨터인가요?'라는 뜻이에요. 따라서 노트북이 있는
사진 **F**를 정답으로 골라요.

    * 정답으로 선택한 'F'에 취소선을 그어 두세요.

어휘 **新** xīn 图 새로 형 새롭다 **买** mǎi 图 사다, 구매하다 **电脑** diànnǎo 명 컴퓨터

39

Tā /	xiànzài /	kàn bu jiàn /	wǒmen zài nǎr.
他 /	现在 /	看 不 见 /	我们 在 哪儿 。
그는	지금	보이지 않다	우리가 어디에 있는지 .

그는 지금 우리가 어디에 있는지 보이지 않아요.

해설 제시된 문장 **他现在看不见我们在哪儿。**은 '그는 지금 우리가 어디에 있는지 보이지 않아요.'라는 뜻이에요. 따라서
눈이 가려져 있는 사람 사진 **A**를 정답으로 골라요. 이 문장의 목적어는 **我们在哪儿**이고, '우리가 어디에 있는지'로 해
석하면 돼요. '주어+술어+목적어' 형태가 목적어로 사용되었어요.

    * 정답으로 선택한 'A'에 취소선을 그어 두세요.

어휘 **现在** xiànzài 명 지금, 현재 **看见** kànjiàn 图 보이다, 보다 **在** zài 图 ~에 있다 **哪儿** nǎr 대 어디

40

Tā /	shì /	wǒ péngyou, /	tā /	ài /	kàn shū.
他 /	是 /	我 朋友 , /	他 /	爱 /	看 书 。
그는	~이다	내 친구 ,	그는	좋아하다	책 보는 것을 .

그는 내 친구이고, 그는 책을 보는 것을 좋아해요.

해설 제시된 문장 **他是我朋友, 他爱看书。**는 '그는 내 친구이고, 그는 책을 보는 것을 좋아해요.'라는 뜻이에요. 따라서 책
을 보고 있는 사람 사진 **B**를 정답으로 골라요.

어휘 **朋友** péngyou 명 친구 **爱** ài 图 좋아하다, 사랑하다 **看书** kàn shū 책을 보다

41-45

	xīn		yǎnjing		xǐ		A 새로	B 눈	C 빨다, 씻다
A	新	B	眼睛	C	洗				
	rènshi		guì		yánsè		D 알다	E 비싸다	F 색깔
D	认识	E	贵	F	颜色				

* E **贵**(guì, 비싸다)는 예시 어휘이므로 취소선을 그은 후, 이를 제외한 나머지 5개의 보기 중에서 정답을 골라요.

어휘 **新** xīn 图 새로 **眼睛** yǎnjing 명 눈 **洗** xǐ 图 빨다, 씻다 **认识** rènshi 图 알다 **颜色** yánsè 명 색깔, 색

41

Nǐ /	rènshi	xiǎo Lǐ pángbiān de /	nàge	nánháir	ma?
你 /（	D 认识 ）	小 李 旁边 的 /	那个	男孩儿	吗 ?
당신	알다	샤오리 옆의		저 남자아이를	~요?

당신 샤오리 옆의 저 남자아이를 알아요?

해설 **你(   )小李旁边的那个男孩儿吗?**는 '당신 샤오리 옆의 저 남자아이를 _____요?'라는 뜻이고, 문장에 술어가 없
어요. 따라서 **男孩儿**(nánháir, 남자아이)을 목적어로 갖는 술어 역할을 하고, 문맥에도 알맞은 동사 D **认识**(rènshi,
알다)이 정답이에요.

    * 정답으로 선택한 'D'에 취소선을 그어 두세요.

어휘 **认识** rènshi 图 알다 **旁边** pángbiān 명 옆, 근처 **男孩儿** nánháir 명 남자아이

42

Nǐ / xiǎng / mǎi / shénme （**F 颜色**） **yánsè** de / yīfu?
你 / 想 / 买 / 什么 （**F 颜色**） 的 / 衣服 ?
당신은 ~하고 싶다　사다　　어떤 색깔의　　　　　옷을 ?

당신은 어떤 색깔의 옷을 사고 싶
나요?

해설　**你想买什么(　)的衣服?**는 '당신은 어떤 _____ 의 옷을 사고 싶나요?'라는 뜻이고, 빈칸 앞에는 의문대명사 **什
么**(shénme, 어떤)가 있고, 빈칸 뒤에는 조사 **的**(de, ~의)가 있어요. 따라서 대명사 **什么**(어떤)와 조사 **的**(~의) 사
이에 올 수 있는 명사이면서, 문맥에도 알맞은 명사 F 颜色(yánsè, 색깔)가 정답이에요.

* 정답으로 선택한 'F'에 취소선을 그어 두세요.

어휘　**想 xiǎng** ⑧~하고 싶다, ~하려고 하다　**买 mǎi** ⑧사다, 구매하다　**什么 shénme** ⑪어떤, 무엇, 무슨
颜色 yánsè ⑲색깔, 색　**衣服 yīfu** ⑲옷

43

Nǚ'er de / （**B 眼睛**） hěn / dà, / yě hěn / piàoliang.
女儿 的 / （**B 眼睛**） 很 / 大 , / 也 很 / 漂亮 。
딸의　　　 눈은　　　 (매우) 크다 ,　 또한 (매우)　예쁘다.

딸의 눈은 크고, 또한 예쁘다.

해설　**女儿的(　)很大**는 '딸의 _____은/는 크다'라는 뜻이고, 문장에 주어가 없어요. 따라서 **大**(dà, 크다)를 술어로 갖
는 주어 역할을 하고, 문맥에도 알맞은 명사 B 眼睛(yǎnjing, 눈)이 정답이에요.

* 정답으로 선택한 'B'에 취소선을 그어 두세요.

어휘　**女儿 nǚ'ér** ⑲딸　**眼睛 yǎnjing** ⑲눈　**大 dà** ⑲크다　**也 yě** ⑨또한, ~도　**漂亮 piàoliang** ⑲예쁘다

44

Tā / zhǔnbèi / xīngqīliù / zài jiā / （**C 洗**） / yīfu.
他 / 准备 / 星期六 / 在 家 / （**C 洗**） / 衣服 。
그는 ~하려고 하다　토요일　집에서　　빨다　　옷을 。

그는 토요일에 집에서 옷을 빨려
고 한다.

해설　**他准备星期六在家(　)衣服。**는 '그는 토요일에 집에서 옷을 _____ 려고 한다.'라는 뜻이고, 문장에 술어가 없어
요. 따라서 명사 **衣服**(yīfu, 옷)를 목적어로 갖는 술어 역할을 하고, 문맥에도 알맞은 동사 C 洗(xǐ, 빨다)가 정답이
에요.

* 정답으로 선택한 'C'에 취소선을 그어 두세요.

어휘　**准备 zhǔnbèi** ⑧~하려고 하다　**星期六 xīngqīliù** ⑲토요일　**在 zài** ⑳~에서　**家 jiā** ⑲집, 가정
洗 xǐ ⑧빨다, 씻다　**衣服 yīfu** ⑲옷

45

Nǐ （**A 新**） mǎi de / shǒujī / shì / shénme yánsè de?
女：你（**A 新**） 买 的 / 手机 / 是 / 什么 颜色 的 ?
　　 당신이 새로 산　　 휴대폰은　~이다　무슨 색의 것 ?

Báisè de.
男：白色 的 。
　　흰색의 것

여: 당신이 새로 산 휴대폰은 무슨
색이에요?

남: 흰색이에요.

해설　**你(　)买的手机是什么颜色的?**는 '당신이 _____ 산 휴대폰은 무슨 색깔이에요?'라는 뜻이고, 빈칸 뒤에는 동사
买(mǎi, 사다)가 있어요. 따라서 **买** 앞에 올 수 있고, 문맥에도 알맞은 부사 A 新(xīn, 새로)이 정답이에요.

어휘　**新 xīn** ⑨새로 ⑲새롭다　**买 mǎi** ⑧사다, 구매하다　**手机 shǒujī** ⑲휴대폰　**什么 shénme** ⑪무슨, 무엇
颜色 yánsè ⑲색, 색깔　**白色 báisè** ⑲흰색

46

Xièxie nǐ, / méiyǒu / nǐ de bāngzhù, / zhèxiē shìqing /
谢谢 你 , / 没有 / 你 的 帮助 , / 这些 事情 /
감사합니다, 없다 당신의 도움이, 이 일들은

kěnéng / dào míngtiān / dōu / zuò bu wán.
可能 / 到 明天 / 都 / 做 不 完 。
아마도 ~일 것이다 내일까지 다 끝낼 수 없다.

★ Nàxiē shìqing / yǐjīng / zuò wán le.
★ 那些 事情 / 已经 / 做 完 了 。
그 일들은 이미 끝났다.

감사합니다. 당신의 도움이 없었다면, 아마도 이 일들은 내일까지 다 끝낼 수 없었을 거예요.

★ 그 일들은 이미 끝났다.

해설 ★ 문장 **那些事情已经做完了。**는 '그 일들은 이미 끝났다.'라는 뜻이에요. 지문의 **没有你的帮助, 这些事情可能到明天都做不完**은 '당신의 도움이 없었다면, 아마도 이 일들은 내일까지 다 끝낼 수 없었을 거예요'라는 뜻이므로, ★ 문장은 지문의 내용과 일치해요.

어휘 谢谢 xièxie 통 감사합니다 没有 méiyǒu 통 없다 帮助 bāngzhù 몡 도움 통 돕다 事情 shìqing 몡 일, 사건 可能 kěnéng 조통 아마도 (~일 것이다) 到 dào 전 ~까지 明天 míngtiān 몡 내일 都 dōu 부 다, 모두 做不完 zuò bu wán 끝낼 수 없다

47

Nǐ kàn, / zhège yīfu / shì / wǒ māma / gěi wǒ /
你 看 , / 这个 衣服 / 是 / 我 妈妈 / 给 我 /
봐봐, 이 옷은 (~이다) 우리 엄마가 나에게

zuò / de, / hěn / piàoliang / ba?
做 / 的 , / 很 / 漂亮 / 吧 ?
만들다 (~것), (매우) 예쁘다 ~지?

★ Yīfu / shì / māma / gěi tā / zuò / de.
★ 衣服 / 是 / 妈妈 / 给 她 / 做 / 的 。
옷은 (~이다) 엄마가 그녀에게 만들다 (~것).

봐봐, 이 옷은 우리 엄마가 나에게 만들어 준 거야. 예쁘지?

★ 옷은 엄마가 그녀에게 만들어 준 것이다.

해설 ★ 문장 **衣服是妈妈给她做的。**는 '옷은 엄마가 그녀에게 만들어 준 것이다.'라는 뜻이에요. 지문의 **这个衣服是我妈妈给我做的**는 '이 옷은 우리 엄마가 나에게 만들어 준 거야'라는 뜻이므로, ★ 문장은 지문의 내용과 일치해요.

어휘 衣服 yīfu 몡 옷 妈妈 māma 몡 엄마, 어머니 给 gěi 전 ~에게 통 주다 做 zuò 통 만들다, 하다 漂亮 piàoliang 혱 예쁘다

48

Wǒ / jīntiān / bù xiǎng / zuò fàn / le, /
我 / 今天 / 不 想 / 做饭 / 了 , /
저는 오늘 ~하고 싶지 않다 밥을 하다 (~상태가) 되다,

wǒmen / qù / wàimian / chī / wǎnfàn / zěnmeyàng?
我们 / 去 / 外面 / 吃 / 晚饭 / 怎么样 ?
우리 가다 밖에 먹다 저녁밥을 어떠한가?

★ Tāmen / xiǎng / zài jiā li / chī / fàn.
★ 他们 / 想 / 在 家里 / 吃 / 饭 。
그들은 ~하고 싶다 집에서 먹다 밥을.

저는 오늘 밥 하기 싫은데, 우리 밖에 나가서 저녁밥을 먹는 것 어때요?

★ 그들은 집에서 밥을 먹고 싶어 한다.

해설 ★ 문장 他们想在家里吃饭。은 '그들은 집에서 밥을 먹고 싶어한다.'라는 뜻이에요. 지문의 我们去外面吃晚饭怎么样?은 '우리 밖에 나가서 저녁밥을 먹는 것 어때요?'라는 뜻이므로, ★ 문장은 지문의 내용과 불일치해요. 去外面吃完饭은 '밖에 나가서 저녁밥을 먹다'라고 해석하면 되고, 2개의 동사로 동작이 연속되는 것을 표현한 연동문이에요.

어휘 今天 jīntiān 몡 오늘   想 xiǎng 조동 ~하고 싶다, ~하려고 하다   做 zuò 동 하다, 만들다   饭 fàn 몡 밥
晚饭 wǎnfàn 몡 저녁밥   怎么样 zěnmeyàng 때 어떠한가, 어떻다   在 zài 젠 ~에서   家 jiā 몡 집

49
Wǒ / juéde / zhù zài zhèr / bú shì / hěn hǎo, /
我 / 觉得 / 住在这儿 / 不是 / 很好, /
저는 ~라고 생각하다   이곳에서 사는 것은   ~않다   좋다 ,

lí gōngsī / yǒudiǎnr / yuǎn, /
离 公司 / 有点儿 / 远, /
회사에서   조금   멀다 ,

měi tiān dōu yào / zuò / gōnggòng qìchē / qù / shàngbān.
每天都要 / 坐 / 公共汽车 / 去 / 上班。
매일 ~해야 한다   타다   버스를   가다   출근하다 .

Shuōhuàrén / zhù / de lí gōngsī hěn jìn.
★ 说话人 / 住 / 得离公司很近。
화자는   살다   회사에서 가깝게 .

저는 이곳에서 사는 것은 좋지 않다고 생각해요. 회사에서 조금 멀어서, 매일 버스를 타고 출근해야 해요.

★ 화자는 회사 가까이 산다.

해설 ★ 문장 说话人住得离公司很近。은 '화자는 회사 가까이 산다.'라는 뜻이에요. 지문의 这儿……离公司有点儿远은 '이곳 …… 회사에서 조금 멀다'라는 뜻이므로, ★ 문장은 지문의 내용과 불일치해요. 住得离公司很近은 '회사 가까이 산다'로 해석하면 되고, 得离公司很近은 술어 住의 의미를 보충해주는 보어예요.

어휘 觉得 juéde 동 ~라고 생각하다, ~이라고 여기다   住 zhù 동 살다   在 zài 젠 ~에서
离 lí 젠 ~에서, ~으로부터   公司 gōngsī 몡 회사   有点儿 yǒudiǎnr 뷔 조금, 약간   远 yuǎn 형 멀다
每天 měi tiān 매일   要 yào 조동 ~해야 한다   坐 zuò 동 타다, 앉다   公共汽车 gōnggòng qìchē 몡 버스
上班 shàngbān 동 출근하다   说话人 shuōhuàrén 몡 화자   近 jìn 형 가깝다

50
Xiǎo Wáng, / gēge / ràng / wǒ / gàosu / nǐ, /
小王, / 哥哥 / 让 / 我 / 告诉 / 你, /
샤오왕,   오빠가   ~하게 하다   내가   알려주다   너에게 ,

nǐ huí jiā de / fēijīpiào / hái méiyǒu / mǎi dào.
你回家的 / 飞机票 / 还没有 / 买到。
네가 집에 가는   비행기표를   아직 ~않다   샀다 .

Xiǎo Wáng / yǐjīng / huí / jiā / le.
★ 小王 / 已经 / 回 / 家 / 了。
샤오왕은   이미   돌아가다   집으로   (~상태가) 되다 .

샤오왕, 오빠가 너에게 알려주라고 하길, 네가 집으로 돌아가는 비행기표는 아직 사지 못했다고 해.

★ 샤오왕은 이미 집으로 돌아갔다.

해설 ★ 문장 小王已经回家了。는 '샤오왕은 이미 집으로 돌아갔다.'는 뜻이에요. 지문의 小王……你回家的飞机票还没有买到는 '샤오왕 …… 네가 집으로 돌아가는 비행기표는 아직 사지 못했다'라는 뜻이므로, 샤오왕은 아직 집에 돌아가지 않았음을 알 수 있어요. 따라서 ★ 문장은 지문의 내용과 불일치해요.

어휘 哥哥 gēge 몡 오빠, 형   让 ràng 동 ~하게 하다   告诉 gàosu 동 알리다, 말하다   回 huí 동 돌아가다, 돌아오다
家 jiā 몡 집   飞机票 fēijīpiào 몡 비행기표   还 hái 뷔 아직, 여전히   没有 méiyǒu 뷔 ~않다, 없다
买到 mǎi dào 동 사다, 손에 넣다   已经 yǐjīng 뷔 이미, 벌써

51-55

A　Bié　kèqi,　/　xīwàng　/　nǐ　/　néng　/　xǐhuan. 　别 客气 ，／ 希望 ／ 你 ／ 能 ／ 喜欢 。 　별 말씀을요,　바라다　네가　~할 수 있다　좋아하다.	A 별말씀을요, 당신이 좋아하기를 바라요.
B　Mā,　/　nǐ　/　kànjiàn　/　wǒ de shǒujī　/　le ma? 　妈 ，／ 你 ／ 看见 ／ 我 的手机 ／ 了 吗 ？ 　엄마，　당신은　보다　제 휴대폰　~했나요?	B 엄마, 제 휴대폰 봤어요?
C　Míngtiān　/　yào　/　kǎoshì,　/　kǎo wán le　/　zài　/　qù　/ 　明天 ／ 要 ／ 考试 ，／ 考 完 了 ／ 再 ／ 去 ／ 　내일　~해야 한다 시험을 보다　시험이 끝나다　~하고 나서　가다 　dǎ　/　ba. 　打 ／ 吧 。 　하다　~하자.	C 내일 시험을 봐야 해서, 시험 끝나고 나서 하러 가자.
D　Méi guānxi,　/　wǒmen　/　kěyǐ　/　qù　/　pángbiān de　/ 　没 关系 ，／ 我们 ／ 可以 ／ 去 ／ 旁边 的 ／ 　괜찮습니다，　우리는　~해도 된다 가다　옆의 　shāngdiàn　/　kànkan. 　商店 ／ 看看 。 　상점에　좀 둘러보다.	D 괜찮아, 우리 옆에 있는 상점에 가서 좀 둘러보자.
E　Māma　zài　nǎr　ne?　Huílai　le　ma? 　妈妈 在 哪儿 呢 ？ 回来 了 吗 ？ 　엄마　~에 있다 어디　~요? 돌아오다 ~했나요?	엄마는 어디에 있어요? 왔어요?
F　Nǐ　/　zhǔnbèi　/　nǎ tiān　/　huí　/　jiā? 　你 ／ 准备 ／ 哪 天 ／ 回 ／ 家 ？ 　당신은 ~하려고 하다 어느 날에 돌아가다 집 ？	F 당신은 어느 날에 집으로 돌아가려고 해요?

* E는 예시 보기이므로, 취소선을 그은 후, 이를 제외한 나머지 5개의 보기 중에서 정답을 골라요.

어휘　**别客气** bié kèqi 별말씀을요, 사양하지 마세요　**希望** xīwàng 〔동〕 바라다, 희망하다　**能** néng 〔조동〕 ~할 수 있다
看见 kànjiàn 〔동〕 보다, 보이다　**手机** shǒujī 〔명〕 휴대폰　**要** yào 〔조동〕 ~해야 한다　**考试** kǎoshì 〔동〕 시험을 보다(치다)
考 kǎo 〔동〕 시험 보다, 시험 치다　**考完** kǎo wán (시험을) 다 보다　**再** zài 〔부〕 ~하고 나서, 다시
打 dǎ 〔동〕 (농구 등을) 하다, 치다　**没关系** méi guānxi 괜찮다, 상관 없다　**可以** kěyǐ 〔조동〕 ~해도 된다, ~할 수 있다
旁边 pángbiān 〔명〕 옆, 근처　**准备** zhǔnbèi 〔동〕 ~하려고 하다

* 의문문인 문제 51번, 그리고 보기 B, F와 상응하는 문장을 먼저 고르면 더 쉽게 풀 수 있어요.

51　Wǎnshang　/　qù bu qù　/　dǎ lánqiú? 　晚上 ／ 去 不 去 ／ 打 篮球 ？ 　저녁에　가다 안 가다　농구를 하다 ？	저녁에 농구하러 갈래?

해설　**晚上去不去打篮球?**는 '저녁에 농구하러 갈래?'라는 뜻이에요. 보기 C의 **考完了再去打吧**가 '시험 끝나고 나서 하
러 가자'라는 뜻이므로, **去不去打篮球?**(농구하러 갈래?)라는 질문에 대한 답변이 돼요. 따라서 보기 C가 정답이
에요.

　　* 정답으로 선택한 'C'에 취소선을 그어 두세요.

어휘　**晚上** wǎnshang 〔명〕 저녁　**打篮球** dǎ lánqiú 농구를 하다

52

Xièxie / nǐ / sòng gěi / wǒ / bēizi.
谢谢 / 你 / 送 给 / 我 / 杯子 。
고맙다　네가　~에게 선물하다　나　컵을.

제게 컵을 선물해줘서 고마워요.

해설　**谢谢你送给我杯子。**는 '제게 컵을 선물해줘서 고마워요.'라는 뜻이에요. 보기 A의 **别客气**가 '별말씀을요'라는 뜻이
므로, 컵을 선물받은 것에 감사해하는 상황과 연결돼요. 따라서 보기 A가 정답이에요. 이 문장의 목적어는 **你送给我
杯子**이고, '네가 나에게 컵을 선물하다'로 해석하면 돼요. '주어+술어+목적어' 형태가 목적어로 사용되었어요.
　　＊정답으로 선택한 'A'에 취소선을 그어 두세요.

어휘　**谢谢** xièxie 園 고맙습니다, 고맙다　**送** sòng 園 선물하다, 바래다주다　**给** gěi 젠 ~에게　**杯子** bēizi 園 컵, 잔

53

Wǒ / xiǎng / míngtiān / jiù / huíqu, / wǒ / hái / yǒu /
我 / 想 / 明天 / 就 / 回去 , / 我 / 还 / 有 /
저는　~하려고 한다　내일　바로　돌아가다 ,　저는　더　있다

gōngzuò / yào / zuò.
工作 / 要 / 做 。
일　~해야 한다　하다 .

저는 내일 바로 돌아가려고 해요. 해
야 할 일이 더 있어요.

해설　보기 F **你准备哪天回家?**는 '당신은 어느 날에 집으로 돌아가려고 해요?'라는 뜻이에요. 53번 문제의 **我想明天就
回去**가 '저는 내일 바로 돌아가려고 해요'라는 뜻이므로, **哪天回家?**(어느 날에 집으로 돌아가요?)라는 질문에 대한
답변이 돼요. 따라서 보기 F가 53번 문제의 정답이에요.
　　＊정답으로 선택한 'F'에 취소선을 그어 두세요.

어휘　**想** xiǎng 조동 ~하려고 하다, ~하고 싶다　**明天** míngtiān 園 내일　**就** jiù 閉 바로, 즉시
　　回去 huíqu 園 돌아가다　**还** hái 閉 더, 또　**工作** gōngzuò 園 일, 직업　**要** yào 조동 ~해야 한다
　　做 zuò 園 하다, 만들다

54

Wǒmen / lái / de tài zǎo le, / diànyǐng / hái méi / kāishǐ.
我们 / 来 / 得 太 早 了 , / 电影 / 还 没 / 开始 。
우리가　오다　너무 일찍 ,　영화는　아직 ~않다 시작하다 .

우리가 너무 일찍 왔네, 영화는 아
직 시작하지 않았어.

해설　**我们来得太早了, 电影还没开始。**은 '우리가 너무 일찍 왔네, 영화는 아직 시작하지 않았어.'라는 뜻이에요. 보기 D
没关系, 我们可以去旁边的商店看看。은 '괜찮아, 우리 옆에 있는 상점에 가서 좀 둘러보자.'라는 뜻이므로, 너무 일
찍 도착했다고 말하는 상황과 연결돼요. 따라서 보기 D가 정답이에요. **来得太早了**는 '너무 일찍 왔다'로 해석하면 되
고, **得太早了**는 술어 **来**의 의미를 보충해주는 보어예요.
　　＊정답으로 선택한 'D'에 취소선을 그어 두세요.

어휘　**来** lái 園 오다　**太……了** tài …… le 너무 ~하다　**早** zǎo 園 이르다, 빠르다　**电影** diànyǐng 園 영화
　　还 hái 閉 아직, 여전히　**开始** kāishǐ 園 시작하다

55

Zài / nàr, / zài / zhuōzi shàngmian / ne.
在 / 那儿 , / 在 / 桌子 上面 / 呢 。
~에 있다　저기 ,　~에 있다　탁자 위　~요.

저기, 탁자 위에 있어.

해설　보기 B **妈, 你看见我的手机了吗?**는 '엄마, 제 휴대폰 봤어요?'라는 뜻이에요. 55번 문제 **在那儿, 在桌子上面呢。**는
'저기, 탁자 위에 있어.'라는 뜻이므로, **看见我的手机了吗?**(제 휴대폰 봤어요?)라는 질문에 대한 답변이 돼요. 따라
서 보기 B가 55번 문제의 정답이에요.

어휘　**在** zài 園 ~에 있다　**桌子** zhuōzi 園 탁자, 책상　**上面** shàngmian 園 위, 위쪽

A	Bù zhīdào, / wǒmen / kuài / dǎkāi / kànkan / ba. 不 知道 ， / 我们 / 快 / 打开 / 看看 / 吧 。 모르다, 우리 빨리 열다 보다 ~해요.	A 모르겠어요, 우리 빨리 열어 봐요.
B	Nà jiā fànguǎnr / lí zhèr / hěn / jìn. 那 家 饭馆儿 / 离 这儿 / 很 / 近 。 그 식당은 이곳에서 (매우) 가깝다.	B 그 식당은 이곳에서 가까워요.
C	Tāmen / dōu / shuō / zhè běn shū / hěn / hǎokàn. 他们 / 都 / 说 / 这 本 书 / 很 / 好看 。 그들은 모두 말한다 이 책이 (매우) 재미있다.	C 그들은 모두 이 책이 재미있다고 말했어요.
D	Wǒ / qù / mǎi / dōngxi / le, / mǎile / 我 / 去 / 买 / 东西 / 了 ， / 买了 / 나는 가다 사다 물건을 (~상태가) 되다, 샀다 nǐ ài chī de / xīguā. 你 爱 吃 的 / 西瓜 。 당신이 먹기 좋아하는 수박을.	D 나는 물건을 사러 갔는데, 당신이 먹기 좋아하는 수박을 샀어요.
E	Nǐ / de / háizi / duō dà le? 你 / 的 / 孩子 / 多 大 了 ？ 당신의 아이는 몇 살인가요?	E 당신의 아이는 몇 살인가요?

어휘 **知道** zhīdào 동 알다   **快** kuài 부 빨리, 곧   **打开** dǎkāi 동 열다   **家** jiā 양 [집·가게를 세는 단위]
饭馆儿 fànguǎnr 명 식당   **离** lí 전 ~에서, ~으로부터   **近** jìn 형 가깝다   **都** dōu 부 모두, 다
本 běn 양 권[책을 세는 단위]   **好看** hǎokàn 형 재미있다, 예쁘다, 보기 좋다   **爱** ài 동 좋아하다, 사랑하다
西瓜 xīguā 명 수박   **孩子** háizi 명 아이, 애   **多大了** duō dà le 몇 살인가요?

* 의문문인 문제 58번, 60번, 그리고 보기 E와 상응하는 문장을 먼저 고르면 문제를 더 쉽게 풀 수 있어요.

56

Jiù / zài / hòumian, / zǒu jǐ fēnzhōng / jiù / dào / le. 就 / 在 / 后面 ， / 走 几 分钟 / 就 / 到 / 了 。 바로 ~에 있다 뒤, 몇 분을 걸으면 바로 도착한다 (~상태가) 되다.	바로 뒤에 있어요. 몇 분만 걸으면 바로 도착해요.

해설 **就在后面, 走几分钟就到了。** 는 '바로 뒤에 있어요. 몇 분만 걸으면 바로 도착해요.'라는 뜻이에요. 보기 B **那家饭馆儿离这儿很近。** 은 '그 식당은 이곳에서 가까워요.'라는 뜻이므로, 몇 분 걸으면 도착한다는 상황과 연결돼요. 따라서 보기 B가 정답이에요.

　　* 정답으로 선택한 'B'에 취소선을 그어 두세요.

어휘 **就** jiù 부 바로, 곧   **在** zài 동 ~에 있다   **后面** hòumian 명 뒤, 뒤쪽   **走** zǒu 동 걷다, 가다
分钟 fēnzhōng 명 분   **到** dào 동 도착하다

57

Wǒ nǚ'ér / qī suì, / érzi / sān suì / le. 我 女儿 / 7 岁 ， / 儿子 / 3 岁 / 了 。 제 딸은 7살, 아들은 3살 (~상태가) 되다.	딸은 7살이고, 아들은 3살이 되었어요.

해설　보기 E 你的孩子多大了?는 '당신의 아이는 몇 살인가요?'라는 뜻이에요. 57번 문제 我女儿7岁, 儿子3岁了。는 '딸은 7살이고, 아들은 3살이 되었어요.'라는 뜻이므로, 孩子多大了?(아이는 몇 살인가요?)라는 질문에 대한 답변이 돼요. 따라서 보기 E가 57번 문제의 정답이에요.

　　* 정답으로 선택한 'E'에 취소선을 그어 두세요.

어휘　女儿 nǚ'ér 몡 딸　岁 suì 옝 살, 세　儿子 érzi 몡 아들

58

Zěnme / zhème wǎn / huílai le?	어째서 이렇게 늦게 돌아왔어요?
怎么 / 这么 晚 / 回来 了 ?	
어째서　이렇게 늦게　돌아왔다 ?	

해설　怎么这么晚回来了?는 '어째서 이렇게 늦게 돌아왔어요?'라는 뜻이에요. 보기 D의 我去买东西了가 '나는 물건을 사러 갔어요'라는 뜻이므로, 怎么这么晚回来了?(어째서 이렇게 늦게 돌아왔어요?)라는 질문에 대한 답변이 돼요. 따라서 보기 D가 정답이에요.

　　* 정답으로 선택한 'D'에 취소선을 그어 두세요.

어휘　怎么 zěnme 데 어째서, 어떻게　晚 wǎn 혱 늦다　回来 huílai 동 돌아오다

59

Dànshì / wǒ / méi / kàn dǒng.	하지만 나는 알아보지 못했어요.
但是 / 我 / 没 / 看 懂 。	
하지만　나는　못하다　알아보다.	

해설　但是我没看懂。은 '하지만 나는 알아보지 못했어요.'라는 뜻이에요. 보기 C 他们都说这本书很好看。은 '그들은 모두 이 책이 재미있다고 말했어요.'라는 뜻이므로, 알아보지 못했다는 상황과 연결돼요. 따라서 보기 C가 정답이에요.

　　* 정답으로 선택한 'C'에 취소선을 그어 주세요.

어휘　但是 dànshì 졉 하지만, 그러나　看懂 kàndǒng 동 알아보다

60

Nǐ / zhīdào / zhè lǐmian / yǒu / shénme dōngxi / ma?	당신은 이 안에 어떤 물건이 있는지 알아요?
你 / 知道 / 这 里面 / 有 / 什么 东西 / 吗 ?	
당신은　알다　이 안에　있다　어떤 물건이　~요?	

해설　你知道这里面有什么东西吗?는 '당신은 이 안에 어떤 물건이 있는지 알아요?'라는 뜻이에요. 보기 A의 不知道가 '모르겠어요'라는 뜻이므로, 知道这里面有什么东西吗?(이 안에 어떤 물건이 있는지 알아요?)라는 질문에 대한 답변이 돼요. 따라서 A가 정답이에요. 이 문장의 목적어는 这里面有什么东西이고, '이 안에 어떤 물건이 있는지'로 해석하면 돼요. '주어+술어+목적어' 형태가 목적어로 사용되었어요.

어휘　知道 zhīdào 동 알다　里面 lǐmian 몡 안, 속　什么 shénme 데 어떤, 무엇　东西 dōngxi 몡 물건, 것

HSK 2급 실전모의고사 2

🎧 2급 실전모의고사 2의 mp3를 들으며 학습해 보세요.

무료MP3 바로듣기

듣기   p.287

제1부분

| 1. ✗ | 2. ✗ | 3. ∨ | 4. ✗ | 5. ∨ | 6. ✗ | 7. ∨ | 8. ∨ | 9. ✗ | 10. ∨ |

제2부분

| 11. F | 12. A | 13. E | 14. B | 15. C | 16. C | 17. A | 18. B | 19. D | 20. E |

제3부분

| 21. A | 22. A | 23. C | 24. B | 25. A | 26. A | 27. A | 28. B | 29. A | 30. B |

제4부분

| 31. C | 32. C | 33. A | 34. C | 35. C |

독해   p.294

제1부분

| 36. E | 37. A | 38. C | 39. F | 40. B |

제2부분

| 41. D | 42. B | 43. F | 44. A | 45. C |

제3부분

| 46. ∨ | 47. ✗ | 48. ∨ | 49. ∨ | 50. ✗ |

제4부분

| 51. A | 52. D | 53. F | 54. B | 55. C | 56. B | 57. D | 58. E | 59. A | 60. C |

듣기

1

Jīntiān wǎnshang wǒmen chī mǐfàn.
今天　晚上　我们 吃 米饭 。   오늘 저녁에 우리는 쌀밥을 먹어요.

해설   빵이 있는 사진이 제시되었어요. 음성에서 米饭(mǐfàn, 쌀밥)이 언급되었는데, 빵이 있는 사진이 제시되었으므로 사
진과 음성은 불일치해요.

어휘   **今天** jīntiān 몡 오늘   **晚上** wǎnshang 몡 저녁   **米饭** mǐfàn 몡 쌀밥, 밥

2

Tā zhèngzài dǎ lánqiú.
他 正在 打 篮球 。

그는 농구를 하고 있어요.

해설 사진을 보고 踢足球(tī zúqiú, 축구를 하다)라는 표현을 떠올려요. 음성에서 打篮球(dǎ lánqiú, 농구를 하다)가 언급되었는데, 축구를 하는 사람 사진이 제시되었으므로 사진과 음성은 불일치해요.

어휘 正在 zhèngzài 图 ~하고 있다　打篮球 dǎ lánqiú 농구를 하다

3

Xièxie nín duì wǒ de bāngzhù, zàijiàn!
谢谢 您 对 我 的 帮助 ， 再见 !

저에 대한 도움에 감사 드려요. 안녕히 계세요!

해설 사진을 보고 再见(zàijiàn, 안녕히 계세요)이라는 표현을 떠올려요. 음성에서 再见(zàijiàn, 안녕히 계세요)이 언급되었고, 캐리어를 끌며 인사를 하는 사람 사진이 제시되었으므로 사진과 음성은 일치해요.

어휘 对 duì 图 ~에 (대해)　帮助 bāngzhù 圆 도움 图 돕다

4

Tā xiàozhe shuō, xièxie nǐ.
她 笑着 说 ， 谢谢 你 。

그녀는 웃으며 감사하다고 말했어요.

해설 사진을 보고 不高兴(bù gāoxìng, 기쁘지 않다)이라는 표현을 떠올려요. 음성에서 笑着说(xiàozhe shuō, 웃으며 말하다)가 언급되었는데, 손을 머리에 얹고 괴로워하는 사람 사진이 제시되었으므로 사진과 음성은 불일치해요.

어휘 笑 xiào 图 웃다　着 zhe 图 ~하고 있다, ~한 채로 있다　说 shuō 图 말하다

5

Wéi, nǐ dào nǎr le? Wǒ yǐjīng dào le.
喂 , 你 到 哪儿 了 ？ 我 已经 到 了 。

여보세요? 당신 어디까지 왔어요? 저는 이미 도착했어요.

해설 사진을 보고 喂(wéi, 여보세요)라는 표현을 떠올려요. 음성에서 喂(wéi, 여보세요)가 언급되었고, 전화를 하고 있는 사람 사진이 제시되었으므로 사진과 음성은 일치해요.

어휘 喂 wéi 图 여보세요　到 dào 图 도착하다　已经 yǐjīng 图 이미, 벌써

6

Nǐ de qiānbǐ zài zhuōzi shang ne.
你 的 铅笔 在 桌子 上 呢 。

당신의 연필은 탁자 위에 있어요.

해설 사진을 보고 电脑(diànnǎo, 컴퓨터)라는 표현을 떠올려요. 음성에서 铅笔(qiānbǐ, 연필)가 언급되었는데, 컴퓨터 여러 대가 있는 사진이 제시되었으므로 사진과 음성은 불일치해요.

어휘 铅笔 qiānbǐ 圆 연필　桌子 zhuōzi 圆 탁자

7

Tā zhèng mángzhe xǐ yīfu ne.
他 正 忙着 洗 衣服 呢 。

그는 옷을 빨고 있느라 바빠요.

해설　사진을 보고 洗衣服(xǐ yīfu, 옷을 빨다)라는 표현을 떠올려요. 음성에서 洗衣服(xǐ yīfu, 옷을 빨다)가 언급되었고, 세탁기 앞에서 옷을 들고 있는 사람 사진이 제시되었으므로 사진과 음성은 일치해요.

어휘　正 zhèng 뷔 ~하고 있다　忙 máng 혱 바쁘다　洗 xǐ 통 빨다, 씻다　衣服 yīfu 몡 옷

8

Wǎnshang cháng shíjiān kàn shǒujī,
晚上　長　時间 看 手机，
dùi yǎnjing bù hǎo.
对 眼睛 不 好 。

밤에 긴 동안 휴대폰을 보면, 눈에 좋지 않아요.

해설　사진을 보고 眼睛(yǎnjing, 눈), 累(lèi, 피곤하다)라는 표현을 떠올려요. 음성에서 对眼睛不好(dùi yǎnjing bù hǎo, 눈에 좋지 않다)가 언급되었고, 눈을 주무르고 있는 사람 사진이 제시되었으므로 사진과 음성은 일치해요.

어휘　晚上 wǎnshang 몡 밤, 저녁　长 cháng 혱 (길이·시간 등이) 길다　时间 shíjiān 몡 시간
手机 shǒujī 몡 휴대폰　对 dùi 젠 ~에 (대해)　眼睛 yǎnjing 몡 눈

9

Nǐ de xiǎomāo zhǎo dào le ma?
你 的 小猫　找 到 了 吗 ？

당신의 고양이를 찾았나요?

해설　사진을 보고 小狗(xiǎogǒu, 강아지)라는 표현을 떠올려요. 음성에서 小猫(xiǎomāo, 고양이)가 언급되었는데, 강아지가 있는 사진이 제시되었으므로 사진과 음성은 불일치해요.

어휘　小猫 xiǎomāo 몡 고양이　找到 zhǎo dào 찾다, 찾아 내다

10

Nǐmen zài zhǎo shénme ne?　Yào wǒ bāng
你们 在 找　什么 呢 ？ 要 我 帮
nǐmen ma?
你们 吗 ？

무엇을 찾고 있어요? 제가 도와드리는 것 필요해요?

해설　사진을 보고 找(zhǎo, 찾다)라는 표현을 떠올려요. 음성에서 找什么呢?(zhǎo shénme ne?, 무엇을 찾고 있어요?)가 언급되었고, 두 사람이 박스를 안을 살펴보는 사진이 제시되었으므로 사진과 음성은 일치해요.

어휘　在 zài 뷔 ~하고 있다　找 zhǎo 통 찾다　要 yào 통 필요하다, 원하다　帮 bāng 통 돕다

11-15

A	B	C
D	E	F

* 문제를 풀기 전, 예시로 사용된 보기 'D'에 취소선을 그어 두세요.

각 사진을 보고 A는 猫(māo, 고양이), 鱼(yú, 생선), B는 报纸(bàozhǐ, 신문), C는 手表(shǒubiǎo, 손목시계), E는 现在(xiànzài, 지금), 几点(jǐ diǎn, 몇 시), F는 洗(xǐ, 씻다), 菜(cài, 채소)라는 표현을 미리 떠올려요.

11

女: Bàba, nǐ zài zuò shénme ne?
爸爸 ，你 在 做 什么 呢 ？

男: Wǒ zhèngzài xǐ cài.
我 正在 洗 菜 。

여: 아빠, 지금 뭐 하고 계세요?
남: 채소를 씻는 중이야.

해설 음성을 첫 번째로 들을 때, **洗菜**(xǐ cài, 채소를 씻다)를 듣고 채소를 씻고 있는 사진 F 옆에 √ 표시를 해 둬요. 음성을 두 번째로 들을 때, 보기 F를 정답으로 확정해요.

* 정답으로 선택한 'F'에 취소선을 그어 두세요.

어휘 **在 zài** 뿐 ~하고 있다 **正在 zhèngzài** 뿐 ~하고 있다 **洗 xǐ** 통 씻다, 빨다 **菜 cài** 명 채소, 요리, 반찬

12

男: Nǐ de māo zuì ài chī shénme?
你 的 猫 最 爱 吃 什么 ？

女: Tā zuì ài chī xiǎo yú.
它 最 爱 吃 小鱼 。

남: 당신의 고양이는 무엇을 먹는 것을 가장 좋아해요?
여: 작은 생선을 먹는 것을 가장 좋아해요.

해설 음성을 첫 번째로 들을 때, **猫**(māo, 고양이), **小鱼**(xiǎo yú, 작은 생선)를 듣고 고양이와 생선 사진 A 옆에 √ 표시를 해 둬요. 음성을 두 번째로 들을 때, 보기 A를 정답으로 확정해요.

* 정답으로 선택한 'A'에 취소선을 그어 두세요.

어휘 **猫 māo** 명 고양이 **最 zuì** 뿐 가장 **爱 ài** 통 좋아하다, 사랑하다 **鱼 yú** 명 생선, 물고기

13

女: Xiànzài jǐ diǎn le?
现在 几 点 了 ？

男: Xiànzài qī diǎn shí fēn, shíjiān bù zǎo le.
现在 七点 十 分 ，时间 不 早 了 。

여: 지금 몇 시예요?
남: 지금 7시 10분이에요. 시간이 늦었네요.

해설 음성을 첫 번째로 들을 때, **现在几点了?**(Xiànzài jǐ diǎn le?, 지금 몇 시예요?)를 듣고 시계 사진 E 옆에 √ 표시를 해 둬요. 음성을 두 번째로 들을 때, 보기 E를 정답으로 확정해요.

* 정답으로 선택한 'E'에 취소선을 그어 두세요.

어휘 **现在 xiànzài** 명 지금, 현재 **点 diǎn** 양 시 **分 fēn** 양 분 **时间 shíjiān** 명 시간 **早 zǎo** 형 이르다

14

男: Nǐ qù mài bàozhǐ ma?
你 去 卖 报纸 吗 ？

女: Duì, zhèxiē dōu shì qùnián de.
对 ，这些 都 是 去年 的 。

남: 당신 신문지를 팔러 가요?
여: 네, 이것들은 모두 작년 것이에요.

해설 음성을 첫 번째로 들을 때, **报纸**(bàozhǐ, 신문지, 신문)을 듣고 신문지가 쌓여있는 사진 B 옆에 √ 표시를 해 둬요. 음성을 두 번째로 들을 때, 보기 B를 정답으로 확정해요.

* 정답으로 선택한 'B'에 취소선을 그어 두세요.

어휘 **卖 mài** 통 팔다 **报纸 bàozhǐ** 명 신문지, 신문 **去年 qùnián** 명 작년

15

女: Zhè liǎng ge shǒubiǎo nǎge shì nǐ de?
这 两个 手表 哪个 是 你 的 ？

男: Zuǒbian de nàge.
左边 的 那个 。

여: 이 손목시계 두 개 중 어떤 것이 당신 것이에요?
남: 왼쪽 그거요.

해설 음성을 첫 번째로 들을 때, **两个手表**(liǎng ge shǒubiǎo, 손목시계 두 개)를 듣고 손목시계 두 개가 있는 사진 C 옆에 √ 표시를 해 둬요. 음성을 두 번째로 들을 때, 보기 C를 정답으로 확정해요.

어휘 **个** gè 양 개   **手表** shǒubiǎo 명 손목시계   **左边** zuǒbian 명 왼쪽

16-20

A    B   C

D   E

각 사진을 보고 A는 **那儿**(nàr, 저기), B는 **鸡蛋**(jīdàn, 달걀), C는 **累**(lèi, 피곤하다), D는 **学习**(xuéxí, 공부하다), **考试**(kǎoshì, 시험을 보다), E는 **衣服**(yīfu, 옷)라는 표현을 미리 떠올려요.

16

男: Gōngzuò zuò wán le, wǒ hěn lèi.
工作 做 完 了 ， 我 很 累 。

女: Míngtiān zài jiā hǎohāo xiūxi ba.
明天 在 家 好好 休息 吧 。

남: 일을 다 끝냈어요. 저는 피곤해요.
여: 내일 집에서 푹 쉬세요.

해설 음성을 첫 번째로 들을 때, **累**(lèi, 피곤하다), **休息**(xiūxi, 쉬다)를 듣고 노트북 앞에서 기지개를 펴고 있는 사람 사진 C 옆에 √ 표시를 해 둬요. 음성을 두 번째로 들을 때, 보기 C를 정답으로 확정해요.

* 정답으로 선택한 'C'에 취소선을 그어 두세요.

어휘 **工作** gōngzuò 명 일, 직업 동 일하다   **做完** zuò wán 다 끝내다, 다 하다   **累** lèi 형 피곤하다
明天 míngtiān 명 내일   **在** zài 전 ~에서   **好好** hǎohāo 부 푹, 잘   **休息** xiūxi 동 쉬다, 휴식하다

17

女: Qǐng wèn zhèr yǒu méi yǒu shāngdiàn?
请 问 这儿 有 没 有 商店 ？

男: Nàr jiù yǒu yì jiā.
那儿 就 有 一 家 。

여: 실례합니다만 여기에 상점이 있나요?
남: 저기에 바로 하나 있어요.

해설 음성을 첫 번째로 들을 때, **请问**(qǐng wèn, 실례합니다), **那儿**(nàr, 저기)을 듣고 한 사람이 다른 사람에게 길을 알려주고 있는 사진 A 옆에 √ 표시를 해 둬요. 음성을 두 번째로 들을 때, 보기 A를 정답으로 확정해요.

* 정답으로 선택한 'A'에 취소선을 그어 두세요.

어휘 **请问** qǐngwèn 동 실례합니다, 말씀 좀 여쭙겠습니다   **商店** shāngdiàn 명 상점   **家** jiā 양 [집·가게를 세는 단위]

18

Nǐ mǎi jīdàn le ma?
男: 你 买 鸡蛋 了 吗 ？

Mǎi le, hái yào mǎi shénme?
女: 买 了 ，还 要 买 什么 ？

남: 달걀 샀어요?
여: 샀어요. 더 사야 할 것 있어요?

해설 음성을 첫 번째로 들을 때, 鸡蛋(jīdàn, 달걀)을 듣고 달걀 사진 B 옆에 √ 표시를 해 둬요. 음성을 두 번째로 들을 때, 보기 B를 정답으로 확정해요.
　　* 정답으로 선택한 'B'에 취소선을 그어 두세요.

어휘 鸡蛋 jīdàn 명 달걀　还 hái 부 더, 또, 아직　要 yào 조동 ~할 것이다, ~해야 한다

19

Shì jīntiān shàngwǔ kǎoshì ma?
女: 是 今天 上午 考试 吗 ？

Bú shì jīntiān, shì zuótiān,
男: 不 是 今天 ，是 昨天 。

여: 오늘 오전에 시험 봐?
남: 오늘이 아니라, 어제였어.

해설 음성을 첫 번째로 들을 때, 考试(kǎoshì, 시험을 보다)을 듣고 학생들이 문제를 풀고 있는 사진 D 옆에 √ 표시를 해 둬요. 음성을 두 번째로 들을 때, 보기 D를 정답으로 확정해요.
　　* 정답으로 선택한 'D'에 취소선을 그어 두세요.

어휘 今天 jīntiān 명 오늘　考试 kǎoshì 동 시험을 보다(치다) 명 시험　昨天 zuótiān 명 어제

20

Nǐ kàn dào wǒ de yùndòngfú le ma?
男: 你 看 到 我 的 运动服 了 吗 ？

Shì zhuōzi shang de nà jiàn ma?
女: 是 桌子 上 的 那 件 吗 ？

남: 내 운동복을 봤니?
여: 탁자 위에 저것이니?

해설 음성을 첫 번째로 들을 때, 运动服(yùndòngfú, 운동복), 桌子上(zhuōzi shang, 탁자 위)을 듣고 탁자 위에 옷들이 쌓여있는 사진 E 옆에 √ 표시를 해 둬요. 음성을 두 번째로 들을 때, 보기 E를 정답으로 확정해요.

어휘 看到 kàn dào 보다, 보이다　运动服 yùndòngfú 운동복　桌子 zhuōzi 명 탁자　件 jiàn 양 벌[옷을 세는 단위]

21

nǚ'ér zài jiā
A 女儿 在 家

nǚ'ér méi lái
B 女儿 没 来

nǚ'ér xìng Lǐ
C 女儿 姓 李

A 딸은 집에 있다

B 딸은 오지 않았다

C 딸은 성이 리이다

Wáng lǎoshī, tā shì nín de nǚ'ér ma?
女: 王 老师 ，她 是 您 的 女儿 吗 ？

Zhè shì wǒ de xuésheng, wǒ nǚ'ér zài jiā.
男: 这 是 我 的 学生 ，我 女儿 在 家 。

Nán de shì shénme yìsi?
问: 男 的 是 什么 意思 ？

여: 왕 선생님, 그녀가 당신의 딸입니까?
남: 그녀는 제 학생입니다. 제 딸은 집에 있어요.

질문: 남자의 말은 무슨 뜻인가?

해설 대화에서 여자가 남자에게 그녀가 당신의 딸이냐고 묻자, 남자가 **我女儿在家**(wǒ nǚ'ér zài jiā, 제 딸은 집에 있어요)라고 했어요. 질문이 남자의 말은 무슨 뜻인지 물었으므로 A **女儿在家**(nǚ'ér zài jiā, 딸은 집에 있다)가 정답이에요.

어휘 **女儿** nǚ'ér 몡 딸 **姓** xìng 동 성이 ~이다 몡 성, 성씨 **学生** xuésheng 몡 학생 **意思** yìsi 몡 뜻

22			
yùndòng A 运动	**chī shuǐguǒ** B 吃 水果	**duō xiūxi** C 多 休息	A 운동하다　　B 과일을 먹다　　C 푹 쉬다

Bà,　nǐ dōu yìbǎi gōngjīn le, 女: 爸 , 你 都 一百 公斤 了 , **nǐ** zhēnde yào yùndòng le. 你 真的 要 运动 了 。	여: 아빠, 이미 100킬로그램이 되셨어요. 정말로 운동하셔야 해요.
Hǎo de,　cóng míngtiān kāishǐ. 男: 好 的 , 从 明天 开始 。	남: 좋아, 내일부터 시작할게.
Nǚ'ér ràng bàba zuò shénme? 问: 女儿 让 爸爸 做 什么 ?	질문: 딸은 아빠에게 무엇을 하라고 하는가?

해설 대화에서 여자가 남자에게 **真的要运动了**라며 '정말로 운동하셔야 해요'라고 했어요. 질문이 딸은 아빠에게 무엇을 하라고 하는지 물었으므로 A **运动**(yùndòng, 운동하다)이 정답이에요.

어휘 **运动** yùndòng 동 운동하다 몡 운동 **水果** shuǐguǒ 몡 과일 **多** duō 혱 많다 **休息** xiūxi 동 쉬다, 휴식하다
百 bǎi 주 100, 백 **公斤** gōngjīn 양 킬로그램(kg) **真的** zhēnde 정말로 **从** cóng 전 ~에서/부터
明天 míngtiān 몡 내일 **开始** kāishǐ 동 시작하다 **让** ràng 동 ~하게 하다

23			
yīfu A 衣服	**kāfēi** B 咖啡	**huǒchēpiào** C 火车票	A 옷　　B 커피　　C 기차표

Nǐ hǎo,　jiǔ diǎn de piào hái yǒu ma? 女: 你 好 , 9点 的 票 还 有 吗 ?	여: 안녕하세요, 9시 표 아직 있나요?
Duìbuqǐ,　jīntiān de piào yǐjīng mài wán le. 男: 对不起 , 今天 的 票 已经 卖 完 了 。	남: 죄송합니다. 오늘 표는 이미 다 팔렸어요.
Nǚ de zuì kěnéng zài mǎi shénme? 问: 女 的 最 可能 在 买 什么 ?	질문: 여자는 무엇을 사고 있을 가능성이 가장 큰가?

해설 대화에서 여자가 **9点的票还有吗?**(jiǔ diǎn de piào hái yǒu ma?, 9시 표 아직 있나요?)라고 물었고, 질문이 여자는 무엇을 사고 있을 가능성이 가장 큰지 물었으므로 C **火车票**(huǒchēpiào, 기차표)가 정답이에요.

어휘 **衣服** yīfu 몡 옷 **咖啡** kāfēi 몡 커피 **火车票** huǒchēpiào 몡 기차표 **点** diǎn 양 시 **还** hái 튀 아직, 여전히
卖完 mài wán 다 팔리다 **在** zài 튀 ~하고 있다

24

A	sānbǎi wǔshí yuán 350 元	A 350위안
B	sānqiān wǔbǎi yuán 3500 元	B 3500위안
C	sānqiān líng wǔ yuán 3050 元	C 3050위안

男: Zhège diànnǎo mài sānqiān wǔ, bú shì 这个 电脑 卖 三千 五, 不 是 sānbǎi wǔ. 三百 五。 女: Tài guì le, wǒ qù kànkan bié de ba. 太 贵 了, 我 去 看看 别 的 吧。 问: Nàge diànnǎo duōshao qián? 那个 电脑 多少 钱?	남: 이 컴퓨터는 3500위안에 팔아요. 350위안이 아니에요. 여: 너무 비싸네요. 저는 다른 것을 좀 보러 갈게요. 질문: 그 컴퓨터는 얼마인가?

해설 대화에서 남자가 这个电脑卖三千五(zhège diànnǎo mài sānqiān wǔ, 이 컴퓨터는 3500위안에 팔아요)라고 했고, 질문이 그 컴퓨터는 얼마인지 물었으므로 B 3500元(sānqiān wǔbǎi yuán, 3500위안)이 정답이에요.

어휘 元 yuán 명 위안[중국의 화폐 단위] 卖 mài 동 팔다, 판매하다 千 qiān 수 1000, 천 百 bǎi 수 100, 백
太……了 tài …… le 너무 ~하다 贵 guì 형 비싸다 别的 bié de 다른 것

25

A	tiān qíng le 天 晴 了	A 날이 맑아졌다
B	tiān yīn le 天 阴 了	B 날이 흐려졌다
C	xià xuě le 下 雪 了	C 눈이 내렸다

女: Tiān qíng le, wǒmen chūqu pǎobù ba. 天 晴 了, 我们 出去 跑步 吧。 男: Wàibian tài lěng le, wǒ bù xiǎng qù. 外边 太 冷 了, 我 不 想 去。 问: Xiànzài tiānqì zěnmeyàng? 现在 天气 怎么样?	여: 날이 맑아졌네, 우리 나가서 달리자. 남: 밖은 너무 추워서, 나는 나가기 싫어. 질문: 지금 날씨는 어떠한가?

해설 대화에서 여자가 天晴了(tiān qíng le, 날이 맑아졌다)라며 나가자고 했고, 질문이 지금 날씨는 어떠한지 물었으므로 A 天晴了(tiān qíng le, 날이 맑아졌다)가 정답이에요.

어휘 晴 qíng 형 (하늘이) 맑다 阴 yīn 형 (하늘이) 흐리다 下雪 xià xuě 눈이 내리다 出去 chūqu 동 나가다
跑步 pǎobù 동 달리다, 뛰다 外边 wàibian 밖, 바깥 太……了 tài …… le 너무 ~하다 冷 lěng 형 춥다
天气 tiānqì 명 날씨

26

| tā bàba A 她 爸爸 | tā mèimei B 她 妹妹 | tā érzi C 她 儿子 | A 그녀의 아빠 | B 그녀의 여동생 | C 그녀의 아들 |

男：

Nǐ zěnme mǎile zhème duō dōngxi?
你 怎么 买了 这么 多 东西 ？

남: 당신 왜 이렇게 많은 물건을 샀어요?

女：

Míngtiān shì wǒ bàba de shēngrì, zhèxiē
明天 是 我 爸爸 的 生日 ， 这些

dōu shì gěi tā mǎi de.
都 是 给 他 买 的 。

여: 내일은 아빠 생신이에요. 이것들은 모두 그를 위해 산 것이에요.

问：

Míngtiān shì shéi de shēngrì?
明天 是 谁 的 生日 ？

질문: 내일은 누구의 생일인가?

해설　대화에서 여자가 **明天是我爸爸的生日**(míngtiān shì wǒ bàba de shēngrì, 내일은 아빠 생신이에요)이라고 했고, 질문이 내일은 누구의 생일인지 물었으므로 A 她爸爸(tā bàba, 그녀의 아빠)가 정답이에요.

어휘　**妹妹** mèimei 몡 여동생　**怎么** zěnme 때 어째서, 어떻게　**这么** zhème 때 이렇게　**生日** shēngrì 몡 생일 **给** gěi 젠 ~을/를 위하여, ~에게 통 주다

27

xià yǔ le A 下 雨 了	A 비가 내리다
bú rènshi lù B 不 认识 路	B 길을 모르다
tài wǎn le C 太 晚 了	C 너무 늦었다

女：

Xià yǔ le, nǐ bié qù péngyou jiā le.
下 雨 了 ， 你 别 去 朋友 家 了 。

여: 비가 내리네, 친구 집에 가지 마.

男：

Hǎo, nà wǒ míngtiān zài qù ba.
好 ， 那 我 明天 再 去 吧 。

남: 좋아요, 그럼 내일 갈게요.

问：

Tā jīntiān wèishénme bú qù péngyou jiā?
他 今天 为什么 不 去 朋友 家 ？

질문: 그는 오늘 왜 친구 집에 가지 않는가?

해설　대화에서 여자가 **下雨了**(xià yǔ le, 비가 내리다)라며 친구 집에 가지 말라고 하자, 남자가 알겠다며 내일 간다고 했어요. 질문이 그는 오늘 왜 친구 집에 가지 않는지 물었으므로 A 下雨了(xià yǔ le, 비가 내리다)가 정답이에요.

어휘　**下雨** xià yǔ 비가 내리다　**认识** rènshi 통 알다　**太……了** tài …… le 너무 ~하다 **别……了** bié …… le ~하지 마라　**再** zài 뷘 다시　**为什么** wèishénme 때 왜

xuéxiào A 学校	gōngsī B 公司	jīchǎng C 机场	A 학교	B 회사	C 공항

男： Wéi, nǐ shénme shíhou dào gōngsī ne?
喂 , 你 什么 时候 到 公司 呢 ？

女： Duìbuqǐ, wǒ zài lù shang, hái yǒu
对不起 , 我 在 路 上 , 还 有
wǔ fēnzhōng jiù dào le.
五 分钟 就 到 了。

问： Nǚ de zuì kěnéng yào qù nǎr?
女 的 最 可能 要 去 哪儿 ？

남: 여보세요, 당신 언제 회사에 도착해요?

여: 죄송해요, 저는 가는 길이고, 5분만 더 있으면 바로 도착해요.

질문: 여자는 어디에 가려고 할 가능성이 가장 큰가?

해설 대화에서 남자가 여자에게 **你什么时候到公司**(당신 언제 회사에 도착해요)라고 묻자, 여자가 **在路上**(zài lù shang, 가는 길이다)이라고 했어요. 질문이 여자는 어디에 가려고 할 가능성이 가장 큰지 물었으므로 B **公司**(gōngsī, 회사)가 정답이에요.

어휘 **学校** xuéxiào 몡 학교 **公司** gōngsī 몡 회사 **机场** jīchǎng 몡 공항 **什么时候** shénme shíhou 때 언제 **到** dào 동 도착하다 **路** lù 몡 길 **分钟** fēnzhōng 몡 분

29

chī fàn A 吃 饭	xuéxí B 学习	shuìjiào C 睡觉	A 밥을 먹다	B 공부하다	C 잠을 자다

女： Bié kàn diànshì le, lái chī fàn ba.
别 看 电视 了 , 来 吃 饭 吧 。

男： Mā, ràng wǒ zài kàn liǎng fēnzhōng.
妈 , 让 我 再 看 两 分钟 。

问： Nǚ de ràng nán de zuò shénme?
女 的 让 男 的 做 什么 ？

여: 텔레비전 보지 말고, 와서 밥 먹으렴.

남: 엄마, 2분만 더 보게 해주세요.

질문: 여자는 남자에게 무엇을 하라고 하는가?

해설 대화에서 여자가 남자에게 **来吃饭吧**(lái chī fàn ba, 와서 밥 먹으렴)라고 했어요. 질문이 여자는 남자에게 무엇을 하라고 하는지 물었으므로 A **吃饭**(chī fàn, 밥을 먹다)이 정답이에요. **来吃饭**은 '와서 밥을 먹다'라고 해석하면 되고, 2개의 동사로 동작이 연속되는 것을 표현한 연동문이에요.

어휘 **睡觉** shuìjiào 동 잠을 자다 **别……了** bié …… le ~하지 마라 **让** ràng 동 ~하게 하다 **再** zài 뷔 다시 **分钟** fēnzhōng 몡 분

30

yí cì A 一 次	sān cì B 三 次	wǔ cì C 五 次	A 한 번	B 세 번	C 다섯 번

男： Nín shì dì-yī cì lái Běijīng ma?
您 是 第一 次 来 北京 吗 ？

女： Bú shì, qùnián wǒ láiguo liǎng cì.
不 是 , 去年 我 来过 两 次 。

问： Nǚ de láiguo zhèli jǐ cì?
女 的 来过 这里 几 次 ？

남: 당신은 베이징에 처음 왔나요?

여: 아니요. 작년에 두 번 와 봤어요.

질문: 여자는 이곳에 몇 번 와봤는가?

해설 대화에서 남자가 여자에게 베이징에 처음 오는 것인지 묻자, 여자가 **来过两次**(láiguo liǎng cì, 두 번 와 봤다)라고 했어요. 질문이 여자는 이곳에 몇 번 와봤는지 물었으므로, 이번에 온 것과 작년에 두 번 와 본 것을 합쳐 총 세 번을 와 봤음을 알 수 있으므로 B **三次**(sān cì, 세 번)가 정답이에요. **来过**는 '와 본 적 있다'로 해석해요.

어휘 次 cì 몡 번, 회   第一 dì-yī 囝 첫 번째   北京 Běijīng 고유 베이징, 북경   去年 qùnián 몡 작년
过 guo 丞 ~한 적이 있다

31

kāi chē　　zuò huǒchē　　zǒu lù A 开 车　　B 坐 火车　　C 走 路	A 차를 운전하다　B 기차를 타다　　C 걷다

Nǐ měi tiān zěnme qù xuéxiào? 男: 你 每 天 怎么 去 学校 ？	남: 당신은 매일 어떻게 학교에 가나요?
Wǒ zǒu lù,　zǒu shí fēnzhōng jiù dào 女: 我 走 路 , 走 10 分钟 就 到 le,　nǐ ne? 了 , 你 呢 ？	여: 저는 걸어요. 10분만 걸으면 바로 도착해요. 당신 은요?
Wǒ yě zǒu lù qù,　wǒ jiā lí xuéxiào 男: 我 也 走 路 去 , 我 家 离 学校 yě hěn jìn. 也 很 近 。	남: 저도 걸어서 가요. 우리 집은 학교에서 가깝기도 해요.
Xià cì wǒmen yìqǐ qù ba. 女: 下 次 我们 一起 去 吧 。	여: 다음 번에 우리 같이 가요.
Tāmen měi tiān zěnme qù xuéxiào? 问: 他们 每 天 怎么 去 学校 ？	질문: 그들은 매일 어떻게 학교에 가는가?

해설 대화에서 여자와 남자가 서로에게 매일 어떻게 학교에 가냐고 묻자, 여자와 남자 모두 **走路**(zǒu lù, 걷다)라고 했어요. 질문이 그들은 매일 어떻게 학교에 가는지 물었으므로 C **走路**(zǒu lù, 걷다)가 정답이에요.

어휘 开车 kāichē 동 차를 운전하다   坐 zuò 동 타다, 앉다   火车 huǒchē 몡 기차   走路 zǒu lù 동 걷다
每天 měi tiān 매일   怎么 zěnme 데 어떻게   学校 xuéxiào 몡 학교   分钟 fēnzhōng 몡 분
离 lí 젠 ~에서, ~으로부터   近 jìn 혱 가깝다

32

shāngdiàn　　jīchǎng　　fànguǎnr A 商店　　B 机场　　C 饭馆儿	A 상점　　　　B 공항　　　　C 식당

Wǒmen yàole jǐ ge cài? 女: 我们 要了 几 个 菜 ？	여: 우리 요리 몇 개 시켰죠(원했죠)?
Xiànzài shí ge,　yǐjīng hěn duō le. 男: 现在 十 个 , 已经 很 多 了 。	남: 지금 10개요. 이미 많아요.
Nà jiù zhèxiē ba,　xièxie. 女: 那 就 这些 吧 , 谢谢 。	여: 그럼 이것들로 하죠. 감사합니다.
Bú kèqi. 男: 不 客气 。	남: 천만에요.
Tāmen zuì kěnéng zài nǎr? 问: 他们 最 可能 在 哪儿 ？	질문: 그들은 어디에 있을 가능성이 가장 큰가?

해설   대화에서 여자가 **我们要了几个菜?**(Wǒmen yàole jǐ ge cài?, 우리 요리 몇 개 시켰죠?)라고 묻자, 남자가 이미 많이 시켰다고 했어요. 질문이 그들은 어디에 있을 가능성이 가장 큰지 물었으므로 대화를 통해 유추할 수 있는 C 饭馆 儿(fànguǎnr, 식당)이 정답이에요.

어휘   **商店** shāngdiàn 명 상점   **机场** jīchǎng 명 공항   **饭馆儿** fànguǎnr 명 식당   **要** yào 동 원하다   **个** gè 양 개 **菜** cài 명 요리, 음식, 채소   **已经** yǐjīng 부 이미, 벌써

33

jī xiě xiàng A 机 B 写 C 向	A 机(jī) B 写(xiě) C 向(xiàng)
Mā, nǐ zhīdào zhège zì zěnme dú ma? 男：妈 ，你 知道 这个 字 怎么 读 吗 ？ Wǒ kànkan, shì zhège ma? 女：我 看看 ，是 这个 吗 ？ Bù, shì zuǒbian de zhège. 男：不 ，是 左边 的 这个 。 Zhège dú "jī", "fēijī" de "jī". 女：这个 读 "机"， "飞机" 的 "机"。 Nán de wèn de shì nǎge zì? 问：男 的 问 的 是 哪个 字 ？	남: 엄마, 이 글자를 어떻게 읽는지 아세요? 여: 좀 보자. 이 글자니? 남: 아니요, 왼쪽에 이거요. 여: 이건 'jī'라고 읽는 거야. 'fēijī(비행기)'의 'jī'. 질문: 남자가 물은 것은 어느 글자인가?

해설   대화에서 남자가 엄마에게 글자를 어떻게 읽는지 물어보자, 여자가 **这个读"机"**(zhège dú "jī", 이건 'jī'라고 읽는 거야)라고 했어요. 질문이 남자가 물은 것은 어느 글자인지 물었으므로 A 机 (jī, 기계)가 정답이에요.

어휘   **机** jī 명 기계   **写** xiě 동 쓰다   **向** xiàng 전 ~을 향해   **知道** zhīdào 동 알다   **字** zì 명 글자, 글씨 **怎么** zěnme 대 어떻게, 어째서   **读** dú 동 읽다   **左边** zuǒbian 명 왼쪽   **问** wèn 동 묻다

34

tiānqì hǎo A 天气 好 shēngbìng le B 生病 了 zǎo diǎnr shuì C 早 点儿 睡	A 날씨가 좋다 B 아프다 C 좀 일찍 자다
Nǐ de yǎnjing zěnme zhème hóng? 女：你 的 眼睛 怎么 这么 红 ？ Shì ma? Kěnéng zuótiān méi xiūxi hǎo. 男：是 吗 ？可能 昨天 没 休息 好 。 Nà nǐ jīntiān zǎo diǎnr shuìjiào ba. 女：那 你 今天 早 点儿 睡觉 吧 。 Hǎo de, xièxie. 男：好 的 ，谢谢 。 Nǚ de shì shénme yìsi? 问：女 的 是 什么 意思 ？	여: 당신 눈이 어쩜 이렇게 빨개요? 남: 그래요? 아마도 어제 잘 쉬지 못 했나 봐요. 여: 그럼 오늘은 좀 일찍 주무세요. 남: 네, 고마워요. 질문: 여자의 말은 무슨 뜻인가?

해설 대화에서 여자가 **早点儿睡吧**(zǎo diǎnr shuì ba, 일찍 주무세요)라고 했어요. 질문이 여자의 말은 무슨 뜻인지 물었으므로 C **早点儿睡**(zǎo diǎnr shuì, 좀 일찍 자다)가 정답이에요.

어휘 **天气** tiānqì 몡 날씨 　**生病** shēngbìng 동 아프다, 병이 나다 　**早** zǎo 혱 이르다 　**(一)点儿** (yì)diǎnr 수량 조금
睡 shuì 동 (잠을) 자다 　**眼睛** yǎnjing 몡 눈 　**怎么** zěnme 데 어째서, 어떻게 　**这么** zhème 데 이렇게
红 hóng 혱 빨갛다, 붉다 　**可能** kěnéng 조동 아마도 (~일 것이다) 　**昨天** zuótiān 몡 어제 　**休息** xiūxi 동 쉬다
睡觉 shuìjiào 동 잠을 자다

35

sì yuè jiǔ hào A 4 月 9 号	A 4월 9일
jiǔ yuè shí hào B 9 月 10 号	B 9월 10일
shí yuè jiǔ hào C 10 月 9 号	C 10월 9일

Shí yuè de Běijīng tiānqì zěnmeyàng? 男：十 月 的 北京 天气 怎么样 ？	남: 10월 베이징 날씨는 어때요?
Shí yuè tiānqì bù lěng yě bú rè, 女：十 月 天气 不 冷 也 不 热 ， nǐ yào qù lǚyóu ma? 你 要 去 旅游 吗 ？	여: 10월 날씨는 춥지도 않고 덥지도 않아요. 여행 갈 거예요?
Wǒ xià ge xīngqī yào qù wánr, shí yuè 男：我 下 个 星期 要 去 玩儿 ， 十 月 jiǔ hào huílai. 九 号 回来 。	남: 저는 다음 주에 놀러 갈 거예요. 10월 9일에 돌아와요.
Zhēn hǎo, wǒ yě xiǎng qù lǚyóu. 女：真 好 ， 我 也 想 去 旅游 。	여: 정말 좋네요. 저도 여행 가고 싶어요.
Nán de nǎ tiān huílai? 问：男 的 哪 天 回来 ？	질문: 남자는 어느 날에 돌아오는가?

해설 대화에서 남자가 **十月九号回来**(shí yuè jiǔ hào huílai, 10월 9일에 돌아와요)라고 했어요. 질문이 남자는 어느 날에 돌아오는지 물었으므로 C 10**月9号**(shí yuè jiǔ hào, 10월 9일)가 정답이에요.

어휘 **月** yuè 몡 월 　**号** hào 양 일[날짜를 가리킴] 　**北京** Běijīng 고유 베이징, 북경 　**天气** tiānqì 몡 날씨
冷 lěng 혱 춥다 　**热** rè 혱 덥다 　**要** yào 조동 ~하려고 하다, ~해야 한다 　**旅游** lǚyóu 동 여행하다
下个星期 xià ge xīngqī 다음 주 　**玩(儿)** wán(r) 동 놀다 　**回来** huílai 동 돌아오다 　**真** zhēn 뭐 정말
哪 nǎ 데 어느

36-40

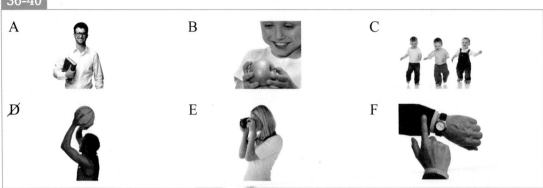

* 'D'는 예시 시진이므로 취소선을 그은 후, 이를 제외한 나머지 5개의 보기 중에서 정답을 골라요.

36

Zhǔnbèi / hǎo le ma?	Dàjiā / xiàoyixiào.	
准备 / 好 了 吗?	大家 / 笑一笑。	준비됐나요? 여러분 웃어 보세요.
준비하다 됐나요?	여러분 웃어 보세요.	

해설 제시된 문장 **准备好了吗? 大家笑一笑。**는 '준비됐나요? 여러분 웃어 보세요.'라는 뜻이에요. 따라서 카메라를 들고
있는 사람 사진 **E**를 정답으로 골라요.

* 정답으로 선택한 'E'에 취소선을 그어 두세요.

어휘 **准备** zhǔnbèi 图 준비하다   **大家** dàjiā 떼 여러분   **笑** xiào 图 웃다

37

Zhè běn shū / xiě / de zhēn hǎo, / nǐ / yě / kànkan / ba.	
这 本 书 / 写 / 得 真 好, / 你 / 也 / 看看 / 吧。	이 책은 정말 잘 썼어요, 당신도 좀 봐요.
이 책은 쓰다 정말 잘 , 당신 ~도 좀 보다 ~하자.	

해설 제시된 문장 **这本书写得真好, 你也看看吧。**는 '이 책은 정말 잘 썼어요, 당신도 좀 봐요.'라는 뜻이에요. 따라서 한
손에 책을 들고 있는 사람 사진 **A**를 정답으로 골라요. **写得真好**는 '정말 잘 썼다'로 해석하면 되고, **得真好**는 술어
写의 의미를 보충해주는 보어예요.

* 정답으로 선택한 'A'에 취소선을 그어 두세요.

어휘 **本** běn 영 권[책을 세는 단위]   **真** zhēn 튀 정말, 확실히   **也** yě 튀 ~도, 또한

38

Nǐmen jǐ ge shéi / pǎo / de zuì kuài?	
你们 几 个 谁 / 跑 / 得 最 快?	너희 몇 명 중 누가 가장 빠르게 달리니?
너희 몇 명 중 누가 달리다 가장 빠르게 ?	

해설 제시된 문장 **你们几个谁跑得最快?**는 '너희 몇 명 중 누가 가장 빠르게 달리니?'라는 뜻이에요. 따라서 아이 세 명이
달리고 있는 사진 **C**를 정답으로 골라요. **跑得最快**는 '가장 빨리 달리다'로 해석하면 되고, **得最快**는 술어 **跑**의 의미
를 보충해주는 보어예요.

* 정답으로 선택한 'C'에 취소선을 그어 두세요.

어휘 **几** jǐ 수 몇[1부터 10까지의 불특정한 수]   **个** gè 영 명, 개   **谁** shéi 떼 누구   **跑** pǎo 图 달리다
最 zuì 튀 가장, 제일   **快** kuài 혱 빠르다

39

Wǒ / děngle / yí ge duō xiǎoshí / le, / péngyou / 我 / 等了 / 一个多小时 / 了 , / 朋友 / 나는 기다렸다 한 시간 남짓 (~상태가) 되다 , 친구는	나는 한 시간 남짓 기다렸는데, 친구는 아직 도착하지 않았다.
hái méiyǒu / dào. 还没有 / 到 。 아직 ~않다 도착하다.	

해설 제시된 문장 **我等了一个多小时了, 朋友还没有到。**는 '나는 한 시간 남짓 기다렸는데, 친구는 아직 도착하지 않았다.'라는 뜻이에요. 따라서 시간을 확인하고 있는 사진 F를 정답으로 골라요.

　　* 정답으로 선택한 'F'에 취소선을 그어 두세요.

어휘 **等** děng 图 기다리다 　**多** duō 全 남짓, 여 　**小时** xiǎoshí 图 시간 　**朋友** péngyou 图 친구
还 hái 周 아직, 여전히 　**到** dào 图 도착하다

40

Hē wán niúnǎi hòu, / yào / chī / yí ge píngguǒ. 喝完牛奶后, / 要 / 吃 / 一个 苹果 。 우유를 다 마신 후, ~하려고 한다 먹다 사과 한 개를 .	우유를 다 마신 후, 사과 한 개를 먹으려고 한다.

해설 제시된 문장 **喝完牛奶后, 要吃一个苹果。**는 '우유를 다 마신 후, 사과 한 개를 먹으려고 한다.'라는 뜻이에요. 따라서 사과를 들고 있는 사람 사진 B를 정답으로 골라요.

어휘 **喝完** hē wán 다 마시다 　**牛奶** niúnǎi 图 우유 　**后** hòu 图 후 　**要** yào 조동 ~하려고 하다, ~할 것이다
个 gè 图 개, 명 　**苹果** píngguǒ 图 사과

41-45

yīn A 阴	cóng B 从	shìqing C 事情	A 흐리다	B ~에서	C 일
shēngbìng D 生病	guì E̶ 贵	gàosu F 告诉	D 병이 나다	E 비싸다	F 알리다

* E 贵(guì, 비싸다)는 예시 어휘이므로 취소선을 그은 후, 이를 제외한 나머지 5개의 보기 중에서 정답을 골라요.

어휘 **阴** yīn 图 (하늘이) 흐리다 　**从** cóng 图 ~에서, ~부터 　**事情** shìqing 图 일, 사건 　**生病** shēngbìng 图 병이 나다, 아프다
告诉 gàosu 图 알리다, 말하다

41

Háizi / shēngbìng le, / tā / yì wǎnshang / dōu méi / 孩子 / (D 生病) 了 , / 她 / 一晚上 / 都没 / 아이가 병이 났다, 그녀는 저녁 내내 ~하지 못했다	아이가 병이 나서, 그녀는 저녁 내내 잠을 못 잤어요.
shuìjiào. 睡觉 。 잠을 자다.	

해설 **孩子(　　)了**는 '아이가 _____했다'라는 뜻이고, 문장에 술어가 없어요. 따라서 **孩子**(háizi, 아이)를 주어로 갖는 술어 역할을 하고, 문맥에도 알맞은 동사 D **生病**(shēngbìng, 병이 나다)이 정답이에요.

　　* 정답으로 선택한 'D'에 취소선을 그어 두세요.

어휘 **孩子** háizi 图 아이, 자식 　**生病** shēngbìng 图 병이 나다, 아프다 　**晚上** wǎnshang 图 저녁
睡觉 shuìjiào 图 잠을 자다

42

Wǒ / yǐjīng / cóng jiā li / chūlai le, /
我 / 已经 /（ B 从 ）家 里 / 出来 了 , /
저는 이미　　　집에서　　나왔다,

wǒmen / zài nǎr / jiàn / ne?
我们 / 在 哪儿 / 见 / 呢 ?
우리　 어디에서　 보다　 ~나요?

저는 이미 집에서 나왔어요. 우리 어디에서 봐요?

해설　我已经(　)家里出来了는 '저는 이미 집_____ 나왔어요.'라는 뜻이고, 빈칸 뒤에 家(jiā, 집)가 있어요. 따라서 명사 앞에 올 수 있으면서, 문맥에도 알맞은 개사 B 从(cóng, ~에서)이 정답이에요.

＊ 정답으로 선택한 'B'에 취소선을 그어 두세요.

어휘　已经 yǐjīng 囝 이미, 벌써　从 cóng 囵 ~에서/부터　出来 chūlai 图 나오다　在 zài 囵 ~에서　见 jiàn 图 보다

43

Shì / shéi / gàosu / nǐ / zhè jiàn shì / de?
是 / 谁 /（ F 告诉 ）你 / 这 件 事 / 的 ?
(~이다) 누가　　　알려주다　당신에게　이 일을　　(~한 것) ?

누가 당신에게 이 일을 알려줬어요?

해설　是谁(　)你这件事的?는 '누가 당신에게 이 일을 _____?'라는 뜻이고, 문장에 술어가 없어요. 따라서 谁(shéi, 누가)를 주어로, 你(nǐ, 당신)를 목적어로 갖는 술어 역할을 하고, 문맥에도 알맞은 동사 F 告诉(gàosu, 알리다)가 정답이에요.

＊ 정답으로 선택한 'F'에 취소선을 그어 두세요.

어휘　谁 shéi 떼 누구　告诉 gàosu 图 알리다, 말하다　件 jiàn 양 건, 벌[일, 의류 등을 세는 단위]
事 shì 명 일, 사건

44

Tiān / yīn / le, / kěnéng yào / xià yǔ, / míngtiān /
天 /（ A 阴 ）了 , / 可能 要 / 下 雨 , / 明天 /
하늘이　　흐리다　(~상태가) 되다 , 아마도 ~할 것이다　비가 내리다,　　내일

zài / qù / ba.
再 / 去 / 吧 。
다시　 가다　 ~하자.

하늘이 흐려졌어요. 아마도 비가 내릴 거예요. 내일 다시 가요.

해설　天(　)了는 '하늘이 _____ 졌어요'라는 뜻이고, 문장에 술어가 없어요. 따라서 명사 天(tiān, 하늘)을 주어로 갖는 술어 역할을 하고, 문맥에도 알맞은 형용사 A 阴(yīn, 흐리다)이 정답이에요.

＊ 정답으로 선택한 'A'에 취소선을 그어 두세요

어휘　天 tiān 명 하늘　阴 yīn 형 (하늘이) 흐리다　可能 kěnéng 조동 아마도 (~일 것이다)
要 yào 조동 ~할 것이다, ~하려고 하다　下雨 xià yǔ 비가 내리다　明天 míngtiān 명 내일　再 zài 囝 다시
去 qù 图 가다

45

女：Nǐ hǎo, / qǐng wèn / Gāo xiǎojiě zài / jiā / ma?
女：你好 , / 请 问 / 高 小姐 在 / 家 / 吗 ?
안녕하세요,　실례합니다　까오 씨가　~에 있다　집에　~요?

男：Tā / chūqu / le, / nǐ / yǒu / shénme / shìqing?
男：她 / 出去 了 , / 你 / 有 / 什么 （ C 事情 ）?
그녀는　나가다　(~상태가) 되다,　당신은　있다　　무슨 일 ?

여: 안녕하세요, 실례합니다만 까오 씨가 집에 있나요?

남: 그녀는 나갔어요. 무슨 일이 있나요?

해설　你有什么(　　)?는 '무슨 _____이 있나요?'라는 뜻이고, 빈칸이 있는 문장에 목적어가 없어요. 따라서 有(yǒu, 있다)를 술어로 갖는 목적어 역할을 하고, 문맥에도 알맞은 명사 C 事情(shìqing, 일)이 정답이에요.

어휘　请问 qǐngwèn 동 실례합니다　小姐 xiǎojiě 명 아가씨[성인 여성에 대한 경칭]　在 zài 동 ~에 있다, 존재하다
　　　家 jiā 명 집, 가정　出去 chūqu 동 나가다　什么 shénme 대 무슨 , 어떤, 무엇　事情 shìqing 명 일, 사건

46

"Míngtiān" de / "míng" / xiě cuò / le, / "míng" de /
"明天"的 / "明" / 写错 / 了, / "明"的 /
　'明天'의　　　'明'을　　잘못 쓰다 (~상태가) 되다 ,　　　'明'의

yòubian / shì / "yuè", / bú shì / "rì".
右边 / 是 / "月", / 不 是 / "日"。
오른쪽은　~이다　'月',　　　아니다　　'日'.

"Míng" / xiě cuò / le.
★ "明" / 写错 / 了。
　'明'을　잘못 쓰다 (~상태가) 되다 .

'明天'의 '明'을 잘못 썼어요. '明'의 오른쪽은 '月'이지, '日'이 아니에요.

★ '明'을 잘못 썼다.

해설　★ 문장 "明"写错了。는 ''明'을 잘못 썼다.'라는 뜻이에요. 지문의 "明天"的"明"写错了는 ''明天"의 "明"을 잘못 썼어요'라는 뜻이므로, ★ 문장은 지문이 내용과 일치해요.

어휘　明天 míngtiān 명 내일　写错 xiě cuò 잘못 쓰다　右边 yòubian 명 오른쪽

47

Zhège / shì / wǒ yào mǎi de / shǒujī, nǐ / bié kàn /
这个 / 是 / 我要买的 / 手机 , 你 / 别看 /
이것이　~이다　내가 사려고 하는　휴대폰,　너는　~지만

tā hěn guì, tīngshuō / tā / shì / jīnnián / zuì hǎo / de.
它 很 贵, 听说 / 它 / 是 / 今年 / 最 好 / 的 。
그것은 비싸다 , 듣자니 그것은 (~이다) 올해 가장 좋은 (~것).

Zhège shǒujī / bú guì.
★ 这个 手机 / 不贵 。
이 휴대폰은　비싸지 않다.

이것이 내가 사려고 하는 휴대폰인데, 비싸지만, 듣자니 올해 가장 좋은 거래.

★ 이 휴대폰은 비싸지 않다.

해설　★ 문장 这个手机不贵。는 '이 휴대폰은 비싸지 않다.'라는 뜻이에요. 지문의 别看它很贵는 '비싸지만'이라는 뜻이므로, 휴대폰의 가격이 비싸다는 것을 알 수 있어요. 따라서 ★ 문장은 지문의 내용과 불일치해요.

어휘　要 yào 조동 ~하려고 하다, ~할 것이다　手机 shǒujī 명 휴대폰　别看 bié kàn ~지만, ~이긴 하지만
　　　贵 guì 형 비싸다　听说 tīngshuō 동 듣자니 ~이라 한다　今年 jīnnián 명 올해　最 zuì 부 가장, 제일
　　　好 hǎo 형 좋다

48

Wǒ / qīzi / xiànzài / bú zài / jiā, / qù / mǎi / dōngxi
我 / 妻子 / 现在 / 不在 / 家， / 去 / 买 / 东西
제 아내는 지금 ~에 없다 집에, 가다 사다 물건을

le, / děng / tā / huílai, / wǒ / ràng / tā /
了， / 等 / 她 / 回来， / 我 / 让 / 她 /
(~상태가) 되다, 기다리다 그녀가 돌아오다, 제가 ~하게 하다 그녀가

gěi nín / dǎ diànhuà / ba.
给您 / 打电话 / 吧。
당신에게 전화를 걸다 ~하자.

★ Shuōhuàrén de / qīzi / chūqu le.
★ 说话人 的 / 妻子 / 出去 了。
화자의 아내는 나갔다.

제 아내는 지금 집에 없어요. 물건을 사러 갔는데, 그녀가 돌아오면, 제가 그녀가 당신에게 전화를 걸라고 할게요.

★ 화자의 아내는 나갔다.

해설 ★ 문장 **说话人的妻子出去了。**는 '화자의 아내는 나갔다.'라는 뜻이에요. 지문의 **我妻子现在不在家**는 '제 아내는 지금 집에 없어요'라는 뜻이므로, ★ 문장은 지문의 내용과 일치해요.

어휘 **妻子** qīzi 몡 아내, 부인   **现在** xiànzài 몡 지금, 현재   **在** zài 동 ~에 있다, 존재하다   **家** jiā 몡 집
东西 dōngxi 몡 물건, 것   **等** děng 동 기다리다   **回来** huílai 동 돌아오다   **让** ràng 동 ~하게 하다
给 gěi 젠 ~에게   **打电话** dǎ diànhuà 전화를 걸다, 전화하다   **说话人** shuōhuàrén 몡 화자
出去 chūqu 동 나가다

49

Hěn cháng shíjiān / méiyǒu / jiàn dào / Zhāng lǎoshī / le, /
很 长 时间 / 没有 / 见到 / 张 老师 / 了， /
오랜 시간 동안 ~않다 보다 장 선생님을 (~상태가) 되다,

nǐ / zhīdào / tā / shénme shíhou / kěyǐ / chū yuàn / ma?
你 / 知道 / 他 / 什么 时候 / 可以 / 出院 / 吗？
당신은 알다 그가 언제 ~할 수 있다 퇴원하다 ~요?

★ Zhāng lǎoshī / zhù yuàn le.
★ 张 老师 / 住院 了。
장 선생님은 입원했다.

오랜 시간 동안 장 선생님을 보지 못했는데, 당신은 그가 언제 퇴원할 수 있는지 알고 있나요?

★ 장 선생님은 입원했다.

해설 ★ 문장 **张老师住院了。**는 '장 선생님은 입원했다.'라는 뜻이에요. 지문의 **张老师……你知道他什么时候可以出院吗?**는 '장 선생님 …… 당신은 그가 언제 퇴원할 수 있는지 알고 있나요?'라는 뜻이므로, 장 선생님은 입원했다는 것을 알 수 있어요. 따라서 ★ 문장은 지문의 내용과 일치해요.

어휘 **长** cháng 혱 (길이·시간 등이) 길다   **时间** shíjiān 몡 시간   **老师** lǎoshī 몡 선생님   **知道** zhīdào 동 알다
什么时候 shénme shíhou 데 언제   **可以** kěyǐ 조동 ~할 수 있다, ~해도 좋다   **出院** chūyuàn 동 퇴원하다
住院 zhùyuàn 동 입원하다

50

Míngtiān / jiù yào / kǎoshì / le, / nǐ / hǎohāo /
明天 / 就 要 / 考试 / 了 , / 你 / 好好 /
내일　곧 ~해야 한다　시험을 보다　　　당신은　　잘

zhǔnbèi / yíxià / ba.
准备 / 一下 / 吧 。
준비하다　좀 ~해 보다　~하자.

★ Kǎoshì / yǐjīng / kǎo wán le.
★ 考试 / 已经 / 考 完 了 。
시험은　　이미　　(시험이) 끝나다.

내일 곧 시험을 보는데, 잘 준비해
보세요.

★ 시험은 이미 끝났다.

해설 ★ 문장 **考试已经考完了**。는 '시험은 이미 끝났다.'라는 뜻이에요. 지문의 **明天就要考试了**는 '내일 곧 시험을 보다'
라는 뜻이므로, ★ 문장은 지문의 내용과 불일치해요.

어휘 明天 míngtiān 圀 내일　就要……了 jiù yào …… le 곧 ~ 하려고 한다　考试 kǎoshì 图 시험을 보다(치다)
准备 zhǔnbèi 图 준비하다　一下 yíxià 丞剾 좀 ~해 보다　已经 yǐjīng 剧 이미, 벌써
考完 kǎo wán (시험을) 다 보다

51-55

A　Jīchǎng / lí zhèr / yuǎn / ma? 机场 / 离 这儿 / 远 / 吗 ? 공항은　여기에서　멀다　~요?	A 공항은 여기에서 먼가요?
B　Bà, / yīshēng / shuō / nín / yào / duō / yùndòng. 爸 , / 医生 / 说 / 您 / 要 / 多 / 运动 。 아빠,　의사가　말하다 당신은 ~해야 한다 많이 운동하다.	B 아빠, 의사가 운동을 많이 해야 한다 고 말했어요.
C　Nà / wǒ hé nǐ / yìqǐ / qù / shāngdiàn / ba. 那 / 我 和 你 / 一起 / 去 / 商店 / 吧 。 그러면　저는 당신과　같이　가다　상점에　~할게요.	C 그럼 저는 당신과 같이 상점에 갈 게요.
D　Tīngshuō / lǎoshī / shēngbìng le, / wǒmen / qù / kànkan / 听说 / 老师 / 生病 / 了 , / 我们 / 去 / 看看 / 듣자니　선생님이　병이 났다,　　우리　가다　좀 보다 tā / ba? 她 / 吧 ? 그녀를　~요?	D 듣자니 선생님이 병이 났다는데, 우 리 그녀를 좀 보러 갈까요?
E　Māma / zài / nǎr / ne? / Huílai / le / ma? 妈妈 / 在 / 哪儿 / 呢 ? / 回来 / 了 / 吗 ? 엄마　~에 있다 어디 ~요? 돌아오다 ~했나요?	엄마는 어디에 있어요? 왔어요?
F　Nǐ gěi wǒ de / nà běn shū / yǐjīng / kàn wán le. 你 给 我 的 / 那 本 书 / 已经 / 看 完 了 。 네가 나에게 준　그 책은　이미　다 봤다.	F 네가 나에게 준 그 책은 이미 다 봤 어.

*E는 예시 보기이므로 취소선을 그은 후, 이를 제외한 나머지 5개의 보기 중에서 정답을 골라요.

어휘 **机场** jīchǎng 뎽 공항 **离** lí 젠 ~에서, ~으로부터 **远** yuǎn 혱 멀다 **医生** yīshēng 뎽 의사
运动 yùndòng 뎽 운동하다 **和** hé 젠 ~와/과 **一起** yìqǐ 뮈 같이, 함께
商店 shāngdiàn 뎽 상점 **听说** tīngshuō 듣자니 ~이라 한다 **老师** lǎoshī 뎽 선생님
生病 shēngbìng 뎽 병이 나다, 병에 걸리다 **给** gěi ~에게 주다 **本** běn 혱 권[책을 세는 단위]
已经 yǐjīng 뮈 이미, 벌써 **看完** kàn wán 다 보다

* 의문문인 문제 52번, 53번, 그리고 보기 A, D와 상응하는 문장을 먼저 고르면 더 쉽게 풀 수 있어요.

51

Bú jìn,	/	zuò chūzūchē	/	yào	/	yí ge duō xiǎoshí.
不 近 ,	/	坐 出租车	/	要	/	一 个 多 小时 。
가깝지 않다 ,		택시를 타다		걸리다		한 시간 남짓 .

가깝지 않아요. 택시를 타면 한 시간 남짓이 걸려요.

해설 보기 A **机场离这儿远吗?**는 '공항은 여기에서 먼가요?'라는 뜻이에요. 51번 문제의 **不近**이 '가깝지 않아요'라는 뜻
이므로, **离这儿远吗?**(여기에서 먼가요?)라는 질문에 대한 답변이 돼요. 따라서 보기 A가 51번 문제의 정답이에요.
* 정답으로 선택한 'A'에 취소선을 그어 두세요.

어휘 **近** jìn 혱 가깝나 **坐** zuò 뎽 타다, 앉다 **出租车** chūzūchē 뎽 택시 **要** yào 뎽 걸리다, 필요하다
多 duō ㊤ 남짓, 여 **小时** xiǎoshí 뎽 시간

52

Zhège xīngqītiān	/	zěnmeyàng?
这个 星期天	/	怎么样 ?
이번 주 일요일은		어떠한가 ?

이번 주 일요일은 어때요?

해설 보기 D **听说老师生病了, 我们去看看她吧?**는 '듣자니 선생님이 병이 났다는데, 우리 그녀를 좀 보러 갈까요?'라는
뜻이에요. 52번 문제 **这个星期天怎么样?**은 '이번 주 일요일은 어때요?'라는 뜻이므로, **我们去看看她吧?**(우리 그
녀를 좀 보러 갈까요?)라는 질문에 대한 답변이 돼요. 따라서 보기 D가 52번 문제의 정답이에요.
* 정답으로 선택한 'D'에 취소선을 그어 두세요.

어휘 **星期天** xīngqītiān 뎽 일요일 **怎么样** zěnmeyàng 때 어떠한가, 어떻다

53

Zhème kuài jiù	/	kàn wán le?		Nǐ	/	juéde	/	yǒu yìsi	/
这么 快 就	/	看 完 了 ?		你	/	觉得	/	有 意思	/
이렇게나 빨리		다 봤다		너는		~라고 생각하다		재밌다	

ma?
吗 ?
~니?

이렇게나 빨리 다 봤어? 너는 재밌다고 생각하니?

해설 **这么快就看完了? 你觉得有意思吗?**는 '이렇게나 빨리 다 봤어? 너는 재밌다고 생각하니?'라는 뜻으로 책이 재미
있었는지 의견을 물었어요. 보기 F에서 **你给我的那本书已经看完了。**라며 '네가 나에게 준 그 책은 이미 다 봤어.'라
고 하였으므로 문맥상 책이 재미있었는지 의견을 묻는 상황과 연결돼요. 따라서 보기 F가 정답이에요.
* 정답으로 선택한 'F'에 취소선을 그어 두세요.

어휘 **快** kuài 뮈 빨리, 곧, 어서 **就** jiù 뮈 벌써, 바로, 곧 **看完** kàn wán 다 보다
觉得 juéde 뎽 ~라고 생각하다, ~이라고 여기다

54

Míngtiān	/	kāishǐ	/	hé wǒ	/	qù	/	pǎobù	/	ba.
明天	/	开始	/	和 我	/	去	/	跑步	/	吧 。
내일		시작하다		저와		가다		달리다		~하자.

내일부터 저와 달리러 가요.

해설 **明天开始和我去跑步吧**。는 '내일부터 저와 달리러 가요.'라는 뜻이에요. 보기 B의 **医生说您要多运动**가 '의사가 운동을 많이 해야 한다고 말했어요'라는 뜻이므로, 내일부터 달리기를 하자는 상황과 연결돼요. 따라서 보기 B가 정답이에요.

　　* 정답으로 선택한 'B'에 취소선을 그어 두세요.

어휘 **明天** míngtiān 몡 내일　　**开始** kāishǐ 동 시작하다　　**和** hé 젠 ~와/과　　**跑步** pǎobù 동 달리다, 뛰다

55

Niúnǎi / yǐjīng / hē wán le, / xiàwǔ / wǒ / zài / mǎi / 牛奶 / 已经 / 喝 完 了 , / 下午 / 我 / 再 / 买 / 우유를　　벌써　　다 마셨다,　　오후에　　제가　　더　　사다 yìxiē. 一些 。 조금 .	우유를 벌써 다 마셨어요. 오후에 제 가 좀 더 살게요.

해설 **牛奶已经喝完了, 下午我再买一些**。는 '우유를 벌써 다 마셨어요. 오후에 제가 좀 더 살게요.'라는 뜻이에요. 보기 C **那我和你一起去商店吧**。라며 '그럼 저는 당신과 같이 상점에 갈게요.'라는 뜻이므로, 우유를 사러 간다는 상황과 연결돼요. 따라서 보기 C가 정답이에요.

어휘 **牛奶** niúnǎi 몡 우유　　**已经** yǐjīng 뷔 빌씨, 이미　　**喝完** hē wán 다 마시다　　**下午** xiàwǔ 몡 오후
　　再 zài 뷔 더, 다시, 재차　　**一些** yìxiē 수량 조금, 약간

56-60

A　Wǒ mǎi de / shì / fēijīpiào, / shì / míngtiān zǎoshang de. 　　我 买 的 / 是 / 飞机票 , / 是 / 明天　早上 的 。 　　내가 산 것은　~이다　비행기표,　(~이다)　내일　　아침 (~의 것) .	A 제가 산 것은 비행기표예요. 내일 아침 거예요.
B　Xiǎo Zhāng / jiào / wǒ / yìqǐ / qù / tī zúqiú. 　　小 张 / 叫 / 我 / 一起 / 去 / 踢 足球 。 　　샤오장이　~이라고 하다 저에게　같이　가다　축구를 하다.	B 샤오장이 저에게 같이 축구 하러 가자고 했어요.
C　Nàge rén / méiyǒu / gàosu / wǒ / tā de / míngzi. 　　那个 人 / 没有 / 告诉 / 我 / 他 的 / 名字 。 　　그 사람은　~않다　알려주다　저에게　그의　이름을.	C 그 사람은 저에게 그의 이름을 알려주지 않았어요.
D　Nǐ / shì / zhège xuéxiào de / xuésheng / ma? 　　你 / 是 / 这个 学校 的 / 学生 / 吗 ? 　　당신은　~이다　이 학교의　　학생　~요?	D 당신은 이 학교 학생인가요?
E　Wǒ de / diànnǎo / tài / màn / le. 　　我 的 / 电脑 / 太 / 慢 / 了 。 　　내　컴퓨터는　너무　느리다 .	E 제 컴퓨터는 너무 느려요.

어휘 **飞机票** fēijīpiào 몡 비행기표　　**早上** zǎoshang 몡 아침　　**叫** jiào 동 ~이라고 하다, 부르다
　　一起 yìqǐ 뷔 같이, 함께　　**踢足球** tī zúqiú 축구를 하다　　**告诉** gàosu 동 알리다, 말하다　　**名字** míngzi 몡 이름
　　学校 xuéxiào 몡 학교　　**学生** xuésheng 몡 학생　　**电脑** diànnǎo 몡 컴퓨터　　**太……了** tài …… le 너무 ~하다
　　慢 màn 혱 느리다

* 의문문인 문제 56번, 59번, 그리고 보기 D와 상응하는 문장을 먼저 고르면 더 쉽게 풀 수 있어요.

56

Dōu zhème /	wǎn /	le, /	nǐ /	chūqu /	zuò /	shénme?
都 这么 /	晚 /	了 , /	你 /	出去 /	做 /	什么 ?
벌써 이렇게	늦다 (~상태가) 되다,		너는	나가다	하다	무엇을 ?

벌써 이렇게 늦었는데, 너는 나가서 무엇을 하려고 하니?

해설 **都这么晚了, 你出去做什么?**는 '벌써 이렇게 늦었는데, 너는 나가서 무엇을 하려고 하니?'라는 뜻이에요. 보기 B의 **去踢足球**가 '축구 하러 가다'라는 뜻이므로, **出去做什么?**(나가서 무엇을 하려고 하니?)라는 질문에 대한 답변이 돼요. 따라서 보기 B가 정답이에요.

　　* 정답으로 선택한 'B'에 취소선을 그어 두세요.

어휘 **都 dōu** 튀 벌써, 모두, 다　**晚 wǎn** 형 늦다　**出去 chūqu** 동 나가다　**做 zuò** 동 하다, 만들다
什么 shénme 때 무엇, 어떤

57

Shì de, /	wǒ /	shì /	xīn lái /	dc.
是 的 , /	我 /	是 /	新 来 /	的 。
맞아요,	저는	(~이다)	새로 오다	(~의 것) .

맞아요, 저는 새로 왔어요.

해설 보기 D **你是这个学校的学生吗?**는 '당신은 이 학교 학생인가요?'라는 뜻이에요. 57번 문제 **是的, 我是新来的。**는 '맞아요, 저는 새로 왔어요.'라는 뜻이므로, **你是这个学校的学生吗?**(당신은 이 학교 학생인가요?)라는 질문에 대한 답변이 돼요. 따라서 보기 D가 57번 문제의 정답이에요.

　　* 정답으로 선택한 'D'에 취소선을 그어 두세요.

어휘 **新 xīn** 튀 새로　**来 lái** 동 오다

58

Xià cì /	wǒ /	gěi nǐ /	mǎi /	ge xīn de.
下 次 /	我 /	给 你 /	买 /	个 新 的 。
다음에	내가	너에게	사다	새 것을 .

다음에 내가 너에게 새 것을 사 줄게.

해설 **下次我给你买个新的。**는 '다음에 내가 너에게 새 것을 사 줄게.'라는 뜻이에요. 보기 E에서 **我的电脑太慢了。**라며 '제 컴퓨터는 너무 느려요.'라고 하였으므로 다음에 새것을 사 주겠다는 상황과 연결돼요. 따라서 보기 E가 정답이에요.

　　* 정답으로 선택한 'E'에 취소선을 그어 주세요.

어휘 **下次 xià cì** 명 다음, 다음 번　**给 gěi** 전 ~에게　**个 gè** 양 개, 명　**新 xīn** 형 새롭다 튀 새로

59

Nǐ /	shì /	jīntiān xiàwǔ	jǐ diǎn de /	huǒchē?
你 /	是 /	今天 下午	几 点 的 /	火车 ?
당신은	~이다	오늘 오후	몇 시	기차 ?

당신은 오늘 오후 몇 시 기차인가요?

해설 **你是今天下午几点的火车?**는 '당신은 오늘 오후 몇 시 기차인가요?'라는 뜻이에요. 보기 A **我买的是飞机票, 是明天早上的。**는 '제가 산 것은 비행기표예요. 내일 아침 거예요.'라는 뜻이므로, **今天下午几点的火车?**(오늘 오후 몇 시 기차인가요?)라는 질문에 대한 답변이 돼요. 따라서 보기 A가 정답이에요.

　　* 정답으로 선택한 'A'에 취소선을 그어 두세요.

어휘 **下午 xiàwǔ** 명 오후　**点 diǎn** 양 시　**火车 huǒchē** 명 기차

Wǒ	/	jiù	/	zhīdào	/	tā	/	xìng	/	Wáng.
我	/	就	/	知道	/	他	/	姓	/	王 。
저는		오직		알다		그는		성이 ~이다		왕 .

저는 오직 그는 성이 왕이라는 것
만 알아요.

해설　**我就知道他姓王**。은 '저는 오직 그는 성이 왕이라는 것만 알아요.'라는 뜻이에요. 보기 C **那个人没有告诉我他的名**
　　字。는 '그 사람은 저에게 그의 이름을 알려주지 않았어요.'라는 뜻이므로, 성이 왕이라는 것만 안다는 상황과 연결돼
　　요. 따라서 보기 C가 정답이에요. 이 문장의 목적어는 **他姓王**이고, '성이 왕이다'로 해석하면 돼요. '주어+술어+목적
　　어' 형태가 목적어로 사용되었어요.

어휘　**就** jiù 튄 오직, 바로　　**知道** zhīdào 동 알다　　**姓** xìng 동 성이 ~이다

HSK 2급 실전모의고사 3

🎧 2급 실전모의고사 3의 mp3를 들으며 학습해 보세요.

무료MP3 바로듣기

듣기   p.305

제1부분

1. X   2. V   3. X   4. X   5. X   6. V   7. X   8. V   9. V   10. V

제2부분

11. B   12. A   13. F   14. E   15. C   16. D   17. A   18. B   19. E   20. C

제3부분

21. B   22. A   23. C   24. C   25. C   26. B   27. C   28. B   29. A   30. B

제4부분

31. A   32. C   33. B   34. A   35. B

독해   p.312

제1부분

36. A   37. C   38. F   39. B   40. E

제2부분

41. C   42. F   43. B   44. D   45. A

제3부분

46. X   47. X   48. V   49. V   50. X

제4부분

51. A   52. C   53. B   54. F   55. D   56. E   57. D   58. B   59. C   60. A

듣기

1

Zhè shì wǒ zuótiān xīn mǎi de shǒubiǎo.
这 是 我 昨天 新 买 的 手表 。

이것은 제가 어제 새로 산 손목시계예요.

해설   사진을 보고 **椅子**(yǐzi, 의자)라는 표현을 떠올려요. 음성에서 **手表**(shǒubiǎo, 손목시계)가 언급되었는데, 의자와 시계가 있는 사진이 제시되었으므로 사진과 음성은 불일치해요.

어휘   **昨天** zuótiān 몡 어제   **新** xīn 띰 새로 휑 새롭다   **手表** shǒubiǎo 몡 손목시계

2

Érzi, dào jiā le yào xǐxi shǒu.
儿子 ， 到 家 了 要 洗洗 手 。

아들아, 집에 도착하면 손을 좀 씻어야 해.

해설 사진을 보고 洗手(xǐ shǒu, 손을 씻다)라는 표현을 떠올려요. 음성에서 洗洗手(xǐxi shǒu, 손을 좀 씻다)가 언급되었고, 손을 씻고 있는 사진이 제시되었으므로 사진과 음성은 일치해요.

어휘 儿子 érzi 몡 아들   到 dào 통 도착하다   洗 xǐ 통 씻다   手 shǒu 몡 손

3

Wǒ zhèr hái yǒu yí ge.
我 这儿 还 有 一 个 。

저한테 한 개 더 있어요.

해설 사진을 보고 三个杯子(sān ge bēizi, 컵 세 개)라는 표현을 떠올려요. 음성에서 一个(yí ge, 한 개)가 언급되었는데, 컵 세 개가 있는 사진이 제시되었으므로 사진과 음성은 불일치해요.

어휘 还 hái 몡 더, 아직, 여전히   个 gè 양 개

4

Qīzi ràng wǒ huí jiā de shíhou mǎi niúnǎi.
妻子 让 我 回 家 的 时候 买 牛奶 。

아내가 나에게 집에 돌아올 때 우유를 사오라고 했어요.

해설 사진을 보고 鸡蛋(jīdàn, 달걀)이라는 표현을 떠올려요. 음성에서 牛奶(niúnǎi, 우유)가 언급되었는데, 달걀이 있는 사진이 제시되었으므로 사진과 음성은 불일치해요.

어휘 妻子 qīzi 몡 아내, 부인   让 ràng 통 ~하게 하다   回 huí 통 돌아오다, 돌아가다   时候 shíhou 몡 때
牛奶 niúnǎi 몡 우유

5

Nǐ kàn, chuān zhè jiàn yīfu zěnmeyàng?
你 看 ， 穿 这 件 衣服 怎么样 ？

보세요, 이 옷 입으니 어때요?

해설 안경이 있는 사진이 제시되었어요. 음성에서 衣服(yīfu, 옷)가 언급되었는데, 안경이 있는 사진이 제시되었으므로 사진과 음성은 불일치해요.

어휘 穿 chuān 통 입다   件 jiàn 양 벌[옷을 세는 양사]   衣服 yīfu 몡 옷

6

Xué yóuyǒng yào mànmān lái.
学 游泳 要 慢慢 来 。

수영하는 것을 배우는 것은 천천히 해야 해요.

해설 사진을 보고 游泳(yóuyǒng, 수영하다)이라는 표현을 떠올려요. 음성에서 游泳(yóuyǒng, 수영하다)이 언급되었고, 한 사람이 다른 한 사람에게 수영을 가르쳐주고 있는 사진이 제시되었으므로 사진과 음성은 일치해요. 이 문장의 주어는 学游泳이고, '수영을 배우다'라는 뜻이에요. '주어+술어' 형태가 주어로 사용되었어요.

어휘 学 xué 통 배우다   游泳 yóuyǒng 통 수영하다   要 yào 조동 ~해야 한다   慢 màn 형 천천히 하다, 느리다
来 lái 통 하다[다른 동사 앞에서 어떤 일을 능동적 혹은 적극적으로 시도함을 나타냄]

7
Zhōngwǔ wǒmen qù fànguǎnr chī yángròu ba.
中午 我们 去 饭馆儿 吃 羊肉 吧 。
점심에 우리 식당에 가서 양고기를 먹어요.

해설 사진을 보고 鱼(yú, 생선)라는 표현을 떠올려요. 음성에서 羊肉(yángròu, 양고기)가 언급되었는데, 생선이 있는 사진이 제시되었으므로 사진과 음성은 불일치해요. **去饭馆儿吃羊肉**는 '식당에 가서 양고기를 먹다'라는 뜻이고, 2개의 동사로 동작이 연속되는 것을 표현한 연동문이에요.

어휘 **中午 zhōngwǔ** 몡 점심, 정오 **羊肉 yángròu** 몡 양고기

8
Nǐ shēngbìng le, bú yào shàngbān, hǎohāo xiūxi.
你 生病 了 ，不要 上班 ，好好 休息 。
당신은 병이 났어요. 출근을 하지 말고, 푹 쉬세요.

해설 사진을 보고 **生病**(shēngbìng, 병이 나다), 医生(yīshēng, 의사)이라는 표현을 떠올려요. 음성에서 **生病**(shēngbìng, 병이 나다), **休息**(xiūxi, 쉬다)가 언급되었고, 침대에 누워있는 사람을 다른 한 사람이 보살피는 사진이 제시되었으므로 사진과 음성은 일치해요.

어휘 **生病 shēngbìng** 동 병이 나다, 아프다 **不要 bú yào** 분 ~하지 마라 **上班 shàngbān** 동 출근하다
好好 hǎohāo 분 푹, 잘 **休息 xiūxi** 동 쉬다

9
Xiǎojiě, zhè shì nǐ de kāfēi.
小姐 ，这 是 你 的 咖啡 。
아가씨, 이것은 당신의 커피입니다.

해설 사진을 보고 **咖啡**(kāfēi, 커피)라는 표현을 떠올려요. 음성에서 **咖啡**(kāfēi, 커피)가 언급되었고, 커피잔을 내미는 사람 사진이 제시되었으므로 사진과 음성은 일치해요.

어휘 **小姐 xiǎojiě** 몡 아가씨[성인 여성에 대한 경칭] **咖啡 kāfēi** 몡 커피

10
Nǐ bú yào zài shuō le, wǒ bù xiǎng tīng.
你 不要 再 说 了 ，我 不 想 听 。
더 말하지 마세요. 듣고 싶지 않아요.

해설 사진을 보고 **不听**(bù tīng, 듣지 않다)이라는 표현을 떠올려요. 음성에서 **不想听**(bù xiǎng tīng, 듣고 싶지 않다)이 언급되었고, 귀를 막고 표정을 찌푸린 사람 사진이 제시되었으므로 사진과 음성은 일치해요.

어휘 **不要 bú yào** 분 ~하지 마라 **再 zài** 분 더, 다시 **说 shuō** 동 말하다 **想 xiǎng** 조동 ~하고 싶다

A
B
C

Ø
E
F

* 문제를 풀기 전, 예시로 사용된 보기 'D'에 취소선을 그어 두세요.

각 사진을 보고 A는 送(sòng, 선물하다), B는 猫(māo, 고양이), C는 票(piào, 표), E는 报纸(bàozhǐ, 신문), F는 介绍(jièshào, 소개하다)라는 표현을 미리 떠올려요.

11

Zhè shì nǐ de xiǎomāo ma? Tā jiào
女：这 是 你 的 小猫 吗 ？它 叫

shénme míngzi?
什么 名字 ？

Tā jiào Lèle.
男：它 叫 乐乐 。

여: 이것은 너의 고양이니? 이름이 뭐야?
남: 이름는 러러야.

해설 음성을 첫 번째로 들을 때, 小猫(xiǎomāo, 고양이)를 듣고 고양이가 있는 사진 B 옆에 √ 표시를 해 둬요. 음성을 두 번째로 들을 때, 보기 B를 정답으로 확정해요.
* 정답으로 선택한 'B'에 취소선을 그어 두세요.

어휘 小猫 xiǎomāo 몡 고양이   叫 jiào 통 ~이라고 하다   名字 míngzi 몡 이름

12

Shēngrì kuàilè! Zhè shì wǒ sòng gěi nǐ
男：生日 快乐 ！这 是 我 送 给 你

de.
的 。

Xièxie, zhè shì shénme?
女：谢谢 ，这 是 什么 ？

남: 생일 축하해요! 이것은 제가 당신에게 선물하는 거예요.
여: 감사해요. 이게 뭐예요?

해설 음성을 첫 번째로 들을 때, 生日快乐(shēngrì kuàilè, 생일 축하해요), 送给你(sòng gěi nǐ, 당신에게 선물하다)를 듣고 한 사람이 다른 한 사람에게 선물을 건네주는 사진 A 옆에 √ 표시를 해 둬요. 음성을 두 번째로 들을 때, 보기 A를 정답으로 확정해요.
* 정답으로 선택한 'A'에 취소선을 그어 두세요.

어휘 生日 shēngrì 몡 생일   快乐 kuàilè 혱 즐겁다, 행복하다   送 sòng 통 선물하다, 주다   给 gěi 전 ~에게 통 주다

13

女: Wǒ lái jièshào yíxià, zhè jiù shì wǒ de zhàngfu.
我 来 介绍 一下 ，这 就 是 我 的 丈夫 。

男: Nǐ hǎo, rènshi nǐ hěn gāoxìng.
你 好 ，认识 你 很 高兴 。

여: 제가 소개해 드릴게요, 이 분이 바로 제 남편이에요.
남: 안녕하세요, 만나서 반갑습니다.

해설 음성을 첫 번째로 들을 때, **介绍**(jièshào, 소개하다), **认识你很高兴**(rènshi nǐ hěn gāoxìng, 만나서 반갑습니다)을 듣고 두 사람이 악수를 하며 인사하고 있는 사진 F 옆에 √ 표시를 해 둬요. 음성을 두 번째로 들을 때, 보기 F를 정답으로 확정해요.

* 정답으로 선택한 'F'에 취소선을 그어 두세요.

어휘 **来** lái [동] 하다 [다른 동사 앞에서 어떤 일을 능동적 혹은 적극적으로 시도함을 나타냄] **介绍** jièshào [동] 소개하다
一下 yíxià [수량] 좀 ~해 보다 **丈夫** zhàngfu [명] 남편 **认识** rènshi [동] 알다 **高兴** gāoxìng [형] 기쁘다

14

男: Bàozhǐ bú kàn le?
报纸 不 看 了 ？

女: Duì, nǐ kàn ba.
对 ，你 看 吧 。

남: 신문 안 봐요?
여: 네, 당신 보세요.

해설 음성을 첫 번째로 들을 때, **报纸**(bàozhǐ, 신문)를 듣고 신문을 보고 있는 사람 사진 E 옆에 √ 표시를 해 둬요. 음성을 두 번째로 들을 때, 보기 E를 정답으로 확정해요.

* 정답으로 선택한 'E'에 취소선을 그어 두세요.

어휘 **报纸** bàozhǐ [명] 신문 **对** duì [형] 맞다, 옳다

15

女: Tīngshuō nǐ yào qù Běijīng?
听说 你 要 去 北京 ？

男: Shì de, wǒ yǐjīng mǎi hǎo fēijīpiào le.
是 的 ，我 已经 买 好 飞机票 了 。

여: 듣자 하니 당신 베이징에 가려고 한다면서요?
남: 네, 저는 이미 비행기표를 샀어요.

해설 음성을 첫 번째로 들을 때, **飞机票**(fēijīpiào, 비행기표)를 듣고 표를 듣고 있는 사진 C 옆에 √ 표시를 해 둬요. 음성을 두 번째로 들을 때, 보기 C를 정답으로 확정해요.

어휘 **听说** tīngshuō [동] 듣자 하니 **要** yào [조동] ~하려 하다 **北京** Běijīng [고유] 베이징, 북경 **已经** yǐjīng [부] 이미
买好 mǎi hǎo 사다 **飞机票** fēijīpiào [명] 비행기표

A   B   C

D   E

각 사진을 보고 A는 **东西**(dōngxi, 물건), B는 **电脑**(diànnǎo, 컴퓨터), **工作**(gōngzuò, 일하다), C는 **在这儿**(zài zhèr, 여기에 있다), D는 **车**(chē, 차), E는 **饭馆儿**(fànguǎnr, 음식점), **服务员**(fúwùyuán, 종업원)이라는 표현을 미리 떠올려요.

16

男：我 的 车 出 问 题 了 ，你 能 帮
Wǒ de chē chū wèntí le, nǐ néng bāng

我 看 一 下 吗 ？
wǒ kàn yíxià ma?

女：好 的 ，我 看 看 。
Hǎo de, wǒ kànkan.

남: 제 차에 문제가 생겼어요. 와서 봐 주실 수 있어요?
여: 네, 제가 좀 볼게요.

해설　음성을 첫 번째로 들을 때, **车**(chē, 차), **出问题**(chū wèntí, 문제가 생기다)를 듣고 차를 수리하고 있는 사람 사진 D 옆에 √ 표시를 해 둬요. 음성을 두 번째로 들을 때, 보기 D를 정답으로 확정해요.

* 정답으로 선택한 'D'에 취소선을 그어 두세요.

어휘　**车 chē** 몡 차　**出 chū** 통 생기다, 나타나다　**问题 wèntí** 몡 문제, 질문　**能 néng** 조통 ~할 수 있다
帮 bāng 통 돕다　**一下 yíxià** 수량 좀 ~해 보다

17

女：你 的 东 西 怎 么 这 么 多 ？
Nǐ de dōngxi zěnme zhème duō?

男：门 外 还 有 四 个 椅 子 呢 。
Mén wài hái yǒu sì ge yǐzi ne.

여: 당신의 물건은 어쩜 이렇게 많아요?
남: 문 밖에 의자 네 개가 더 있는걸요.

해설　음성을 첫 번째로 들을 때, **东西怎么这么多?**(dōngxi zěnme zhème duō?, 물건은 어쩜 이렇게 많아요?)를 듣고 박스 여러 개를 들고 있는 사람 사진 A 옆에 √ 표시를 해 둬요. 음성을 두 번째로 들을 때, 보기 A를 정답으로 확정해요.

* 정답으로 선택한 'A'에 취소선을 그어 두세요.

어휘　**东西 dōngxi** 몡 물건, 것　**怎么 zěnme** 때 어째서, 어떻게　**这么 zhème** 때 이렇게　**门 mén** 몡 문
外 wài 몡 밖　**还 hái** 뷔 더, 또　**椅子 yǐzi** 몡 의자

18

男: 　Zhāng xiǎojiě,　nín de míngzi wǒ méi
　　张　小姐，您 的 名字 我 没
　　dǎ cuò ba?
　　打 错 吧？

女: 　Méi cuò,　jiù shì zhège.
　　没 错 ，就 是 这个 。

남: 장 아가씨, 당신의 이름을 제가 잘못 치지는 않았죠?
여: 틀리지 않았어요. 바로 이거예요.

해설　음성을 첫 번째로 들을 때, **打错**(dǎ cuò, 잘못 치다)를 듣고 타자를 치고 있는 사람 사진 B 옆에 √ 표시를 해 둬요.
　　음성을 두 번째로 들을 때, 보기 B를 정답으로 확정해요.

　　＊ 정답으로 선택한 'B'에 취소선을 그어 두세요.

어휘　**小姐** xiǎojiě 몡 아가씨[성인 여성에 대한 경칭]　**名字** míngzi 몡 이름　**打错** dǎ cuò 잘못 치다
　　错 cuò 혱 틀리다　**就** jiù 凰 바로

19

女: 　Fúwùyuán,　wǒmen de mǐfàn hái méi lái.
　　服务员 ，我们 的 米饭 还 没 来 。

男: 　Duìbuqǐ,　qǐng děng yíxià.
　　对不起 ，请 等 一下 。

여: 종업원, 저희의 쌀밥이 아직 나오지 않았어요.
남: 죄송합니다. 조금만 기다려 주세요.

해설　음성을 첫 번째로 들을 때, **服务员**(fúwùyuán, 종업원)을 듣고 식당에서 종업원을 부르는 사람 사진 E 옆에 √ 표시
　　를 해 둬요. 음성을 두 번째로 들을 때, 보기 E를 정답으로 확정해요.

　　＊ 정답으로 선택한 'E'에 취소선을 그어 두세요.

어휘　**服务员** fúwùyuán 몡 종업원　**米饭** mǐfàn 몡 쌀밥　**还** hái 凰 아직, 여전히　**请** qǐng 동 ~해주세요
　　等 děng 동 기다리다　**一下** yíxià 수량 좀 ~해 보다

20

男: 　Wǒmen zài nǎr?　Shì zǒu cuò lù le ma?
　　我们 在 哪儿 ？是 走 错 路 了 吗 ？

女: 　Méiyǒu,　nǐ kàn,　wǒmen zài zhèr.
　　没有 ，你 看 ，我们 在 这儿 。

남: 우리 어디에 있어요? 길을 잘못 들었나요?
여: 아니요, 보세요. 우리 여기 있어요.

해설　음성을 첫 번째로 들을 때, **我们在哪儿?**(Wǒmen zài nǎr?, 우리 어디에 있어요?), **走错路**(zǒu cuò lù, 길을 잘못
　　들다), **我们在这儿**(wǒmen zài zhèr, 우리 여기 있어요)을 듣고 두 사람이 지도를 살펴보고 있는 사진 C 옆에 √ 표
　　시를 해 둬요. 음성을 두 번째로 들을 때, 보기 C를 정답으로 확정해요.

어휘　**走错** zǒu cuò 잘못 가다　**路** lù 몡 길

21

fàndiàn A 饭店	**jiā li** B 家 里	**shāngdiàn** C 商店	A 식당	B 집	C 상점

女：	**Nǐ duō chī cài, duō chī mǐfàn.** 你 多 吃 菜 ， 多 吃 米饭 。	여: 반찬 많이 먹고, 밥도 많이 먹으렴.
男：	**Hǎo, māma zuò de cài bǐ fàndiàn de** 好 ， 妈妈 做 的 菜 比 饭店 的 **hǎochī.** 好吃 。	남: 네, 엄마가 만든 음식이 식당보다 맛있어요.
问：	**Tāmen zuì kěnéng zài nǎr?** 他们 最 可能 在 哪儿 ？	질문: 그들은 어디에 있을 가능성이 가장 큰가?

해설 　대화에서 여자가 남자에게 반찬과 밥을 많이 먹으라고 하자, 남자가 **妈妈做的菜比饭店的好吃**이라며 '엄마가 만든 음식이 식당보다 맛있어요'라고 했어요. 질문이 그들은 어디에 있을 가능성이 가장 큰지 물었으므로, 엄마가 만든 음식을 먹고 있는 상황으로 유추할 수 있는 B 家里(jiā li, 집)가 정답이에요.

어휘 　**饭店** fàndiàn 圓 식당, 호텔　**商店** shāngdiàn 圓 상점　**菜** cài 圓 반찬, 요리, 음식　**比** bǐ 젠 ~보다
　　　好吃 hǎochī 圆 맛있다

22

yīfu A 衣服	**shǒujī** B 手机	**yǐzi** C 椅子	A 옷	B 휴대폰	C 의자

男：	**Nǐ zuótiān sòng gěi wǒ de yīfu fēicháng** 你 昨天 送 给 我 的 衣服 非常 **piàoliang, xièxie nǐ.** 漂亮 ， 谢谢 你 。	남: 당신이 어제 나에게 선물해 준 옷이 아주 예뻐요. 감사해요.
女：	**Bú kèqi.** 不 客气 。	여: 천만에요.
问：	**Nǚ de sòng nán de shénme le?** 女 的 送 男 的 什么 了 ？	질문: 여자는 남자에게 무엇을 선물했는가?

해설 　대화에서 남자가 **送给我的衣服非常漂亮**이라며 '나에게 선물해 준 옷이 아주 예뻐요'라고 했어요. 질문이 여자는 남자에게 무엇을 선물했는지 물었으므로 A 衣服(yīfu, 옷)가 정답이에요.

어휘 　**衣服** yīfu 圆 옷　**手机** shǒujī 圆 휴대폰　**椅子** yǐzi 圆 의자　**昨天** zuótiān 圆 어제　**送** sòng 통 선물하다, 주다
　　　给 gěi 젠 ~에게 통 주다　**非常** fēicháng 周 아주, 매우　**漂亮** piàoliang 圆 예쁘다

23

| xuéxí | pǎobù | dǎ lánqiú | | A 공부를 하다　　B 달리기를 하다　C 농구를 하다 |
| A 学习 | B 跑步 | C 打 篮球 | | |

女: Wàimian tiānqì nàme hǎo, wǒmen chūqù
　　外面 天气 那么 好 ， 我们 出去

　　yùndòng zěnmeyàng?
　　运动 怎么样 ？

男: Hǎo, wǒmen dǎ lánqiú ba.
　　好 ， 我们 打 篮球 吧 。

问: Nán de xiǎng zuò shénme?
　　男 的 想 做 什么 ？

여: 바깥에 날씨가 저렇게나 좋은데, 우리 나가서 운동하는 것 어때요?
남: 좋아요, 우리 농구해요.

질문: 남자는 무엇을 하고 싶어하는가?

해설　대화에서 여자가 남자에게 운동을 하러 나가자고 하자, 남자가 **我们打篮球吧**라며 '우리 농구해요'라고 했어요. 질문이 남자는 무엇을 하고 싶어하는지 물었으므로 C **打篮球**(dǎ lánqiú, 농구를 하다)가 정답이에요.

어휘　跑步 pǎobù 图 달리다　打篮球 dǎ lánqiú 농구를 하다　外面 wàimian 몡 바깥　天气 tiānqì 몡 날씨
　　那么 떼 nàme 저렇게　出去 chūqu 图 나가다　运动 yùndòng 图 운동하다 몡 운동

24

| hái kěyǐ | fēicháng hǎo | bú tài hǎo | | A 그럭저럭이다　　B 매우 좋다　　　C 별로 좋지 않다 |
| A 还 可以 | B 非常 好 | C 不 太 好 | | |

男: Nǐ zhè cì kǎoshì kǎo de zěnmeyàng?
　　你 这 次 考试 考 得 怎么样 ？

女: Bú tài hǎo, háishi shàng cì kǎo de hǎo.
　　不 太 好 ， 还是 上 次 考得 好 。

问: Tā kǎo de zěnmeyàng?
　　她 考 得 怎么样 ？

남: 너 이번 시험 잘 봤니?
여: 별로 좋지 않아, 그래도 지난번에는 잘 봤어.

질문: 그녀는 시험을 잘 봤는가?

해설　대화에서 남자가 여자에게 시험 잘 봤냐고 묻자, 여자가 **不太好**라며 '별로 좋지 않아'라고 했어요. 질문이 그녀는 시험을 잘 봤는지 물었으므로 C **不太好**(bú tài hǎo, 별로 좋지 않다)가 정답이에요.

어휘　还可以 hái kěyǐ 그럭저럭이다　非常 fēicháng 囝 매우　不太 bú tài 별로 ~하지 않다　次 cì 양 번, 회
　　考试 kǎoshì 图 시험을 보다(치다) 몡 시험　还是 háishi 囝 그래도, 여전히　上次 shàng cì 지난번

25

| shēngbìng le | zài shuìjiào | lái wǎn le | | A 아프다　　　　 B 잠을 자고 있다　C 늦게 왔다 |
| A 生病 了 | B 在 睡觉 | C 来 晚 了 | | |

女: Duìbuqǐ, wǒ lái wǎn le.
　　对不起 ， 我 来 晚 了 。

男: Méi guānxi. Wǒmen zài děng nǐ.
　　没 关系 。 我们 在 等 你 。

问: Nǚ de zěnmele?
　　女 的 怎么了 ？

여: 죄송합니다. 제가 늦었습니다.
남: 괜찮아요. 우리는 당신을 기다리고 있었어요.

질문: 여자는 무슨 일인가?

해설 대화에서 여자가 **来晚了**라며 '늦었습니다'라고 했어요. 질문이 여자는 무슨 일인지 물었으므로 C **来晚了**(lái wǎn le, 늦게 왔다)가 정답이에요.

어휘 **生病** shēngbìng 동 병이 나다, 아프다   **在** zài 부 ~하고 있다   **睡觉** shuìjiào 동 잠을 자다
　　 来 lái 동 오다   **晚** wǎn 형 늦다   **等** děng 동 기다리다

26

A 13：00	B 14：00	C 15：00	A 오후 한시	B 오후 두시	C 오후 세시

Diànyǐng shì xiàwǔ sān diǎn kāishǐ de ma?
男：电影 是 下午 三 点 开始 的 吗 ？

남: 영화는 오후 세 시에 시작하나요?

Bù, shì liǎng diǎn. Nǐ dào le ma?
女：不 ， 是 两 点 。 你 到 了 吗 ？

여: 아니요, 두 시예요. 도착했어요?

Diànyǐng jǐ diǎn kāishǐ?
问：电影 几 点 开始 ？

질문: 영화는 몇 시에 시작하는가?

해설 대화에서 남자가 영화는 오후 세 시에 시작하냐고 묻자, 여자가 **两点**이라며 '두 시'라고 했어요. 질문이 영화는 몇 시에 시작하는지 물었으므로 B 14:00가 정답이에요. 참고로 보기가 14:00처럼 오후 시간을 나타내는 경우 14点이라고 읽지 않고 **下午~点**(xiàwǔ ~ diǎn)이라고 읽는 것을 알아 두세요.

어휘 **电影** diànyǐng 명 영화   **下午** xiàwǔ 명 오후   **点** diǎn 양 시   **开始** kāishǐ 동 시작하다   **到** dào 동 도착하다

27

qù xuéxiào	kàn diànshì	mǎi shuǐguǒ	A 학교에 가다	B 텔레비전을 보다	C 과일을 사다
A 去 学校	B 看 电视	C 买 水果			

Wǒ zhǔnbèi qù mǎi shuǐguǒ, nǐ xiǎng chī
女：我 准备 去 买 水果 ， 你 想 吃

shénme?
　　什么 ？

여: 나는 과일을 사러 가려고 하는데, 뭐 먹고 싶어요?

Nǐ bāng wǒ mǎi diǎnr píngguǒ ba.
男：你 帮 我 买 点儿 苹果 吧 。

남: 사과를 좀 사다 주세요.

Nǚ de yào qù zuò shénme?
问：女 的 要 去 做 什么 ？

질문: 여자는 무엇을 하러 가려고 하는가?

해설 대화에서 여자가 **准备去买水果**라며 '과일을 사러 가려고 한다'라고 했어요. 질문이 여자는 무엇을 하러 가려고 하는지 물었으므로 C **买水果**(mǎi shuǐguǒ, 과일을 사다)가 정답이에요. **准备去买水果**는 '과일을 사러 가려고 하다'로 해석하면 되고, 이 문장의 목적어는 **去买水果**예요. 2개의 동사로 동작이 연속되는 것을 표현한 연동문이 목적어로 사용되었어요.

어휘 **学校** xuéxiào 명 학교   **电视** diànshì 명 텔레비전   **水果** shuǐguǒ 명 과일
　　 准备 zhǔnbèi 동 ~하려고 하다, 준비하다   **想** xiǎng 조동 ~하고 싶다   **(一)点儿** (yì)diǎnr 수량 조금
　　 苹果 píngguǒ 명 사과   **要** yào 조동 ~하려고 하다

A	**sānbǎi duō** 300 多	A 300여 (명)
B	**sānqiān duō** 3000 多	B 3000여 (명)
C	**sānqiān wǔbǎi duō** 3500 多	C 3500여 (명)

男：	**Lǎoshī, wǒmen xuéxiào yǒu duōshao** 老师，我们 学校 有 多少 **xuésheng?** 学生 ？	남: 선생님, 우리 학교에 학생이 얼마나 있어요?
女：	**Yǒu sānqiān duō ge.** 有 三千 多 个 。	여: 3000여 명이 있어.
问：	**Tāmen xuéxiao yǒu duōshao xuésheng?** 他们 学校 有 多少 学生 ？	질문: 그들의 학교에는 학생이 얼마나 있는가?

해설 대화에서 남자가 우리 학교에 학생이 얼마나 있냐고 묻자 여자가 **三千多个**라며 '3000여 명'이라고 했어요. 질문이 그들의 학교에는 학생이 얼마나 있는지 물었으므로 B 3000多(sānqiān duō, 3000여 (명))가 정답이에요.

어휘 **多 duō** ㈜ 여, 남짓 ⑲ 많다 **老师 lǎoshī** ⑲ 선생님 **学校 xuéxiào** ⑲ 학교 **多少 duōshao** ㈐ 얼마, 몇
学生 xuésheng ⑲ 학생 **千 qiān** ㈜ 1000, 천 **个 gè** ⑱ 명, 개

---

gēge de A 哥哥 的	**dìdi de** B 弟弟 的	**wǒ de** C 我 的	A 형의 것 B 남동생의 것 C 내 것

女：	**Nǐ de diànnǎo bú shì báisè de ma?** 你 的 电脑 不 是 白色 的 吗 ？	여: 당신 컴퓨터는 흰색 아니에요?
男：	**Zhè shì wǒ gēge de, wǒ de zài xuéxiào.** 这 是 我 哥哥 的 ，我 的 在 学校 。	남: 이것은 제 형의 것이에요. 제 것은 학교에 있어요.
问：	**Diànnǎo shì shéi de?** 电脑 是 谁 的 ？	질문: 컴퓨터는 누구의 것인가?

해설 대화에서 여자가 남자의 컴퓨터는 흰색이 아니냐고 묻자 남자가 **这是我哥哥的**라며 '이것은 제 형의 것이에요'라고 했어요. 질문이 컴퓨터는 누구의 것인지 물었으므로 A **哥哥的**(gēge de, 형의 것)가 정답이에요.

어휘 **哥哥 gēge** ⑲ 형, 오빠 **弟弟 dìdi** ⑲ 남동생 **电脑 diànnǎo** ⑲ 컴퓨터 **白色 báisè** ⑲ 흰색
学校 xuéxiào ⑲ 학교 **谁 shéi** ㈐ 누구

30

bù hǎo A 不 好	hǎo duō le B 好 多 了	tiān yīn le C 天 阴 了

A 안 좋다　　**B 많이 좋아졌다**　C 날이 흐려졌다

男：
Nǐ chī yào le ma?　Shēntǐ hǎo diǎnr
你 吃 药 了 吗 ？ 身体 好 点儿
le ma?
了 吗 ？

女：
Chīle,　xiànzài hǎo duō le.
吃了 ， 现在 好 多 了 。

问：
Nǚ de shì shénme yìsi?
女 的 是 什么 意思 ？

남: 당신 약 먹었어요? 몸이 좀 나아졌어요?

여: 먹었어요, 지금은 많이 좋아졌어요.

질문: 여자의 말은 무슨 뜻인가?

해설　대화에서 남자가 몸이 좀 나아졌냐고 묻자, 여자가 **好多了**라며 '많이 좋아졌어요'라고 했어요. 질문이 여자의 말은 무슨 뜻인지 물었으므로 B **好多了**(hǎo duō le, 많이 좋아졌다)가 정답이에요.

어휘　**药** yào 몡 약　**身体** shēntǐ 몡 몸　**现在** xiànzài 몡 지금

31

fēicháng hǎo A 非常 好	bú tài hǎo B 不 太 好	huì yìdiǎn C 会 一点

A 매우 훌륭하다　B 그다지 좋지 않다　C 조금 할 줄 안다

男：
Nǐmen xuéxiào yǒu jǐ ge wàiguó xuésheng?
你们 学校 有 几 个 外国 学生 ？

女：
Yǒu sān ge wàiguó xuésheng.
有 三 个 外国 学生 。

男：
Tāmen huì shuō Hànyǔ ma?
他们 会 说 汉语 吗 ？

女：
Tāmen de Hànyǔ dōu hěn hǎo,　dàjiā dōu
他们 的 汉语 都 很 好 ， 大家 都
xǐhuan tāmen.
喜欢 他们 。

问：
Wàiguó xuésheng de Hànyǔ zěnmeyàng?
外国 学生 的 汉语 怎么样 ？

남: 당신 학교에는 외국 학생이 몇 명 있나요?

여: 외국 학생이 세 명 있어요.

남: 그들은 중국어를 할 줄 아나요?

여: 그들의 중국어는 모두 훌륭해요. 우리는 모두 그들을 좋아해요.

질문: 외국 학생의 중국어는 어떠한가?

해설　대화에서 남자가 외국 학생이 중국어를 할 줄 아냐고 묻자 여자가 **他们的汉语都很好**라며 '그들의 중국어는 모두 훌륭해요'라고 했어요. 질문이 외국 학생의 중국어는 어떠한지 물었으므로 A **非常好**(fēicháng hǎo, 매우 훌륭하다)가 정답이에요.

어휘　**非常** fēicháng 囝 매우　**不太** bú tài 그다지 ~하지 않다　**会** huì 조동 ~할 줄 알다　**一点(儿)** yìdiǎn(r) 수량 조금
学校 xuéxiào 몡 학교　**个** gè 양 명, 개　**外国** wàiguó 몡 외국　**学生** xuésheng 몡 학생
汉语 Hànyǔ 고유 중국어　**大家** dàjiā 떼 모두, 여러분

32

yīyuàn　　jīchǎng　　huǒchēzhàn A 医院　　B 机场　　C 火车站	A 병원　　B 공항　　C 기차역

Qǐng wèn,　huǒchēzhàn zěnme zǒu? 女: 请 问 ， 火车站 怎么 走 ？ Nín xiàng yòu zǒu,　jiù zài yīyuàn de 男: 您 向 右 走 ， 就 在 医院 的 yòubian. 　　右边 。 Tài xièxie le,　zàijiàn. 女: 太 谢谢 了 ， 再见 。 Bú kèqi. 男: 不 客气 。	여: 실례합니다. 기차역은 어떻게 가나요? 남: 오른쪽으로 가세요. 바로 병원의 오른쪽에 있어요. 여: 너무 감사해요. 안녕히 가세요. 남: 천만에요.
Nǚ de yào qù nǎr? 问: 女 的 要 去 哪儿 ？	질문: 여자는 어디에 가려고 하는가?

해설　대화에서 여자가 **火车站怎么走?**라며 '기차역은 어떻게 가나요?'라고 물었어요. 질문이 여자는 어디에 가려고 하는
지 물었으므로 C **火车站**(huǒchēzhàn, 기차역)이 정답이에요.

어휘　**医院** yīyuàn 몡 병원　**机场** jīchǎng 몡 공항　**火车站** huǒchēzhàn 몡 기차역　**请问** qǐngwèn 통 실례합니다
怎么 zěnme 때 어떻게　**走** zǒu 통 가다, 걷다　**向** xiàng 전 ~으로, ~을 향해　**右边** yòubian 몡 오른쪽
太……了 tài …… le 너무 ~하다

33

kāi chē A 开 车	A 차를 운전하다
zuò gōnggòng qìchē B 坐 公共汽车	B 버스를 타다
zǒu lù C 走 路	C 걷다

Wǒ sòng nǐ huíqu ba. 男: 我 送 你 回去 吧 。 Méi guānxi,　wǒ zuò gōnggòng qìchē jiù 女: 没 关系 ， 我 坐 公共汽车 就 kěyǐ. 　　可以 。 Hǎo de,　dào jiā hòu gěi wǒ dǎ diànhuà. 男: 好 的 ， 到 家 后 给 我 打 电话 。 Hǎo de,　zàijiàn. 女: 好 的 ， 再见 。	남: 제가 당신 돌아가는 거 바래다 줄게요. 여: 괜찮아요. 저는 버스를 타면 돼요. 남: 좋아요. 집에 도착한 후 저에게 전화 주세요. 여: 좋아요. 안녕히 계세요.
Nǚ de zěnme huíqu? 问: 女 的 怎么 回去 ？	질문: 여자는 어떻게 돌아가는가?

해설   대화에서 남자가 여자를 바래다 준다고 하자, 여자가 **没关系, 我坐公共汽车就可以**。라며 '괜찮아요. 저는 버스를 타면 돼요.'라고 했어요. 질문이 여자는 어떻게 돌아가는지 물었으므로 B **坐公共汽车**(zuò gōnggòng qìchē, 버스를 타다)가 정답이에요.

어휘   **开车** kāichē 통 차를 운전하다   **公共汽车** gōnggòng qìchē 명 버스   **走路** zǒulù 통 길을 걷다
       送 sòng 통 바래다주다, 선물하다   **回去** huíqu 통 돌아가다   **可以** kěyǐ 조동 ~해도 된다
       到 dào 통 도착하다   **给** gěi 전 ~에게 통 주다

34

sān yuè A 3 月	jiǔ yuè B 9 月	shí'èr yuè C 12 月	A 3월 B 9월 C 12월

女: Nǐ jǐ suì? 你 几 岁 ？	여: 당신은 몇 살이에요?
男: Wǒ shì jiǔ líng nián de. 我 是 90 年 的 。	남: 저는 90년생이에요.
女: Wǒ yě shì jiǔ líng nián de, wǒ de shēngrì 我 也 是 90 年 的 ， 我 的 生日 zài shí'èr yuè. 在 12 月 。	여: 저도 90년생이에요. 제 생일은 12월이에요.
男: Wǒ shì sān yuè, wǒ bǐ nǐ dà. 我 是 3 月 ， 我 比 你 大 。	남: 저는 3월이에요. 제가 당신보다 나이가 많네요.
问: Nán de de shēngrì zài jǐ yuè? 男 的 的 生日 在 几 月 ？	질문: 남자의 생일은 몇 월인가?

해설   대화에서 여자가 생일이 12월이라고 하자 남자가 **我是3月**라며 '저는 3월이에요'라고 했어요. 질문이 남자의 생일은 몇 월인지 물었으므로 A 3월(sān yuè, 3월)가 정답이에요.

어휘   **月** yuè 명 월, 달   **岁** suì 양 살, 세[나이를 셀 때 쓰임]   **也** yě 부 ~도   **生日** shēngrì 명 생일   **比** bǐ 전 ~보다
       大 dà 형 (나이, 수량이) 많다

péngyou A 朋友　　B 学生　　C 儿子	A 친구　　　B 학생　　　C 아들
男: Qǐng wèn,　Wáng lǎoshī zài bu zài? 　　请 问 ，王 老师 在 不 在 ？ 女: Zài,　nǐ shì shéi? 　　在 ，你 是 谁 ？ 男: Wǒ jiào Lǐ Míng,　wǒ shì Wáng lǎoshī de 　　我 叫 李 明 ，我 是 王 老师 的 　　xuésheng. 　　学生 。 女: Qǐng zuò,　tā zài fángjiān li　xiūxi, 　　请 坐 ，他 在 房间 里 休息 ， 　　wǒ qù jiào tā 　　我 去 叫 他 。 问: Shéi zhǎo Wáng lǎoshī? 　　谁 找 王 老师 ？	남: 실례합니다. 왕 선생님 계시나요? 여: 계십니다. 당신은 누구십니까? 남: 저는 리밍이라고 합니다. 저는 왕 선생님의 학생입니다. 여: 앉으세요. 그는 방에서 쉬고 있어요. 제가 그를 불러 올게요. 질문: 누가 왕 선생님을 찾는가?

해설 대화에서 남자가 **王老师在不在?**라며 '왕 선생님 계시나요?'라고 물었고, **我是王老师的学生**이라며 '저는 왕 선생님의 학생입니다'라고 했어요. 질문이 누가 왕 선생님을 찾는지 물었으므로 B 学生(xuésheng, 학생)이 정답이에요.

어휘 **朋友 péngyou** 몡 친구　**学生 xuésheng** 몡 학생　**儿子 érzi** 몡 아들　**请问 qǐngwèn** 통 실례합니다
老师 lǎoshī 몡 선생님　**谁 shéi** 때 누구　**叫 jiào** 통 ~이라고 하다, 부르다　**请 qǐng** 통 ~해 주세요
坐 zuò 통 앉다, 타다　**房间 fángjiān** 몡 방　**休息 xiūxi** 통 쉬다, 휴식하다　**找 zhǎo** 통 찾다

36-40

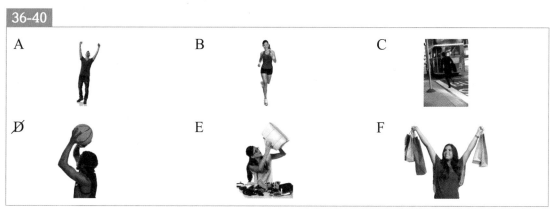

A   B   C

Ð   E   F

* D는 예시 사진이므로 취소선을 그은 후, 이를 제외한 나머지 5개의 보기 중에서 정답을 골라요.

36

Tài	/	hǎo	/	le,	/	wǒ	/	xià ge yuè	/	kěyǐ	/	qù	/
太	/	好	/	了 ,	/	我	/	下 个 月	/	可以	/	去	/
너무		좋다				저는		다음 달에		~할 수 있다		가다	

lǚyóu	/	le.
旅游	/	了 。
여행을		(~상태가) 되다 .

너무 좋아요, 저는 다음 달에 여행을 갈 수 있게 되었어요.

해설   제시된 문장 **太好了, 我下个月可以去旅游了。**는 '너무 좋아요, 저는 다음 달에 여행을 갈 수 있게 되었어요.'라는 뜻이에요. 따라서 양 손을 들고 기뻐하고 있는 사람 사진 A를 정답으로 골라요.

     * 정답으로 선택한 'A'에 취소선을 그어 두세요.

어휘   **太……了** tài …… le 너무 ~하다   **好** hǎo 형 좋다   **下个月** xià ge yuè 다음 달
     可以 kěyǐ 조동 ~할 수 있다, ~해도 좋다   **去** qù 동 가다   **旅游** lǚyóu 동 여행하다

37

Tā	/	méi zuò shang	/	gōnggòng qìchē.
他	/	没 坐 上	/	公共汽车 。
그는		타지 못하다		버스를 .

그는 버스를 타지 못했어요.

해설   제시된 문장 **他没坐上公共汽车。**는 '그는 버스를 타지 못했어요.'라는 뜻이에요. 따라서 버스 뒤를 쫓고 있는 사람 사진 C를 정답으로 골라요.

     * 정답으로 선택한 'C'에 취소선을 그어 두세요.

어휘   **坐** zuò 동 타다, 앉다   **公共汽车** gōnggòng qìchē 명 버스

38

Nǐ	/	mǎile	/	zhème duō	/	dōngxi?
你	/	买了	/	这么 多	/	东西 ?
당신은		샀다		이렇게나 많은		물건을 ?

당신 이렇게나 많은 물건을 샀어요?

해설 제시된 문장 **你买了这么多东西?**는 '당신 이렇게나 많은 물건을 샀어요?'라는 뜻이에요. 따라서 양손에 쇼핑백을 들고 있는 사람 사진 F를 정답으로 골라요.

* 정답으로 선택한 'F'에 취소선을 그어 두세요.

어휘 **买 mǎi** 图 사다, 구매하다   **多 duō** 圈 많다   **东西 dōngxi** 圈 물건, 것

39

Wǒ / měi tiān wǎnshang / dōu huì / yùndòng / yí ge xiǎoshí.
我 / 每天 晚上 / 都会 / 运动 / 一个 小时 。
저는   매일 저녁에   모두 ~한다   운동하다   한 시간 동안 .

저는 매일 저녁에 한 시간 동안 운동을 해요.

해설 제시된 문장 **我每天晚上都会运动一个小时。**는 '저는 매일 저녁에 한 시간 동안 운동을 해요.'라는 뜻이에요. 따라서 달리기를 하고 있는 사람 사진 B를 정답으로 골라요.

* 정답으로 선택한 'B'에 취소선을 그어 두세요.

어휘 **每天 měi tiān** 매일   **晚上 wǎnshang** 圈 저녁   **运动 yùndòng** 图 운동하다   **小时 xiǎoshí** 圈 시간

40

Wǒ de / shǒujī ne? / Zěnme / zhǎo bu dào le?
我 的 / 手机 呢 ？ / 怎么 / 找 不 到 了 ？
내   휴대폰은?   왜   찾을 수 없지?

내 휴대폰은? 왜 찾을 수 없지?

해설 제시된 문장 **我的手机呢? 怎么找不到了?**는 '내 휴대폰은? 왜 찾을 수 없지?'라는 뜻이에요. 따라서 물건을 펼쳐 놓고 가방을 살펴보고 있는 사람 사진 E를 정답으로 골라요.

어휘 **手机 shǒujī** 圈 휴대폰   **怎么 zěnme** 때 왜, 어째서, 어떻게   **找不到 zhǎo bu dào** 찾을 수 없다

41-45

lí	dì-yī	sòng	A ~에서	B 첫 번째	C 바래다주다, 선물하다
A 离	B 第一	C 送			
jiàoshì	guì	děng	D 교실	E 비싸다	F 기다리다
D 教室	E̶ 贵̶	F 等			

* E 贵(guì, 비싸다)는 예시 어휘이므로 취소선을 그은 후, 이를 제외한 나머지 5개의 보기 중에서 정답을 골라요.

어휘 **离 lí** 젠 ~에서, ~으로부터   **第一 dì-yī** 图 첫 번째, 제1   **送 sòng** 图 바래다주다, 선물하다   **教室 jiàoshì** 圈 교실   **等 děng** 图 기다리다

41

Duìbuqǐ, / wǒ / jīntiān / bù néng / sòng / nǐ /
对不起 , / 我 / 今天 / 不 能 / （ C 送 ） / 你 /
죄송합니다,   저는   오늘   ~할 수 없다   바래다주다   당신을

dào gōngsī / le.
到 公司 / 了 。
회사까지   (~상태가)되다 .

죄송합니다. 저는 오늘 당신을 회사까지 바래다줄 수 없어요.

해설 **我今天不能(　　)你到公司了**는 '저는 오늘 당신을 회사에 ＿＿＿ 수 없어요.'라는 뜻이고, 빈칸 앞에는 조동사 **能(néng, ~할 수 있다)**이 있어요. 따라서 조동사 뒤에 올 수 있으면서, 문맥에도 알맞은 동사 C 送(sòng, 바래다주다)이 정답이에요.

* 정답으로 선택한 'C'에 취소선을 그어 두세요.

어휘 **对不起 duìbuqǐ** 图 죄송합니다, 미안합니다   **今天 jīntiān** 圈 오늘   **能 néng** 区통 ~할 수 있다   **送 sòng** 图 바래다주다, 선물하다   **到 dào** 젠 ~까지   **公司 gōngsī** 圈 회사

42

Kuài diǎnr, / tāmen / dōu zài / **děng** / wǒmen / huí /
快 点儿， / 他们 / 都 在 / （ **F** 等 ） / 我们 / 回 /
빨리요,   그들은   모두 ~하고 있다   기다리다   우리가   돌아오다

jiā / ne.
家 / 呢 。
집에   ~요.

빨리요. 그들은 모두 우리가 집에 돌아오기를 기다리고 있어요.

해설   **他们都在(**   **)我们回家呢**는 '그들은 모두 우리가 집에 돌아오기를 _____ 있어요'라는 뜻이고, 빈칸 앞에 부사 **在** (zài, ~하고 있다)가 있어요. 따라서 부사 뒤에 올 수 있으면서, 문맥에도 알맞은 동사 F **等**(děng, 기다리다)이 정답이에요. **等我们回家**는 '우리가 돌아오기를 기다리다'라고 해석하면 되고, 2개의 동사로 동작이 연속되는 것을 표현한 연동문이에요.

    * 정답으로 선택한 'F'에 취소선을 그어 두세요.

어휘   **快** kuài 혱 빠르다   **都** dōu 閉 모두, 다   **在** zài 閉 ~하고 있다   **等** děng 동 기다리다

    回 huí 동 돌아오다, 돌아가다   **家** jiā 명 집, 가정

43

Nǐ / zhīdào / ma? Zhè / shì / wǒ / **dì-yī** cì /
你 / 知道 / 吗 ？ 这 / 是 / 我 / （ **B** 第一 ） 次 /
닝신   알다   요? 이것은   ~이다   제가   첫 번째로

lái / Běijīng.
来 / 北京 。
오다   베이징에 .

당신 알아요? 이건 제가 처음으로 베이징에 온 것이에요.

해설   **这是我(**   **)次来北京。**은 '이건 제가 _____번째로 베이징에 온 것이에요.'라는 뜻이고, 빈칸 뒤에 양사 **次**(cì, 번) 가 있어요. 따라서 **次** 앞에 올 수 있으면서, 문맥에도 알맞은 수사 B **第一**(dì-yī, 첫 번째)가 정답이에요. 참고로, '**第一次**+동사'는 '처음으로 ~하다'라는 뜻으로 자주 사용됨을 알아 두어요.

    * 정답으로 선택한 'B'에 취소선을 그어 두세요.

어휘   **知道** zhīdào 동 알다   **第一** dì-yī ㊐ 첫 번째, 제1   **次** cì 명 번, 회, 차례   **北京** Běijīng 고유 베이징, 북경

44

Zhège / **jiàoshì** li / xiànzài / yǒu / duōshao xuéshēng?
这个 / （ **D** 教室 ） 里 / 现在 / 有 / 多少 学生 ？
이   교실 안에는   현재   있다   학생 몇 명이 ?

이 교실 안에는 현재 학생이 몇 명 있나요?

해설   **这个(**   **)里现在有多少学生?**은 '이 _____ 안에는 현재 학생이 몇 명 있나요?'라는 뜻이고, 빈칸 뒤에 명사 **里**(li, 안)가 있어요. 따라서 **里** 앞에 올 수 있으면서, 문맥에도 알맞은 명사 D **教室**(jiàoshì, 교실)이 정답이에요.

    * 정답으로 선택한 'D'에 취소선을 그어 두세요.

어휘   **教室** jiàoshì 명 교실   **现在** xiànzài 명 현재, 지금   **多少** duōshao 대 몇, 얼마   **学生** xuésheng 명 학생

45

女： Qǐng wèn / zhège bīnguǎn / （ A 离 ） zhèr / yuǎn / ma?
请 问 / 这个 宾馆 / （ A 离 ） 这儿 / 远 / 吗？
실례합니다 　이 호텔은 　　　이곳에서 　멀다 　~요?

男： Hěn jìn, / zǒu / wǔ fēnzhōng / jiù / dào / le.
很 近， / 走 / 五 分钟 / 就 / 到 / 了。
가깝다， 걷다 5분 바로 도착하다 (~상태가) 되다.

여: 실례합니다만 이 호텔은 이곳에서 먼가요?

남: 가까워요, 5분 걸으면 바로 도착해요.

해설 **请问这个宾馆( )这儿远吗?**는 '실례합니다만 이 호텔은 이곳_____ 먼가요?'라는 뜻이고, 빈칸 앞에는 주어인 명사 **宾馆**(bīnguǎn, 호텔)이, 뒤에는 대명사 **这儿**(zhèr, 이곳)이 있어요. 따라서 주어 **宾馆**과 대명사 **这儿** 사이에 올 수 있는 개사이면서, 문맥에도 알맞은 개사 A **离**(lí, ~에서)를 정답으로 선택해요.

어휘 **请问** qǐngwèn 图 실례합니다　**宾馆** bīnguǎn 圀 호텔　**离** lí 젠 ~에서, ~으로부터　**远** yuǎn 圀 멀다
近 jìn 圀 가깝다　**走** zǒu 图 가다, 걷다　**分钟** fēnzhōng 圀 분　**就** jiù 囝 바로, 곧, 즉시　**到** dào 图 도착하다

46

Nǐ kàn, / zhè / jiù / shì / wǒmen jiā de / xiǎogǒu, /
你 看， / 这 / 就 / 是 / 我们 家 的 / 小狗， /
봐봐， 이것이 바로 ~이다 우리 집 강아지，

shì bu shì / hěn / xiǎo? Tā / shì / wǒ bàba / sòng gěi /
是 不 是 / 很 / 小 ？ 它 / 是 / 我 爸爸 / 送 给 /
~하지 않으냐 (아주) 작다 ? 이것은 (~이다) 내 아빠가 ~에게 선물하다

wǒ / de.
我 / 的。
나 (~것).

★ Wǒmen jiā de / gǒu / shì / péngyou / sòng gěi / wǒ / de.
★ 我们 家 的 / 狗 / 是 / 朋友 / 送 给 / 我 / 的。
우리 집 강아지는 (~이다) 친구가 ~에게 선물하다 나 (~것).

봐봐. 이것이 바로 우리 집 강아지야. 작지? 이것은 우리 아빠가 나에게 선물한 것이야.

★ 우리 집 강아지는 친구가 나에게 선물한 것이다.

해설 ★ 문장 **我们家的狗是朋友送给我的。**는 '우리 집 강아지는 친구가 나에게 선물한 것이다.'라는 뜻이에요. 지문의 **我们家的小狗……是我爸爸送给我的**는 '우리 집 강아지 …… 우리 아빠가 나에게 선물한 것이야'라는 뜻이므로, ★ 문장은 지문의 내용과 불일치해요.

어휘 **就** jiù 囝 바로, 곧, 즉시　**家** jiā 圀 집　**小狗** xiǎogǒu 圀 강아지　**小** xiǎo 圀 작다, (나이, 수량이) 적다
送 sòng 图 선물하다, 바래다주다　**给** gěi 图 ~에게 주다　**朋友** péngyou 圀 친구

47

Wǒ / dúguo / zhè běn shū, / hěn búcuò, /
我 / 读过 / 这 本 书， / 很 不错， /
저는 읽어본 적 있다 이 책을， (매우) 좋다，

shì / wǒ / jīnnián / kànguo de / zuì hǎo de / shū.
是 / 我 / 今年 / 看过 的 / 最 好 的 / 书。
~이다 제가 올해 봤었던 가장 좋은 책.

★ Shuōhuàrén / juéde / zhè běn shū / bù hǎokàn.
★ 说话人 / 觉得 / 这 本 书 / 不 好看。
화자는 ~라고 생각하다 이 책이 재미없다.

저는 이 책을 읽어본 적이 있는데, 좋았어요. 제가 올해 본 것 중 가장 좋은 책이었어요.

★ 화자는 이 책이 재미없다고 생각한다.

해설 ★ 문장 **说话人觉得这本书不好看**。은 '화자는 이 책이 재미없다고 생각한다.'라는 뜻이에요. 지문의 **我读过这本书, 很不错**는 '저는 이 책을 읽어본 적이 있는데, 좋았어요'라는 뜻이므로, ★ 문장은 지문의 내용과 불일치해요.

어휘 **读 dú** 통 (책을) 읽다   **过 guo** 조 ~한 적이 있다   **本 běn** 양 권[책을 세는 단위]   **不错 búcuò** 형 좋다, 괜찮다
今年 jīnnián 명 올해   **最 zuì** 부 가장, 제일   **说话人 shuōhuàrén** 명 화자
觉得 juéde 통 ~라고 생각하다, ~이라고 여기다   **好看 hǎokàn** 형 재미있다, 예쁘다

48

Wǒ / cóng xiǎo / kāishǐ / dǎ lánqiú, /
我 / 从 小 / 开始 / 打 篮球 , /
저는   어릴 때부터   시작하다   농구를 하다

yǐjīng / dǎle / kuài / shíwǔ nián / le, /
已经 / 打了 / 快 / 15 年 / 了 , /
벌써   했다   곧   15년   (~상태가) 되다,

kěyǐ shuō / lánqiú / shì / wǒ zuì xǐhuan de / yùndòng.
可以 说 / 篮球 / 是 / 我 最 喜欢 的 / 运动 。
~라고 말할 수 있다   농구는   ~이다   제가 가장 좋아하는   운동 .

★ Shuōhuàrén / ài / dǎ lánqiú.
★ 说话人 / 爱 / 打 篮球 。
화자는   좋아한다   농구를 하다.

저는 어릴 때부터 농구를 시작해서, 벌써 농구를 한지 곧 15년이 돼요. 농구는 제가 가장 좋아하는 운동이라고 말할 수 있어요.

★ 화자는 농구하는 것을 좋아한다.

해설 ★ 문장 **说话人爱打篮球**。는 '화자는 농구하는 것을 좋아한다.'라는 뜻이에요. 지문의 **可以说篮球是我最喜欢的运动**은 '농구는 제가 가장 좋아하는 운동이라고 말할 수 있어요'라는 뜻이므로, ★ 문장은 지문의 내용과 일치해요.

어휘 **从小 cóng xiǎo** 어릴 때부터   **开始 kāishǐ** 통 시작하다   **打篮球 dǎ lánqiú** 농구를 하다
已经 yǐjīng 부 벌써, 이미   **快……了 kuài…… le** 곧 ~하려고 하다   **年 nián** 명 년, 해
可以 kěyǐ 조동 ~할 수 있다   **最 zuì** 부 가장, 제일   **运动 yùndòng** 명 운동

49

Wǒ péngyou / xià ge yuè / kāishǐ / shàngbān, /
我 朋友 / 下 个 月 / 开始 / 上班 , /
내 친구는   다음 달   시작하다   출근하다,

tā / zhèngzài / zhǎo / lí gōngsī / jìn yìdiǎn de / fángzi.
他 / 正在 / 找 / 离公司 / 近 一点 的 / 房子 。
그는   지금 ~하고 있다   찾다   회사에서   더 가까운   집을 .

★ Shuōhuàrén de / péngyou / yǐjīng / zhǎodào / gōngzuò / le.
★ 说话人 的 / 朋友 / 已经 / 找到 / 工作 / 了 。
화자의   친구는   이미   찾다   직업을   (~상태가) 되다.

내 친구는 다음 달부터 출근하기 시작하는데, 그는 지금 회사에서 더 가까운 집을 찾고 있어요.

★ 화자의 친구는 이미 직업을 찾았다.

해설 ★ 문장 **说话人的朋友已经找到工作了**。는 '화자의 친구는 이미 직업을 찾았다.'라는 뜻이에요. 지문의 **我朋友下个月开始上班**은 '내 친구는 다음 달부터 출근하기 시작한다'라는 뜻이므로 친구는 이미 직업을 찾았다는 것을 알 수 있어요. 따라서 ★ 문장은 지문의 내용과 일치해요.

어휘 **朋友 péngyou** 명 친구   **下个月 xià ge yuè** 다음 달   **开始 kāishǐ** 통 시작하다   **上班 shàngbān** 통 출근하다
正在 zhèngzài 부 지금 ~하고 있다   **找 zhǎo** 통 찾다   **离 lí** 전 ~에서, ~으로부터   **公司 gōngsī** 명 회사
近 jìn 형 가깝다   **一点 yìdiǎn** 수량 조금, 약간   **房子 fángzi** 명 집   **已经 yǐjīng** 부 이미, 벌써
找到 zhǎodao 찾다, 찾아내다   **工作 gōngzuò** 명 직업, 일

50

Jīnnián / bǐ qùnián / lěng duō / le, /
今年 / 比 去年 / 冷 多 / 了 , /
올해는　　작년보다　　많이 춥다 (~상태가) 되다 ,

qùnián / zhège shíhou / hái méi / xià xuě, /
去年 / 这个 时候 / 还 没 / 下 雪 , /
작년　　이맘때는　　아직 ~않다　눈이 내리다 ,

dànshì / jīnnián / yǐjīng / xiàle / sān cì / xuě / le.
但是 / 今年 / 已经 / 下了 / 3 次 / 雪 / 了 。
하지만　올해는　이미　내렸다　세 차례　눈이 (~상태가) 되다 .

　　Jīnnián / méiyǒu qùnián / lěng.
★ 今年 / 没有 去年 / 冷 。
올해는　　작년만큼 ~않다　춥다 .

올해는 작년보다 많이 추워요. 작년 이맘때는 아직 눈이 내리지 않았는데, 하지만 올해는 이미 눈이 세 차례 내렸어요.

★ 올해는 작년만큼 춥지 않다.

해설　★ 문장 今年没有去年冷。은 '올해는 작년만큼 춥지 않다'라는 뜻이에요. 지문의 今年比去年冷多了는 '올해는 작년보다 많이 춥다'라는 뜻이므로, ★ 문장은 지문의 내용과 불일치해요.

어휘　今年 jīnnián 몡 올해　比 bǐ 젠 ~보다, ~에 비해　去年 qùnián 몡 작년　冷 lěng 톙 춥다, 차다
　　时候 shíhou 몡 때　还 hái 뷔 아직, 여전히　下雪 xià xuě 눈이 내리다　但是 dànshì 젭 하지만
　　已经 yǐjīng 뷔 이미, 벌써　次 cì 양 차례, 번, 회　没有 méiyǒu 뷔 ~않다, 없다

A **还 / 可以 , / 但是 / 汉语 考试 / 还 没 /** Hái / kěyǐ, / dànshì / Hànyǔ kǎoshì / hái méi / 꽤 괜찮다, 하지만 중국어 시험은 아직 ~않다 **准备 好 。** zhǔnbèi hǎo. 잘 준비하다.	A 꽤 괜찮아, 하지만 중국어 시험은 아직 잘 준비하지 못했어.
B **我 / 到 / 饭馆儿 / 了 , / 你 / 在 / 哪儿 / 呢 ?** Wǒ / dào / fànguǎnr / le, / nǐ / zài / nǎr / ne? 저는 도착하다 식당 (~상태가) 되다 , 당신은 ~에 있다 어디 ~요?	B 저는 식당에 도착했어요. 당신은 어디에 있나요?
C **这个 / 是 / 爸爸 / 给我 / 买 / 的 , /** Zhège / shì / bàba / gěi wǒ / mǎi / de, / 이것은 (~이다) 아빠가 나에게 사다 (~것), / **我 / 也 / 不 知道 。** wǒ / yě / bù zhīdào. 나 ~도 모른다.	C 이것은 아빠가 나에게 사준 것이라, 나도 몰라.
D **别 / 看 / 电视 / 了 , / 明天 / 还 要 /** Bié / kàn / diànshì / le, / míngtiān / hái yào / ~하지마라 보다 텔레비전을 내일 ~해야 한다 **早 点儿 / 起床 / 呢 。** zǎo diǎnr / qǐchuáng / ne. 일찍 일어나다 ~요.	D 텔레비전 보지 마. 내일 일찍 일어나야 해.
~~E **妈妈 / 在 / 哪儿 / 呢 ? / 回来 / 了 吗 ?**~~ ~~Māma zài nǎr ne? Huílai le ma?~~ ~~엄마 ~에 있다 어디 ~요? 돌아오다 ~했나요?~~	엄마는 어디에 있어요? 왔어요?
F **你 / 给我 / 介绍 的 / 那本书 / 我 /** Nǐ / gěi wǒ / jièshào de / nà běn shū / wǒ / 당신이 저에게 소개해준 그 책 저는 **已经 / 看 完 了 。** yǐjīng / kàn wán le. 이미 다 봤다.	F 당신이 저에게 소개해준 그 책을 저는 이미 다 봤어요.

* E는 예시 보기이므로 취소선을 그은 후, 이를 제외한 나머지 5개의 보기 중에서 정답을 골라요.

어휘 还 hái ㈜ 꽤, 그럭저럭 可以 kěyǐ ㈝ 괜찮다 但是 dànshì ㈜ 하지만 汉语 Hànyǔ 교유 중국어
考试 kǎoshì ㈐ 시험 准备 zhǔnbèi ㈜ 준비하다 到 dào ㈜ 도착하다 饭馆儿 fànguǎnr ㈐ 식당, 음식점
给 gěi ㈝ ~에게 也 yě ㈜ ~도, 또한 知道 zhīdào ㈜ 알다 别……了 bié …… le ~하지 마라
要 yào 조동 ~할 것이다, ~하려고 하다 早 zǎo ㈝ 이르다 (一)点儿 (yì)diǎnr 수량 조금, 좀
起床 qǐchuáng ㈜ 일어나다, 기상하다 介绍 jièshào ㈜ 소개하다 已经 yǐjīng ㈜ 이미, 벌써 看完 kàn wán 다 보다

* 의문문인 문제 51번, 52번, 그리고 보기 B와 상응하는 문장을 먼저 고르면 더 쉽게 풀 수 있어요.

51

Nǐ kǎoshì / zhǔnbèi / de zěnmeyàng?
你 考试 / 准备 / 得 怎么样 ？
너 시험은　준비하다　어떻다 ?

너 시험은 준비 잘 했어?

해설　**你考试准备得怎么样?**은 '너 시험은 준비 잘 했어?'라는 뜻이에요. 보기 A의 **还可以**가 '꽤 괜찮아'라는 뜻이므로, **准备得怎么样?**(어떻게 준비 잘 했어?)이라는 질문에 대한 답변이 돼요. 따라서 보기 A가 정답이에요. **准备得怎么样?**은 '준비를 잘 했어요?'로 해석하면 되고, **得怎么样?**은 술어 准备의 의미를 보충해주는 보어예요.

　　* 정답으로 선택한 'A'에 취소선을 그어 두세요.

어휘　**考试 kǎoshì** 圐 시험　**准备 zhǔnbèi** 圄 준비하다　**怎么样 zěnmeyàng** 때 어떠한가, 어떻다

52

Zhège shǒujī / shì / duōshao qián / mǎi / de?
这个 手机 / 是 / 多少 钱 / 买 / 的 ？
이 휴대폰은　(~이다)　얼마　사다　(~건) ?

이 휴대폰은 얼마에 샀어?

해설　**这个手机是多少钱买的?**는 '이 휴대폰은 얼마에 샀어?'라는 뜻이에요. 보기 C의 **我也不知道**가 '나도 몰라'라는 뜻이므로, **是多少钱买的?**(얼마에 샀어?)라는 질문에 대한 답변이 돼요. 따라서 보기 C가 정답이에요.

　　* 정답으로 선택한 'C'에 취소선을 그어 두세요.

어휘　**手机 shǒujī** 圐 휴대폰　**多少钱? duōshao qián?** 얼마예요?　**买 mǎi** 圄 사다, 구매하다

53

Duìbuqǐ, / wǒ / kuài / dào / le, / zài / děng / wǒ /
对不起 ， / 我 / 快 / 到 / 了 ， / 再 / 等 / 我 /
죄송합니다 ，　저는　곧　도착하다 (~상태가) 되다 ，　더　기다리다　저를

yíxià.
一下 。
좀 ~해 보다 。

죄송합니다. 저는 곧 도착해요. 저를 좀 더 기다려 주세요.

해설　보기 B **我到饭馆儿了, 你在哪儿呢?**는 '저는 식당에 도착했어요. 당신은 어디에 있나요?'라는 뜻이에요. 53번 문제의 **对不起, 我快到了**가 '죄송합니다. 저는 곧 도착해요'라는 뜻이므로, **你在哪儿呢?**(당신은 어디에 있나요?)라는 질문에 대한 답변이 돼요. 따라서 보기 B가 53번 문제의 정답이에요.

　　* 정답으로 선택한 'B'에 취소선을 그어 두세요.

어휘　**对不起 duìbuqǐ** 圄 죄송합니다, 미안합니다　**快……了 kuài …… le** 곧 ~하려고 하다　**到 dào** 圄 도착하다
再 zài 閈 더, 다시, 재차　**等 děng** 圄 기다리다　**一下 yíxià** 쟮 좀 ~해 보다

54

Wǒ / juéde / xiě / de hěn hǎo, / wǒ péngyou / yě /
我 / 觉得 / 写 / 得很好 ， / 我 朋友 / 也 /
저는　~라고 생각하다　쓰다　잘 ，　제 친구　~도

hěn / xǐhuan.
很 / 喜欢 。
매우　좋아하다 。

저는 잘 썼다고 생각하고, 제 친구도 매우 좋아해요.

해설 **我觉得写得很好, 我朋友也很喜欢。**은 '저는 잘 썼다고 생각하고, 제 친구도 매우 좋아해요.'라는 뜻이에요. 보기 F **你给我介绍的那本书我已经看完了。**는 '당신이 저에게 소개해준 그 책을 저는 이미 다 봤어요.'라는 뜻이므로, 이 책을 잘 썼다고 생각하는 상황과 연결돼요. 따라서 보기 F가 정답이에요. **写得很好**는 '잘 썼다'로 해석하면 되고, **得很好**는 술어 **写**의 의미를 보충해주는 보어예요.

* 정답으로 선택한 'F'에 취소선을 그어 두세요.

어휘 **觉得** juéde 图 ~라고 생각하다 **写** xiě 图 쓰다, 적다 **朋友** péngyou 图 친구 **也** yě 图 ~도, 또한
喜欢 xǐhuan 图 좋아하다

55

Hǎo de, / wǒ / xiànzài jiù / qù / shuìjiào.
好 的 , / 我 / 现在 就 / 去 / 睡觉 。
네, 저는 지금 바로 가다 잠을 자다.

네, 지금 바로 잠을 자러 갈게요.

해설 **好的, 我现在就去睡觉。**는 '네, 지금 바로 잠을 자러 갈게요.'라는 뜻이에요. 보기 D의 **明天还要早点儿起床呢**가 '내일 일찍 일어나야 해'라는 뜻이므로, 지금 바로 자러 간다는 상황과 연결돼요. 따라서 보기 D가 정답이에요.

어휘 **现在** xiànzài 图 지금, 현재 **就** jiù 图 바로, 곧, 즉시 **睡觉** shuìjiào 图 잠을 자다

56-60

A Péngyou / sòngle / wǒ / liǎng zhāng diànyǐngpiào. 朋友 / 送了 / 我 / 两 张 电影票 。 친구가 선물했다 나에게 영화표 두 장을 .	A 친구가 나에게 영화표 두 장을 선물해줬어.
B Nǐ / juéde / wǒ zuò de / cài / zěnmeyàng? 你 / 觉得 / 我 做 的 / 菜 / 怎么样 ? 당신은 ~라고 생각하다 제가 만든 음식이 어떻다?	B 당신은 제가 만든 음식이 어떻다고 생각해요?
C Bú shì, / nín / kàn cuò / le, / wǒ / xìng / Lǐ. 不 是 , / 您 / 看 错 / 了 , / 我 / 姓 / 李 。 아니다 , 당신은 잘못 보다 (~상태가) 되다 , 저는 성이 ~이다 리 。	C 아니요. 잘못 보셨어요. 저는 성이 리입니다.
D Dànshì / zhè / yǐjīng / bǐ qián jǐ tiān / piányi / duō / le. 但是 / 这 / 已经 / 比 前 几 天 / 便宜 / 多 / 了 。 그러나 이것은 이미 며칠 전보다 싸다 많이 (~상태가) 되다.	D 그러나 이것은 이미 며칠 전보다 많이 싸졌어요.
E Nǐ de / gēge / yǒu / nǚ péngyou / ma? 你 的 / 哥哥 / 有 / 女 朋友 / 吗 ? 네 형은 있다 여자친구가 ~니?	E 네 형은 여자친구가 있니?

어휘 **送** sòng 图 선물하다, 바래다주다 **两** liǎng 图 둘, 2 **张** zhāng 图 장[종이 등을 세는 단위]
电影票 diànyǐngpiào 图 영화표 **觉得** juéde 图 ~라고 생각하다 **怎么样** zěnmeyàng 때 어떻다, 어떠한가
看错 kàn cuò 图 잘못 보다 **姓** xìng 图 성이 ~이다 **但是** dànshì 图 그러나 **已经** yǐjīng 图 이미, 벌써
比 bǐ 图 ~보다 **前几天** qián jǐ tiān 며칠 전 **便宜** piányi 图 (값이) 싸다 **哥哥** gēge 图 형, 오빠
女朋友 nǚpéngyou 图 여자친구

* 의문문인 문제 56번, 59번, 60번 그리고 보기 B와 상응하는 문장을 먼저 고르면 문제를 더 쉽게 풀 수 있어요.

56

Méiyǒu ne, / nǐ / yào / gěi tā / jièshào / ma?
没有 呢 , / 你 / 要 / 给 他 / 介绍 / 吗 ?
없어, 네가 ~하려고 하다 그에게 소개하다 ~니?

없어, 네가 그에게 소개시켜 주려고 하니?

해설 **没有呢, 你要给他介绍吗?**는 '없어, 네가 그에게 소개시켜 주려고 하니?'라는 뜻이에요. 보기 E **你的哥哥有女朋友吗?**는 '네 형은 여자친구가 있니?'라는 뜻이므로, **你要给他介绍吗?**(네가 그에게 소개시켜 주려고 하니?)라는 질문과 상응하는 질문이 돼요. 따라서 보기 E가 정답이에요.

* 정답으로 선택한 'E'에 취소선을 그어 두세요.

어휘 **要 yào** 조동 ~하려고 하다, ~해야 한다 **给 gěi** 전 ~에게 **介绍 jièshào** 동 소개하다

57

| Zhège dōngxi / tài / guì / le.
这个 东西 / 太 / 贵 / 了 。
이 물건은 너무 비싸다. | 이 물건은 너무 비싸요. |

해설 **这个东西太贵了。**는 '이 물건은 너무 비싸요.'라는 뜻이에요. 보기 D의 **这已经比前几天便宜多了**가 '이것은 이미 며칠 전보다 많이 싸졌어요'라는 뜻이므로, 가격이 비싸다는 상황과 연결돼요. 따라서 보기 D가 정답이에요.

* 정답으로 선택한 'D'에 취소선을 그어 두세요.

어휘 **东西 dōngxi** 명 물건, 것 **太……了 tài …… le** 너무 ~하다 **贵 guì** 형 비싸다

58

| Fēicháng / hǎochī, / wǒ / hái xiǎng zài / chī / yìdiǎnr.
非常 / 好吃 , / 我 / 还 想 再 / 吃 / 一点儿 。
매우 맛있다, 저는 더 ~하고 싶다 먹다 좀. | 매우 맛있어요. 저는 좀 더 먹고 싶어요. |

해설 보기 B **你觉得我做的菜怎么样?**은 '당신은 제가 만든 음식이 어떻다고 생각해요?'라는 뜻이에요. 58번 문제의 **非常好吃**이 '매우 맛있어요'라는 뜻이므로, **我做的菜怎么样?**(제가 만든 음식이 어때요?)이라는 질문에 대한 답변이 돼요. 따라서 보기 B가 58번 문제의 정답이에요.

* 정답으로 선택한 'B'에 취소선을 그어 두세요.

어휘 **非常 fēicháng** 부 매우, 아주 **好吃 hǎochī** 형 맛있다 **还 hái** 부 더, 아직 **想 xiǎng** 동 ~하고 싶다, ~하려 하다 **再 zài** 부 다시, 재차 **一点儿 yìdiǎnr** 수량 조금, 약간

59

| Qǐng wèn / nín / shì / Wáng xiānsheng / ma?
请 问 / 您 / 是 / 王 先生 / 吗 ?
실례합니다 당신은 ~이다 왕 선생님 ~요? | 실례지만 당신은 왕 선생님이신가요? |

해설 **请问您是王先生吗?**는 '실례지만 당신은 왕 선생님이신가요?'라는 뜻이에요. 보기 C의 **不是, 您看错了**가 '아니요, 잘못 보셨어요'라는 뜻이므로, **您是王先生吗?**(당신은 왕 선생님이신가요?)라는 질문에 대한 답변이 돼요. 따라서 보기 C가 정답이에요.

* 정답으로 선택한 'C'에 취소선을 그어 두세요.

어휘 **请问 qǐngwèn** 동 실례합니다 **先生 xiānsheng** 명 선생님[성인 남성에 대한 경칭]

60

| Wǒmen / yìqǐ / qù / kàn, / kěyǐ ma?
我们 / 一起 / 去 / 看 , / 可以 吗 ?
우리 같이 가다 보다, 괜찮아? | 우리 같이 보러 가자. 괜찮아? |

해설 **我们一起去看, 可以吗?**는 '우리 같이 보러 가자. 괜찮아?'라는 뜻이에요. 보기 A **朋友送了我两张电影票。**는 '친구가 나에게 영화표 두 장을 선물해줬어.'라는 뜻이므로, 영화를 보러 가는 것이 어떤지 묻는 상황과 연결돼요. 따라서 보기 A가 정답이에요.

어휘 **一起 yìqǐ** 부 같이, 함께 **可以吗? kěyǐ ma?** 괜찮아?

기초부터 실전까지 **2주 완성**

해커스 중국어

HSK1-2급

한 권으로 가뿐하게 합격

초판 8쇄 발행 2024년 7월 22일
초판 1쇄 발행 2020년 1월 2일

지은이	해커스 HSK연구소
펴낸곳	㈜해커스
펴낸이	해커스 출판팀

주소	서울특별시 서초구 강남대로61길 23 ㈜해커스
고객센터	02-537-5000
교재 관련 문의	publishing@hackers.com
	해커스중국어 사이트(china.Hackers.com) 교재 Q&A 게시판
동영상강의	china.Hackers.com

ISBN	979-11-6430-291-8 (13720)
Serial Number	01-08-01

중국어인강 1위
해커스중국어 china.Hackers.com

해커스중국어

· 중국어 초보도 쉽게 HSK 기초를 완성할 수 있는 **10가지 버전의 교재 MP3**
· **듣기 받아쓰기 · 기초 학습 받아쓰기 PDF** 등 다양한 무료 학습 콘텐츠
· 선생님이 쉽게 설명해주는 **무료 실전모의고사 해설강의 4회분**(교재 내 수강권 수록)
· 해커스 스타강사의 **본 교재 인강**(교재 내 할인쿠폰 수록)

중국어도 역시 1위 해커스중국어
약 900여 개의 체계적인 무료 학습자료

분야 레벨	공통	회화	HSK	HSKK/TSC
공통	철저한 성적분석 **무료 레벨테스트** 	빠르게 궁금증 해결 **1:1 학습 케어** 	HSK 전 급수 **프리미엄 모의고사** 	TSC 급수별 **발음 완성 트레이너**
초급	초보자가 꼭 알아야 할 **초보 중국어 단어** 	기초 무료 강의 제공 **초보 중국어 회화** 	HSK 4급 쓰기+어휘 완벽 대비 **쓰기 핵심 문장 연습** 	TSC 급수별 **만능 표현** **& 필수 암기 학습자료**
중급	매일 들어보는 **사자성어 & 한자상식** 	입이 트이는 자동발사 **중국어 팟캐스트** 	기본에서 실전까지 마무리 **HSK 무료 강의** 	HSKK/TSC 실전 정복! **고사장 소음 버전 MP3**
고급	실생활 고급 중국어 완성! **중국어 무료 강의** 	상황별 다양한 표현 학습 **여행/비즈니스 중국어** 	HSK 고득점을 위한 **무료 쉐도잉 프로그램** 	고급 레벨을 위한 **TSC 무료 학습자료**

[중국어인강 1위] 주간동아 선정 2019 한국 브랜드 만족지수 교육(중국어인강) 부문 1위
[900개] 해커스중국어 사이트 제공 총 무료 콘텐츠 수(~2021.02.19)

무료 학습자료
확인하기 ▶

중국어 인강 1위 해커스중국어 　china.Hackers.com　 검색